仇荣林 传

赵月斌　李祥华 著

百炼成金

山东文艺出版社

图书在版编目（CIP）数据

百炼成金：仇荣林传 / 赵月斌，李祥华著. —济南：山东文艺出版社，2023.9

ISBN 978-7-5329-6478-9

Ⅰ．①百… Ⅱ．①赵… ②李… Ⅲ．①仇荣林—传记 Ⅳ．①K825.38

中国国家版本馆CIP数据核字（2023）第153094号

百炼成金

BAILIAN CHENGJIN

赵月斌　李祥华　著

主管单位	山东出版传媒股份有限公司	
出版发行	山东文艺出版社	
社　　址	山东省济南市英雄山路189号	
邮　　编	250002	
网　　址	www.sdwypress.com	

读者服务	0531-82098776（总编室）
	0531-82098775（市场营销部）
电子邮箱	sdwy@sdpress.com.cn

印　　刷	济南新先锋彩印有限公司
开　　本	720毫米×1020毫米　1/16
印　　张	27
字　　数	425千
版　　次	2023年9月第1版
印　　次	2023年9月第1次印刷
书　　号	ISBN 978-7-5329-6478-9
定　　价	89.00元

上图：1979 年，仇荣林（前排中间）参加全国第二次土壤普查；

下图：1982 年，仇荣林（后排右一）参加县多种经营报告团。

上图：1991年，时任山东省省长赵志浩（前排左二）视察罐头厂；

下图：2008年，时任滕州市委书记王忠林（右一）视察辛化硅胶公司。

上图：1993 年，泡花碱厂创建初期成立创业团队（二排右三为仇荣林）；

下图：2006 年，全国劳模韦宗峰（前排左三）来辛化作报告。

上图：2012 年，仇荣林赴英国剑桥大学与威尔逊教授（左二）洽谈合作意向；

中图：2016 年，仇荣林赴东亚多国考察；

下图：2016 年，仇荣林与仇兴东（左）、仇兴亚（右）到南方考察学习。

上图：2016 年，仇荣林在动力车间指导工作；

下图：2023 年，仇荣林（左四）与仇兴亚（左五）等人在察看植物餐盘质量。

上图：仇荣林办公照；

右图：山东辛化硅胶有限公司正门；

下图：辛化集团总部全景。

上图 : 1980 年代，仇荣林父母合影；

下图 : 2009 年，仇兴亚结婚时全家合影。

序一

茅理翔

我和仇家有着深厚的缘分。几年前，在刘靖民教授的引荐下，仇总、兴东和兴亚父子三人曾先后找到我，就企业的传承和消除两代人之间的分歧等问题，进行了深入的交流和探讨。作为一位企业家，仇总不仅创建了一个成功的企业，更为可贵的是，为了企业和家族传承，他也付出巨大的心血，有着自己的思考。我与他有很多共识。他是我十分赞赏的一位企业家。因此，我很乐意为《百炼成金：仇荣林传》作序。

改革开放是决定当代中国命运的关键抉择。我们仅用了四十多年的时间完成了西方国家三百年的工业化历程，把一个落后的农业大国变成了制造大国。在这场巨大的变革中，最伟大的成果之一就是诞生了三千万家民营企业，它们的崛起和发展为经济的繁荣、工业的振兴、人民的富裕、国力的强大作出了巨大的贡献。民营企业家用自己的汗水、泪水、健康甚至生命创造了这个伟大的奇迹，在中国乃至世界史上书写下"农民企业家"这浓墨重彩的一笔。仇总，就是这千千万万农民企业家中的一员。

《百炼成金：仇荣林传》向我们完整地呈现了仇总从儿时到成年，从创业到转型，不断为梦想而奋斗的人生历程。其独特之处在于，仇总是从农民企业家的身份出发，在讲述这条坎坷的成长和创业之路背后，还向我们展示了一名农民企业家在大时代下的个人坚守与选择：浓厚的家国情怀、强烈执着的事业追求、百年企业的伟大梦想、代际传承的积极探索，以及回归家庭作为丈夫和父亲的温情与遗憾……从仇总身上，我们能看到中国的过去和现在，能看到一个农民企业家对于自身、家族和企业在未来应该扮演何种角色的思考。

　　看得出来，仇荣林的这本传记，并不是用来宣传、标榜自己，他是希望通过这样的方式，将他百折不挠的创业精神传给未来的接班人，将他堂堂正正做人的家风传给仇家的子孙后代，让仇家成为积善之家、源远流长。他还想通过这本书，去影响、鼓舞、启发更多年轻的接班人和创业者，激发出他们的智慧和能量，助力共同富裕，让更多的小家富起来，让实体经济更加强劲。我想这应该是《百炼成金：仇荣林传》的本意，也是我愿意给本书作序的重要原因之一。令人欣慰的是，兴东、兴亚确实是非常优秀的接班人，他们传承使命强烈、成长磨砺扎实，在传承这条路上走得很成功，现在都已经成为优秀的管理者和企业家了，正充满干劲地带领企业朝着百年辛化的伟大梦想继续前进。

　　我们当前正经历百年未有之大变局，正处于中华民族伟大复兴的关键时刻，对于民营企业和民营企业家来说，这是一场巨大的挑战，但更是一次伟大的机遇。我相信，作为千千万万民营企业中一员的辛化，必定能够克服挑战、抓住机遇，不仅能成为齐鲁大地上的辛化，还应该是中国的辛化、世界的辛化、百年的辛化。

　　我从方太集团一线退下来后，创办了家业长青接班人学校，全身心致力于帮助家族企业实现百年传承的梦想。我与仇总都是改革开放走出来的第一代企业家，我们有一个共同的梦想：让千千万万的民营企业成为具有家国情怀、全球胸怀，并能够引领行业潮流的百年老店。所以我向年轻的创业者、接班人推荐这部传记，希望大家能从书中汲取能量与智慧，在这个伟大的新时代中为实现家业长青、百年传承、复兴中华作出我们一代又一代的贡献。让具有五千年文明的中华大地焕发出更加灿烂的、朝气蓬勃的、欣欣向荣的青春与活力！

　　（茅理翔：方太集团共同创始人、名誉董事长，家业长青接班人学校校长）

序二

我的路和悟

仇荣林

一

我出生在农村。小时候家里很穷，一家三代人挤在一间半茅草屋里，缺衣少食，时常挨饿，生活很苦。初中毕业后，考学无望，我想通过当兵寻找出路，由于家庭的阻挠，连续三年都没能走进军营。我只得像父辈一样，在生产队劳动。用手拔过麦，像牛一样拉过犁子，推过水车，到几十里外的化肥厂拉过氨水……农民的苦，我尝遍了。

一个偶然的机会，我被推荐到公社"农业大学"上学，毕业后，到公社农技站当上了"半脱产"干部。这让我看到了美好前景，想通过自己的努力，把"半脱产"去掉，成为一名真正的公职人员。可阴差阳错，被解职回家，彻底粉碎了我进入体制、成为一名干部的梦想，只有回村当农民。

我不甘心像祖辈那样贫穷地活着，选择了自主创业。当时的想法很单纯，就是不再受穷，让自己和家人过上富裕的生活，体面地、有尊严地活着。

创业路上，我走得异常艰辛。我种过黄姜、栽过桃树，养过兔子、养过猪、养过鹌鹑，贩卖过树脂粉，办过塑料管厂、水泥制品厂、罐头厂……一个农民能想到的生意，我几乎都干过，但都没成功。特别是罐头厂的失败，几乎把我推到走投无路的境地，不仅赔得精光，还欠了一屁股债，每天都有人上门来要债，我听了很多脏话，看了不少白眼。那时，我成了人们取笑的对象和反面教材。

一次次失败，对我打击很大，但我始终没有放弃。凭着只要不成功，就不罢休的拗劲，1993年，我创办了滕州市辛绪泡花碱厂——一个小作坊式的工厂。

在这世上，任何事，说起来容易做起来难。对一个农民来说，没有资金，没有技术，没有人脉，天时、地利、人和都不占，办厂的难度可想而知。困难一个接一个，每一个困难都是一帮农民无法解决的，可不解决又不行，就得想尽一切办法去解决。我办泡花碱厂，最难的首先是资金，虽然是一个小作坊式的工厂，但麻雀虽小五脏俱全，建起来需要上百万的资金。对一个农民来说，那可是一个天文数字，要筹措这笔资金简直是难于登天。其次是技术问题，刚开始办厂时，我对泡花碱的生产技术和工艺，可以说是一窍不通，想学习都找不到地方，期间想借鉴邻镇一个泡花碱厂的技术，被人家当场拒绝，还遭到对方的羞辱。毫不夸张地说，从投产那天起，我就一直在改造泡花碱的炉子，经历了直火、返火、马蹄焰、煤气发生炉、全氧炉等几次大的改造，小的、细节上的改造，更是数不胜数。为了炉子的技术升级和进步，可以说是想尽了一切办法。

后来，由于我追求高附加值的产品，接手了国家"八五"攻关项目"1,4-萘醌"的研发和生产，结果，把生产泡花碱近十年积累下来的几百万资金全部赔光，再次一文不名、从零起步。

2004年，在一个同行的提示下，我率先利用焦化厂排出的煤气代替煤炭作为燃料，重新开始生产泡花碱，经过几年不懈奋斗，把一个坐落在偏远农村的小作坊式的泡花碱厂发展成为年产二十万吨的现代化工厂，成为同行业中最大的企业。

两年后，为了拉长产业链，我又创办了硅胶公司。刚投产时，有些同行断言，我这个硅胶企业很难发展起来，原因是这里西临微山湖，南有大运河，东有南水北调的主渠道，对水的环保要求特别严，生产排出的水必须进行净化，生产成本高。单从这一项比较，我就没有竞争力。另外还有技术、销售渠道，也远不如他们。我的企业明显处于劣势。但从一个车间到五个车间，从年产不足一万吨到十五万吨，我用了十多年的时间，将企业发展起来了，使其成为国内最大的硅胶企业，产品出口八十多个国家和地区，使中国的泡花碱，特别是硅胶，在世界行业中，有了我们的话语权和地位。国家制订行业标准，我公司曾参与起草。

这时候，我的创业目标也算是实现了。

二

我是个要强的人。之前几次创业的失败，让我遭受了不少非议，有人说我是"瞎折腾"，有人说我是"眼高手低、志大才疏"……因此，在创办泡花碱厂时，我压力很大，憋着一口气，抱着一定要成功的决心和信念，发誓"如果办不成功，我就钻到炉子里烧死"！

在这种压力下，我别无选择，只有干出样子来，证明给人看。当然更是为了自己。那年我三十九岁，已近不惑之年，如果再干不出成绩来，将会再无翻身机会。因此，我必须破釜沉舟、背水一战，只许成功，不能失败。

刚建泡花碱厂时，我接受以往失败的教训，建厂就开始组建创业团队，没钱高薪聘请专业人才，就用面子和感情，把本村的几位能人请来，请心灵手巧的人当技术员，请能写会算的人干财务，请善于营销的人搞销售……

我的泡花碱厂建在村外一片涝洼地里。投产时，只有一台六平方米的小炉子，既不占天时，也没有地利，能争取的只有"人和"。这个"人和"，就是拼命干，付出比其他厂家更多的辛苦和汗水。我白天干在厂里，晚上住在厂里，虽然离家只有几百米，却常常一两个月回家一次。每年的大年初一，给父母拜了年，我就到厂办公室里，总结过去一年的不足，思考新一年的工作计划。

把全部精力都用在了企业上。那时，一切条件都很差，除了一台炉子之外，没有任何机械，生产全靠人力，既脏又累。为了激励员工的积极性，我除了带头干之外，一是用微薄的物资"奖励"他们，比如到饭店请一顿饭，春节往家里送点礼品，用情去感动、用心去温暖他们。二是为他们描绘企业未来的美好前景，让他们觉得现在吃苦受累，将来会有回报。有人相信我，坚持下来了；有人认为我是"画饼"哄人，走了。事实上，坚持下来的人，都是吃了苦、受了累的。企业能发展到今天，开始是几十个人的努力，中间是几百人，后来是一千多人共同努力的结果。有的企业家经常说是自己带动了多少人就业，养活了多少个家庭，而我一直认为是工人养活了企业，工人成就了企业家。因此，我很感激这些不离不弃、坚定不移跟着我创业的人，他们才是企业的功臣。

三

由于忙于企业，我对家庭照顾不够，特别是对两个儿子，陪伴很少，从没像现在的爸爸们那样，陪着孩子逛公园、看电影，就连上学也没接送过，从这一点说，我亏欠他们，不是一个好父亲。但我从心里疼爱他们，因为自己没时间关心、辅导他们学习，从上小学起，我就想方设法与他们的老师处好关系，让老师代替我关心、照顾他们。在两个孩子身上，我从不怕花钱，即使在最困难的时期，我也从没在孩子身上节俭过。

在企业和家庭无法兼顾的情况下，我之所以选择忙于企业，疏于对孩子的关心，是因为我穷怕了，知道了穷的滋味，不想让孩子长大后像我和祖辈那样贫穷地活着，我想让他们过上美好的生活。我认为，为孩子创造财富，为他们打造一个更大、更高的平台，也是一种父爱。一种无私的父爱。直到今天，我也不知道，我这样做对不对？

虽然我对他们关照不够，但两个儿子都很争气，一个考上南京工业大学，一个考进贵州大学。毕业后，回到公司，一个管销售，一个负责生产，成了我的左膀右臂。正是在他们两人的协助下，公司才得以快速发展。

也许是因为"代沟"，也许是因为所受的教育不同、经历不同，我和孩子在企业发展理念上、管理理念上，有时会出现分歧。这本来是正常的分歧，却让我有些伤感，认为孩子大了，不听话了。可是很快，我就想通了，释然了。我虽然有多年的实践经验，并且行之有效，但并不说明孩子的主张和理念就不正确，或许，他们的想法比我的方案更好、更先进呢！

这时，我已六十多岁了，而两个孩子均已人到中年，正是干事创业的黄金时期，于是，我萌发了交接班的想法。

按照常规，长子兴东接任董事长，次子兴亚出任总经理，兄弟俩相互配合，这是顺理成章的布局。

可是，兴东出于对我的敬重，执意不接董事长的职位，坚持让我继续掌舵。

出于锻炼两个孩子的目的，我虽然继续坐在董事长的位置上，却有意让自己这个董事长有名无实，只在大事上、关键时刻把一下关，其余的，全部让他们去处理。

为了让两个孩子能放开手脚，我不再坐镇公司，而是过上了闲云野鹤的生活，游历祖国的大好河山。

我这种"大撒把"的做法，引来了一些人的议论和指责。有人说我对公司不管不问，任由两个孩子管理，会出问题。有人则说我变得自私了，身体健壮，还能操劳，却撒手不干了，只顾自己享乐，不管公司了。

我却不这样想。我之所以把公司放手给两个孩子管理，就是要锻炼他们独立主事的能力，我终究不会陪他们一辈子，晚放手不如早放手，趁着我现在头脑清楚，如果发现重大问题，还能及时予以纠正。要是等到老糊涂了，再放权交班，他们万一出现了重大的失误，那将无人纠正，无法挽回。

当然，我把公司放手给两个孩子，也有自私的想法，那就是趁着现在身体还健康，想为自己活几年。几十年来，为了实现富裕梦，让家人和自己活得幸福，我没黑没白，牺牲了青春，没有情爱，像个苦行僧，除了忙碌就是忙碌，活得没有自我，从没闲适过。如今，企业做起来了，我的创业目标实现了；孩子也培养成才了，长大了。作为父亲，一个农民父亲，我为他们留下了一大笔财富，让他们能过上优越的生活；留下了一份有意义的事业，让他们站在了大多数孩子几乎无法企及的高度，可以拥有自己的生活，更可以为社会创造更大的价值。

回头看我走过的几十年，有苦有甜，有得有失；回顾几十年的创业历程，起起落落，有经验有教训，既有成功的喜悦，也有失败的痛苦。这是我人生的轨迹，也是我创业的历程。我想把它真实地呈现出来，作为我大半生的总结，也作为辛化公司的发展史，展示一个民营企业的发展历程和一个农民企业家的创业之路。如果看到它的人，能从中得到一点启发，我就心满意足了。

2022 年 12 月 12 日

目录

卷一　少年行

卷四　大道歌

卷 一

————

少年行

第一章
云中青马沙中金

01　仇家有荣林

1954 年，新中国成立五周年。

这年 12 月 18 日，鲁南滕县辛绪村一个普通农家里，一个男孩降生了。这个男孩就是仇荣林，出生时哭声嘹亮，身体健壮，眼睛明亮、炯炯有神，头发黑而浓密，甚是惹人疼爱。

仇荣林出生于阴历甲午年十一月二十四日辰时，正是早晨七八点钟，太阳从东方升起的时刻。虽已是初冬时节，却没有一点冬天的寒意，反倒是暖洋洋的，有种春天般的感觉。喜得长男的仇家，更是喜气满堂。

村里的孩子大都有个乳名，到上学的时候，再取一个学名，终生使用。乳名大都由祖父母取，很随意，有个称呼就算。因为仇荣林是仇家的长子长孙，家人对他寄予了无尽的希望，在取乳名时，爷爷和奶奶就很慎重，郑重其事地找到家族中最有学问的仇心德，为他取乳名。仇心德上过私塾，读过四书五经，是村里的文化人。仇心德翻皇历、查古书，找到了"荣林"。他解释说：1954年是甲午马年，五行属木，"荣林"皆含木字；仇是人字旁一个九字，九是最大的数字，代表长久；表示咱虽是草木之人，也能欣欣向荣，成树，成林，成大事，仇家这一新枝必将长成参天大树，成为栋梁之材。

放糖茶　仇荣林是仇家的长子长孙，家族的第十一代传人，他的出生，给这个家庭带来了无限喜悦：奶奶双手合十，仰天感谢观音送子，之后便颠着一双小脚给儿媳倒了一碗红糖茶，然后煮了一付鸡蛋，开始了伺候月子的征程；年轻的父亲仇玉堂面放红光，既有得子的喜悦，又有当父亲的庄重，还有点儿承受不起的羞涩；爷爷仇心广则是眉开眼笑，激动得在院子里转了几圈，然后喜滋滋地跑到屋里，拿出早就准备好的一盒好烟，走到街上，见人就散发：我有孙子了！我有孙子了！一盒烟散发完，半个村子都知道他老仇家开枝散叶、增丁添口了。

从街上回来之后，爷爷胸有成竹地发号施令，他让仇荣林的叔叔去亲家报喜，安排仇荣林的父亲杀一只母鸡炖汤给儿媳妇补充营养，吩咐仇荣林的奶奶煮一筐"红鸡蛋"，挨家挨户分散，然后再烧一锅红糖茶，用瓦罐提到街上去"放"。来抢糖茶的妇女和孩子将"放糖茶"的围得水泄不通，争着、抢着将手中的白碗、黑碗、茶缸、水瓢等器皿尽力伸到瓦罐前，吵吵嚷嚷，喜庆而热烈，过年似的。爷爷觉得这样还不能完全表达他的喜悦之情，又快步去代销店买了一挂鞭炮，在门口放了起来。

这是当地习俗，谁家生了第一个男孩子，都要给邻居分散红鸡蛋、到街上放糖茶，以示喜悦、庆贺，并让邻居分享这种喜悦。但在中华人民共和国成立不久的1954年，国家还很贫穷，农村更是困难，吃饱肚子都是问题，鸡蛋和红糖都是珍贵的奢侈品，因此大多数家庭只是象征性地煮几个鸡蛋分给至亲近邻，有的干脆不分散，红糖茶也是仅加少许的红糖，然后掺进面粉，有点甜味就算，纯属应付、走过场。仇家也很穷，或者说更穷，那些鸡蛋是奶奶攒了好些日子的，红糖是爷爷早就托人买下的，爷爷是为了表达自己极度的喜悦，才这么"大方"的。

爷爷不仅对外大方，对坐月子的儿媳妇更是慷慨。在他的督促下，家里的母鸡一只只被杀掉，仅剩两只的时候，奶奶犹豫了，想留着下蛋，将来换个吃盐打油的零花钱，可看看爷爷坚定的神情，话又咽回去。

福祸相依，母子连心

尽管条件有限，在奶奶的倾力照料下，母亲的月子坐得还算滋润。然而，快满月的时候，母亲的腿却莫名其妙地疼起来，以为是"月子病"，出了满月就会好，可等出了满月，不仅没好，反而疼得愈加厉害了！刚开始还能忍着疼痛干点家务活，渐渐地发展到不能走路，什么活也不能干，只能坐着；到后来，坐着疼，躺着也疼，躺在床上连身子都不能翻，一动就撕心裂肺般地疼。最严重的时候，连孩子都不能照顾，睡在身边的仇荣林掉下床，她想起身抱起来，可费尽了力气，疼得一头汗水，也起不来身子，听着幼小的孩子在地上哇哇大哭，她心疼得泪流满面，却又无可奈何，只有等到外出的婆婆回来抱到床上。

　　母亲的腿疼日久不见好转，便开始找郎中医治，偏方、验方都用了，附近几个村的郎中都医治了一遍，却始终不见好转。听人说可能是邪气所致，就开始找神嬷子、神汉子破解，各种方法都尝试了，不但不见好转，反而疼得更加厉害了，白天吃不下饭，晚上睡不着觉，好端端的一个人，眼看着瘦成了一把骨头架子。

　　母亲有病，孩子也跟着遭殃受罪。由于母亲不能动弹，奶奶忙于去生产队里挣工分，还要忙于一家人的吃喝，襁褓中的仇荣林无法翻身，一天到晚，要么仰面躺着，要么朝下趴着，时间长了，身上捂起了褥疮，疼得不停哭喊。年轻的母亲没有经验，以为是孩子"不乖"，想让人抱起来哄着玩，可那时的母亲连动都不能动，怎么能抱起来哄他玩呢？只得眼睁睁由着他一阵一阵地哭喊。

　　后来，奶奶听着孩子哭得不对劲，解开包褥，才发现孩子的后背上、肚子上竟然捂出了几个褥疮，个个如铜钱大小，并且鼓起了高高的脓包。奶奶顿时心疼得泪流满面，赶紧抱着孩子去找村里的郎中。

　　婆婆抱着孩子出去后，母亲在屋里哽咽起来，身为母亲，不能照顾自己的孩子，她失职、痛苦，却又无可奈何，那一刻，她恨死这个该死的腿疼病了，不仅把自己折磨得死去活来，还让孩子跟着受罪。经过一个多月的治疗，仇荣林身上的褥疮虽然好了，却留下了四道永久性的疤痕，时至今日，六十多年过去了，他小腹两侧及后背两侧，依然可以清晰看到四道铜钱大小的疤痕。

　　仇荣林的褥疮痊愈了，母亲的病情却是日复一日地加重。爷爷担心这样下去会出人命，就让父亲仇玉堂带她去城里求医。年轻的仇玉堂虽然是村干部，在村里算个明白人，可生活在偏僻的农村，很少进城，不知去哪家医馆求医合适。爷爷告诉他，城里有一个远房的亲戚，可以找亲戚询问。于是，仇玉堂就用独轮车推着母亲进了城。亲戚给他推荐了一位老中医，医馆就设在亲戚家不远处。老中医慈眉善目，仙风道骨，据说在县城颇有名气。老中医经过一番望、闻、问、切之后，开了药方。在等待抓药的时候，老中医看着母亲面黄肌瘦、骨瘦如柴的样子，交代在服药期间，要注意营养，三分治七分养，说她这个瘦弱的样子，能把孩子生下来就不错了。说着，目光转到了抱在母亲怀里的孩子身上，不由得咦了一声："我看你这孩子面相不一般啊！"母亲问：

"怎么不一般？"老中医说："面容饱满，天阔地方，双目有神，将来很可能有大出息。"年仅十九岁的母亲根本不信，笑着说："先生您就别安慰俺了，俺这是农村的孩子，能有什么出息！"老中医认真地说："寒门出贵子，从古至今，农家子弟有大出息的多了去了。"母亲忧心忡忡地说："俺生下这孩子不久，就得了这个腿疼病，差点要了俺的命，正担心是他克俺呢。"老中医说："你这病，可能与生了这孩子有关，但不是他克你。你这孩子将来是个有出息的。自古是母以子贵，你就等着托他的福吧！"母亲听老中医说得认真、肯定，便有些半信半疑了，欣慰而又向往地说："如果真像您说的那样，俺就有盼头了！"一直没说话的父亲说："先生的话，俺不信！"老中医说："不信，你就等着瞧吧！你家这孩子长大后，肯定有出息！"

回到家里，母亲将老中医的话告诉了家人，爷爷、奶奶乐得合不拢嘴。父亲说："咱一个农民家的孩子，能有什么出息？那位先生是说着玩的，不可当真。"爷爷却说："我听说过这位老中医，医术一般化，看相却是很准的。"父亲说："他既然看相看得准，为什么开医馆，却不摆挂摊？"听到父亲抢白他，爷爷也不生气，仍然乐哈哈地说："你别和我抬杠，这个先生看相准，是有名的。你不信拉倒，反正我相信俺这大孙子将来会比你有出息。"父亲不服气："就是比我有出息，也出息不到哪里去，长大了也是个出力干活的命，离不开咱辛绪村。"爷爷说："那可不一定。"

一年后，幼小的仇荣林会走路了，会说话了，他开口叫出的第一个字是：娘。

在这一年多的时间里，母亲四处求医问药，用遍了药方，病情也没有好转。一家人都以为这病治不好了，会终生躺在床上，母亲更是悲观、绝望，觉得这个病魔会把她拉进阎王殿。没想到，仇荣林开始叫娘不久，她的腿疼病渐渐地轻了，后来竟然神奇地好起来、不治而愈了！

这令一家人既欣喜又惊奇，都把目光集中到了幼小的仇荣林身上，不由得想起了老中医给他相面的话来。

"俺这大孙子说不定真有出息呢！"爷爷得意地说。

奶奶点头附和说："这么看来，咱孙子将来肯定不凡！"

为了印证老中医的话，爷爷、奶奶特意抱着仇荣林，到东郭集的一个卦摊上，又给他看了一次相，相面先生也说他生于马年冬月，是沙中金命、云中青马。"甲午金为进神魁气，具有刚明之仁德。秋冬生则为大吉，入贵格则主科场夺魁，沙场立功，有机谋统帅之才。将来定会大有出息。"两位老人虽然听得似懂非懂，却都乐开了花，爷爷说："你听听，两位先生都说咱孙子将来会有出息，看来这是真的了！咱老仇家可是要咸鱼翻身、扬眉吐气了！"奶奶连连点头说："咱有盼头了！有指望了啊！"她抱着仇荣林的脸蛋亲了几下，一脸欣慰和向往。

但，仇荣林的父亲不信。父亲是村干部，认为这是迷信，是哄人高兴的话。尽管他像所有的父亲一样望子成龙，盼望孩子将来能出人头地、光耀门楣，可贫苦的生活和作为农民的现实，让他不敢奢望自己的孩子能有多大出息，他认为老中医和相面先生的话，不过是相面先生的"套路"，是迎合他们的意愿罢了。

祖孙隔代亲

也许因为他是仇家的长孙，也许因为老中医和相面先生说他"有出息"，仇荣林自从出生那天起，就备受爷爷、奶奶疼爱。自从发现他身上捂起褥疮后，奶奶就决定不再参加生产队的劳动，一门心思在家照顾他，晚上也不让他跟母亲睡觉，自己搂着他、照料他。等到母亲的腿疼病好了，奶奶也不让她搂，像个宝贝似的，时刻抱在身上、搂在怀里，时刻不离。等仇荣林长大一点后，白天，爷爷看护他，以便让奶奶腾出空来干些家务活。爷爷对他更是疼爱有加，变着法儿哄他、逗他，引得他咯咯笑个不停。等到稍大一点，爷爷就让他骑在自己的脖子上，到街上去转悠，还故意到人多的地方去炫耀他的大孙子，那个高兴和自豪劲，无不溢于言表。如果有人夸奖几句，他就更加乐不可支。家里有一个算盘，是母亲作为陪嫁带过来的，这个算盘是檀木的，做工精细，油黑发亮，是仇荣林外公的心爱之物，随母亲陪嫁到仇家后，也被仇家作为贵重物品珍藏，很少示人，从不外借。在仇荣林还不会走路时，爷爷竟然把这把算盘当小车，推着他玩，逗他高兴。时间长了，算盘珠子被推掉了一大半，也不心疼。

仇荣林两岁多的时候，村里来了"鸡挑子"，沿街吆喝着卖小鸡。他看着一大筐子毛茸茸的小鸡"啾啾"地叫着，非常好玩，就缠着、闹着让爷爷给他买。那时家里有几只正下蛋的母鸡，根本没有买小鸡的打算，可为了满足孙子的要求，爷爷虽然没钱，仍赊了几只小鸡给他玩。那时，农村人手头都拮据，没有现钱买鸡苗，都是先赊下，等小鸡长大下蛋后卖了钱，再让"鸡挑子"来收账。赊小鸡，是普遍现象，是常态。

左邻右舍听说爷爷买小鸡给孙子当鸟玩，都惊奇地瞪大了眼睛，指指点点、议论纷纷，有说他太娇惯孩子的，有说他不会过日子的。但爷爷不管这些，只要能让孙子高兴，他就乐意。

小鸡带回家后，仇荣林先是蹲在一旁饶有兴趣地观看，接着便开始用手逗着玩，还不时发出"呵呵"的笑声。奶奶看到了，心疼得直叫，爷爷却在一旁乐得哈哈笑。奶奶气恼地数落爷爷："我看你呀，对孙子是要天许半个，你就惯着他吧，早晚得让你惯坏！"爷爷反唇相讥："你也别说我，你比我更惯着他！"奶奶被爷爷顶撞得一时无语，因为她也是最溺爱这个大孙子的，家里有点好吃的，她会给他留着；有了新布，会先给他做衣服；每当仇荣林调皮了，父亲如果凶他，她就会护着孙子说："你不要嚷嚷他，你小时候还不如他呢。"仇荣林的父亲就会不服气地嘟囔："你就会惯孙子，我们小时候，你动不动就打、就骂，从不记得你对我们这么好过。"奶奶就会理直气壮地说："我就惯着他，就疼他，怎么了？！"及至仇荣林十多岁了，奶奶还是搂着他，冬天，说小孩有活力，搂着暖和；夏天，说小孩身子凉爽，搂着不热；总之，不搂着孙子，她睡不着觉。

仇荣林虽然出生在一个贫穷的农家，却是在爷爷奶奶的精心呵护下长大的。

02　辛绪村小景

仇荣林的家乡辛绪村，是山东滕州东郭镇的一个行政村。

相传辛绪村始建于宋朝年间。大徐庄一个徐姓的人家看中此地，迁居于此，取名"新徐"。随后，一户姓辛的人家亦看中此地，来此定居，便改村名为"辛徐"。再往后，又有一户丁姓人家来此定居，可自从丁姓到来后，姓辛的人家便诸事不顺、频出事端，便认为是姓丁的"克"的，"钉克心"，对辛家不利，于是辛姓人家迁走。在之后的数百年里，陆续又有仇、郝、张、梁、李、林、胡等二十多个不同的姓氏人家迁入，并不断繁衍生息，辛徐村渐渐发展成一个大村庄。村名也由原来的"辛徐"演变成现在的"辛绪"。

辛绪是滕州最东部的一个村庄，与山亭区接壤，地处平原，土地肥沃，四季分明，是个非常适宜居住的地方。村前有条河，名为漷河，河北岸有一座大寺庙，叫报德寺，十分有名；村北十里，有一座大山，名为莲青山，山清水秀、风光旖旎，是鲁南地区的一个风景区；村西的小坞沟村，是传说中秃尾巴老李的家乡。

漷河

辛绪村前的漷河，是一条地域性的河流，东起沂蒙山，西至微山湖，连通大运河。都说"世间无水不东流"，这条河却是由东向西而流。河里常年流水潺潺，鱼虾成群。河床里全是沙子，由于常年冲洗，洁净得一尘不染，透过河水看去，像是铺了一层晶莹的大米。虽然是一条小河，这里的河滩却非常宽阔，河两岸野生的芦苇一望无际、浩浩荡荡，甚是壮观，无边的芦苇荡里有很多野鸭子和一些不知名的水鸟，当然也有鱼、虾，还有河水里没有的螃蟹、鳝鱼等。芦苇的外界，是一片高大的树林子，杨树挺拔，柳树婆娑，遮天蔽日，犹如绿幕。

更为独特的是，紧挨水流的河滩上，从地下凸出无数的大小不一的石头，乍看上去，每块石头都是各自独立的，走近仔细观看，却是在地下相连的，露出的石块，只是石峰一角。裸露出来的大石块，由于多年的河水侵蚀和旷日持久的风吹日晒，全部变成了粉白色，远远望去，像趴卧在那里的一群绵羊，当地人也就因其形状似羊而称之为"石羊"，成为数百里漷河独有的一处景观。

大寺

漷河流经辛绪村前，在北岸弯出一片扇状陆地，与村庄相连。这片陆地，从远处顺着河水望去，像是一个水中岛，得风得水，站在此处，满河的风景尽收眼底。"天下名山僧占多，风水之地起庙宇"，在

潮河

这块扇状陆地上，也建有一座寺庙，名为"报德寺"，因其规模宏大，香火鼎盛，地处村南，也被村里人称为"南大寺"。有人说是宋朝所建，也有人说是明朝所建，因为年代久远，已无从考证，只留下一个类似戏文般通俗而又美丽的传说。传说古时有一个大户人家，家境富裕，家庭和睦，积善行德，敬神供佛，有一天，两个小儿子在一块儿打闹戏玩，不慎将家中供奉的诸座神像打碎在地，两个小儿见状，害怕父母责骂，偷偷将打碎的神像碎片全部扔进了粪坑。此后不久，两个小儿便先后害病，并且一病不起，父亲带着两个小儿四处求医问药，吃空药铺，耗尽家财，也不见好转。后来，一位云游僧人路过此地，告诉孩子的父亲，这是得罪了神灵，吃药是没用的，唯一补救的办法就是为神灵重塑金身，并建一座庙宇供奉。父亲听信了僧人的话，变卖家产，筹集资金，建起了这座寺庙。说起来神奇，寺庙落成、众神像开光后，两个小儿竟不治而愈了。为了感谢神灵庇佑，报答神灵的大恩大德，便把寺庙取名为"报德寺"。

初建的报德寺，规模并不大，后经几次扩建、重建，成为方圆数十里最大的寺庙。若从潲河的上游远处望过来，这座寺庙就像建在了河水中央。寺庙规模宏大，气派非凡，寺庙的三间大门雕梁画栋，庄严肃穆，门两旁站立着面目狰狞的哼哈二将，粗大的黑漆木柱上，是朱漆写就的一副对联："一尘不染清净地，万善同归般若门"，横批是："普度众生"。当地人都知道这副对联有一个神奇之处，就是在很远的地方，看不到两根粗大的门柱，却能清楚看到这副对联，哪怕是在大雨滂沱、能见度极低的天气，百米之外，仍然可以看到这副朱红色的对联，这座寺庙因此增添了一层神秘的色彩。寺庙由前、后两进院落组成，前院是主殿，配有东、西厢房，大殿里供奉着普贤、文殊两尊菩萨，两侧是十八罗汉。东、西厢房里供奉的是诸路神仙。院内苍松翠柏，古树参天，院子正中间一棵苍老的松树上悬挂着一口硕大的铜钟，每天黄昏和清晨，便会被值日的僧人撞响，那清亮、悠扬的钟声，能传出几里远。在前院的西南一隅，还有一片塔林，塔高七八米，全是青砖垒砌而成，是为寺庙中几位圆寂的高僧所建。后院是次殿，供奉着送子观音，据说，这尊观音很灵验，有求必应，因此，方圆几十里的人都会前来拜求观音送子，人流如织、络绎不绝，香火十分旺盛。

当年日军侵华时，一队日本兵从此路过，看到这座寺庙后，停了下来。村里人都以为这座古寺会遭到破坏。出人意料的是，只有几个军官模样的日本人进了寺庙，观看了一遍，又拍了几张照片，然后离开了。一向烧杀抢掠的日本兵没有毁坏这座寺庙，人们对此议论纷纷、莫衷一是，有的说是出于敬畏，有的说是寺中的神仙显灵，令侵略者临时改变凶残的心性……无论是哪一种说法，都大大增加了这座寺庙的神秘感，加深了人们对它的敬畏之情。

遗憾的是，它却遭到了本乡人的毁坏。解放初期，辛绪村隶属于城头乡，乡里为了建乡公所和粮库，拆除了这座寺庙，粗大的木料和一米多长的石条全被运走，只留下一片瓦砾和残墙断壁，这座古色古香的千年古寺，被彻底破坏。至今，在城头街上那座废弃多年的破旧建筑里，还能看到从大寺拆下来的木料和大石条。辛绪村利用寺庙这片空地，建起了一所学校，成了教书育人、培养后代的场所，也算物尽其用。仇荣林小时候，就是在这里读书上学。改革开放以后，校舍改造，学校迁址重建，这里建成了一片民宅。辛绪村人的"报德寺""大寺"，彻底不复存在，痕迹全无，只有上了年纪的人，还记得旧址罢了。及至今日，每当健在的老人提起"大寺"，都还为之惋惜不已。

牛王庙

村庄的北面，有一座牛王庙。规模虽然没有村前的报德寺大，却是滕州东部唯一的一座为"牛王"建的庙，很有名气。据说，是辛绪村的一个财主所建。传说财主家养了十几头牛，每到农闲时，便让长工去村外放牧。财主嫌每天把牛赶回家里来，拉了粪便还得再往地里运，就让长工和牛一起在野外地里过夜，一直到冬天才允许回家。没想到，等到冬天，长工赶着牛群回家时，却发现原来十几头牛，经过一个秋天的野外放牧，增加了好几头小牛。连续几年下来，他家牛的数量急剧增加到几十头。财主迷信地认为，这是"牛王"为他家送来了这些小牛。为了感激"牛王"，便在经常放牛的地方，出资建起了这座"牛王庙"，每逢初一、十五，便来烧香、供奉。时间长了，村里养牛的人家，也都前来供奉。慢慢地，这座牛王庙，有了名气，也有了灵气，前来供奉的人多了起来。名气虽然不如村前的大寺，也是辛绪村的一景。后来，随着大寺等古建筑的毁坏，牛王庙也就随之而被毁坏了。如今，只有一些年长的老人，还偶有提起。

石林

村庄的东北处，有一大片石林。这在平原地区，是极为独特的地貌，全县境内，辛绪村独有。石林呈长方形，南北长约千米，东西长约五百米，矗立的石柱密密麻麻，高者三五米，低者不足一米，高低起伏、错落有致。走进石林，仔细观看，每个石柱又不相同，有的粗大，有的细小，有些石柱竟然长成一些动物的模样，有的像羊，有的像牛，有的像鹰……形貌各异，千姿百态。石柱与石柱之间的空地上，见缝插针长满了野枣树、槐树、榆树等，就连石柱的顶端和缝隙里，也有一些植物顽强地生长，把这片石林装点得生机盎然、朝气蓬勃。石林的正中间，有一块很大的青石板，石板上有一行"脚印"，那脚印硕大，长约半米，深浅不同，但方向一致，人们解释不了大自然的鬼斧神工，于是便有了杨二郎担山在此歇脚的传说。说是西北方向的两座谷山，便是杨二郎担过来的，石林中的脚印，是二郎神留下的，那片石林，是所担谷山掉下来的碎石。于是，这片石林就被赋予了一层神话色彩，也有了来处。到了二十世纪六七十年代，农村兴修水利工程，公社把这片石林作为采石点，周围几个村都来此采石头，每天都有上百人聚集于此，上午打炮眼、破碎大石块，大锤、小锤叮当作响；下午则是炸石的炮声不断，石块满天飞。没多久，那片石林便被炸平，消失了。后来，村里人零散用石头，就沿着石柱的根部往下挖，直把那片高高的石林挖成一个大坑，后来填平种了果树。如今，上面成了辛绪淀粉厂的厂区。

大水坑

让人记忆深刻的，还有村里的几个大水坑和石头街。那时，几乎每个村里都有几个水坑，但多是零散分布，而辛绪村的水坑，则像一条被串起来的珍珠，依次排开。水坑，是家庭用土挖成的，建房垒土墙用土，垫猪圈用土，于是同姓家族便划出一块地来专门用土，时日久了，便挖成了坑，并且越挖越大。水坑，是以家族的姓氏命名的，比如张姓家族挖出的水坑便叫张家坑，李家的叫李家坑。辛绪村子里面有七八个水坑，以仇家坑最大。由于村庄的地势东高西低，每到雨季，东边的雨水便会向西流去，先是进入胡家坑、张家坑，通过街道流入李家坑，最后流入仇家坑，由仇家坑流入潺河。一个个大小不一的水坑，宛若村里储水的袖珍水库，而沿途的街道，在雨季便成了河道。

石头街

从李家坑到仇家坑那一条东西街道，是一条石头街。街面全由青石铺成，平时为道路，雨季为河道，一街两用。由于年深日久，整条街道的青石被踩踏得异常光洁，泛着幽幽的青光，颇有江南古巷的韵味。沿街的人家，门前都有一个石台，每到饭时，便端出饭碗来沿街而食，一边吃着，一边说着，交流信息，传递感情，其乐融融，浓浓的乡情洋溢在整条街道。每到雨季，汹涌的雨水会从村东边沿街而来，石头街便成了河道，因此也叫水街。由于雨水流经几个水坑，坑里的鱼儿成群结伙随着流水游出来，沿着街道的雨水顺流而下，每到这时，村里的人们都会跑到石头街上来逮鱼。没有专业的渔具，就拿杈头、筛子，男男女女，老老少少，拥满整条街道，有人大呼小叫、一惊一乍，有人神情兴奋、目光专注，那场景，让人兴奋而又难忘。遗憾的是，白云苍狗，岁月流转，石头街也与石林一样，消失在了流逝的岁月里，留在了村人的记忆里。

戏台

石头街的北边，还有一个石头垒砌的戏台，虽然不大，也不如大寺出名，却是全村人娱乐的场所。每到春节前后，村里一些戏曲爱好者便自发组织起来，在此演戏。戏为当地流行的柳琴戏，男的唱腔粗犷、嘹亮，女的唱腔婉转悠扬、余味无穷、勾人心魂，因此也叫"拉魂腔"。每年秋收后，也会请民间艺人来此说评书、唱扬琴。平日里，则是孩子们玩耍的场所。

戏台的西面，是一片柳树林，因地势低洼，为一块湿地，每到夏季，地面上有无数细小的泉眼，咕嘟咕嘟往上冒水，因此不能种庄稼，只适合生长喜阴的柳树。

仇家坑

石头街的最西边，便是仇家坑。

仇家坑是全村最大的水坑，有十几亩的水面，呈椭圆形，常年有水，最深处五六米，坑沿上生长着一排大柳树，像是守护水坑的卫士。大坑里常年有水，水源是上天的雨水。沿街流入的雨水夹杂了尘土、垃圾等很多脏东西，每当雨后，大坑里的水就会变脏，但用不了多久，水里便会生出很多红色的微生物，密密麻麻，似满天繁星，很快把坑里的脏水净化得清澈透明、干干净净，因此，坑里虽是一潭死水，却始终是清洁干净的。小时候的仇荣林经常在坑里捉了鱼、虾，活蹦乱跳地就生吃下去，也不会闹肚子。

夏天，成群结伙的孩子，来此洗澡、游泳，有顽皮的孩子也会爬到坑沿的大柳树上跳水，会跳的还好，不会跳的，从高高的柳树上平拍在水面上，会把肚皮拍得通红，疼得直咧嘴，仍然乐此不疲。

到了冬天，水面上结了冰，这里便是孩子们滑冰的天堂，会滑冰的，矫健轻盈；不会滑的，刚起步就摔得四仰八叉，但用不了几天，就会成为滑冰的行家，一下子能滑出七八米远，那种飞一般的感觉，妙不可言。站着滑、蹲着滑，双腿滑、单腿滑，原地转圈，花样百出，各展所能。也有的孩子在冰面上抽陀螺、推铁环……热火朝天，叫喊连天，寒冷的天气里，能玩出一头汗水来。大人怕孩子到冰面上玩耍危险，就管束着、看护着不让往坑里跑，可孩子们总会趁大人们不注意偷偷溜出去。年少的仇荣林就是家长看不住的孩子，如果父母看得紧了，不让他出去，他就背起权头，借口说是去挖坑泥。每到冬季，坑里的水位下降，坑沿上沉淀的污泥便会裸露出来，人们便去挖坑泥，回家垫猪圈，积攒土杂肥。父母见他去为家里作贡献，就会允许他出去。到了坑里，就是一阵疯玩，玩累了，他别出心裁地坐在权头里，让其他孩子推着他滑冰。等到快天黑的时候，他就会匆忙刨上一些坑泥，回家交差。春天，气温渐渐变暖，坑的北面因为阳光照射，冰层融化变薄，已经承受不了人的重量，所有的孩子都在有房屋遮阳的南部滑冰，唯独仇荣林好强，他偏要从冰层厚的南部向冰层薄的北部奔跑，一次顺利过去了，就给大家演示第二次、第三次，结果踩破了冰层，掉进了冰冷的水里，把棉裤全部弄湿，怕回到家里受父母责骂，就找来些干柴，点起火堆，把棉裤脱下来烤干，才敢回家。在脱下棉裤烘烤期间，屁股和两条腿冻得青紫，浑身直打战，算是自食其果。尽管这样，仍是不接受教训，第二天仍然还在冰面上奔跑，继续操练、演示他总是失败的"轻功"。

坑嘴子

仇家坑还有一个副坑，也叫"坑嘴子"，与主坑相连，是主坑里的水流入漷河的通道。"坑嘴子"长约百米，宽七八米，水层较浅，里面有鱼、虾，还有野生的莲藕与芦苇。

每到夏天，仇荣林便带着一帮孩子来这里捉鱼。他们先是用坑泥筑堰，把水面隔成一个"口"字形，然后用脸盆、水瓢之类的工具，将堰里的水泼出来，等把水泼得将尽时，坑里的鱼儿便裸露在坑底，不停地摇摆、打挺，这时，就能轻松把堰里的鱼全部捉到手。仇荣林就是这样"竭泽而渔"的发明人和组织者，他先是瞅准哪片水域鱼儿多，然后带领大家用坑泥筑起泥堰，之后与大家一起往外泼水。有时候，他让大家往外泼水，他则一个人去芦苇墩子里抓鳝鱼、逮螃蟹。"坑嘴子"里芦苇不是连片生长的，而是一墩一墩的，顺着"坑嘴子"一路排开去，每个芦苇墩子底下都有鳝鱼窟、螃蟹洞，仇荣林是捉它们的行家，每次都有不小的收获。等大家把泥堰里的水泼干了，可以捉鱼的时候，他就会跑过来，带领大家一块儿捉鱼。捉上来的鱼，全部放在一起，仇荣林平均分给大家，就连他自己捉的鳝鱼和螃蟹，也跟大家平均分。因此，大家都愿意跟着他。

石板桥　　在"坑嘴子"上还架有一座石板桥，那是村里人西去的一条大通道，由于地势开阔、风凉水便，每到夏日的晚上，附近的村民都到这里来凉快，有的拿着马扎、端着茶水，喝足了水、凉透了身子，再回家睡觉；有的干脆带凉席来，就在这里睡觉，有时，半夜下起雨来，赶紧拎起凉席往家里跑。这里成了人们夏夜的聚集场所，也是人们谈天说地、说书讲故事的地方。仇荣林的家就在附近。每天晚上，吃罢饭就早早来这里，他并不仅是为贪图凉快而来，更是来听故事的，村里几个有点文墨的人总喜欢讲自己看过的、听过的故事，讲故事的往往学大集上说书的，讲到关键地方就打住不讲了，"且听下回分解"，吊人胃口。好奇的仇荣林迫切地想知道后面的情节，就跑回家里偷来父亲的烟，收买人家，让人家"再讲讲后面的故事"。其他人听故事，纯是听热闹，听过了就听过了，并不走大脑，而仇荣林听后，总是有这样那样的为什么。有时，把讲故事的人也追问得直挠头。这些故事，无非就是《三国演义》《西游记》和"秃尾巴老李""牛郎织女"之类的民间故事，却极大地开阔了这个少年的眼界和心智，培养了他爱思考的习惯。

03　亲人小记

在全国，仇姓，不是大姓，而在辛绪村，仇家却是旺族。

据史料记载：仇姓源自殷末三公之一的九侯，即九吾氏。夏代时，九吾氏为诸侯，商代立国号九。商末，纣王无道杀九侯，其族人纷纷外逃，避居各地，为防被追杀，以九吾国名中的"九"字旁加一人，以"仇"为姓氏，世代相传至今。

仇姓为春秋时期宋国的大夫仇牧之后。据《左传》记载：仇牧是春秋时期宋缗公的大夫，听说一个叫南宫万的奸臣要刺杀宋缗公，急忙前去救主，可惜去得迟了，等他赶到宫中，宋缗公已被南宫万杀死。在宫殿门口，仇牧与南宫万相遇，举剑便杀南宫万，为宋缗公报仇，可惜的是，南宫万一方却把仇牧当场杀死。仇牧死后，他的儿子仇仲为了躲避南宫万的报复，带着家人逃到了宋国的一个附庸国隐居起来。因此，仇牧以及后人被视为忠义的楷模。

仇姓在历史上人才辈出，东汉时期有仇台，笃于仁义；宋代有诗人仇博，聪颖博学，十三岁时为其父亲建造的至乐堂作《至乐堂记》，被文坛领袖苏轼叹为"后生可畏"；元代有仇远，是一代儒学大师；明代有大画家仇英、大孝子仇养蒙；清代有名士仇兆鳌等……

据 2013 年统计，仇姓在全国约有 40 万人，全国排名 232 位，主要分布在江苏、山东、浙江、湖南、内蒙古、四川，占仇姓人口的半数以上，而江苏仇姓人口占全国仇姓人口的三分之一，为仇姓第一大省。

据仇氏家谱记载：辛绪村的仇姓，即仇荣林的家族，与北辛街道后荆沟村的仇家、山亭区冯卯镇欧峪村的仇家，为同宗的老三支，辛绪仇家为长支，后荆沟村为二支，欧峪村为三支，以辛绪村的人丁最旺，目前已有近 500 人。

滕州仇姓始祖彪公，明初，定居于安徽滁州定远，以漕运起家；二世祖忠公，因有功于朝廷，封为左使爵位；五世祖鸾公被奸臣严嵩所害后，族人害怕严嵩迫害，便四处逃散至周边各地。分别定居于山东滕州、微山、鱼台，安徽砀山，江苏丰县等地。逃至滕州的仇氏后人，定居于姜屯镇，村名"仇官庄"，后来，不知出于什么原因，有仇姓三兄弟从仇官庄一起迁走，老大迁到辛绪村，老二迁到后荆沟村，老三迁到欧峪村，经过数百年的繁衍生息，三支人烟都发展成为村里的大姓。

辛绪仇姓家族世代均为农民，既没出过大儒、名人，也没有人做官，连个富人也没出过，都是默默无闻地生活着，因此，在辛绪仇氏家谱中，只是流水账式地记载了一代又一代的人名罢了。

祖父爱捕鱼

在仇荣林的记忆里，只有他爷爷和父亲是具象的、鲜活的，至于以上的先辈，都是抽象的，他没有任何感知，只不过是一串名字而已，就连高祖父仇殿彬、曾祖父仇锡明，也都是空洞而遥远的。仇荣林记得爷爷仇心广，是个大高个，大嗓门，时常叼着一个烟袋，脾气非常好，总是乐哈哈的，几乎没见他生过气，更没与人闹过矛盾，人缘非常好。爷爷除了去地里干农活之外，最大的爱好就是捕鱼。村前的漷河，常年流水不断，鱼虾成群，是爷爷最常去的地方。一有空闲，爷爷便拎着自己织的渔网，去河里撒网捕鱼。爷爷捕鱼，属于无师自通，极有天赋，拿起渔网，便能随心所欲地撒开去，想撒成圆的就撒成圆的，想撒成椭圆的就是椭圆的，即使桥洞下，他也能把渔网撒进去。爷爷不仅手上撒网的功夫好，还有一双识鱼的眼睛，哪块水面下有鱼，他一眼就能看出来，因此，爷爷捕鱼的效率也是非常高的。

捕鱼，是爷爷唯一的爱好，也是他的特长。

最能体现爷爷本领的，是每年夏天河里发洪水的时候。每到雨季，从东部沂蒙山区汹涌而来的滔滔洪水，顺着村前的漷河奔向西边的微山湖，每到这时，微山湖里的鱼儿就会成群结伙地逆流而上，沿着河水向上游一路游过来。等洪水稍稍平息后，是捕鱼的最好时机。爷爷就组织村里喜好捕鱼的人，联手到河里撒网捕鱼。这是爷爷发明的一种独特的捕鱼方式。他们每个人都带着一把自制的"丁"字形板凳，把"丁"字长长的"一竖"插进河床里，十几个人拦着河道一字排开，静静地坐在"丁"字板凳上，等着鱼群的到来。从微山湖逆流而上的鱼，是成群结伙过来的，鱼群与鱼群之间有间隔。在等待鱼群到来的期间，他们十几个人谁也不说话，好像怕惊动了即将到来的鱼群，其实大家是为了养精蓄锐，只等爷爷一声令下，全力捕鱼。爷爷是大家的号令者、指挥者，因而这时的爷爷不会像其他人那样漫不经心，他全神贯注、目不转睛地盯着远处的水面，看到鱼群上来，他会沉声说一声："上来了，准备！"然后一挥手，十几个人立马打起精神，一起向鱼群撒网，一个鱼群便几乎被他们网尽。半天忙下来，每个人都会有不小的收获，少者十几斤，多者几十斤，并且都是一二斤重的大鱼，不像平时捕到的都是些小鱼小虾。回家后，一时吃不了，就用盐腌一腌，然后晒成鱼干，留到冬天吃。

爷爷网上来的鱼大多是微山湖的鲤鱼。而微山湖的鲤鱼是全国独有的一个品种，有四个鼻孔。这种鲤鱼不仅肉质鲜美、营养丰富，更为重要的是民间有种说法：凡是求学的孩子，吃了四个鼻孔的鲤鱼，就会心智大开、学业有成、百考百中，鲤鱼跃龙门。因此，每当爷爷从河里捕了鲤鱼回家后，有孩子上学的人家，就会上门来索要。爷爷总是有求必应，很慷慨地送给人家。因此，爷爷也落得一个好人缘。

爷爷捕鱼到了痴迷的程度。1949 年以前，爷爷家穷，只有几亩薄地，每年收的粮食不够吃，因此粮食对他们那个家庭来说，非常珍贵。那一年，他们家小麦收成很好，一家人不辞辛苦地收割到场里后，从邻居家借了一头大黄牛，让年轻的爷爷去轧麦子。爷爷便牵着大黄牛去了麦场，一手牵着拉碌碡的黄牛，一手扬着鞭子，转着圈子轧麦子。正轧着麦子的时候，村里有人路过，对他说：河里涨水了，有鱼了。爷爷听了这话，当即扔下牛缰绳，跑回家里，拿起渔网，就去河里捕鱼。家里人看他回家拿渔网，知道他是去捕鱼，齐声阻止他：正是麦收的大忙季节，怎么能丢下刚收到场里的麦子不管不问而去河里捕鱼呢？可爷爷像是没听到家人的话，直奔河里而去了……这件事，在周围几个村里传开后，都当作笑话来谈论，爷爷却毫不在意，依然痴迷于捕鱼。奶奶经常说他："你是生错了地方，要是生在西边的微山湖，一准是个湖猫子！"爷爷却笑着说："湖猫子有什么不好的？天天能撒网，顿顿有鱼吃，那多好啊！"说着，脸上竟会涌出向往之情。

爷爷兄弟四人，结婚后分家时，家里只有两位宅子，只能兄弟两人共摊一位宅子，爷爷和弟弟两个人分到了三间破草屋，兄弟两个一人一间半。爷爷、奶奶以及父亲兄弟五个，一家七口人，就挤在这一间半草屋里，仍然乐呵呵的。

爷爷一生共有九个孩子，五男四女，其中三个女儿不到一岁时就夭折了，另一个女儿长到七八岁时，也染病身亡；五个儿子倒是无病无恙、身体健壮，很快长大成人，因为家里穷，养不起，不得不把老大、老二和老三先后送去当兵。在那兵荒马乱的年月，但凡是有一点办法的家庭，也不会送孩子去当兵的，可家里太穷了，不去当兵就没活路。没想到三个儿子当兵走后，都杳如黄鹤、一去不返，直到新中国成立后，也是音讯全无、不见踪影，估计是不在人间了。因此，爷爷虽然生了五儿四女，最后活下来的也就有老四、老五两个男的，老四就是仇荣林的父亲仇玉堂，老五叫仇玉连，仇荣林的叔叔。

也许是因为虽有九个孩子却只活下来两个的原因，也许是爷爷天性就喜爱孩子，也许是他性格豁达，他对两个孩子从来不打不骂，也没有更高的要求，只愿他们健康成长、平安生活即可。仇荣林的父亲结婚后，他对这个儿媳妇特别满意，把她当成亲闺女对待，特别疼爱。仇荣林出生后，家里没钱买猪蹄、母鸡之类的东西给儿媳妇补充营养，又想让儿媳妇补补虚弱的身体，更怕儿媳妇因为缺乏营养而导致奶水不足，委屈了刚出生的大孙子，他开始天天下河捕鱼。仇荣林出生时，季节已到了阴历十一月底，眼看着就进入腊月了，天气已经很冷了，河面上开始结了薄薄的一层冰，并且又是枯水期，根本不是捕鱼的时候。可为了给儿媳妇补身体，为了他的宝贝大孙子有奶水吃，爷爷在不是捕鱼的季节下河捕鱼，往往一天下来，费尽工夫，也只能带回家几条小鱼。但爷爷并没有放弃，依然坚持天天下河。村里一些年轻媳妇，无不羡慕仇荣林的母亲找了个好人家。

在仇荣林出生的第二年，也就是 1955 年，那年闰三月。按照当时的风俗，逢闰月的年份，出嫁的闺女要给娘家送布匹或衣服。可他们家太穷了，根本没钱买衣服，爷爷愁得直转圈子，奶奶就说："咱儿媳妇腿疼，躺在床上不能走路，就是有钱买衣服，也不能去送。咱就借这个理由，充一次孬，等以后再给亲家送。"母亲也说："俺娘家知道咱的家景，今年就不要送了，他们不会生气的。"可爷爷不愿意"充孬"，坚持非送不可，爷爷郑重地对奶奶说："这是儿媳妇嫁到咱仇家的第一个闰月，别人家都送，咱家怎么能不送呢？咱不能充这个孬，再穷也不能充孬，送，一定要送，必须得送！"可家里没钱，拿什么去买衣服或布匹呢？爷爷想找点能卖的东西去卖，可家里唯一能卖钱的几只老母鸡，都给儿媳妇炖汤喝了，再也没有能卖钱的东西了。爷爷在家里转了几圈，眼睛一亮，对奶奶说："我到河里网两条鱼送去。"奶奶听了哭笑不得，撇了撇嘴说："俺没听说闰月送衣服，有谁家闺女去送鱼的。"爷爷说："送鱼虽然不如送衣服好看，总比不送强，也是咱的心意呀。"于是，爷爷拿出他的渔网下河了。正是三月初，天气虽然开始转暖，却还春寒料峭，又是枯水期，河里的鱼很少，偶尔能捕到的，也都是小鱼，根本没法送人。可爷爷似乎较上了劲，非要捕上两条拿得出手的大鱼不可，那些天，他不顾寒冷，天天下河。几天后，爷爷还真捕到了一条几斤重的大鲤鱼！村里几个喜爱捕鱼的同行，都感到奇怪，问他在哪里捕到的这条大鱼。爷爷笑而不语，引得人们胡乱猜测。爷爷本想再捕一条，凑两条一块儿送去，好事成双嘛，可他知道再捕到一条大鱼，不定是哪天了，担心这条鱼放久了不新鲜，就决定先把这一条鱼给亲家送过去。

爷爷把那条鲤鱼用一根红线绳穿过鱼鳃系好，让儿子代儿媳妇给亲家送去。不知是嫌礼物轻，还是觉得人家都送衣服，他却送鱼，有点不伦不类，仇荣林的父亲不愿意去。爷爷再劝也不去。后来爷爷用手抹了一把脸，说："你不去，我去！"竟然不顾身份，自己拎起那条鲤鱼，给亲家送去了。一时在几个村里被传为佳话。

爷爷对孙子更是疼爱得无以复加，仇荣林还在襁褓中的时候，爷爷每天都要从奶奶怀中抢过来抱一会儿；等到能坐起来的时候，他就用算盘当小车推着玩，逗他乐；满周岁的时候，他就让仇荣林骑到他脖子上，满街去玩，去显摆他的大孙子；三四岁的时候，爷爷就给他讲故事，给他手工制作木手枪、木陀螺、铁环等玩具；六七岁的时候，爷爷就带他去河里捕鱼。之前，爷爷捕来的鱼，都是放进挂在腰间的篓子里，自从带上仇荣林后，每次他还会再带一个水盆，把捕上来的小鱼放到里面，让他逗着玩。年幼的仇荣林便逗着盆里的小鱼玩得兴高采烈，一会儿嘿嘿笑起来，一会儿又嗷嗷乱叫，一惊一乍，引得爷爷不停地回过头来看他，每每看到他兴奋的样子，爷爷脸上就会绽放出温馨而又幸福的笑容。有时，仇荣林也会光着脚丫在沙滩上跑着玩、打滚，用潮湿的沙子垒房子、垒沙人，有时也会在沙滩上挖坑，等着水从下边涌上来，然后趴下就喝，爷爷怕他喝了拉肚子，不让他喝，他却故意和爷爷对着干，就偏要喝，弄得爷爷哭笑不得而又无可奈何。玩疯的时候，他也会趁爷爷不注意，悄悄跑到岸边的芦苇荡里去玩，荡里的芦苇非常稠密，由于芦苇的阻挡，鱼儿游不快，他就在里面捉鱼玩，有时，还能捡到几个鸟蛋，看到成群的鸟儿。爷爷一眼看不到他，就会放下手中的渔网，在河滩上四处找他，喊他，他明明听到了爷爷的叫声，却故意不答应，让爷爷着急。爷爷见河滩上没有，便到树林里去找，到芦苇荡里来寻，爷爷一边用手分开稠密的芦苇，一边搜索寻找，有时，爷爷找到他身边了，他就缩着身子躲在一旁，不让爷爷看到自己，直到爷爷急得叫声里带出哭腔了，他才会突然出现在爷爷的面前，想"吓爷爷一跳"。爷爷看到他，既喜又气，扬起巴掌要打他，但只是把他的大巴掌扬起来而已，并不舍得真打下来。爷爷牵着他的手，一边往外走，一边交代他："以后可不许这样吓唬爷爷了，快把爷爷的魂吓掉了！"又威胁他说："如果以后再往芦苇荡里钻，爷爷就不带你来了。那里边不光有鱼、有鸟，也有老猫猴子，红眼绿鼻子，专吃小孩子！"

有时，爷爷还带着仇荣林去河边的大寺去玩，给他讲大寺的来历和传说，讲大寺的奇特之处，讲各位神仙的分工和法力……仇荣林对大寺的了解，几乎都来源于爷爷。

童年的仇荣林，跟着爷爷度过了一段欢乐的、无忧无虑的美好时光，遗憾的是爷爷没能陪他长大，没能看到他后来的成功，当然他也没能孝顺爷爷。

在仇荣林八岁那年的夏天，爷爷照例带着他去河里捕鱼，往常，他都是跟在爷爷的身后，有时也和爷爷"比谁跑得快"，欢快地跑在前面。那天，他不知怎么了，突然要让爷爷背着他。爷爷犹豫了一下，蹲下身来，慈祥地看着他，为难地说："爷爷老了，背不动你了。咱慢慢走，好吗？"还不太懂事的仇荣林脱口问道："爷爷，是不是人老了，就是快要死了？"爷爷的脸色变得凄楚起来，缓缓地说："是的，人老了就得死。你看爷爷已经背不动你了，活不多久了。"仇荣林听了，不高兴了，噘起小嘴说："我不让爷爷死，我要让你天天带着我去河里捕鱼，天天带着我玩！今后，我不惹你生气了，也不跑到芦苇荡里吓唬你了，你别死，行吗？行吗？"边说边用手使劲地摇晃着爷爷，直把爷爷晃得东倒西歪，差点坐到地上，爷爷把他揽在怀里，无奈地说："爷爷也想陪着你长大，看着你成家立业，跟着你享福，可爷爷没这个寿限啊！"仇荣林就问："寿限是什么？"爷爷解释说："寿限就是寿命。"仇荣林懂了，就说："爷爷不死，等我长大了，背着你，行吗？"爷爷听了，泪水忍不住流出来，动情地说："好，爷爷不死……我的好孙子，好孙子……"

那次对话不久，爷爷就去世了。那年，爷爷 64 岁。

父亲像个不倒翁

由于家境贫穷，父亲仇玉堂小时候给人家放牛。爷爷把前面三个儿子送去当兵，家里人口虽然不多了，可仍然穷得吃不上饭，为了不挨饿，便把四儿子仇玉堂，也就是仇荣林的父亲，送到本村一个张姓地主家放牛，地主家只管饭，不给工钱。那时的父亲才十多岁，因长期营养不良，长得瘦弱矮小，像个七八岁的孩子。父亲每天天一亮就起床，赶着几头牛去村外放牧，天黑回来后，还要把牛栏打扫干净，才能吃饭。吃饭和长工一起，吃的是地瓜干煎饼和咸菜，根本没有油水，只能不挨饿罢了。有时，因为打扫牛栏，错过了饭时，东家就给他两个煎饼，让他带回家吃。懂事的仇玉堂把煎饼带回家后，谎称自己在东家已经吃过饭了，把那两个煎饼省下来给家里人吃，自己饿着肚子睡觉。有时，父亲还故意错过饭时，为的是省下两个煎饼带回家。

那个地主家也有几个孩子，与仇玉堂的年龄差不多，大的十二三，小的七八岁，兄弟几个在仇玉堂面前有一种天生的优越感，经常故意没事找事地让仇玉堂弄这弄那，把他指使得团团转，如果他不听，就变着法儿欺负他，吃着人家的饭、端着人家的碗的父亲，只得逆来顺受、忍气吞声、任人欺负。因此，父亲的童年是辛酸的、勤苦的。

新中国成立后，出身贫穷、为人正派的父亲，当上了村干部。那年，父亲刚满二十岁。几十年来，书记和主任换了一茬又一茬，父亲像个不倒翁，一直在村里当干部。这不是因为他有权术，也不是因为他强悍，而是缘于他正直、能干、任劳任怨，且包容性强，与谁都能合得来，对任何人都没威胁，在群众中又有威信，谁都想和这样的人搭班子。因此，谁上台当书记，都想拉着他一块儿干。在辛绪村，父亲是个公认的正派人、好人、热心人。

每年冬天，村里会派一批民工到东山里"出河工"，去修建"岩马"水库。多年来，父亲一直是辛绪村出河工的队长，并且每年都是先进，领一面锦旗回来。出河工是一个苦活，其他干部都不愿意去，村里就派"好说话"的父亲去。父亲之所以愿意去，一是因为村里"决定"让他去，他必须服从，他是个听话的干部；二是能挣一份工分，还可以为家里省下一个人的口粮，一举两得的事。

父亲虽然只是大队里一个委员，一个配角，但他却非常认真负责，比书记、主任还要忙，每天早早起床，带领社员下地干活，中午回家吃了饭就走，很多时候，晚上也不能按时回家，不是开会，就是谁家有事找他帮忙，通常很晚才回家。在仇荣林的记忆里，父亲的大半生都是为村里忙碌的。到九十年代，父亲年龄大了，便按照镇里的规定，从村委退下来，被安排到村淀粉厂工作，负责收购玉米。淀粉厂虽然是村办企业，经过几年的发展，成了一个大企业，每天要收购几百吨玉米，有五个收料员，父亲是负责人。在人们眼里，这是一个肥缺。前来送玉米的，多是些粮食贩子，都希望在验收的时候，把自己的玉米等级抬高一档，少扣除一点水分，或者在过磅时，多计一些分量。如果满足他们的要求，当然就会有相应的好处费。这是尽人皆知的潜规则。可父亲从不答应这样的要求，有一是一，有二是二，不照顾谁，也从来不故意降低谁的等级，一视同仁，公正公平。也正因为这样，淀粉厂才让父亲当负责人。父亲在这个位置上，一直干到八十岁，厂里看他年龄实在太大了，才让他退下来。仇荣林早就不想让他干了，可一是因为淀粉厂不舍得放他走，二是父亲的身体很健康，劳作惯了，不想闲着，而收购玉米是个轻巧活，就是看看磅秤，管理好手下几个人，根本累不着，才让他一直干了下来。

父亲也像爷爷一样，身材高大而健壮有力，性格开朗、心地善良、勤劳本分。退下来之后，闲得难受，还想找点事干，可家里的责任田转包给别人了，地里没活干，家务活他又不会干，并且全由母亲和妹妹包了，他也插不上手，就整日闲着。

那时，父母和仇荣林住在一起，住的是新建的四间小洋楼。为了让父母安度晚年，父亲退下来后，他特意在房子里安装了空调、暖气，冬天不冷，夏天不热，为他们创造了一个舒适的生活环境。可父母两人都适应不了空调，连电风扇都不能吹，一应电器成了摆设。有一年，仇荣林去欧洲几个国家考察，发现欧洲的民用建筑几乎都是厚达半米的墙壁，这种墙壁保温和隔热效果好，房间内冬暖夏凉。他受到启发，决定把自己的房子拆掉，建成欧洲那样的厚墙壁房子。可父亲不让，原因是那套房子刚建好不久，并且还是全村最好的，拆了，纯属浪费。仇荣林再三做工作，父亲也不同意。后来，他想了一个主意，把他们两位老人送到亲戚家去"过几天"，趁他们不在家的时机，把那四间楼房拆掉了。父亲回家后，看到好端端的四间小楼被拆了，知道上当了，非常生气，先骂他是鬼迷心窍、浪费钱财，后骂不知是谁给他出的坏主意。仇荣林被父亲责骂，也不生气，按照欧洲墙壁的厚度，重新建起了一座别墅，室内全部用实木进行了精装修，真正实现了冬暖夏凉，让父母居住。通过这件事，仇荣林的孝心，可见一斑。父亲的节俭和随遇而安，也得以体现。

仇荣林忙于自己的企业，没有时间照顾父母，就把妹妹仇光芹从厂里抽调过来，他发工资，让妹妹在家专职照顾他们。

可父亲是个闲不住的人，别墅也不愿意待，每天吃完饭就往仇荣林的厂里跑，总想帮着干点零碎活。可看到仇荣林的企业里，每个岗位上都有人负责，根本插不上手，无事可做的他，就在厂区里四处转悠，这里看看，那里瞧瞧，当看到产销两旺时，他就高兴得笑眯眯的，如果看到产品积压了，就以为是滞销了，就一脸愁容、唉声叹气，直替儿子发愁。仇荣林不想让父亲一会儿高兴，一会儿忧愁，怕情绪波动太大对他身体不好，就安排保安不让他进厂。

父亲一生劳碌，既不会像其他老人那样玩牌、闲聊，也不会养花种草，连酒也不喝。自从仇荣林不让他进厂后，他彻底清闲了，劳碌了几十年终于歇下来，过上了悠闲的生活，要么到村外、到河边去转悠，要么聚到老人堆里去说说话。每当见到他，村里人都对他表现出格外的敬重和羡慕，敬重他的人品，羡慕他有一个幸福的家庭。他比仇荣林的爷爷长寿许多，终年 87 岁，2019 年去世。

父亲比爷爷长寿的原因，一是生活条件好，吃喝不愁，日子顺心；二是他的四个儿子和一个女儿都已成家立业，过得都很好，满堂儿孙都不让他操心、担忧，特别是长子仇荣林，让他欣慰、自豪，活得愉快、满足。可以说，老人家度过了一个幸福而荣耀的晚年，他是非常知足地离开这个世界的。

母亲的言传身教

仇荣林兄妹五人所受到的家庭教育，几乎都来自母亲。

其实母亲对他们的教育也不多，因为她既要参加生产队的劳动，又要操持一家人的吃、穿，整天忙得不可开交，哪有时间和精力去教育孩子呢？那时候，生计，是一家人最重要的大事。仇荣林记得，每天晚上，把几个孩子打发睡觉后，母亲就把他们的衣服逐件拿过来，帮着逮虱子，看到衣服破烂了或者开缝了，再给缝补一下。这一遍做完后，要么一针一线地纳鞋底、纳袜子底，要么坐在纺车前纺棉线，总之，不到深夜，母亲不会睡觉。直到仇荣林是五年级的学生了，身上穿的还是母亲手工做的衣服，粗布衣、粗布鞋，"土"得掉渣，已经爱美的仇荣林多么渴望能穿上一身洋布衣服、黄球鞋啊！可在那时，对于很多家庭来说，这是一个很难实现的奢望。

若不是为家庭生活所累，母亲是最有能力，也是最会教育孩子的人。母亲出生在一个乡绅家庭，算得上大家闺秀。母亲名叫闫绍荣，娘家在东边的冯卯镇青石村，小时候家里有上百亩地，几头耕牛，两个长工，住的是前后三进院落，家里有纺织和卷烟两个手工作坊，十几个工人，在当地算得上一个富裕人家。母亲的爷爷，仇荣林的曾外祖父性格开朗，不爱操心，整日游玩，人送外号"闫神仙"，单从这个外号上就能看出他的日子过得多么悠闲、自在，多么惬意快活了！仇荣林的外祖父，读过几年私塾，会背《诗经》，熟读《论语》，写得一手漂亮的毛笔字，算盘打得出神入化，很少有人能及，每到年关，村里人找他写春联，他欣然应允，往往从腊月下半月，一直写到除夕；附近一些在城里有生意的大户人家，来请他帮忙算账，虽有报酬，他却从不答应。他是个古道热肠而又蔑视权贵的人，"安能摧眉折腰事权贵，使我不得开心颜"。他不缺吃、不缺穿，不愿意伺候有钱人。后来，国民县政府的人来"请"他，他不敢拒绝，却又不愿意去"事权贵"，就躲起来避而不见，没想到躲过初一、躲不过十五，最终还是被"请"了过去，在县政府当差，不久又被派到徐州，给一个当官的亲戚家当账房先生。外祖父走后，"神仙"曾外祖父像个甩手客，既不操持地里的农活，也不管理两个作坊的经营，整天吃喝玩乐、胡乱挥霍，加上兵荒马乱的年月，偌大的家业很快被败光，闫家变成一个破落户。当时，家里人都骂曾外祖父是个败家子，对他既气又恨；等到新中国成立后"土改"时，家里没有被划成地主成分而挨批挨斗，一家人又说幸亏曾外祖父败了家。

1948 年，闻名中外的淮海战役打响后，被围困在徐州城里的百姓纷纷外逃。当账房先生的外祖父也趁机往外跑，还没出城，在一座桥洞附近，被一颗流弹击中大腿，顿时血流如注，疼得嗷嗷大叫。他被一位外逃出城的好心人用地排车拉到医院救治，可医院里挤满了受伤的官兵，根本无人顾及他，最后因流血过多而死。

那一年，母亲十二岁。没有了家产，没有了父亲，老老小小的五口人相依为命，光景一下子由天上掉到了泥潭里，凄凄惶惶，艰难度日。曾外祖母和外祖母只得靠给人家缝缝补补、洗衣浆衫，维持一家人的生活。刚满十二岁的母亲也不得不放下小姐的身段，整天跟着忙碌。母亲从那时开始知道了日子的艰难和岁月的沉重。

母亲十七岁时，嫁到仇家，十九岁生下仇荣林。母亲虽然年轻，却知道教育孩子的重要性，她像所有的母亲一样，希望通过自己的言传身教，让自己的孩子将来成才、成器，从而不再像她这代人那样生活得艰难。可繁重的生产队劳动和永远也做不完的家务活，让她根本没有时间和精力来教育孩子，只能任由其发展。加上爷爷和奶奶溺爱，不许她管教，仇荣林基本上算是自然成长起来的。

仇家五兄妹

仇荣林兄妹五人，他是老大，三个弟弟一个妹妹，三个弟弟依次是：光柱、光具、荣强，一个妹妹最小，叫光芹。按家谱，仇荣林是"光"字辈的，荣林是他的乳名。

因为"荣林"这个名字有深意，仇荣林上学时，父母就没按族谱中的"光"字辈给他取名，而是在他的乳名前加了个姓，当了大名。后来，二弟、三弟和小妹妹，又都按"光"字辈分取了名，四弟又顺着老大的"荣"字取名。这样，兄妹五个，三个人按辈，两个人没按辈取名，所以就有了荣林、荣强和光柱、光具、光芹不同的叫法。

仇光芹不是仇荣林的亲妹妹，而是姨家的女儿，是他姨妹。母亲只生了他们兄弟四个。母亲觉得只有四个儿子、没有女儿，似乎不完美，就和父亲商量，把自己妹妹刚出生的一个女孩抱回来，当闺女抚养，以便老了有个贴心的"小棉袄"照顾。那时，仇荣林的姨家有五个女孩子，正愁着喂养不过来，便很爽快地把出生不久的小女儿"送"给了他们家。这样，既解了姨家女儿多的忧愁，又满足了仇家想有个女儿的愿望，双方称心如意、皆大欢喜。

虽然父亲是村干部，但因为孩子多、劳力少，生活很困难。在靠工分吃饭的年代，他们家是分粮最少的人家之一。有一年，麦子刚收割到麦场里，下了十几天的连阴雨，垛在麦场里的麦子无法脱粒、晾晒而发霉、发芽，等天晴脱粒后，生产队挑拣好麦子交了公粮。往年，分粮食按"人七劳三"的计算方式，即人口数占七成，工分占三成；而那年的分粮方式变了，变成了"人三劳七"，分粮食时工分占的比重大了，仇荣林家里只有父亲和母亲能劳动，挣的工分少，分的粮食当然也就格外少。去领粮食的母亲看看别人家都扛着整口袋粮食回家，而他们一大家子人只分到了几十斤，仅半口袋多，不由得心酸、伤感，忍不住流泪了，对跟着她去领粮食的仇荣林说："你看看，咱就领这几十斤麦子，一大家子人可怎么吃呀？还不够塞牙缝的呢！"因而在那一年，他们家很少能吃到白面，大多是玉米、高粱、地瓜干。其实粗粮也不够吃，只能半菜半饭，菜是白菜、萝卜等。仇荣林记得他们家吃得最多的菜是苤蓝，一到秋后，他们家几乎顿顿是苤蓝，清水煮苤蓝丝子、苤蓝块，直把人吃得看到就反胃，闻到味就想吐。直到今天，仇荣林仍然不吃苤蓝。

为了细水长流，到了冬天和春天时不挨饿，精打细算的母亲，每次做饭都是定量的，锅里下多少糊涂面子，饭桌上拿出几个煎饼，都是计划好的。怕几个不懂事的孩子乱抢着吃，母亲在家里实行"分餐制"，把每个人的那一份都分好，各吃各的，谁也别想多吃，更不能抢占他人的。只有对父亲，母亲不给他定量，让他敞开了吃，因为父亲是家里的大劳力、顶梁柱，一家人要靠他挣饭吃，不能亏了他的身子。但母亲对父亲的这种照顾，是以自己少吃为代价的，每到吃饭时，她总是找借口忙家务，不盛自己的饭菜，留在锅里，等父亲吃饱了，剩下多少她吃多少。父亲看出了母亲的一片苦心，总是把母亲的那一份留在锅里，有时留的还多。苦难中的夫妻是最能互相体贴的。

妹妹仇光芹刚从姨家抱过来时，没有奶粉、麦乳精之类的营养品喂她，最好的食品就是鸡蛋和大米。家里喂了几只鸡，下了蛋也不舍得全部给她吃，还要拿出一部分去集上换些吃盐打油的零花钱，喂她的主食是大米。每到做饭时，母亲就拿出一个纱布缝制的小袋子，装上一小撮大米，放进锅里，等稀饭煮好了，大米也熟了，取出来喂妹妹。每当这时，兄弟四个人都目不转睛地盯着母亲手里白生生的大米，闻着大米散发出来的香气，馋得直流口水。那时候，吃，对他们来说，是最大的问题，也是最大的诱惑。

家庭的贫穷，让母亲变得勤劳而又精打细算。为了不耽误到生产队里挣工分，一家人的吃、穿等家务活，都是晚上去做。每天晚上，收拾完家务、打发几个孩子睡下之后，母亲就会坐在昏暗的煤油灯下，赶做针线活，一家人穿的衣服和鞋，全是母亲一针一线缝制的，从没买过。就连做衣服的布也不买，都是母亲纺了线置换来的。家里有一台纺线车子，母亲用纺线车子纺了棉线，到东边的城头街上换来老粗布，在村里染坊染了色，然后做成衣服。母亲手巧，纺的棉线细而均匀，做的衣服合体，鞋子合脚。因此，常有邻居来找母亲帮忙剪裁衣服、"替鞋样子"，母亲虽然很忙，却不从拒绝给别人帮忙。父亲热心，母亲善良。

仇荣林八九岁的时候，经常在睡梦中被母亲叫醒，帮着她去干活，要么是去碾上轧糊涂面子，要么是推磨、烧鏊子。家里的那盘石磨太过沉重，往常都是父母两个人一块儿推，可母亲心疼父亲，觉得他干一天活了，想让他睡个好觉，就拉仇荣林帮她。轧糊涂面子，半夜三更到街上去，母亲一个人害怕，也拉上仇荣林和她做伴。而滚煎饼，没有人烧鏊子是不行的，因此母亲都会叫上他帮忙。到碾上轧糊涂面子还好一点，用不了多长时间，回来还可以接着睡觉，若是推磨、滚煎饼，就是一个马拉松的活，不到天明是完不成的。每当要滚煎饼时，头天晚上，母亲把半袋子地瓜干泡上，等到夜里零点左右，地瓜干泡软了，母亲就把熟睡的仇荣林从床上拉起来，一块儿去磨"糊子"。正是贪睡年龄的仇荣林，常常推着磨就能睡着了，把怀里的磨棍掉下来。而在母亲滚煎饼的时候，坐在鏊子前烧火的仇荣林，更是容易睡着。看到孩子才八九岁，母亲虽然心疼，却也不得不一次次叫醒他。每当这时，母亲就会找孩子感兴趣的话题，不停地和他说话，有时还给他讲故事，让他别打瞌睡……

为了多挣点工分，母亲像男劳力一样很少旷工，家里的活全是晚上来做，很多个夜晚，幼小的仇荣林一觉醒来，总是看到母亲还在昏暗的油灯下穿针引线地忙碌着，在他的记忆里，母亲总是有干不完的活，也总是一脸疲倦。

尽管母亲日夜忙碌，父亲不停劳作，家里依然贫穷，常年过着食不果腹的生活，特别是全国最困难的那几年，饥饿像魔鬼一样死死地缠绕着人们，又像幽灵一样在大地上游荡。为了吃，人们想尽了办法，用尽了智慧，把能吃的东西都吃了个遍，春天吃野菜，冬天吃烂地瓜、烂菜叶子。仇荣林记得，每到深秋初冬的时候，母亲便会带着他去地里拾萝卜缨子、刨白菜疙瘩。拔萝卜的时候，人们往往会把老的、烂的萝卜缨子扔在地里，母亲就捡回家来，用开水烫了，一把一把捆起来，挂在墙上晾晒干，留到冬天吃。那种萝卜缨子，吃到嘴里，几乎全是纤维，不仅没有营养，还难以下咽。每到北风起、将要结冰时，各家私留园里的白菜就要铲回家，人们大多只把长在地上面的白菜铲下来，把根部的疙瘩留在地下，母亲就带着他去刨回家，留到冬天吃，切碎了，用热水焯了，加上一点豆扁子烀熟，虽然有点异味，但面乎乎的，比萝卜缨子好吃多了……

04　少年时光

"顶门杠"的诱惑　　　　日子，在父母的操劳下，一天天过着，艰难而又悠长。

　　每年冬季，仇荣林的父亲就会按照上级要求，带着村里上百口人去东边山区修水库，因为这是个出大力、流大汗的苦活、累活，集体统一管饭，每天中午这顿饭，每人给一个半斤的白面卷子，因为有营养、抗饿，大家叫它"顶门杠"。父亲总是舍不得吃，或者只吃一半，悄悄攒起来，等回家的时候，带给几个孩子和老人吃。因此，每年冬天父亲走后，仇荣林兄弟四个人都盼着父亲回家。有时，仇荣林也会带着三个弟弟去找父亲，步行二十多里路，为的就是到河工食堂里去蹭一顿饭。父亲看到他们来了，就会慷慨地把他们带到食堂吃一顿。菜是白菜、萝卜，用猪油炖的，吃起来特别香，饭是白面卷子，但一人只一个，如果吃不饱，就只有窝头和地瓜。虽然没有大鱼、大肉，兄弟几个人都吃得狼吞虎咽、津津有味，他们都是抱着大吃一顿的心来的，明明吃饱了，却还要犟着往下吃，直到把肚子撑得圆鼓鼓的，实在吃不下去了，才心满意足地停下来。每次看到他们贪婪的吃相，父亲总是忍不住一阵心酸。饭后，父亲把他们带到工棚里，拿出自己多日来攒下的白面卷子，让他们带回家。送他们走的时候，父亲都会再三叮嘱他们今后不要再来了，父亲是干部，带着自己的孩子来食堂吃喝，怕人家说他利用职权搞特殊，还怕家里不知道他们的去向而担心。回到家里，仇荣林会把带回来的白面卷子交给母亲两个，让她喂妹妹，再给奶奶一个，其余的藏起来，然后有计划地分给三个弟弟吃，三个弟弟就经常跟在哥哥的后面讨好他。等吃光了，弟弟们又会缠着他去找父亲。

渔虚篓子和乏筒子袄

为了能满足肚子和味蕾的需要，仇荣林还会自己找荤腥解馋、补充营养，小时候的仇荣林会爬树、能上墙，特别"猴"，十几米高的大树，他噌噌噌一会儿工夫就能爬上去，用马尾巴的细丝弄成个带活扣的圈圈，套知了，回家用油煎了吃，既脆又香。春秋天，没有知了可套，他就爬到屋檐下摸麻雀，那时的屋墙都是土坯垒的，土坯与土坯之间有拇指大小的缝隙，他就用手捏着上面的土坯，脚趾蹬着下面的坯缝，像壁虎一样紧贴着屋墙，上下、左右移动，顺着屋檐摸麻雀，回家后用稀泥巴糊上，烧了吃，做法像"叫花鸡"。父母知道他整天爬高，怕掉下来摔着，每次见他带回来知了、麻雀，就黑着脸凶他，他总是自信地说自己有把握，摔不下来。见他不听，父亲有时会把他弄来的知了或麻雀扔到门外去，馋猫似的弟弟们便会悄悄地到门外捡回来，母亲见孩子们馋得可怜，便不顾父亲生气，帮着弄熟，看着他们吃。每当看到孩子们吃得香甜无比的样子，母亲眼里总是闪出泪光。

到了十多岁的时候，仇荣林开始下河捕鱼，不知是仇家基因遗传，还是受了爷爷熏陶的缘故，他对捕鱼非常有兴趣。村前的漷河和村里的水坑，为他捕鱼提供了广阔的用武之地。仇荣林捕鱼的本领，是小时候跟爷爷学的，也有无师自通的成分。没有渔网，力气小，也撒不开渔网，他就用自己的方式去捕鱼。每到夏天，他先是带着一帮小伙伴，到仇家坑的"坑嘴子"里，在水中筑堰，围成一个方块，然后泼干里面的水，"竭泽而渔"。等把"坑嘴子"里的鱼捕捉一遍之后，他便自己下河捕鱼，带上爷爷留下的"渔虚篓子"，找水流缓慢而又水深的地方，把渔虚篓子放下去，等着鱼虾们自投罗网。在等待期间，他就钻进芦苇荡里去捉鸟、捡鸟蛋、摸螃蟹、抓鳝鱼。芦苇荡里有各种水鸟栖息繁殖，有水鸟蛋或刚出壳的幼鸟，只要被他发现，便是他囊中之物，他带回家后，把鸟蛋用火烤熟，兄弟几个人共享；幼鸟留下喂养，期望像喂小鸡一样把它养大，留着玩，可幼鸟天生性子野，几天便会死掉。更多的时候，他在芦苇荡里摸螃蟹、捉鳝鱼，鳝鱼一般不在水里，大多待在洞里，找到鳝鱼的两个洞口后，就用两只手分别堵在洞口两端，一只手在洞的一头搅拌，受到惊吓的鳝鱼就企图从另一端逃跑，而堵在另一端的一只手正好把它抓住。鳝鱼身体滑腻，一般人很难抓住，但仇荣林非常得法，他不是用手掌去攥它，而是用几根手指把鳝鱼绞住，直行的鳝鱼被绞成 U 形，就无法逃脱。摸螃蟹，则是把手直接伸进洞里抓出来，螃蟹虽然不像鳝鱼那样滑腻，但容易夹破手，每到夏、秋天，仇荣林的手指因为摸螃蟹而被夹出好多伤口，但他依然乐此不疲。因此，爷爷虽然不在了，他们家里仍然能时常吃到鱼虾、螃蟹之类的腥荤。

但这只是杯水车薪，根本改变不了挨饿的现实。因此，在仇荣林童年的记忆里，很少有吃饱的时候。"没挨过饿的人，是不知道那种滋味的。顿顿吃不饱，天天饿肚子，长此以往，不仅是生理上的饥饿，还有精神上对饥饿的恐慌，而精神上的饥饿，比生理上的饥饿还要可怕。"仇荣林后来回忆说。

那时，不光吃不饱，也没有衣服穿。只有过年的时候，才给他们做一身新衣服，布料是自制的老粗布，平时穿的衣服，全是父母的旧衣服改做的，仇荣林穿小了，给二弟穿，二弟穿小了，给三弟，到了穿在四弟身上的时候，布料已经麻花得不成样子了，几乎全是补丁。冬天的棉袄、棉裤，不仅外表是旧布料，里面的棉花也是陈年旧棉花，如果家里条件好一点，到城头集上弹一弹，变得松软些，但更多的时候是没钱去弹，直接把黑黑的、板结得像饼子一样的旧棉花直接套成棉衣，也没有贴身内衣，就穿一个"乏筒子"棉袄过冬。由于没有替换的衣服，加上整个冬天不洗澡，兄弟几个人身上都生虱子，每天晚上，母亲会坐在油灯下，帮他们逮虱子，衣服缝里和补丁处，爬满了虱子，母亲用两个拇指盖把它们逐个挤死时，发出叽叽的响声，弄得两个指甲盖一片血红。

羊肉汤的喝法

仇荣林上学后，每年冬天，父亲让他去城里洗一次澡。学校放了寒假，临近过年的时候，父亲从水库工地回家，给他一块钱，让他进城，两毛钱洗澡，两毛钱喝羊肉汤，剩下的六毛钱买些酱油、醋，过年用。那时的仇荣林虽然很馋，但他从不舍得买羊肉汤喝，而是省下两毛钱买几个"洋茄子"带回家，给三个弟弟吹着玩。及至三个弟弟陆续上学后，父亲就让他们兄弟四个人一块儿进城。因此，每年放了寒假后，兄弟几个人都特别盼着这一天。等父亲发话了，他们天不亮就起床，步行进城。村子距县城三十多里路，要走四五个小时，他们不仅不觉得累，反而是步伐矫健、神情兴奋，一路上叽叽喳喳说着这样那样的话题，看着路边不是風景的風景。

到了縣城，第一件事是洗澡。在進澡堂之前，有過在縣城洗澡經驗的仇榮林，會給三個弟弟交代一番注意事項。弟弟們一邊點頭答應，一邊迫不及待地走進去。待找到位置，脫下衣服後，兄弟四個人發現自己身上都是一層厚厚的灰垢，就有些自慚形穢、窘迫難當，怕被城裡人看到了笑話。可看看周圍並沒有人注意他們，便縮著身子、抱著肩膀快步走進浴池。霧氣騰騰的浴池裡人頭攢動、聲音嘈雜，彌漫著一股難聞的酸臭味。池子裡擠滿了人，他們不得不從人縫裡擠下水池，找個能容身的地方，把整個身體泡進漂浮著一層灰垢的水池裡，再也不好意思露出來，怕別人看到了他們身上的灰。等到在水裡把身上的灰搓得差不多了，才敢稍稍起身。在那種場合，他們兄弟幾個人把農村孩子在城裡人面前的自卑和難堪充分體現出來了。

從澡堂出來，他們就會按照計劃好的路線，來到一個叫“勝利橋”的國營飯店裡，花四毛錢買兩碗羊肉湯，兄弟四人分著喝。兩碗羊肉湯端過來後，仇榮林就到附近的桌子找兩個空碗，分成四份。兩毛錢一碗的羊肉湯，本來肉就很少，再分成兩份，就更加少，只有薄薄的幾片，所謂羊肉湯，也就是有羊肉味的湯水罷了。為了照顧最小的四弟，仇榮林總是和四弟兩人共分一碗，他幾乎把碗裡的肉都撈給了四弟，自己只留下一兩塊當“幌子”，好去盛湯。那時，人們的飯量都大，怕有些人，特別是農村人買一碗票，沒完沒了地喝湯，規定每碗票只能再續兩碗湯，並且是碗裡有肉才給盛湯，因而每個喝羊肉湯的人都不會一次把碗裡的肉吃光，總要留下一兩塊當“幌子”。羊肉湯端過來後，兄弟幾個便拿出帶來的煎餅，泡進碗裡，狼吞虎嚥，直吃得頭上冒汗、肚子鼓圓，才心滿意足地離開。

出來飯店，他們會沿著“洋街”一路向北，走進百貨大樓。所謂的大樓，也就是三層樓而已，但這已是縣城裡最高的建築了。走進大樓裡，仇榮林首先購買醬油、醋，這是父親交給他的任務，也是他們這次進城的理由，他必須完成。之後，他們上到三樓，買上十幾個“洋茄子”，兄弟幾個一邊吹著，一邊在大樓裡亂逛，這裡瞅瞅，那時瞧瞧，處處新鮮，滿眼驚奇。年幼的四弟，則一趟一趟來回爬樓梯，從一樓到三樓，再從三樓到一樓，累得滿頭大汗才戀戀不捨地離開。來到樓下，仇榮林就用剩下的幾毛錢，買一根“甜秆”（即甘蔗）

带回家。路上，他们一边吃着甜秆，一边谈论着他们的见闻和感受。

"洋茄子"赚了两块钱

回到家里后，兄弟几个，特别是年幼的四弟，会吹着"洋茄子"满村子显摆，引得一些孩子跟在屁股后转，有的孩子跑回家，哭着闹着让父母去买。有的父母被孩子纠缠不过，就到仇荣林家里，央求"让给"一个。仇荣林就大方地"让给"人家一个。有的人说句感谢话就走了，有的人讲究，给他五分钱。"洋茄子"在城里二分钱一个，来到家里却有人给五分钱，仇荣林看到这是一个挣钱的机会，偷偷向母亲要了两块钱，到城里买来一百个"洋茄子"，回村卖四分钱一个，结果挣了两块钱，利润翻倍。母亲高兴地说："你看咱家荣林，这么小就会挣钱，将来准是个生意人！"父亲不屑地说："咱家自从老辈就没出过生意人。他这是碰巧了。不能因为挣了两块钱，就说他能成生意人。"母亲说："正因为没出过生意人，祖祖辈辈才受穷啊！人家都说从小看大、三岁看老，我看咱家荣林将来肯定是个会挣钱的人！"父亲说："我也不盼他将来能挣多少钱、有多大出息，将来能老实本分地当个庄户人，就行了。"

父亲说的是心里话。父亲待人宽厚，对自己的孩子要求也不高，在他的头脑中，只要孩子长大后能娶妻生子，安安稳稳、踏踏实实地过日子，别不务正业、惹是生非，遭人唾骂就行了，根本没有望子成龙的奢望和要求，因此，他像仇荣林的爷爷一样，对孩子基本上不怎么管教，而是任由其自然发展，属于"放养"。父亲从没像其他父母那样，对孩子进行励志教育，要求孩子将来怎么样，就连做人的道理他都很少讲。一方面由于父亲在大队里忙，主要还是由父亲随遇而安的性格决定的。对于一个祖辈都没出过人物、连吃饭都成问题的家庭来说，对孩子寄予太高的希望和要求，无异于痴人说梦、空中楼阁，是很不现实的。父亲从来不抱这样不切实际的幻想。

一张电影票

那时，农村的文化生活极度贫乏，看场露天电影，是一件让人渴望而又兴奋的事。听说哪个村里放电影，人们都会成群结伙跑去看，七八里远的地方，也会跑去看。有时，电影放到半场，下起了雨，淋成落汤鸡。有时，误传某村有电影，慌慌跑过去，再无奈地回来，有人看到跑去的人回来得早，就知道白欢喜一场，故意问：看了什么新片？空跑一趟的一伙人也不恼，嬉笑着答：白跑路的战士。有些电影，看了好多遍，台词都能背下来，照样乐此不疲，看得津津有味。如果是个新片，更是乐不可支，看后会谈论好多天。

仇荣林小时候和很多孩子一样，是个电影迷，七八岁的时候，就跟在大人身后到外村去看电影。每当听说自己村里有电影，太阳还没落山，便早早地搬着板凳和几个小伙伴去"占窝"。等放映员来了，便围着人家询问今晚放什么电影。若是新片，便充满期待地盼着电影早点播放；若是老片，便会和小伙伴们在一起复述其中的情节和台词。

那年秋收后，县电影队到村里来放映新片《三打白骨精》。因为是新片，这次到村里来播放，不是开放式的，谁来看都可以，而是卖票，八分钱一张。村里没有影院，便把一个生产队院封闭起来，凭票入场。仇荣林为了不买票看上这个新片，趁着还没封闭院子的时候，和几个同学早早来到队院的地瓜秧堆下、麦穰垛里藏起来，等到放电影的时候出来。没想到生产队干部识破了他们的伎俩，临到检票入场前，拿着杈子把地瓜秧堆、麦穰垛挨个刺一遍，然后再反复拍打，把藏在里面的几个孩子全部清理出来。他们几个人藏了半天，每个人都在地瓜秧下、麦穰垛里闷得脸色赤红、一头汗水，硬被逼出来、打出来，心里很是懊恼，个个垂头丧气。

仇荣林回到家里，一家人正在吃晚饭，母亲本想数落他两句，见他面色沮丧，到了嘴边的话就没说出口，催促他快点吃饭，晚上帮她推磨。他却坐在那里不去盛饭，也不说话。已经提早吃完饭的父亲看穿了他的心思，说："你是不是想去蹭电影，被人赶出来了？"仇荣林说："是，我想看电影！"母亲说："咱吃盐打油都没钱，哪有闲钱看电影啊！"父亲板着脸说："你要是有钱，就买票去看。没钱的话，就在家帮你娘推磨！"说罢，父亲起身出去了。仇荣林倔强地大声说："我没钱，可我就是想看这个电影。老师还让我们写作文呢！"已经走到院子的父亲听他这样说，站住了，犹豫了一会儿，转身回到屋里，把一张白纸条扔给他："你去看吧！"那时，家里没有电灯，昏暗的油灯下，仇荣林看到父亲扔过来一张白纸条，以为是父亲糊弄他，有些气恼，看也没看，捡起那张白纸条撕碎了，扔到地上。父亲见他把纸条撕了，不由得啊了一声，生气地出去了。

第二天早上，仇荣林捡起地上的碎纸片，拼起来，看到那是一张盖着红公章的"优待票"！但为时已晚，后悔莫及了。

事后，他才知道，父亲也是非常想看那部影片的。当他看到仇荣林把那张"优待票"撕了，既心疼又可惜。那天晚上，父亲来到放电影的队院门口，转了好长时间。检票的两个人当中，有一个是他们村的，知道他有票，不检票就想让他进去，他却没好意思，就在队院门口站着听了一会儿里面的声音，然后郁郁地回家了。

从那一张电影票，仇荣林知道了父亲虽然对他少言寡语、不苟言笑，心里对他却是非常疼爱的。

父亲说他爱逞能

仇荣林的小学和初中都是在本村上的。

他九岁入学。那时，农村的孩子都是这个年龄入学。

因为相信老中医和算命先生所说的他将来是个有出息的孩子，从入学那天起，奶奶和母亲就对他寄予了很高的期望，反复叮咛他不要贪玩、好好学习，将来考上大学，走出农村，领粮票、拿工资，甚至当干部，让自己有个幸福的未来，也为老仇家增光添彩、光耀门楣。临近开学的时候，母亲特地为他做了一身新衣服和新书包，衣服仍然是老粗布的，书包虽然是母亲用从缝纫铺里找来的碎布头子拼接的，但母亲手巧，把一个书包拼接出了图案，花花绿绿，五彩斑斓，像个艺术品，很是好看。背到学校，同学们都羡慕不已，仇荣林自然是得意扬扬、一脸自豪。

老师是本村人，知道仇荣林聪明，也对他寄予厚望，想把他培养成一个出类拔萃的好学生，成为自己的骄傲，因此对他格外关心、照顾。小学的前两年，仇荣林确实没有辜负老师的期望，成绩一路领先。可到了三年级时，那场史无前例的运动轰轰烈烈到来了，国家废除了高考制度，考学无望，仇荣林一下失去了学习动力，对学习开始不感兴趣，变得茫然，没有了目标。当其他同学结伙去批斗老师的时候，他就去操场上打篮球；有时，上课的时候，他也会跑到学校前的潆河里去捉螃蟹、逮鳝鱼，累了，就一个人静静地坐在河边，看着远方，目光迷茫而悠远。

那时，只有早晨和上午到校，下午不去，家长就会让自家的孩子去地里割草或者干家务活。仇荣林也不例外，吃过午饭，就得背起草权子去割草。可出门后，他不会直接下地，而是像其他孩子一样，直奔村里的大水坑，一头扎进水里，肆意地玩起来。多数孩子选择去仇家坑，因为这个坑在村外，远离父母的视线，不容易被发现，再就是这个坑大，水面开阔，能充分施展自己的游泳特长。几十个孩子泡在水里，吱吱哇哇，花样百出，各展本领。有人比谁游得快，有人比谁游得远，有的比赛扎猛子，把鼻子一捏、眼睛一闭，沉到水底，半天不见踪影。有的孩子沉到水底后，只顾游得快，被坑底的石头撞破了头，也不去包扎，找一把老屋土，往伤口上一按，止住血了事。那时的孩子都泼皮，喝了坑里的水也从不拉肚子，撞破了头也不发炎。仇荣林最喜欢潜水扎猛子，却从没在水下被撞过头，原因是他在水下睁着眼，看着前面，因而，每次从水里上来，他的眼睛会因坑水的浸泡而红红的。有时，他们还会爬到坑边的大柳树权上，高空跳水，会跳的，身体垂直入水，不会跳的，身体平拍到水面，把肚皮拍得通红，疼得直咧嘴，怕同伴笑话，也不敢叫疼，并且还会接着跳。很多时候，玩得忘了时间，看到太阳西沉了，才想起还有割草的任务，便匆忙钻到附近的玉米地里，割几把草，回去交差；也有的孩子干脆把草权子往水里一湿，直接回家，父母问起，就说交到生产队里换工分了。生产队里收青草喂牛，为了省水省工，所收的青草必须是清洗过的。为了多些重量，在坑里洗完青草后，都会跑步去交草，目的是能多兜住一些水分。有一年暑假，仇荣林每天和一帮孩子在水坑里疯玩，一点草也没割，每天到了天快黑的时候，把草权子往水里一湿，再找几棵青草塞到权头缝里，回家后，父母看到权头是湿的，并且还挂着草，就信以为真，便随口问一句：今天交了多少斤？他就随口说了一个斤数，蒙混过关。可到了假期结束，父亲发现他一个夏天只往生产队里交了很少的青草，又联想到冬天让他去拾粪，他竟然到石塘坑里弄一些黄泥，用手做成大便状，回家糊弄，等到出粪时，父亲才发现他一直在捣鬼！他这两起弄虚作假的事，把一向宽容的父亲气得脸色铁青，狠狠打了他一顿。那是他长到十多岁以来，父亲第一次打他。打得很重，屁股红肿了好几天。

那时的孩子，没有玩具，没有连环画，没有电视和手机，学校又不注重学习，除了帮家里干点零活、割点草，剩下的大把时间，就是疯玩。夏天游泳、捕鱼，冬日里白天滑冰，晚上跑到街上捉迷藏，三九寒天里能跑出一身汗来；春秋天里，他们还会"推铁环""打蜡子""赶蛋"……白天常常玩得忘了回家吃饭，让父母满街去叫喊；晚上玩到半夜也不回家睡觉，让父母揪着耳朵扯回家……用大人的话说是"一群撕皮拉肉的野孩子，成天不进家。"因为贪玩，挨打是经常发生的事。

仇荣林的初中，也是在本村上的。那时的初中，已不叫中学，而改叫"农中"，学制两年不变，但教学方式和内容有了本质的改变，不以文化课为主，而是以学农、务农为主。各个大队都有试验田，生产小队也有，学生大部分时间都去田间搞"农田实验"。

不愿意学习的仇荣林，对"农田实验"产生了兴趣，除了按老师的要求进行"实验"外，他还利用父亲当干部的"特权"，自己另搞"课题"，进行密植、套种等实验，虽然没搞出成果，却让公社的农技员刮目相看，夸他是个有创新能力的学生。父亲不以为然，则说他是"爱逞能，净搞另样的"。

仇荣林崇尚科学、善于钻研、喜欢动脑的特点，在那时就表现出来，只是没人注意罢了。

贩梨到济宁

仇荣林农中毕业后，回到家里，开始参加生产队劳动。繁重的农活，让他这个十六岁的少年吃不消，但他性格要强，从不叫苦，从不旷工。村里人都夸他踏实能干，以他为榜样教育自己的孩子。

其实，仇荣林虽然"踏实能干"，但他并不是安于现状，他心里时常思考着自己的将来，自己的人生。虽然他知道一个农村孩子下学后，就得到地里干活，这是农村人的宿命，可是，如果像父辈们那样，把自己捆绑在土地上，当一辈子农民，他又不甘心。农村的落后和家庭的贫穷，让他总想寻找一条出路，让自己活得体面一点。那时的仇荣林已经长成一个翩翩少年，知道爱美了，却连一件像样的衣服都没有，他渴望着像家里有钱的青年人那样穿得有模有样，在人前有一份自信、一份优雅。

那年秋天的午饭后，仇荣林一个人到河边上去想心事，到了河边的时候，遇到了正在闲逛的杨兴广和高文义。三个人就沿着河沿边说边走，不知不觉走到了几里外的辘辘村。辘辘村盛产黄梨。梨树都是几十年的老树，结出的梨既脆又甜，很有名。仇荣林看到黄澄澄的梨子挂满枝头，心情一下子兴奋起来，对两个同伴说："听说这里的梨特别好吃，咱向人家要几个梨尝尝吧？"高文义说："咱又不认识人家，能给咱吗？"仇荣林说："我去试试。"说罢，走进梨园，和正在摘梨的果农套了几句近乎，说自己口渴了，想要几个梨吃，果农很慷慨地让他们："随便吃！"三个人便很高兴地到树上摘了梨吃起来，仇荣林咬了一口，果汁满口，既脆又甜，不禁夸道："这梨真好吃！"果农却叹着气说："好吃也没用，正愁着卖不出去呢！"仇荣林听了，觉得奇怪，就问怎么回事。果农说今年丰收，五分钱一斤都不好卖。仇荣林听说这么便宜，便和高文义、杨兴广商量买一车去贩卖，搞一次"投机倒把"。可是，三个人都没本钱。正巧，杨兴广的姑姑嫁在辘辘村，他们便让杨兴广的姑姑担保，赊了一千斤梨。没有运输工具，仇荣林跑到东郭街上小姨家借了一辆地排车，拉着直奔济宁城。他们之所以没去滕县县城，而去百里之外的济宁，是仇荣林的主意，他认为济宁远离山区，又是地级城市，到那里肯定好卖。

三个人兴奋地拉着一车梨，刚走到离他们村不远的罗庄村时，天黑了，并且下起了蒙蒙细雨。三个人便在路边一个已经收摊的简易茶炉棚子下避雨，顺便吃点东西，忙活了一下午，三个人都是饥肠辘辘。可是，因为匆忙，没带吃的，附近又没有卖的。正要派一个人回家去拿，杨兴广的父亲骑着自行车追来了。他听说杨兴广三个人去济宁贩梨，却没带吃的，也没带秤，便借了两杆秤，拿了一包煎饼，给他们送来了。

杨兴广的父亲看到天黑了，又下着小雨，想让他们回家住一晚，明天一早再去。仇荣林坚持连夜赶往济宁，明天一早销售，理由是梨子多放一天，怕不新鲜，也损失分量。于是，三个人吃了煎饼，连夜奔往济宁。

当他们走到邹县石祥镇的时候，发现有一个检查站，虽然是深夜了，却亮着电灯，几个"市管所"的人正在盘查过往的行人、车辆。他们看到"市管所"的几个人查了两辆"投机倒把"的地排车，一边训斥着，一边把地排车拉进院里。仇荣林三个人看到有检查的，便远远地停在黑暗处，不敢前行了。高文义懊恼地说："咱第一次'投机倒把'，要是被查去没收了，可就倒霉了！要不然，咱回去吧？"仇荣林说："这车梨是咱赊人家的，回去怎么办？难道再退给人家吗？"杨兴广问："你说怎么办？"仇荣林挠了挠头："等一会儿看看吧。"于是三个人就在离检查站百米远的黑暗处等下来，十几分钟后，"市管所"的几个人看看路上没有过往的行人，大概是觉得深更半夜不会有多少"投机倒把分子"过往，就想回屋里休息一下。仇荣林看到机会来了，小声对其他两人说："把鞋脱掉，闯过去！"杨兴广和高文义明白了仇荣林的意思，麻利把鞋脱掉，拉起地排车碎步小跑，悄无声息地通过了检查站。跑出几百米远，回头看了一眼，"市管所"的几个人又出来了，但没有发现他们！他们利用这一会儿工夫，及时地闯过了检查站。

到了济宁，天已大亮，三个人吃了带去的煎饼，来到一个大桥旁边的农贸市场。因为不知道卖多少钱一斤合适，停下车后，仇荣林装作买主，在市场上转了一圈，询问了价格，然后开始叫卖。为了展示自己的梨既脆又甜，每当来了顾客，仇荣林就当场用手掰开一个梨，让对方品尝。顾客看到梨能用手掰开，知道很脆，品尝一口，果然很甜，就会买上几斤。但是，由于卖梨的多，加上人们手头拮据，拉去的一车梨，卖了四天，才卖光。

他们虽然挣了钱，但夜里住最便宜的车马店，白天买面条煮了吃，不舍得花。

一车梨卖完后，他们算了一下，竟然赚了三十多块钱！三个人都很高兴，在济宁城游玩了半天。在仇荣林的提议下，他们用挣的钱，到百货大楼买了三块蓝布和三个毛领子，准备给每个人做一件"毛领子袄"。这是当时最时尚的一种服装。自从下学后，仇荣林就非常渴望冬天能穿上"毛领子袄"，可他知道，家里买不起。这次贩梨挣了钱，他决定不交给父母，先把自己武装起来，让人们看到他是个"体面"的青年，也为将来找对象做铺垫。

回村后，他们三个人把买来的蓝布和毛领子悄悄放到裁缝铺，然后才回家。怕父母看到他们把挣的钱为自己买衣服了而生气。

其实，他们三个从未出过远门的少年四天没回来，父母正担心呢！当仇荣林进了家门，母亲一脸关切地问个不停，父亲却板着脸说："胆大妄为！几个小孩子竟然敢往济宁去贩梨！走丢了，也没人找你！"仇荣林听出来，父亲嘴上说得生气，其实心里还是挺赞赏他的，就得意地说："我是去做生意挣钱呢！"父亲仍然板着脸问他："财迷！就知道挣钱！这趟挣了多少钱？"他说挣的钱都花了。父亲也没问他怎么花的，转身走开了，母亲则欣慰地说："能平安回来就好！"

当天晚上，仇荣林按照和其他两个伙伴的约定，从家里偷出一块棉花，送到裁缝铺，每人做了一件"毛领子袄"。

几天后，"毛领子袄"拿回家后，三位家长才知道他们挣的钱自己消费了，不但没有生气，还暗暗赞成他们"自力更生"的做法。

那年一入冬，仇荣林三个人就相约，早早穿上了各自的"毛领子袄"，满村转悠还嫌不够，还到东郭街上去溜达，炫耀自己时尚的新棉袄，那份自信、得意劲无法形容。

第二章
勇敢与无奈

05　一心想当兵

农中毕业，仇荣林下学回家后，最大的愿望就是当一名军人。

当兵的目的，和大多数农村青年一样，就是想通过当兵改变命运。刚上小学时，他期望通过好好学习考上大学，从而改变自己的命运，可上大学不靠成绩而靠推荐的现实，无情地粉碎了他的求学梦。对一个农村青年来说，能改变命运的唯一希望，就是当兵了。如果在部队上能提干，那是最好的结果，即使三年后复员回家，也等于为自己"镀金"了，趁穿军装的时候，也好找对象。很多年轻人，就是抱着这种想法去当兵的。

仇荣林下学回家后，个子长高了，嗓音开始变粗，嘴唇上长出了毛茸茸的胡子，已是一个青年了。按照农村的惯例，下学回家务农的青年，就要开始考虑婚姻问题。青春萌动的仇荣林，在奶奶和父母的经常提醒下，心里也有了找对象的欲望。他虽然对学习没兴趣，却爱读小说，加之小时候听过一些才子佳人的故事，对自己的婚姻充满了美好的向往和浪漫的想象，总想按照自己的标准找一个满意的对象。可家里穷、兄弟多的现实，又让他知道如果就这样待在农村一直当农民，想找个好对象，是非常困难的，或者说是不可能的，因此，他想通过当兵，改变身份，成就自己美好的姻缘。

当兵，成了仇荣林当时迫切追求的唯一目标。

三年参军，三年不成

那年秋天，征兵开始后，十八岁的仇荣林第一个报了名。为了能顺利穿上那身让他向往的军装，自从报上名之后，他就开始收集参军的相关信息，以及注意事项，比如体检时怕因为激动而血压升高，事先要喝点醋；比如在跑步和站立的时候，要昂首挺胸、拿出精气神来；又如面试的时候，什么该说，什么不该说……可以说，他是做足了功课和准备。

那年，他们大队虽然有不少青年报名，竞争很激烈，但大家都认为仇荣林的政治条件和自身条件最好，即使走一个兵，也是仇荣林，非他莫属。

仇荣林也觉得能够如愿以偿，顺利走进军营。

出人意料的是，他们大队走了五个青年，却没有仇荣林。最有希望走兵的他，却没走成。

当征兵名单公布时，仇荣林看到没有自己，意外得目瞪口呆，半晌说不出话来。他接受不了这个事实，以为是大队干部受了别人的贿赂，把他顶替下来的，于是就气恼地去找大队书记"兴师问罪"。大队书记看到他一副怒不可遏的样子，猜到了他的来意，却装糊涂，笑着问他有什么事。仇荣林气愤地问道："你是不是受了别人家的贿赂，把我给顶替了？"书记一脸茫然地说："我受了谁家的贿赂了？你这话从何说起？"仇荣林说："我的政审和体检都合格，为什么没能走兵？"书记说："谁告诉你，你的各项条件都合格了？"仇荣林自信地问道："我哪项不合格了？"书记沉吟了一下说："我听说你是平脚板，才把你刷下来的。"仇荣林当即脱下鞋，把一只光脚伸给书记看，见书记笑而不语，他又用水把脚底板弄湿，在地上踩出一个脚印，指着脚印对书记说："你看看，你仔细看清楚了，我这是平脚板吗？我这是标准脚！"书记又说："我听说你体检时血压也有点高。"仇荣林说："临近体检那几天，我每天到医疗室量八遍血压，都正常。并且，体检前我怕心情紧张血压升高，又喝了半碗醋，血压只会低，绝不会高！量血压时，我也看到了，是标准的。"书记见仇荣林把他的"理由"都驳回了，就说："那我不知道是什么原因了，你回家问问你父亲吧。"仇荣林说："我谁也不去问，我就问你！你不说清楚，就没完！"

书记见他穷追不舍、不依不饶，才告诉他："是你奶奶从中阻拦，不让你走的。"

奶奶从中作梗，既出人意料，细想又在情理之中。奶奶当年把三个儿子相继送去当兵，结果是有去无回，三个活生生的儿子犹如人间蒸发了一样，让她对当兵产生了巨大的恐惧感和心理阴影，在她脑海中形成了当兵就是危险、就是有去无回的概念，因此她就认定：只要是有一点办法，也不能送孩子去当兵。因此，当她知道仇荣林报名参军后，第一想法就是劝说仇荣林放弃，可她知道这个大孙子是不好说服的，就暗中做手脚，让当大队干部的父亲"想办法让他走不成"。父亲虽然不赞成这种做法，可他是个孝子，只得按照母亲的要求，"想办法"把仇荣林刷下来。

当时，几乎所有的家庭都是想方设法，甚至不惜托关系、走后门，能让自己的孩子顺利入伍，唯独仇荣林家，走后门不让自己家的孩子走兵，也算是个特例。

知道原委后，仇荣林虽然伤心、气恼，却没有失望，他才刚满十八岁，今年走不成，还有明年，他坚信早晚能如愿地走进军营，穿上那身绿军装。

为了防止奶奶再次阻止，第二年征兵还未开始，他就开始给奶奶做工作、打预防针，给奶奶说了一大堆当兵的好处：如今是和平年代，没有战争了，当兵不会有危险了。部队是个大学校，可以培养人、锻炼人，当过兵的人都会有出息……

奶奶却认自己的理，说："你要是个有出息的人，在哪里都能有出息，不一定非去当兵不可。俺可不想因为你去当兵而过那种提心吊胆的日子。"

仇荣林见这样说不通，就换个思路劝奶奶："咱家穷，我兄弟又多，困在农业社，不好说媳妇。现在的大姑娘都喜欢穿军装的，当了兵，好找媳妇，您就不想让我找个称心如意的媳妇吗？这样，您就能早点抱上重孙子，四世同堂，多好啊！"

奶奶不以为然地说："咱家穷，你兄弟多，这不假，可你长得一表人才啊，不去当兵，也不愁媳妇。"

任凭怎样劝说和央求，奶奶就是不同意。

结果可想而知，仇荣林第二年报名参军，在奶奶和父亲的暗中阻拦下，又没有走成。第三年，依然没能走成！

奶奶像一座大山一样，硬生生地把他当兵的路给堵得死死的！

连续三年没走成，仇荣林知道再报名，还会是一样的结果，不得不痛苦地放弃了当兵的念头，但他心里千个不甘心、万个不情愿！当第三年的入伍名单上，仍然没看到自己的名字时，他一个人来到村前漯河边的树林里，号啕大哭，一边哭一边用双手不停地击打树干，直把两只手打得红肿，也不愿停下来……男儿有泪不轻弹，只因未到伤心时。长到这么大，仇荣林从来没这样伤心地哭过。奶奶阻止他当兵，自以为是好心，却断送了他改变命运、从而拥有美好爱情的机会，从此之后，他大概将被永远困在农村，没有出路，再无出头之日，这让他的未来，再也看不到希望了。

一张上色军人照

仇荣林虽然放弃了当兵的念头，但浓烈的军人情结却时刻萦绕在心头。那年，同村一个姓张的好伙伴光荣入伍，仇荣林把他一直送到县城，看着一群年轻人身穿军装，胸戴红花，在鞭炮声、锣鼓声和人们的欢送声中，一个个兴高采烈而又扬扬得意地走上军车，仇荣林又一次流下眼泪，他羡慕、伤感，却又无奈。送走好伙伴，他失魂落魄地在县城的大街上走着，像是要寻找什么，又像是在摆脱什么。当他来到一家照相馆门口时，他略作犹豫，走了进去，穿上照相馆当道具用的军装，照了一张"军人照"。因为是黑白的，觉得"不鲜亮""不逼真"，又加了钱，让人家给染成彩色的，算是自己军人情结的一个纪念，也是一个了结。这张照片，他至今还完好地保存着，英武、帅气、神采奕奕，从那得意扬扬的表情中，依然可以看出他对军人的向往和渴望之情。

1974 年，仇荣林的"军人"照

后来，奶奶老了、糊涂了，不再过问家里的事了，仇荣林就鼓动三弟、四弟先后去当兵，也算圆了自己的军人梦。

由于受了奶奶的影响，三弟仇光具当兵走后，母亲非常担心，时常念叨，生怕老三在部队上受了委屈。有时，还抱怨仇荣林，责怪他不该鼓动老三去当兵。尽管老三来信说一切都好，她认为都是安慰话，仍然不放心，一年后，部队准许家人探亲了，母亲便迫不及待地坐火车去了部队，看望老三。当她亲眼看到老三在部队上不仅没受委屈，反而比在家里吃得好、穿得好，既壮实又精神，才满脸笑容放心地回家来。

因为亲眼看到了部队的真实生活，两年后，当仇荣林再鼓动四弟参军时，母亲不仅不反对，更是表示赞同。四弟当兵时，听说有特长的青年优先，四弟不知该报什么特长好，拿着表格来问大哥。仇荣林想了想，让他在特长栏里填写了"会开车"。结果四弟顺利去了部队，根据其"特长"，分到了汽车连。不会开车的四弟被分到汽车连，这让他慌了神，不知如何是好，赶紧跑到兵营外的邮局给大哥打电话求救，仇荣林告诉他："你就说会开车，是会开拖拉机，而不是汽车。"

几年后，三弟仇光具转业到了当时铁道部的直属单位，不仅成了国家工作人员，还成了令人羡慕的"北京人"。四弟虽然没有像三哥那样进入国家机关，因为有过硬的驾驶技术，复员后被本村的淀粉厂聘去开小车，也有了稳定的工作和收入。

兄弟两人都得益于当兵！两个弟弟都说，如果大哥当年去当兵，肯定会比他们有出息。是的，如果仇荣林当年能顺利参军，那肯定是另外一个仇荣林，也许军营里会多出一名优秀的军官，但就不会有今天的企业家仇荣林了。也许，一切都有定数，一切都是最好的安排。

06　找不到出路

当兵不成，仇荣林再无更好的出路，只有当一名社员，像先辈们一样，面朝黄土背朝天，被捆绑在那片土地上辛苦劳作。

当时农村落后的生产方式和贫苦的生活，注定要让这片土地上的人吃更多的苦、遭更多的罪。从耕种到收割，很多繁重的农活，全靠人力去完成。耕地，普遍用牛，但是在光靠牛耕不过来而又要抢种的时候，也用人拉犁子；浇地，因为抽水机有限，也用脚踏水车；而栽种地瓜的时候，则全是人工刨埯子、挑水；收割，也是全靠人力。那时农田里的人，当牲口使，真正是出大力，流大汗。身处底层的农民，最苦，最累。

"半劳力"

生产队队长看仇荣林是个刚走出学校的"学生坯子"，虽然长到了成年人的身高，却单薄、瘦弱，没有成年人的健壮和力量，并且没有在大田里锻炼过、摔打过，担心如果直接让他和"壮劳力"一样参加繁重的体力劳动，他会受不了、跟不上，便好心把他当成"半劳力"使用，让他和妇女、年长体弱的人一块儿干些轻松一点的农活。仇荣林干的第一个农活，是"打棒子叶"，就是到即将成熟的玉米地里，把那些还青绿的玉米叶子掰下来，晒干后储存起来，留到冬天喂牲口。这虽然不是累活，却是苦活，因为每掰下一抱玉米叶子后，就得抱到地头上去，在玉米地里来来回回走动，像锯齿一样的玉米叶子，会在人的脸、胳膊、身上划出一道道血印子，反反复复，一天下来，脸上、身上到处是玉米叶子的划伤，虽然不重，却是既疼又痒，非常难受。第二天，他不得不像其他人那样，穿上长袖衣服，把身体包裹起来，防止玉米叶划伤皮肤，可闷热的玉米地里，又会把人热得汗流浃背，衣服一次又一次被湿透，等收工的时候，衣服上会泛起一块块白色的碱花子。

几天下来，仇荣林不愿意继续干这样的"轻巧活"，觉得受这么大的折磨，还不给满工分，不划算，便要求去干能挣满工分的活。队长看他不领情，便让他和壮劳力一块儿去拉犁子。拉犁子，本来是耕牛干的活，可生产队里耕牛少，急于耕种的地块，就用人拉犁子耕地。十几个人像纤夫一样，弓着背，赤着脚，吃力地走在田地里。拉犁子的多是些二三十岁的精壮男人，常年在田地里摔打惯了，尚且累得疲惫不堪，仇荣林一个刚下学的"学生坯子"，又不会偷懒，一天下来，更是筋疲力尽，浑身像散了架似的，肩膀也被勒得血红，但他倔强得不叫累、不说疼，像是和谁赌气似的，第二天照样干。一个秋天过去，一个原来白白净净的小伙子，变得既黑又瘦。

"不拔麦，不知农民苦"

如果说三秋累人的话，那么三夏时节的农活就是累加苦。每到芒种，西南干热风便会如期而至，加上烈日暴晒，地里的麦子很快成熟了，催促着人们尽快收割。"八成收，九成丢"，小麦不像玉米那样成熟期长，如果不及时收割，麦穗就会炸开脱粒，造成减产，因此，必须抢收。而收麦子，也是全靠人力，大多是用镰刀收割，少数地块也用手拔麦。用手拔麦，是为了把麦子的根部全部带出来，运到场里，再用铡刀把根部切下来，分给社员当柴火。那是个物资极为匮乏的年代，任何能吃的、能烧火的，都舍不得扔掉，人们都把仅有的物资用到了极致。

拔麦，是农田里最苦、最累的活。一是脏，生长了大半年的麦子，满是土和灰，每个拔麦的人都会弄得灰头土脸，像刚从煤矿下面上来的矿工；二是累、苦，拔麦，顾名思义，就是用两只手把麦子从地里拔出来，要用腰力、腿力，更要用两只手的力量，如果土地潮湿、麦垄稀疏，还好拔些，如果地是干的，麦子像是和土地粘在了一起，非用大力拔不出来，并且，拔麦最容易勒破手，几乎每个拔麦的人，都会把手勒破，一手血泡；三是时间紧，"蚕老一时，麦熟一晌"，收麦子不像收玉米，时间可以拖得长一些，麦子熟了之后，必须在两三天内都收回去，人们必须没日没夜地干，累了不能歇，困了不能睡。因此，每到麦收时节，所有的劳力都要下地，生产队里统一送饭，吃在地里、干在地里，口号就是："早起四点半，地里两顿饭，中午不休息，晚上加班干，黑白连轴转，地净才算完。"

生产队队长看仇荣林年轻体弱，没拔过麦，分活的时候，少分给他一垄麦子，可仇荣林执拗，非要和壮劳力一样。队长见他不识好歹，就让他和壮劳力一样干，想叫他吃点苦头，知道拔麦的厉害。

于是，仇荣林就和壮劳力一样拔麦子。

仇荣林之前从没拔过麦子。刚开始，他还满怀信心，觉得这是证明自己的机会，铆足了劲地干。尽管这样，没多大工夫，他就被人们甩下了，并且越甩越远。原来那些壮劳力手大、劲大，攥住的麦子多，又有多年的经验，加之他们手上有一层厚厚的老茧，就像戴了一层皮手套，不怕麦扎。而仇荣林手劲小、皮肤嫩，又不得法，拔得就慢，并且只有一顿饭的工夫，就把两只手勒破了好多血口子，血水往外流，疼得钻心。但他性格要强、不甘落后，仍然低着头、咬着牙坚持干，想赶上前面的人，可任凭他怎样努力，不仅赶不上前面的进度，反而距离越拉越大，等到人家都拔到地头的时候，他才拔了不到三分之二。这时，有人走过来，好心想帮他几把，他却任性地不让任何人帮忙，就要自己干。大家都知道他倔强，只得作罢。

而这时，仇荣林已是手腕酸疼，腰也像累断了似的，浑身没有力气，真想歇一会儿，可看到人们都在地头看着他、等着他，就强撑着继续干。等到中午吃饭的时候，他的两只手全被勒破了，流出血水，疼痛难忍。队长走过来问他："怎么样？能受得了吗？"他却装出一副轻松的样子回答："还行。"队长知道他是嘴硬，就说："不然的话，你下午少干点吧。"见他摇头，队长又说："不然的话，你下午往场里运麦吧？"他也没同意，就坚持继续拔麦，非要证明自己是一个壮劳力。

下午，仇荣林从擦汗的毛巾上撕下两块布，把勒破的手包上，又继续和大家一起拔麦……

晚上，队长找到父亲商量，明天给他派个轻巧一点的活，父亲没同意，说让他吃点苦头吧，好知道农业社不容易，知道天高地厚。

那个麦季，仇荣林每天都累得浑身酸疼，像散了架，回家后连饭也不想吃，就想躺着，直挺挺躺着。那时，他最想的，就是能休息一天，美美地睡一觉。可是，他硬是咬牙坚持下来，一天也没有歇。

时隔多年后，仇荣林深有感触地说："没拔过麦子的人，不会真正了解农民的苦！"

一双"解放鞋"

那时，农村还有一个苦累的活，就是拉排车。这里说的拉排车，不是往场里拉麦、往地里送粪的短途运输，而是出远门。每到秋收后农闲的时候，队里就会派人到三十多里外的鲁南化肥厂去拉氨水，到百里外的微山湖西去拉芦苇。出这样的远差，不仅给工分，还有补助，近路五毛，远路一块二，在人们眼里，是笔不小的收入，虽然苦累，却是个人人都想去的差事。

仇荣林当然也不甘落后，每次都争着抢着要去，他想挣出差费，也想向人们证明自己是壮劳力。

为了出差拉排车，他专门买了一双"解放鞋"。拉排车是个磨脚板的活，不穿结实的鞋是不行的，手工做的布鞋，做起来费工费时，却不耐磨，几天下来就能把鞋底磨穿。因此，拉排车的人，大都穿"解放鞋"。那种绿色的胶鞋几乎成了拉排车的专用鞋。但这种胶鞋不透气，捂脚、烧脚，脚出了汗，汗水渗透不出来，全存在鞋里，把脚板浸泡得发白，一层皮被剥离出来，烧脚；如果再进去些灰土，鞋里便是一层黑泥，既臭又脏。

拉排车不要技术，但要力气，既要有爆发力，还要有耐力。从辛绪村到鲁南化肥厂三十多里路，拉一千多斤氨水，走在颠簸不平的土路上，一步不使劲，车子就不走，需要持久的耐力；当中还要翻一座山，过一道沙河，这还需要有一股子猛劲、爆发力。

平路上还好说，最艰难的是"盘崖子"和过沙河。"盘崖子"就是过山坡，在鲁南化肥厂北面有一座大山，那山坡既陡又长，过这个山坡时，必须三个人相互配合，即前边一个人拉车，车两旁由两个人用力推车帮，中间还要休息一两次，才能爬上那个山坡。因为脚下的"解放鞋"被脚汗湿透了，怕打滑，每次"盘崖子"的时候，仇荣林都会把解放鞋脱掉，掖到腰带上，光着脚拉车。同时，他还会用力紧紧腰带，深呼吸几口，然后咬紧牙关、铆足了劲，开始上坡。

每次去鲁南化肥厂拉氨水，都是夜里两三点钟出发，天明到达后，装了车赶紧往回赶。走到桑村镇的时候，路程正好过半，天也已是中午，他们一行拉车人就会在一个小吃铺前停下来，休息一下，喝点水，吃点东西。因为有出差费，也因为活太苦、太累，更重要的是还有二十多里路要赶，每个人都会买一碗酥菜汤或羊肉汤，酥菜汤一毛五分钱一碗，羊肉汤两毛钱一碗。仇荣林几乎每次都喝羊肉汤，一是因为他特别喜欢喝羊肉汤，二是那家小吃铺不像城里的饭店，买一碗票，只许添两碗汤，这家小吃铺可以随便喝汤。两毛钱一碗的羊肉汤，只有薄薄的几片肉，图的就是喝汤，把带去的干煎饼一泡，一碗一碗地喝。也许是因为肚子里没油水，也许是因为出力太大的缘故，每个人最少都能喝上七八碗汤，吃五六个煎饼，饭量大得惊人。这其中，以仇荣林饭量最大，有一次，他竟然喝了十多碗汤，吃了八个煎饼！时至今日，每当村里老年人提及当年拉氨水的时候，都会说起仇荣林喝了十几碗羊肉汤的事。

在桑村镇吃饱喝足后，他们就会像加足了油的机器，直奔辛绪而来。

到了村前，他们就会停下来，稍作休息，积蓄力量，准备过沙河。村前的漷河，河上无桥，并且有一里多路的沙滩，拉空排车走过去都十分吃力，若是重车，车轮子会陷进去半个，一两个人根本拉不动，这就需要四个人齐心协力共同完成。一个人在前边拉车，两个人在排车两侧挎着车帮往前推、往上扛，车尾还有一个人往上抬，随着车轮陷得越深，车两侧的人，就一边用肩膀扛，一边用手抠住车轮的钢条，滚动车轮，一寸一寸地前行。这时，几个人就得拼死力，前边拉车的人头低得几乎与沙滩平行，车襻勒进肉里，后面的人个个努得脸红脖子粗，青筋突起，几乎把排车架得悬空起来，才能移动。河滩中间是哗哗流淌的河水，因为没有桥，只得涉水过河，而拉氨水都是冬天，河面上结了一层薄薄的冰，车和人过河时，会把那层薄冰弄碎，浮在水面上的冰碴，就成了伤人的利器，会把人的小腿划出一道道血口子。因此，每过一次河，每个人的小腿上都会受到不同程度的伤害。到了生产队，拉来的氨水要倒进氨水池里，这时，刺鼻的氨气扑面而来，不仅难闻，还烧人的眼睛，一车氨水倒完，每个人的眼睛都是红红的，泪水不断，像得了红眼病。从这个角度来说，拉氨水不仅是个出力受累的活，还是个让人"流血受伤"的活。怪不得队长说："让他去拉一趟氨水，就知道婆婆是娘了，下回撺着他去，怕他也得打退堂鼓了。"

仇荣林确实知道了拉排车的苦和累，知道了"婆婆是娘"，但他从没因此而退缩过，干了整整一个冬天。过年的时候，父亲赞许地对他说："拔麦和拉排车的活，你都能干下来，算是过关了，是个合格的农民了。"

听了父亲的夸奖，仇荣林不但没有高兴，反而有一种忧愁涌上心头：难道我就这样像父亲说的那样，满足于当一个合格的农民吗？可是，不当农民，又能干什么呢？他找不到出路，看不到希望，只能悄声叹气。

要来一台拖拉机

七十年代初，是一个战天斗地的时期，生活虽然贫穷、艰苦，却是热火朝天，人人争取上进。那时辛绪大队上从济宁来了十几个知青，他们朝气蓬勃、生龙活虎，白天参加生产队劳动，晚上还要自发地加班干活，不让队长知道，不要工分，做"无名英雄"。其中有周伟英、孙淑华两个知青和村里的仇光华关系特别好，每次夜里去做"无名英雄"时，都要叫上仇光华。而仇光华和仇荣林是邻居，因此，这两个知青每次去叫仇光华时，仇荣林都会听到他们的叫门声，他也会悄悄地跟着他们一块儿去做"无名英雄"。

　　一次他们"青年突击队"夜晚到西坡偷偷刨地，干到夜半时分，快刨到地中央时，却突然发现，对面人影绰绰，像是有人也在刨地，走过去一看，原来是生产队的几个老年人，号称"黄忠队"，也在偷偷加班做"无名英雄"。两班人遇到一起，互相说笑了一阵，其中一个青年人说："你们老'黄忠队'，年龄大了，白天干一天了，晚上再来加班，身体受不了。你们回去休息吧，剩下的这些地，由我们青年人来刨吧。"老"黄忠队"的队长说："你们的好意，我们心领了。别看我们老了，干农活可不比你们青年人差。咱们共同把这块地刨完，一块儿回去。"

　　于是，两班人就合在一起刨地，边干边说话。一个青年说："你看，咱这十几个人，多半夜还没刨完这一块地，既慢又累人，要是有台拖拉机，来回几趟就耕好了，既省时又省力。"这话提醒了身旁的一位知青，他大声说："周伟英的爸爸就是济宁拖拉机厂的厂长，让周伟英找他爸爸说说，支援咱大队一台拖拉机！"他这一说，大家都停下来，围着周伟英鼓动起来。"黄忠队"的几个老年人也跟着说："如果能要来一台拖拉机，那可是大功一件！"周伟英见大家都劝他，就认真了，天明后，顾不得休息，就请假回了济宁。几天后，还真弄来了一台拖拉机。当那辆崭新的拖拉机开到大队院里的时候，村里很多人闻讯过来观看，大队干部更是喜得合不拢嘴，直夸周伟英为村里办了件大好事。

　　拖拉机开来的时候，仇荣林也去看了，有一个伙伴悄悄对他说："你父亲是大队干部，让他给支书说说，你当拖拉机手。"仇荣林听了，心里一动，可他没给父亲说，他知道，即使说了，父亲也不会同意。

07　苹果园纪事

　　在生产队干了一年农活，仇荣林瘦弱的身体变得健壮有力，看上去像个农民了，可人们不知道，他心里一直焦虑不安、痛苦不堪，他不甘心就这样当一辈子农民，不甘心就这样默默无闻地终老一生。可是，他一个农家子弟，一个祖祖辈辈都是土里刨食、汗水煮茶的农民后代，又有什么出路呢？没有。现实让他看不到出路，看不到希望，看不到未来。每每想到这些，在外人面前生龙活虎的仇荣林，就会变得沉默寡言。闲暇的时候，村里的年轻人，都会聚到一起打牌，或者结伴到处去玩，唯独他不参加，不是在家里读书，就是走到河边上独坐，看着远方，目光迷茫而悠远。

母亲看他整天无精打采、闷闷不乐，问他有什么心事，他回答没事，然后依然一副忧心忡忡的样子。时间长了，母亲担心起来，在一天晚上，对父亲说："我看咱家荣林，整天蔫头耷脑的，像是有什么心事吧？"父亲说："这孩子心气高，当兵没走成，不甘心在农业社当一辈子社员，老想吃轻巧饭呗。"母亲听了，对父亲说："既然这样，你把他安排到大队果园去干吧，那里的活轻巧。"父亲马上严肃地说："不行，咱不能搞特殊！"听到父亲拒绝，母亲生气地说："一说到让你帮自己家里办点事，你就说不能搞特殊，你拍着胸脯想想，当了这些年干部，你为咱家里办过什么事？搞过几回特殊？就你那个小配角，整天拿着自己当干部，真没见过你这样的！"父亲解释说："我文化水平不高，能力也不强，可上级和群众还让我当干部，并且一直当着，为什么？就是因为我没有私心，堂堂正正，才这么信任我。"母亲冷着脸说："你就堂堂正正吧！"说完，生气不理父亲了。

苹果园的励志书

但不久后，仇荣林被安排到了大队苹果园里。到苹果园干，一是活轻巧，能挣满工分；二是能吃免费的苹果，是当时农村最好、最体面的活，能到果园干的，几乎都是"有面子""有关系"的人。不过仇荣林能到这里来，不是他父亲找支书说了情，也不是母亲去求了支书，而是大队主动照顾的。父亲自从当了大队干部，多年来一直勤勤恳恳、任劳任怨，却从没搞过特殊，大队干部觉得应该照顾他一回，让他"特殊"一回，就主动把仇荣林安排到苹果园来。

到苹果园，虽然不如当兵令人满意，却也差强人意。苹果园在村前的河北岸，有一百多亩，为了防止偷盗，四周栽满了密密麻麻的荆条，像一道围墙，把果园与外界隔开，成了一个独立王国、世外桃源。苹果园里的十几个人，除了定期给果树施肥、打药、剪枝外，几乎没有什么活干，清闲得很。仇荣林小时候，曾和一帮小伙伴多次来偷苹果，偷回来还不敢让父亲知道，悄悄藏起来，一个一个拿出来吃，那时候他就想：什么时候能像果园的人那样，名正言顺地到果园里吃苹果多好啊！如今，这个愿望实现了，心里自然有一些欣喜，看到其他人羡慕的眼神，也有一种自豪感。

果园里清闲，无事可做的一群人，便经常聚在一起聊天、打牌，也有人一块儿喝酒，但仇荣林很少参与这些活动，他时常拿着一本书，找个僻静的地方去阅读。书，是借来的。那时，民间的书本来就很少，好看的书就更少，借书，比借钱都难。他从一位老师家里借了一本《林海雪原》，一读，便着迷了，丢不下了。这是他第一次看小说，原来看小说比听故事还好，里面不仅讲故事，还有英雄人物，有爱情，让他看到了更大、更新奇的世界。把那本《林海雪原》看完之后，竟然不舍得还给老师了，没事的时候，就拿出来再看，直到老师开口索要了，才恋恋不舍地给老师送过去。之后，又辗转借到了《钢铁是怎样炼成的》，被保尔·柯察金的英雄事迹深深感动，又被保尔与冬妮娅的爱情所吸引，保尔·柯察金百折不挠、身残志坚、不愿碌碌无为的事迹，让他为自己因为没能去当兵就顾影自怜、一蹶不振而羞愧不已，与保尔·柯察金比起来，自己这点挫折算什么呢？再说，自己还年轻，将来的路还长着呢！那时的仇荣林就想，等将来有了机会，也一定要干出一番事业来……

《钢铁是怎样炼成的》这本书，是对他影响最大的一本书，也是影响他一生的一本书，保尔·柯察金的顽强精神激励着他，对他后来不惧困难、愈挫愈勇品格的形成，起了很大的作用。

仇荣林在果园里干了不到两年，大队便把正在盛果期的苹果树全部砍掉，改为粮田，原因是果园管理不好，产量低，加上社员的偷盗，几乎没有效益。在"以粮为纲"的大形势下，大队干部为了多交公粮，并缓解社员吃不饱饭的问题，就放弃了这个果园。

果园的十几个人随之解散，各自回自己的生产队。

不会吆喝的勇敢青年

果园解散后，仇荣林被安排到小队的副业组里。这同样也不是他父亲走的后门，而是队长主动安排的。

那时，在抓好粮食生产的同时，还是允许集体搞一些副业的。务实的辛绪大队干部为了能挣些"活泛钱"，增加收入，把村里各种手艺人召集起来，先后办起了染坊、油坊、铁业社、木业社、翻沙铸造等十几个小作坊，在东郭公社，甚至整个滕县，辛绪大队副业最多、最活跃，当然也是经济条件最好的大队之一。大队搞副业，各个生产小队也跟着搞，仇荣林所在的六小队，上了一套弹棉花机，对外搞加工。几乎是同时，第二、第三生产队也购买了弹棉花机，对外加工创收。仅他们一个大队就有了三个棉花加工作坊，而本村社员又没那么多棉花需要弹，于是三个队里的弹棉花作坊都是生意冷清，有了竞争。为了招揽生意，各个小队都组织专人到外村去收籽棉，弹好了再给人家送去，实行上门服务。逢集的时候，也会到大集上去收。

仇荣林的六小队成立了四个收送小组，他和一个本家爷们仇心志一组。仇心志五十多岁，为人和气，声音洪亮，适合沿街吆喝，但他不识字，而在收棉花时，需要给人家打收条，队里就让仇荣林和他一组，仇荣林负责拉车、写收条，他负责吆喝。仇心志辈分高、年龄大、心眼好，总是以一个长者的宽厚之心对待仇荣林。每天早饭后，他们爷俩就拉着地排车到周围的村里收棉花。仇荣林拉车，仇心志吆喝，一村又一村，走街串巷。每到下午，仇心志吆喝得嗓子发干、声音嘶哑的时候，就想让仇荣林吆喝一阵，也想让他锻炼一下，可他不好意思，吆喝不出口，仇心志再三鼓励，他依然喊不出声，不仅如此，见到了熟人，他还会莫名其妙地脸红，像是干了一件不光彩的事。仇心志每每看到他这个样子，就会惊奇这个天不怕、地不怕的大小伙子，竟然会害羞、会脸红。

仇荣林虽然不好意思吆喝，见到熟人脸红，却是个勇敢的青年。有一天，弹棉花作坊突然着火了，那时人们的防火意识淡薄，弹棉花作坊里既没有水，也没有灭火器之类的救火物品。弹棉花的人看到棉花着火了，扑打几下，火不但不灭，反而更旺，火势一下子就起来了。所有人吓得赶紧跑出来，急得大喊大叫，却没人敢上前救火。这时，仇荣林正好收棉花回来，想到弹棉花作坊里有一台电机，是最值钱的东西，烧坏了会是不小的损失，于是，他大吸了一口气，冲进火海里，把那台电机抱了出来。那台电机的功率是 7.5 千瓦的，有二百多斤重，平时是没人抱得动的，可仇荣林不知哪儿来的力气，硬是把它抱出来了。当他把电机抱出来的时候，人们看到他脸憋得通红，脖子上的青筋一根根地突出来。等他把电机重重地放到地上，人们赶紧围上去，帮他把燃着的衣服脱下来，然后让他到医疗室去涂抹些烧伤药，可他却故作轻松地笑了笑，说没烧着。大家都用吃惊而又赞赏的目光看着他。队长知道了，奖励他在家休息两天，可第二天，他又和仇心志一块儿收棉花了。

08　你别无选择

借件"制服"去相亲

转眼间，仇荣林二十岁了。虽然生活艰苦，日月难熬，但他依然长到了一米七六的身高，体格健壮，身材挺拔，脸庞棱角分明，只是因为风吹日晒，皮肤略黑，但透着青春的光泽，双目炯炯有神，声音洪亮，活力四射，是一个俊朗帅气的青年。

奶奶和父母看着仇荣林已长成了大小伙子，开始张罗给他说亲。先是托人给他介绍了几个，见面后，都相中了他的一表人才，可女方一打听，或者到家里一看，又都不愿意了。不是因为他的人品不好，也不是家里父母的口碑不行，而是因为家里穷，人口多，老少三代就挤在一间半草屋里，并且这一间半草屋还是爷爷分家时摊到的，屋子破旧、低矮、光线暗，屋门特别小，进屋都要低着头，家里除了几件破旧的家具、几个盛粮食的泥缸和几张床铺之外，再也没有什么东西了。进了这个家，就能让人知道"穷得叮当响"是什么样子。"嫁汉嫁汉，穿衣吃饭"，姑娘找对象，是来过生活的，可不是找苦吃、找罪受的。那时漂亮姑娘找对象的标准是"军官、干部、营业员，国营工人、方向盘"，找了这样的对象既体面，还能过上好日子；即使长相一般化的姑娘，也得找个家庭殷实、兄弟少、负担小的。而仇荣林家里穷不说，兄弟们还多，作为老大，结婚后，不但没有家产可分，还得为下面三个弟弟操心，等把这几个弟弟操持成家立业后，一个年轻的小媳妇，也熬成老太婆了。如果嫁到这个家里，就别想过好日子了，哪个姑娘会这么傻呢？

在收棉花时，倒有邻村的一个姑娘相中了仇荣林的人才，每当听到他们来收棉花的吆喝声，她就会跑出来，找这样那样的借口，和他搭讪。后来，姑娘让她嫂子牵线，想与他处对象，可姑娘的嫂子找人一打听，得知他家太穷，就劝阻了小姑子。

贫穷，成了仇荣林找对象的一块绊脚石。

看着仇荣林因为家庭的原因而不好找对象，母亲就时常说些"是咱这个穷家拖累了你"之类的话，奶奶则说："当初不该挡着你去当兵的，不然也好找对象啊！"来表达自己的歉意和愧疚。每当听到奶奶和母亲这样说，仇荣林就信心十足地安慰她们："您就别为我操心了，我不要别人介绍，照样能找上对象，并且保证能找个志同道合、称心如意的好媳妇！"父亲听他说得这样乐观，就给他泼冷水："就咱这样的家庭，还想找个称心如意的媳妇？别看你长得有模有样的，到头来，能找个不瞎不瘸的就烧高香了！"

那些日子，奶奶每当看到街上有人拉呱，就会颠着一双小脚走过去，央求人家给她大孙子介绍对象。可人家都是一脸难为情，表示爱莫能助。

看着求本村的人已无望，母亲便跑到自己的妹妹家，求妹妹帮忙。妹妹嫁在东郭街上，认识的人多，眼宽。她对自己外甥的婚姻格外上心，没用多久，就在东郭街上物色了一位姑娘。

托妹妹给仇荣林介绍对象，是母亲瞒着他进行的，母亲知道他心高气傲、自尊心强，不愿意让母亲找人给他介绍。他认为，让别人介绍对象，是乱点鸳鸯谱，肯定找不到他满意的对象，因此他想自己找。他不像有些年轻人那样，觉得找个女人能生儿育女、过日子就行了，婚姻目标低。也许是受了《林海雪原》和《钢铁是怎样炼成的》等小说中爱情描写的影响，也许是情感丰富而没有面对现实，仇荣林对自己未来的婚姻充满了美好的期望和浪漫的想象，总是渴望找到一个理想的对象。他心目中的对象不仅人要长得漂亮，同他有眼缘，还要有共同语言，能与他风雨同舟、携手并肩、共同干事创业。那时的仇荣林虽然身处农村，无时无运，却志向高远，总想着靠自己的奋斗，会有出头之日。因此他对自己婚姻的期待值很高。

但，这是他内心的想法，从没向任何人说过，他怕说出来，会遭人耻笑，说他痴心妄想、不切实际。

正是因为有这样的想法，他才不愿意让别人介绍对象，而想自己寻找，他相信自己能找到心中期待的那个人。

因此，当母亲让他去小姨家相亲时，他感到突然而又反感，拧着不愿意去。奶奶和母亲便围着他做工作，说你已经二十岁了，该找对象了，如果不趁着年轻找好对象，过几年就错过好时候了。又说，你兄弟多，年龄相差又不大，到了一个挨着一个说媳妇的时候了，你是老大，如果你不找妥，三个弟弟就没人介绍，这样，不仅耽误了自己，还会耽误三个弟弟……总之，仇荣林要尽快找对象。

在奶奶和母亲的再三劝说，甚至是强制性的要求下，仇荣林为了不耽误弟弟们找对象，无奈地去了小姨家相亲。

相亲没见到人

临去之前，父亲到支书家借来自行车。母亲看他身上的衣服破旧，特别是那条裤子，补了几块颜色不一的补丁，甚是刺眼、难看，到邻居家借来一件新褂子后，又跑到一个姓梁的人家借来一条"制服"裤子。那时人们所谓的"制服"裤子，通常是用缝纫机制作的，而母亲借来的"制服"裤子，其实是梁家母亲手工缝制的，只不过梁家母亲手巧，缝得针脚密实而又匀称，看上去像"制服"的衣服罢了。

仇荣林是在早饭后去的小姨家。那时农村相亲，几乎都是晚上，嘴上说是为了不耽误白天干活，也表示姑娘害羞，其实里边还藏有深层的想法，那就是在晚上相亲，如果姑娘脸上有个小疤痕、雀斑之类的小缺点、小毛病，在昏暗的油灯下，能掩盖过去，用当时流行的话说就是：油灯底下相媳妇，越看越好看。他前几次相亲，都是晚上去的。

然而，这次相亲，却被安排在了白天。这让仇荣林感到意外，猜想可能是因为女方想把他看得更清楚。他相信自己虽然不是貌若潘安的美男子，却也是明眸皓齿、仪表堂堂，不怕相看。他婚姻的拖累，不是长相，而是家庭，如果单单相看人才，正是他的优势。

其实，仇荣林猜错了，安排在白天，是因为这是一场暗中设计好的不平等的相亲。怕他不同意，故意瞒着他的。

来到小姨家，看到只有小姨一个人在家。他猜想双方第一次见面，女方为了显示自己的矜持和羞涩，总是要等到男方来了之后，媒人去叫，才会姗姗而来。

进屋后，小姨上上下下打量了他一阵子，满意地点着头说："行！就你这脸庞、这身材，保证人家姑娘一眼就能相中了！"说罢，小姨给他倒了一杯水，一脸笑容地出去了。

仇荣林知道，小姨去叫姑娘来与他"见面"了。

不一会儿，小姨兴冲冲地回来了，他以为那个姑娘随后就会来到，心里莫名激动了一下，脑海里开始猜想对方的模样。可是，等了半天，始终不见姑娘到来，他心里疑惑，却又不好意思询问，就坐在那里等待。

小姨似乎看出了他的疑惑和焦躁，却不解释，笑着对他说："荣林呀，你帮我到菜园里去干点活吧。"

小姨的话，让他一头雾水、大惑不解，不是来相亲的吗？亲还没相，怎么让我去干活呢？这是唱的哪一出啊？可他没好意思问，便扛起农具跟着小姨去了菜园里，干了没几下，小姨又说："不干了，咱回家吧。"他又莫名其妙地跟着小姨回来。小姨把从菜园里摘来的一把豆角递给他，说："你回去吧。天还早，就不留你在这里吃中午饭了。"他一脸茫然地看着小姨问："这就回去吗？"小姨说："这就回去吧，没事了。"他愣了一会儿，看着姨说："不是让我来相亲的吗？"小姨说："是让你来相亲的，相完了啊。"他奇怪地笑了笑说："我还没见到人呢，你怎么就说相完了？"小姨笑着向他解释说："这次相亲，不是让你来相看人家姑娘的，而是让姑娘相看你的。刚才我让你陪我去菜园，路过姑娘家门口，人家把你相看过了，你回去等回话吧。"

原来小姨让他去菜园里干活，只是个借口，目的是让他从姑娘家门口走过，让姑娘在一旁暗中相看他。

仇荣林不高兴地说："既然是相亲，就应该是双方互相观察、相互了解，可我连对方长什么样都没见到，这算哪门子相亲！"

小姨看他有情绪，就安慰他说："这个姑娘是俺一个村的，住得离俺家不远，我知根知底，人家不惷不笨、不瞎不瘸，脾气又好，没毛病，你不用相看，放心就是！"

小姨又说："你的家庭条件差，只要人家相中你，就行了，你没有挑剔人家的资本！"

小姨的一通解释和劝说，当时就把他气坏了，他阴着脸，狠狠瞪了姨一眼，然后摔门而去。

不愿意也得愿意

从小姨家出来，仇荣林越想越气，自行车骑得飞快，来到村口，他停下车子，坐在路旁的一块石头上，抽起烟来。这是为了相亲带去的一盒烟，因为没有派上用场，又原封不动带回来了，气急败坏的他拆开吸起来。这次相亲，让他觉得自己像个玩偶一样任人摆布，极大地挫伤了他的自尊心，让他受了侮辱。对方不瞎不瘸，难道我是既瞎又瘸吗？只要人家姑娘愿意，我就没有挑选人家的理由，难道我就没有选择的权利吗？你们说我没有选择的权利，我偏要争取自己选择的权利！仇荣林被女方高人一等的做法激怒了，他既气又恼，决定不接受这门亲事，哪怕对方长得像仙女一样漂亮，哪怕她的家庭条件再好，他也不愿意！即使今后找不到对象，也不愿意接受这个高傲的女人，不屈从这个不平等的婚姻……

直到把那盒烟吸去了一大半，打定了不愿意的主意，仇荣林糟糕透顶的心情才稍稍平息下来，骑上自行车回家。

奶奶和母亲见他回来，都迫不及待地询问结果，他没好气地回了声"不知道！"然后走到床上，蒙头睡觉，中午吃饭，也叫不起来。

奶奶和母亲见他脸色难看，蒙头大睡，知道情况不好，围到床前，追问到底是怎么回事。仇荣林才气愤地将经过说了一遍，然后表态：这门亲事，我不愿意！坚决不愿意！

母亲听了，赶紧把责任揽到自己身上，母亲说："这事不怪你小姨，她事先和我商量过，想把姑娘家提出的先看看你的要求告诉你，我怕你不同意，才没告诉你的。那姑娘虽然我也没见过，不知道长得怎么样，但这是你小姨说的媒，我想也不会差的。你小姨告诉我，那是个正经人家的姑娘，本分、能干、知老知少，挺不错。至于长得好点差点的，又不能当饭吃。只要人家不嫌弃咱，你就接受这门亲事吧。"

奶奶安慰他说："你今天没见到人家，等以后愿意了，还不是想见就见，机会多得是。孩子，你虽然长得不错，可咱家穷啊，一个穷字，就把人都吓跑了。你娘说得对，只要人家不嫌弃咱，这门亲事就成，咱可不能端着要饭的碗去挑食吃啊！咱没这个本钱啊！"

母亲叹了口气，一脸哀愁地劝他："是啊，咱家一是穷，二是你兄弟多，条件好的姑娘，哪个愿意嫁到咱这样的家庭里来呢？你是家里的老大，并且也老大不小了，你要是找不妥对象，下面几个弟弟怎么找啊？总不能因为你，耽误了下面三个弟弟吧？！"

任凭奶奶和母亲如何苦口婆心地劝说，仇荣林躺在床上，就是不答应。

父亲见状，吩咐母亲去做两个菜，拿出一瓶酒，硬是把他从床上拉起来，把他按到桌子前，开始与他喝酒，交谈。

这是父亲第一次和他一块儿喝酒，也是第一次促膝谈心。父亲虽然经常在外面帮人家说和事情，在家里却是很少说话，更是很少与儿子交流。今天郑重其事地与他一块儿喝酒谈心，足见父亲对这件事的重视程度。细细品味，多少还有点讨好的成分，这对在家里一向是权威的父亲来说，是极为少见的。

几杯酒下肚后，父亲开始说话了："我知道你的心气高、自尊心强。可谁没有自尊心呢？就拿我来说吧，在你和社员眼里，我是个大队干部，可在支书、大队长眼里，就是个打下杂的，就是个跟班，人家从来就没考虑过我的自尊心。前几年我和支书一块儿陪公社干部喝酒，你亲眼见到了，你爹我有什么自尊呀……"

父亲说到这里，有些伤感，说不下去了。

仇荣林目睹了父亲那次陪酒，让他终生难忘。那次是公社干部来村里喝酒。平时，没有酒量的父亲是不上酒桌的。因为领导的酒量大，他既不能陪领导喝足、喝好，也不会甜言蜜语说好话、讨领导欢心。更主要的原因是父亲只是个配角，分量不够，可有可无，上不上酒桌无所谓。可是那次，支书和大队长都喝得醉眼蒙眬了，公社领导却还没喝尽兴，非要再喝，不胜酒力的支书便让父亲上桌陪领导继续喝酒。明明知道父亲酒量不大，支书和大队长非要父亲一杯接一杯地喝，直把父亲喝得趴到桌子下，人事不知。几个干部不知是喝多了酒乱玩，还是故意，他们趁父亲醉得不省人事的时候，竟然恶作剧地在父亲脸上画了个很难看的、污辱性的图案！

　　当父亲醉得不省人事、被人送到家里，尚未长大成人的仇荣林，看到父亲脸上的图案，除了替父亲感到难受和屈辱外，自己心里无比愤怒！那时，他就暗暗发誓，将来要么不当干部，要当干部，就当比大队支书和大队长都要大的干部，绝不能像父亲那样被人呼来喝去，被人轻视，被人看不起，让人随意作践。那时，他多么希望爱面子的父亲在酒醒后，去找那几位侮辱他的人大闹一场，找回面子，找回做人的尊严啊。然而父亲没有那样做，酒醒了之后，还像没事人一样到大队里跑上跑下，见了支书和大队长依然笑脸相迎，热乎得不得了。在那之后的好长一段时间，仇荣林从心里看不起父亲，生父亲的气。父亲似乎看出了仇荣林在生他的气，但只是淡淡地笑笑，没做任何解释。

　　父亲叹了一口气说：“我知道自从那次醉酒后，你从心里看不起我，觉得我没骨气，活得没尊严。那时候你小，不知道世事的艰难，我不想给你解释，现在，你已长大成人了，懂事了，今天就给你说说吧。其实我也知道男人活在世上，要活得顶天立地，活得有尊严，可是你知道吗，一个男人活的不仅仅是自己，他身后还有父母，有老婆、孩子，还有一个家，一家老老少少啊！一家老小都指望你吃、指望你喝、指望你活着呢。一个男人的尊严当然重要，但男人更多的是责任，是担当，是支撑门户、担起一个家来。而为了自己身后的家庭，就不能任性地活着，有时就得忍辱负重，就得为五斗米折腰，就要活得没有自我、没有尊严呀……”

　　听到这里，仇荣林一下子理解了父亲，他说：“大，我误解您了，错怪您了！”他把父亲叫大。为了表示歉意，也为了安慰父亲，他端起父亲的酒杯，给父亲敬了一杯酒。

　　这是仇荣林第一次如此恭敬地给父亲敬酒。

　　父亲喝了那杯酒，眼里竟有了盈盈的泪光。

　　许久，父亲又缓缓地说：“孩子，人家说知子莫若父，你长得一表人才，头脑又聪明，单就你自身的条件来说，应该找个好媳妇，也能找个好媳妇。可是咱家穷，你兄弟们又多，好闺女谁愿意嫁到咱家来呢？你是老大，如果你拖着不找，下面三个弟弟怎么找？不能因为你而耽误了他们三个人吧？”

　　仇荣林也动情了，说：“大，我不是不想找对象，而是想找个志同道合、有共同语言的，毕竟是一辈子的事啊。"

父亲感慨地说："你的想法我理解，因为我也年轻过。可是，就咱这个穷样子，你上哪里找志同道合的去？即使你找到了志同道合的，也是贫贱夫妻百事哀！穷，是一个恶魔啊！……穷人没有尊严！穷人的人生没有选择……男人有时候就得忍辱负重、活得没有自我。"

父亲的话，让仇荣林"想通"了，作为家里的长子，他必须先找妥对象，才能依次为三个弟弟找，因此他找对象不仅是为了自己，还是为了三个弟弟，为了这个家庭，于是他悲壮地说："大，我懂了，这门亲事只要人家愿意，我就愿意！"

那一刻，仇荣林忽然之间看清了现实的残酷和无情，他心中暗暗发誓：如果将来不能当官的话，就一定要做个有钱人，有尊严地活着。

未曾见面先定亲

小姨介绍的那个姑娘叫张令英，后来成了仇荣林的妻子。张令英个子不高，长得小巧匀称，没有文化，与小姨家离得不远，小姨对她很了解，她脾气好，心地善良，又能吃苦耐劳，是把过日子的好手，最适合给穷人家当媳妇，因此小姨决定把她介绍给仇荣林。张令英姊妹多，家庭条件也不好。所幸的是她家住在东郭街上，五天一个大集，父亲会编织手艺，靠编织杈头、筐子等编织品到集上卖，能换些零用钱，比仇荣林的家庭条件稍好一点。加之张令英的家在公社驻地，是"街上的人"，而仇荣林家在偏僻的辛绪村，家里又穷，因此当小姨去张令英家提亲的时候，张令英的父亲提出"先看看"男方的长相"再说"。

当时农村相亲，有两种方式，一种是把男女双方约到一起见面，这是一种平等的方式。另一种就是先让女方看看男方，而不让男方见到女方，如果女方对男方的第一印象还可以，再安排两个人见面；如果女方对男方的长相不满意，两个人就永不见面，男方根本就不会知道女方长什么样。这种方式是不平等的。但在当时，这种相亲方式也不鲜见。

当小姨把女方的要求对母亲说了之后，父母和奶奶知道仇荣林的性格要强，不会同意这种不平等的相亲方式，因此在让他去相亲之前，一切都瞒着他，算是把他骗去的。相亲那天，在小姨的导演下，借故到菜园里去干活，带着他从张令英家门口路过，让人家在那里等着相看他。当他从街上走过来，张令英便被他英俊的外貌和轩昂的气质一下子吸引了，不由得怦然心动，暗生欢喜。她痴痴地看着仇荣林健步走过来，又目送他大步从她门前走过去。看着他渐渐走远了，她竟然不由自主地悄悄跟着来到村外。仇荣林在菜园里帮小姨家干着活，她就站在不远处静静地看着他。她对仇荣林一见钟情！那一刻，她就认定眼前这个青年人，就是她理想中的对象，是她命中的夫君。仇荣林前脚刚走，她就不顾姑娘的矜持，跑到小姨家回话说："俺愿意！"

张令英的父亲，性格孤僻，少与人交往，但他心思缜密，考虑问题周全，他虽然对仇荣林的长相也是相当满意，但不知道他的人品怎么样。他久居东郭大集这样的闹市之中，阅人无数，知道"画虎画皮难画骨，知人知面不知心"的道理。张令英的父亲担心仇荣林的人品或者家庭有问题，决定"打听一下"再定。

那时的农村时兴"打听媒"，就是男女见过面、互相满意对方的长相之后，打听一下对方的人品和家庭，怕媒人说了假话，打了埋伏，有表面上看不出来的"暗伤"，从而上当受骗。而张令英的媒人又是仇荣林的小姨，更怕她打埋伏、说假话，就觉得打听一下对方的真实情况更加必要。于是，在一个晚上，张令英的父亲便悄悄来到辛绪村，找了一个表亲打听仇荣林本人以及家庭情况。这个表亲告诉他：仇荣林虽然兄弟多、家庭穷，但一家人的品质及口碑都非常好，特别是他父亲，在村里威望非常高，母亲也是难得的好脾气，嫁到这个家里来，肯定不会受婆婆的气；仇荣林呢，是个非常聪明的人，但与其他青年人相比，却是个不安分、想法多、不安于现状的青年。

张令英的父亲听说仇荣林是个"不安现状""会折腾"的青年，回家后，坚决不让女儿接受这门亲事。张令英的父亲认为他女儿长相一般，家庭条件也不好，找个安分的人，安安稳稳过日子就行了，不图什么大富大贵，不想让女儿跟着一个"会折腾"的人过日子。根据他的人生阅历和经验，凡是能折腾的人，结局只有两个：一个是折腾好了，出人头地，扬眉吐气；再一个是折腾瞎了，穷困潦倒，被人耻笑、看不起。而折腾好的人，在出人头地之后，往往都会当"陈世美"。这两种结局，都是他不想要的。因此，他不让女儿接受这门婚事。张令英是他最小的女儿，乖巧能干，是他四个孩子中最心疼的一个，对于小女儿的婚姻，他格外谨慎，生怕嫁错了人，将来跟着受委屈。

可张令英坚持非接受不可。从小到大，她一直是个非常听话的女儿，从没违拗过父亲的意愿，可在自己的婚姻问题上，却一反常态，表现得异常执拗，任凭父亲怎样劝说、如何开导，她就是不听，就认定仇荣林是她的白马王子，非他不嫁，她坚定地对父亲表态说："穷也跟他，苦也跟他，折腾也跟他，哪怕跟着他拎要饭棍，也跟他！今生今世就认定了他！我这一生除非不嫁人，要嫁人的话，就嫁给他仇荣林！"

为此，父亲和张令英僵持起来。

但，父亲最终还是没有拗过女儿，只得心有不甘地让她与仇荣林定了亲。

当时，农村的男女青年定亲，要由媒人陪着进一趟县城，给女方买些衣服，因此定亲也叫"买衣服"。男方条件好的，或者女方要求高的，还要买手表、缝纫机、自行车，叫作"三大件"。在城里买好东西之后，女方要跟着去男方家，与其家人见面，并要留下来吃一顿中午饭。这顿午饭非常有仪式感，男方要找村里最好的厨子专门做一桌"大席"，找几个未婚的小姑娘作陪，这期间，周围的邻居会以各种借口来"看媳妇"，叽叽喳喳、指指点点、品头论足；男方的父母，就会满脸堆笑地把准备好的喜烟、喜糖分散给前来看媳妇的邻居。饭后，女方往往也要改口叫男方父母"爹""娘"了，就等着结婚一起过日子了。

而仇荣林的"定亲"，既没进城"买衣服"，更没买自行车、缝纫机、手表"三大件"，甚至没让张令英来家里吃顿饭，只是双方都表示愿意而已，既没有仪式感，也没有物质上的交换和馈赠。他们的"定亲"，其实就是一个口头约定而已。

让人难以置信的是，他们虽然"定亲"了，却还没有见过面，准确地说，是仇荣林还没有见过自己的"未婚妻"长什么样！这在大力提倡"自由恋爱"的七十年代，实属罕见。不知道自己的"未婚妻"长什么样，让他觉得窝囊、气恼，同时，又让他觉得无所谓，因为既然是强加给他的婚姻，自己没有选择，见与不见都是一样的。

定亲之后，他们也没有像其他恋人那样，经常约会，花前月下、卿卿我我。约会，要靠男方主动去"约"，两个人才能"会"。而面对家庭强加给自己的对象，仇荣林没有丝毫的喜悦，没有约会的愿望和激情，有的只是悲凉、伤感和无奈，只当是完成家庭交给他的一个任务。他对这桩婚事有一种强烈的抵触情绪，试图通过不见面、不联系，用冷淡和无言的沉默来表达自己的抗议和不满。悲哀的是，根本没有人顾及他的感受和不满，两家父母都觉得"定亲"了，就万事大吉了。

张令英并不知道仇荣林不满意，定亲之后，时常盼着他来约她，却始终没有等来；有多少次，她曾想主动去约仇荣林，可姑娘的矜持，又让她放弃了这样的念头。在这期间，她精心纳了几双鞋垫，让人捎给仇荣林。那时的青年人处对象，流行女方给男方纳鞋垫。为了表达自己的爱慕之心，同时也为了展示自己的心灵手巧，每个女子都把一双鞋垫当成工艺品来做，要么在上面绣出鸳鸯戏水，要么绣出一对并蒂莲，要么绣上"永结同心""天长地久"等字样，每一双鞋垫，都是用七彩丝线绣成，千针万线，精心而为，传递着女方的真挚情感和美好向往。男方收到这样的鞋垫后，往往都舍不得垫在鞋子里，大都会作为一种信物、一种荣耀收藏起来。仇荣林收到张令英捎来的鞋垫，看了看，就放起来了。他不是舍不得垫，也不是想作为一种信物收藏，而是看到这样的鞋垫，让他充满了对自己婚姻的不甘心和无奈，心里增添了无限的忧愁，无尽的痛苦。

可是，他别无选择，只有面对现实、接受安排。人在无权选择的时候，只有麻木地接受现实安排给他的一切。

但仇荣林是个不认命的人，虽然无奈地接受了家庭强加给他的婚姻，心中却时刻期盼着在将来的某一天能改变、能摆脱这桩婚姻，按照自己的标准去寻找生命的另一半。

可是，如一潭死水般的日子，又让他看不到希望在哪里。

第三章
何以成家

09 "农业大学"的美好时光

就在日子过得几近麻木之际，幸运之神第一次眷顾了仇荣林，他被大队推荐到了"东郭公社农业大学"上学。

这是 1975 年。这一年，"农业学大寨"在全国如火如荼，山区里，战天斗地修梯田；平原上，科学种田创高产。为了适应形势，国家要求改变基层的教育模式，先是把各个大队的初中改成农中，随后又把公社的"五七干校"改成"农业大学"，是为了培养农村干部和农业技术人才。在上级的统一布置下，东郭公社利用原来的良种繁育基地，办起了"东郭公社农业大学"。

学生全是由各个大队推荐上来。作为辛绪大队的优秀青年，仇荣林被推荐到东郭农业大学，是辛绪大队唯一的名额。当接到通知书后，仇荣林心花怒放，脸上露出了灿烂的笑容，农中毕业后，升学无望，当兵不成，他以为从此再无出路，要面朝黄土背朝天当一辈子农民了，没想到突然有了转机，让几近麻木的仇荣林重新看到了希望，一个美好的未来，向他招手了。

农大生活　　入学后，仇荣林才知道，农大的"大学生活"是半工半读，上午学习，下午劳动。农大里有近二百亩地，冬天种小麦，夏天种玉米、大豆、地瓜等，与农村无二。还有一个饲养场，养了一百多头猪，标准的一个农场。其实这里原来就是一个农场，只是改了一个名字、多了些师生罢了。不同的是，农场原来是由几十个工人摆弄着，三秋三夏忙不过来时，请周围的社员来帮一阵忙，现在全由农大的师生管理了。

说是农业大学，无论是师资配备，还是教学设施，都是因陋就简。老师，是公社教育组从各个学校抽调上来的；学校，就是原来良种繁育基地的两排破旧的房子，一排当教室，一排当宿舍。

东郭农大总共办了三届。仇荣林是第一届。当第二届学生招上来之后，由于房舍紧张，宿舍改成教室，学生统统被安排到几里远的赵坡大队会计家里住。这个会计家里建了一套新房子，老房子闲了下来，被农大借来当宿舍用。会计家的这套房子是五十年代的老房子，土墙、草顶，门窗全是木质的，小而破旧不说，重点是窗户没有玻璃，冬天不挡风，夏天进蚊子，冬天冻死人，夏天蚊子嗡嗡叫。由于房子窄小，几十个学生睡一个大通铺，用一些木板拼在一起，上面铺上苇席，就是床铺了。由于当时的家庭条件都不好，大多数学生只有一床被子。条件好点的，被子新一点；条件差的，则是一床破旧的被子，都没有褥子。到了冬天，大通铺上的苇席冰凉，每天晚上，所有的人都会把仅有的一床被子往身上一裹，既当铺的，又当盖的。由于天气寒冷而被子又薄，冻得睡不着，学生们就自由组合，两个人"通腿"睡，把两床被子盖在一起，抱团取暖。夏天，都没蚊帐，而蚊子又特别多，成群结伙，密密麻麻，嗡嗡乱窜，每到晚上，躺到床上后，每个人都要不停地拍打扑到身上的蚊子，整个宿舍不停响起叭叭的拍打声，尽管这样，仍然被咬得一身红点子，奇痒难忍，等到下半夜，蚊子吃饱了，人也困极了，才能入睡。每天睡觉前，同学们都会戏谑地说："开始喂蚊子了！"

1977 年，农大首届毕业班合影留念（后排左三为仇荣林）

　　尽管条件非常艰苦，但同学们都很乐观、很自豪，因为他们每个人都是从各个大队里推荐上来的"佼佼者""幸运儿"，肩负使命，未来可期，将来是要回村里当干部或技术员的。现在虽然苦了点，将来是大有前途的。用当时流行的一句话说："牛奶会有的，面包也会有的。"同学们都觉得前程似锦，一个金灿灿的明天正在等着他们。

学生代表

　　入校不久，仇荣林的优秀很快就凸显出来，被推选为学生代表，并进了"校委会"。当时的"校委会"由两部分人组成：一部分是以教学为主的老师，一部分是原来良种繁育基地的工人，都是拿工资、领粮票的国家人员。只有仇荣林一个人是带煎饼、吃咸菜的穷学生。他这个学生代表，主要职责是带领学生劳动，还是校委会与学生之间的桥梁。相当于现在的学生会主席。

　　那时的仇荣林已是二十一岁的青年人，身体健壮，朝气蓬勃，浑身有使不完的力气。每天下午劳动，他都是干得最多的。到了麦收时节，收割下来的麦子一垛紧挨一垛码在麦场里，打麦机日夜不停地轰鸣。站在打麦机前往里续麦子，是最脏最累的活，而干这个活的，总是仇荣林。这不是学校安排的，而是他主动要求的。能被推荐到农大来上学的，每个大队只有一个，不仅有大好前途，而且还给记工分，每个月还有六元钱的补贴，在很多人看来，跟个"亦工亦农"的干部差不多。他很珍惜这个机会，觉得不好好干，就对不起这次机会。他在打麦机前一干就是一天，有时夜里也会连轴转。他力气大，还善于总结经验，他续麦子既快又不卡机子。在这点上仇荣林很快就被师生们记住了，第二年麦收时，还让他站在打麦机前续麦子。就这样，他在农大四年期间，年年续麦子，这个活像是被他承包了。

　　仇荣林力气大，同样饭量也大，一顿能吃一两斤饭。每逢下午劳动时，学校中午管一顿饭，每个人发一个有半斤面的白面卷子，被人们形象地称作"顶门杠"。早、晚两顿饭吃自己的。因此每个学生都要从家里带饭菜。由于每个家庭粮食都紧缺，每个星期天回家带来的煎饼都不够吃，每顿饭只有计划着吃才行，常常是还不到放学的钟点，就饿得饥肠辘辘了。吃不饱肚子，是当时的普遍现象。校长看到他干活多，还帮老师操持着一些事务，特别关照他，就吩咐食堂里的师傅对他额外照顾，每次打饭时，多给他一些饭菜，让他能吃饱。但这仅限于中午一顿饭而已，其他两顿饭还得吃自己的煎饼和咸菜，并且也得计划着吃。

看着同学们除了中午在食堂里有菜吃，另外两顿饭都是吃咸菜，仇荣林找到校长，建议学校利用一些空闲地，种些蔬菜，解决同学们的吃菜问题。校长爽快地同意了他的提议，但表示学校不去组织，而是让他这个学生代表带人去弄，算是只给了一个政策。这让他很高兴，就组织一些学生，利用课余时间，把农场里的地边子、地头子等零碎地块，都松了土，又弄来菜种子，根据不同季节，种上应季的蔬菜，有萝卜、白菜、菠菜、豆角、茄子等，让食堂里免费加工，算是自给自足。从此，同学们再也不用从家里带咸菜，却顿顿有蔬菜吃了。

营养问题

东郭农大坐落在两个村庄之间的一片涝洼地里，每到雨季，特别下大雨的时候，雨水把地面全部淹没，一片汪洋。学校用来饮用的一眼水井，也不例外地淹没在这片汪洋中。为了防止有人掉进去，就在水井的旁边竖起一块木牌，警示大家。等雨水退下去后，井里便灌进了雨水，以及雨水冲过来的各种脏东西，有污泥、大街上的垃圾，甚至还有厕所里的粪便，这让井水变得混浊、腥臭。但因为没有其他水源，依然用来烧水、做饭。饮用这样的脏水后，师生们大多数都拉肚子。学校就给拉肚子的人发两片叫"痢特灵"的药片，服用之后，小便都是黄色的。服了"痢特灵"还不灵、仍然拉肚子的，学校就会照顾一顿"病号饭"，即一碗面条。肚子里本来就没油水，这一拉肚子，身体更加虚弱，有的同学因为拉肚子严重，走路都打晃。补充营养，成了一个大问题。

学校开设了兽医课，其中课程之一就是阉割猪。农场里繁育起来的公猪全部要阉割，部分母猪也要阉割，周围村里社员喂养的公猪也来找兽医老师帮忙阉割。阉割下来的猪蛋，仇荣林便捡起来，请食堂的师傅帮忙煮熟了，然后分给同学吃，以增加营养。但，阉割下来的猪蛋毕竟太少，只是少数学生能享受到这种特殊的"营养品"。

学校养殖场里的猪如果病死了，兽医老师就利用这个病死的猪，为学生上解剖课，用过之后，不敢让大家吃，怕有细菌、病毒，传染给人，就会埋掉。每当老师去埋死猪的时候，仇荣林就会跟踪而去，记住埋死猪的地点，等到晚上，便带领一帮学生扒出来，找个地方烤了吃。之前，他在大队苹果园的时候，听说谁家的猪快要病死了，就会与人合伙以很低的价格买来，在苹果园里烤了吃，到了学校后，他故伎重演，依然吃病死的猪！他在苹果园学到了一套烤猪的技巧，把死猪烤得散发出阵阵诱人的香气后，均匀地分给需要补充营养的同学。吃到烤猪肉的同学，无不对他投来感激的目光。

在那个年月，肉，是对人味蕾最大的诱惑。仇荣林后来说：病死的猪和羊，生瘟死的鸡、鸭、鹅，放在今天，那是绝对不能吃的，可在那个见不到荤腥的年代，却很少有人扔掉，大多数都被吃进了肚子里，并且还吃得津津有味，十分解馋，最奇怪的是，吃了这样病死的猪、羊和瘟鸡等，人还很少生病。那时的人，活得轻贱，也活得顽强，显得特别有免疫力。

作为学生代表，仇荣林除了带领学生参加劳动之外，还有一个任务，就是每天放学后带领全班同学到几里外的赵坡大队会计家里睡觉。每天晚上，他带领全班五十多名同学去宿舍休息，第二天一早回学校上课。在他的要求下，他们排着整齐的队伍，迈着矫健的步伐，喊着雄壮的口号，意气风发、斗志昂扬，颇有军事化管理的味道。在那几年的时间里，他总是最后一个睡觉，最早一个起床，有时夜里还要起来巡视一两次，因为学生都是二十多岁的青年人，正是情窦初开的青春期，生怕谁一时冲动，有了作风问题。

10　"大学生"的婚姻大事

退婚？ 自从上了农大之后，未婚妻家看到仇荣林"有前途"了，怕他变心，开始一次次催促他们结婚。

仇荣林就以不让学生结婚为由，一次次推拖。

其实，农大的学生是允许结婚的，他们班就有两个入学之前结婚的，上学时都当爸爸了。这只是他的借口罢了。

自从拿到农大录取通知书后，仇荣林就萌发了退婚的念头。上了农大，就意味着有了前途，有资本按照自己的标准去找对象了。他想借这个机会，摆脱这桩自己不满意的婚事，按照自己的意愿选择对象。可他知道，如果提出退婚，那将是一场"大地震"，父母、奶奶和未婚妻的家人，将会对他内外夹击，大闹不止。他会成为人们眼中的"陈世美"，会被议论，被戳脊梁骨，会被搞得灰头土脸、声名狼藉。如果这样，不仅在同学中间他会成为被议论的话题、成为笑柄，而且会影响到他的学运，影响他将来的前途。鉴于这样的考虑，他心里非常渴望退掉这桩婚事，可又一直不敢提出来，只是未婚妻家和父母在催促他结婚时，他一推再推。他总是幻想着将来有一天，事情会有一个转折，让他能有机会、有理由退掉这个让他不满意的婚事。

他期待着这一天。可这一天总是遥遥无期，迟迟等不来。

入学后，班里同学知道了他有未婚妻，那些还没有对象的人就羡慕地围着他，七嘴八舌地问他：女方是哪里的？长得俊不俊？面对这样的问话，他总是面色不悦，要么淡淡地说一句"就那样"，要么长叹一口气，转身走开，全然没有一点有了对象的自豪感和喜悦之情。后来被同学们问急了，他告诉大家说，至今还没见过对象的面呢！同学们听后，都瞪大了眼睛表示不相信，既然已经定亲、成"未婚妻"了，怎么还会没见面呢？仇荣林有苦难诉，只得苦笑一声，不再解释。他知道即使解释，也没人相信。可这是真的。在他脑海中，未婚妻的形象，都是来自别人的描述。至于具体是什么样子，他一无所知。

后来，在几个同学的鼓动下，他装作赶集，到东郭街上偷看了未婚妻张令英一次，终于见到了她的"庐山真面目"。他知道，每逢东郭集这天，张令英便会把她父亲编织的杈头、筐子之类的编织品拿到集上出摊子，因此，不需要去她家里就能见到她。在小姨的指点下，他和几个同学一起悄悄来到张令英的摊子不远处，偷看了张令英。仅看了一眼，就大失所望，心凉了，他虽然没期望自己的未婚妻多么漂亮，却也没想到会是眼前这个样子！在没见到张令英之前，他心里还抱着一线美好的希望，见了之后，他仅有的一线希望被击得粉碎。几个同学看到后，也都表现出了不同程度的意外和失望，其中一个同学直接说："班长，她长得太一般化了，不配你！"另一个同学也附和说："是啊，如果你们两个人在一起，反差太大了，干脆退了算了。就凭你的长相和能力，肯定能找个更好的！"还有一个同学说得更难听，他说："班长，你是什么眼力劲呀？是想媳妇想迷了吗？只要是个女人你就愿意吗？"几个同学都劝他说："趁着现在还没结婚，赶紧退了吧。"……

听了同学们的议论和建议，仇荣林心里阵阵难受，却又有苦难言，自己悄悄走开了。

逃婚？

仇荣林丢下几个同学，没有回学校，而是去找另一位姑娘。这位姑娘也是东郭人，姓吴，在东郭街上和父亲一块儿打烧饼。那是他收棉花时，偶然认识的。他和仇心志一块儿收棉花，每天早出晚归，中午不能回家吃饭，平时都是从家里带煎饼、咸菜，凑合一顿。有时为了改善一下生活，也在外面买饭吃，犒劳一下自己，因为收棉花每天有一毛钱的补助。所谓改善生活，也就是买个烧饼吃，或者买一碗酥菜汤喝，有时也会买一碗羊肉汤喝。一天中午，他们到东郭街上喝羊肉汤，去买烧饼时，第一次见到这位姑娘。姑娘和她父亲开了个烧饼铺，父亲站在炉子前贴烧饼，她帮着和面、打下手，兼顾卖烧饼。第一眼看到她，仇荣林就被她俊美的容貌吸引了，她细高的身材，匀称而柔韧，透出一股青春的气息；脸庞柔和，白净甜美，特别是那双黑白分明的大眼睛，像一潭秋水，清澈而透明，不时闪动的睫毛，像是会说话似的；见人一笑，声音温润，举止大方得体。只这一次，这位姑娘便走进了仇荣林的心里，让他始终难忘。

在随后的日子里，仇荣林时常以买烧饼为借口，过去看她一眼，搭讪几句。姑娘似乎对他也有好感，每当看到他，总是甜甜一笑，脸上泛起一片红霞，眼里脉脉含情。每次给他拿烧饼时，总是挑挑拣拣，挑选最好的给他。直到有一次，仇荣林付了四个烧饼钱，她却给了六个烧饼，并且后来每次都是这样。这显然不是给错了，而是有意的。这让他初步断定，这位姑娘也是喜欢他的，激起了追求她的愿望。仇荣林想向她表白，可当着她父亲的面，又没勇气，就写了一张纸条，夹在钱里递给她，约她晚上出来相见。纸条交给姑娘后，还怕是自作多情，心里一直忐忑不安。

晚上，姑娘却如约而来。

那一晚，两个人在村外的小路上，一边漫步，一边交谈。从姑娘口中得知，她是东郭街上的人，比他小两岁，母亲早逝，一个哥哥已结婚，分家单过，她和父亲两个人在街上打烧饼，生活还算宽裕。仇荣林也毫不隐瞒地介绍了自己的家庭情况，唯独没有说出自己已有对象的事。在他心里，父母和小姨强加给他的对象，他是不承认的，不算数的，准备随时退掉的。当然，他怕说出了自己有对象，姑娘会说他脚踩两只船，转身而去。

姑娘很豁达，不嫌他家穷，说只要两情相悦，穷点，也不怕，只要两个人齐心协力，日子自然会好起来。

那一晚，他们走在那条小路上，谈了好久，直到夜深了，两个人才恋恋不舍地分开。

"金风玉露一相逢，便胜却人间无数"，是仇荣林对那晚最真切的感受。回家后，兴奋得久久不能入睡。

在随后的日子里，他们便经常约会了。乡间小路上，村外的小树林里，时常闪现出一对情人手拉手的身影。

然而不久，姑娘却告诉他，父亲不同意他们相恋，嫌仇荣林家里穷、兄弟多！姑娘做了很多工作，父亲就是不同意。

痴情的姑娘为了能和他结合，提出了逃婚的想法。她说："只要你愿意，俺随时跟你走！天涯海角，俺都跟你去！"

仇荣林听了，心里一热，说："对，他们不让我们在一起，咱就逃婚！"

他口中的"他们"，不仅指姑娘的父亲一个人，也包括了他自己的家人，他一直想摆脱家庭强加给自己的婚事。如今，姑娘提出逃婚，一下子启发了他，或者说是激发了他潜意识中的想法。他决定和姑娘一块儿逃婚。

姑娘听到仇荣林同意她的想法，高兴地说："咱都回家准备一下。我等你的信，你说什么时候走，我就跟你走！"

最终，仇荣林却退缩了。不是他不想逃婚，也不是他懦弱、不敢逃婚，而是为了家庭考虑：如果他带着姑娘逃婚，可以有情人终成眷属，但是，家庭就会因此而受到极大影响。那时，逃婚，是个羞耻的词，谁家的孩子如果逃婚了，不仅会遭到女方家里的大吵大闹，而且还会受到舆论的谴责，落下极为不好的名声。对于仇荣林那个本来就不好找对象的家庭来说，如果当老大哥的他"把人家姑娘拐跑了"，三个弟弟找对象，就会受到极大的影响。况且，那时的他已经有"未婚妻"了，如果带另一个姑娘逃婚，名声会更加恶劣，对家庭的影响更大。为此，他最终放弃了。

当姑娘听他说出了不愿意逃婚的顾虑后，含泪离去，从此再也不搭理仇荣林。

一对情投意合的恋人，就此分离，从此天各一方。

仇荣林上了农大之后，曾经想过与那位姑娘再续前缘，这时他虽然家庭依然贫困，但他有了"大学生"的身份，有了明晃晃的未来，估计姑娘的父亲不会再加阻拦了。可他知道，如果与张令英毁婚，对方不会愿意，自己家里也不会愿意，即使闹得鸡飞狗跳、人仰马翻，也难以实现自己的愿望，白白落得一身骂名，所以，他始终不敢，也走不出这一步……

那天集上，当他看到张令英之后，不由自主地想到了他曾爱恋过的那位姑娘，可当来到那个他曾经熟悉的烧饼铺前，发现已物是人非，烧饼铺已换主了，听说那位姑娘在半年前出嫁了。而半年前，正是仇荣林与她分手后不久，他猜想，一定是自己的退缩伤了她的心，才让她这么迅速地成了别人的新娘……

回来的路上，仇荣林伤心，自责，失魂落魄。他开始意识到导致这一切的罪魁祸首，不是姑娘的父亲，也不是自己家里人，而是贫穷！贫穷像恶魔一样，能把一切美好摧毁。要想让这一切好转，必须改变贫穷。将来，一定要尽自己全部力量，摆脱贫穷。可是，富裕的路又在哪里呢？

成婚？

农大的学生都是二十多岁的青年人，正是青春萌动、多情怀春的时期，每天晚上回到宿舍里，同学们谈论最多的话题，就是找对象的事，言语间充满了对爱情的向往和渴望。然而，仇荣林却从不参与这样的谈论，别人渴望的婚事，正是他的痛点，而这种痛又是无法向人诉说的，他只能自己默默承受。已经定下的婚事，成了他的心病，却又无法医治。

他想通过一再推迟婚期，等待时机，摆脱这桩不如意的婚事。可对方的父母好像看透了他的心事，一次次捎信给仇荣林的父母，催着让他们结婚。父母也觉得他到了成婚的年龄，也开始催促他结婚，几乎每个星期六回家，父母和奶奶都不停地催促他。因为只有他结婚了，才能依次给老二、老三、老四结婚。他作为老大，不能成为一块绊脚石，妨碍了三个弟弟的婚事。

在两个家庭的再三催促之下，为了不当三个弟弟婚姻的"绊脚石"，完成家里的任务，仇荣林在二十二岁那年，也就是农大二年级的时候，和张令英结了婚。

听说仇荣林要结婚，班里同学围着他，纷纷向他表示祝贺，他却是一脸麻木，一点喜悦之情也没有。班里同学凑钱买了一块玻璃匾和一对玻璃花瓶，作为新婚的贺礼。当一群人来到仇荣林家，看到新房竟然是一间半破旧的草房时，都很意外，他们想不到他家里竟然这么穷！那几个在东郭集上见过张令英的同学，似乎都理解了他为什么要找这样的对象了。几个同学看到他的"婚房"里既暗又乱，没有一点新婚的喜庆气氛，要帮他重新收拾、布置一下，仇荣林也没让，他声音低沉地说："就这样吧。反正就这么回事。"

学校给了他一周的婚假，他却迟迟不回家，几个要好的同学一直催促，他也不回。直到结婚的前一天，他还要上课，老师硬是把他赶回家。从学校到他家五里的路程，平时只要半个多小时，那天他却走了一个多小时。一路上，他步履沉重，心情沮丧，走走停停，总是不想回家面对即将到来的婚姻，可是，他不回家又不行，必须面对、接受这桩他极不情愿的婚姻。

结婚的头天晚上，下了课的同学，男男女女二十多个人，来到仇荣林家，说是明天过来"吵喜""闹新娘"。他却说："明天还要上课，你们别来了。"几个同学告诉他："老师特意准了假，让我们来的，给你热闹热闹！"班里的几个女同学，竟然提出也要跟男同学一块儿来喝喜酒、闹新娘。而在那时，让未婚的姑娘来喝一个男人的喜酒，是要被人议论、引起人们不好的遐想的，因此他拒绝了几个女同学的美意，惹得几个女同学嘴噘得老高，直说他"老封建！"

仇荣林的婚礼非常简单。

洞房花烛夜，这本来是人生的一大美妙事、快乐事，可结婚后的仇荣林却高兴不起来，一种莫名的惆怅感、沮丧感、失败感，一齐涌上心头。婚后的第二天，他就返回了学校，没有丝毫新婚后的激情和喜悦，更没有对新娘的留恋与不舍。之后每逢星期六放学，其他同学都归心似箭地往家里跑，他却一反常态，迟迟不想回家，宁愿在学校帮老师干点活，也不愿意回家。可不回家又不行，因为还得回家带煎饼、咸菜，解决一个星期的生活问题。他觉得自己结婚完全是为了了却奶奶和父母的一桩心愿，为了不耽误三个弟弟，是为了家庭完成一个任务。他成了完成这个任务的工具，甚至说是牺牲品。那段时间，他心里经常想的是"结婚"两个字，他对这两个字的解释就是：结婚、结婚，头一昏，就结了，一切美好都完结了！原来对爱情的浪漫想象和期待，都化成了泡影！

结婚后，由于与妻子没感情，没有共同语言，仇荣林一直不肯与之同床。他想以此作为惩罚，惩罚家人，惩罚妻子，也惩罚他自己。张令英知道丈夫对她不满意，因此，仇荣林对她的冷淡，她不说不道，默默忍让。但时间一长，母亲和奶奶知道了，都劝他，可他不听。他想以此表明心迹，幻想着以后有机会摆脱这桩无爱的婚姻，重新寻找自己的幸福。

本应该是新婚宴尔、如漆似胶，他们却是相顾无言、冷面相对，没有激情，没有欢笑，感觉不到愉悦和快乐。

不久后的一个星期六下午，仇荣林回家拿煎饼时，远远地看到奶奶正站在村头等他。他以为是家中出了什么事，心里顿时一阵紧张，快步走到奶奶跟前询问，没想到奶奶是等着劝他和妻子同床的，奶奶拉着他的手，劝他说："老话说，上床是夫妻，下床是君子。你既然跟人家结婚了，就得对人家负责，就得跟人家同床，不能让人家跟着你守活寡！"他本来对奶奶和父母一起逼着他成亲有意见，可想想奶奶并无恶意，就说了心里话，他说："奶奶，我跟她没有感情啊，一点也没有！让我怎么与她同床啊……"还没等他说完，奶奶打断他说："感情还不是培养出来的吗？相处时间久了，自然就有感情了。你看咱村里这些老年人，哪个是结婚前有感情的？很多人结婚前连面都没见过，是瞎、是瘸，都不知道，还不是照样过日子，生儿育女，过一辈子吗？"仇荣林说："你们那是旧社会，如今是新社会了，没感情的婚姻，我没法接受。"奶奶说："如今已经把人家娶到家里来了，你不接受也得接受了，木已成舟、生米已做成熟饭了。"他赶忙声明说："现在生米还是生米，还没做成熟饭呢。"奶奶说:"既然与人家拜堂成亲了,就是熟饭了。一个女人最重要的是什么,你知道吗?是名声,女人的名声比命都重要!咱吹吹打打把人家婆来了,你再不要人家,那不是毁了人家吗?咱老仇家可不能办那种让人戳脊梁骨的事!"他说:"奶奶……"奶奶再次制止了他,接着说:"再说了,你是咱仇家的长子长孙,得为咱老仇家生儿育女,延续香火,这是你推脱不掉的责任,你知道吗?人活着为了什么?还不就是为了延续香火吗?!"在奶奶的脑海里,结婚就是为了生育。看到奶奶根本不理解自己,他就心不在焉地应付道:"行,我知道了!"然后扶着奶奶回了家,依然没与妻子同床。

可等到下个星期六回家时,又看到奶奶站在村头等他。奶奶对他说:"如果你不与媳妇同床,我每个星期六的下午就来村头等你、劝你、求你!如果你再不听,我就天天跪着求你!让你父母也跪着求你!"听着奶奶近乎乞求的话语,看着奶奶苍苍的白发在秋风中飘浮,以及奶奶满脸皱纹里充满的期待之情,仇荣林心软了,他违心地说:"奶奶,从今天起,您别再来村头等我、劝我了,我听您的话就是了!"奶奶不放心地问他:"你不会再糊弄我吧?"他庄重地说:"奶奶,我不糊弄您,这回是真的!"奶奶听了,竟然喜极而泣,拉住他的手往家里走,抹着眼泪说:"这才是俺听话的好孩子!俺抱重孙子有望了!俺就要四世同堂了!"

11 一个人的水葫芦效应

舍友与酒友

两年农大学习结束后,仇荣林因为优秀而被留校工作。同时留校的还有另一个男同学和一个女同学,共三个人。那个男同学被安排到养殖场,负责养猪;女同学被分到食堂,当会计兼司务长;仇荣林留校任教,当土壤教师兼化验员。其他毕业生,各回各自的大队,根据在学校的表现和各大队的实际情况,有的当大队干部,有的在大队当农技员，也有个别人，依旧回去当一名普通社员，叫作"社来社去"。

由于校舍紧张，仇荣林留校后与农场场长孙继林住在一屋。之前，孙继林是良种繁育基地的场长，东郭农业大学成立后，他和繁育基地的所有工人整建制地划归了农大。孙继林仍然是农场的场长，工人仍然是工人，算是没动。所不同的是，农场原来由公社直接领导，现在由学校领导，算是降了一格。这样，农大就由两大部分人组成，一部分是由老师组成的"教学派"，一部分是以孙继林为首的"农场派"。"教学派"觉得自己是知识分子、文化人，是学校的主流，因此有些清高，看不起农场的人；而农场的这些人呢，自恃自己是农场的老人，觉得知识分子整天酸溜溜的，还爱摆个臭架子，不如劳动者实在。两拨人互相看不起，互相不服气，就形成了两派，虽然没有拳脚相加、恶语相向，却也是钩心斗角、暗流涌动，不相往来。

仇荣林刚入校时，作为学生代表，他当然要听老师的，被认作是"教学派"的人，所以孙继林对他有一种本能的排斥感。上学两年期间，孙继林几乎从不搭理他，出于礼貌和尊重，每次见面，仇荣林总是先和他说话，他也是爱理不搭，一脸反感。仇荣林留校后，学校安排他们住在一块儿，他很不高兴，曾几次去找校长，表示不愿意与仇荣林住在一起。在这之前，孙继林作为农场场长，算是"学校领导干部"，一直是一个人住单间，把仇荣林安排进来，一是让他"掉了身份"，二是挤占了他的空间，他当然不愿意。可是，校长说学校房子实在紧张，只能让他委屈一下、凑合一下，等有了房子，再把仇荣林调出来。孙继林知道学校的房子确实紧张，就要求另外安排其他人，校长也没同意。孙继林只得无奈地和仇荣林住在了一起。

仇荣林知道孙继林对他有成见，也不想和他住在一块儿，可学校安排了，他一个刚留校的青年教师，能怎么样呢？也只能无奈地服从。

这样，两个人就都不情愿地住在了一起。

仇荣林刚住进来的时候，孙继林很多日子不搭理他，仇荣林主动与他说话，他仍像从前一样爱搭不理。仇荣林在农大上学的两年期间，其实与孙继林并没多少交集，更没什么矛盾，孙继林之所以不喜欢他，是城门失火、殃及池鱼，是因为他在学生时期跟老师们走得近。仇荣林想向他做一些解释，可一想解释也不一定有用，孙继林这个人虽然没多少文化，却也是清高、自负，一个年轻人的解释，他不一定听得进去，于是话到嘴边就没说出来。

仇荣林与孙继林虽然住在一起，但工作几乎是不搭界的，一个教学，一个搞农场。但仇荣林在教学之余，总是主动帮孙继林一些忙，比如，孙继林经常要到公社供销社里为学校拉煤、拉化肥以及必要的生活用品，逢到孙继林忙不开的时候，仇荣林就会主动帮他把这些活干了。孙继林遇到烦恼事的时候，仇荣林也会主动劝劝他，并帮他出出主意。渐渐地，孙继林发现他虽然是老师一派的人，可他为人正派，思想进步，遇事有主见，还勤快，慢慢地开始接受他，渐渐与他处成了朋友。孙继林是校领导，公社开会，也经常让仇荣林替他去，俨然把他当成了朋友和助手。

每到周六下午，无论是老师，还是学生，都急匆匆往家里跑，孙继林却不走，作为农场领导，他留下来值班。孙继林不走，也不让仇荣林走，让他留下来晚上陪他喝酒。那时仇荣林因为对婚姻不满意，正不想回家，就很痛快地留下来。当老师和学生走后，孙继林就弄些豆子和瓜干，到外面去兑换二斤豆腐和一斤散酒，二人一块儿喝酒、聊天。一起吃着辣椒炖豆腐，喝着小酒，一块儿天南地北地聊天，很是惬意。

仇荣林喝酒，就是那时练习出来的。也是那时，他才知道自己原来是有些酒量的。

到济宁进修

东郭公社创办农大时，学校因陋就简，并没有土壤化验室。仇荣林留校后，学校才筹建了土壤化验室。所谓的土壤化验室，就是一台显微镜、几瓶化学药水、一张桌子而已。仇荣林是唯一的化验员。

留校不久，济宁农业学校分给滕县一个进修名额。那时的滕县隶属于济宁地区。校长听到这个消息后，跑到县农业局，想为仇荣林争取这个名额。可是，校长跑了几趟，再三恳求，农业局的领导也没答应，因为全县三十多个公社都来争取这个名额，农业局领导不知给谁是好。校长看到自己分量不够，便拉上公社领导去农业局说情。公社领导也想培养仇荣林这棵好苗子，多次跑农业局争取，又找到一位县里的领导出面，最后才把这个名额争取过来，让仇荣林去了济宁农校进修深造，重点学习土壤化验。

让人意想不到的是，仇荣林这个在农大时土壤学习成绩最好的学生，到了济宁农校后，却在他最感兴趣的土壤课的学习上非常吃力，尽管他暗自用功，仍然跟不上趟。这让性格要强的仇荣林很是气馁，一段时间后，萌发了退学的念头。原来在东郭农大时，学校里根本没有专业的土壤老师，是为了开设土壤课而临时让一位物理老师兼任的。这位老师现学现卖，照本宣科，所教授的土壤知识只是皮毛。而到了济宁农校所学的是土壤结构、土壤成分等，这分子式、那化学元素，让化学知识十分匮乏的仇荣林学得十分吃力。于是便在一个星期天回家时，去找农大校长，说出了自己退学的想法。校长听说他要退学，大吃一惊，忙问他为什么。他说了原因，校长就劝他坚持下去。他就说坚持不下去了，非要退学不可。校长知道他不是个遇到困难就退缩的人，如今他坚持非要退学，那一定是万分吃力了，就劝他说："实在跟不上，也没什么，据我了解，济宁农校对你们这些进修的学生，是不会太计较成绩的，到时都会让你们毕业的，你能学多少是多少吧，领个毕业证回来就行。"仇荣林却说："我不能当东郭先生，滥竽充数。如果这样，我觉得对不起领导对我的器重，也对不起自己。"校长见劝不动他，又不敢擅自作主让他退学，只得向公社书记汇报了此事。为了让仇荣林顺利完成学业，公社领导研究决定：派本公社最好的一位化学教师去给他当陪读，白天和他一块儿听课，晚上辅导他。派一个学生去深造，单位同时派一个专职老师当陪读，这是很罕见的，甚至是绝无仅有！由此也可以看出公社领导对仇荣林的喜爱程度和培养决心！

一个标准的科技迷

一年后，仇荣林从济宁农校毕业，还没回到东郭农大报到，就直接被滕县农业局抽调去参加全县的土壤普查。1978年底到1979年初，国务院组织了一次全国性的土壤普查。滕县农业局为了做好全县的土壤普查，从各个公社抽调了几十名专业人员，协助农业局完成此项工作。历时半年，土壤普查顺利结束，从各公社抽调上来的几十名专业人员各回各处，却唯独仇荣林一个人被留下来。领导想让他继续在农业局工作，先干"亦工亦农"，以后有机会再转正。

转正成为正式工，这可是很多人梦寐以求的大好事，当农业局领导把这个决定告诉仇荣林后，他心花怒放、激动万分，没想到幸运之神再次降临到他头上了！那天下了班后，他就借了辆自行车骑回家，把这个好消息告诉了家人，父亲听到这个好消息，特地让母亲炒了几个菜，和他一块儿喝了起来，以示庆贺。

没想到的是，东郭公社不愿意，东郭农大也不愿意，公社和农大认为仇荣林是他们发现和培养的人才，就应该回东郭效力。让农业局截留了，他们不愿意！于是，公社和学校的领导一起到农业局，硬是把他给要回来了。

经过一年的进修，仇荣林今非昔比，不仅掌握了丰富的农业知识，成为真正的土壤专家，还带来了省里的一个叫《玉米叶面施肥的增产效果》的项目，就是在玉米叶面上喷洒化肥水，以求证反映其增产效果的具体数据。当时东郭农大有一个小型的淀粉加工厂，看到生产淀粉时流出来的废水里含有蔗糖，仇荣林突发奇想，创造性地利用排出的废水，在其中加入化肥，往叶面上喷施，结果，增产效果更好！他把这一实验结果报到省里，得到了省里专家的肯定。

仇荣林利用淀粉废水往叶面施肥的做法，传到山东农学院（今山东农业大学）余松烈教授那里。余教授是全国知名的小麦栽培专家，对他的创新和钻研精神很是欣赏，点名让仇荣林帮他做小麦栽培技术方面的一个实验课题。后来，余松烈教授出版的《中国小麦栽培理论与实践》一书，被全国各个农业院校当作教材，其中就引用了仇荣林收集上来的实验数据。

那年秋收后，仇荣林还创造性地把新鲜的玉米秸秆、地瓜秧、花生秧等粉碎，然后保鲜贮存起来，冬天掺入玉米面喂猪，解决了农大二百多头猪一个冬天的饲料问题，为养殖场节省了大量的粮食。

仇荣林还从济宁农校带来了一种叫"水葫芦"的水生植物，用来喂猪。他带来的"水葫芦"数量很少，相当于"种子"，就利用冬天的时间，在学校水塘里自己进行繁育。"水葫芦"这种水生植物生长繁育的条件有两个：一个是水，再一个就是适宜的温度。冬天水温低，他就自己用土办法建温室，提高水温，繁育"水葫芦"苗子，用于第二年大批养殖。那时候，每个村里都有几个大坑，并且每个坑里都有水，特别是夏天，田间、路边的沟渠里到处都有水，水资源特别充足。在仇荣林的推广示范下，东郭公社每个村庄都养"水葫芦"喂猪。后来，全县都学习东郭，养殖"水葫芦"风靡一时，几乎所有的村庄都养殖"水葫芦"，有不少家庭也养殖。

那时期，仇荣林整日沉浸在农业科研中，是一个标准的科技迷。

一位农大老师后来说：如果东郭农大没有很快就解散，仇荣林继续发展下去，凭他的这种创新和钻研精神，或许会成为一位真正的农业专家。

第四章
自己的路

12　农技站的技术员

"半脱产"干部

1977 年，国家恢复了废止了十年的高考制度。在这种大背景下，所有公社农业大学解散。东郭农大当然也不例外，近二百亩农场和校舍全部交给了滕县牧工商用以养鸡，老师分流到第七中学和下面的小学，学生各回各村。

当听到农大即将解散的消息时，仇荣林既失望又忐忑，失望的是没有农大这块让他搞科研和教学的阵地了，忐忑的是他的去向。他那时的身份是"亦工亦农"，但也可说成是"非工非农"，既不像其他教师那样领工资、吃粮票，有在编的铁饭碗，也不像在校的学生一样身份单纯，毕业后回自己的大队。他身份尴尬，不伦不类，去向很不明朗。为此，他曾找校长询问，可校长也不知道，告诉他说："你的去留，要由公社来决定。"

不久，好消息传来，仇荣林被安排到公社农技站当农业技术员。农大教师安排到农技站，表面上看，算是对口安排，实际上是公社对他的格外照顾和青睐，把他当人才和后备干部培养。仇荣林在农技站的身份是"半脱产"干部，仍然在生产队里领工分，可生活补助费由农大时的每月十三元增加到了二十一元，提高了很多。领着双份的报酬，等有了指标，还可以转正，这让农大的所有同学都羡慕得要死，就连老师们也羡慕非常。仇荣林当然也很满足。

包村显身手

在农技站期间，按照公社的安排，仇荣林和其他正式干部一样，下去包村包点，先是帮包常庄管区半年，后又让他负责秦林、东坞沟、西坞沟三个村，主要任务是指导科学种田，提高产量，解决农民的吃粮问题。那时的农村，还是大集体制度，有些社员出工不出力，生产队里依然按照旧有的模式进行耕种，粮食产量很低，除了交公粮，几乎家家都吃不饱。为了解决最迫切的吃饭问题，仇荣林在他帮包的三个村里，率先实行了间作套种。他是学农的，明知道间作套种虽然可以提高粮食产量，但对土地来说是堪比竭泽而渔、不科学的，然而为了让社员早日吃饱饭，他别无选择。

为了减少农作物对土地养分的过度摄取，在化肥紧缺的情况下，仇荣林在这三个村里号召社员养猪、羊等家畜，喂鸡、鸭等家禽，产生农家肥，用来补充地力；另外还可以提高家庭收入。那时，政策虽然已经宽松了许多，但"左"的思潮还在，"割资本主义的尾巴"还根深蒂固地存在于一些干部的脑海中，对农民家中猪、羊、鸡、鸭的数量，还有严格的限制，不准多养，多养了就是"搞资本主义"。因此，当仇荣林在他所帮包的三个村里大力号召养殖时，三个村里的干部都非常担心，怕"触了电"、犯了错误，仇荣林理直气壮地说："让农民吃饱、穿暖，没有错，出了问题，我担着！"在他的坚持和鼓动下，这三个村家家养了一大批鸡、鸭、猪呀的，仅一年的时间，这三个村的社员收入有了大幅增加。

但是，仅靠一家一户产出的那点农家肥，远远不能满足土地对养分的需求。仇荣林就与滕县牧工商养鸡场联系，以很低的价格，把养鸡场里的鸡粪全部"买"过来，用作肥料。那一年，三个村的粮食都比往年有了大幅度增产。

在仇荣林的指导下，他所承包的三个村社员的生活，当年就有了很大的改善。从干部到社员，大家都知道这是仇荣林的功劳，特别是三个村的群众，对他无不心存感激、拍手称赞。

事隔多年后，仇荣林深有感触地说："一个干部，只要真心实意地为群众办事，为群众着想，群众就会真心地拥护你，爱戴你。群众衡量一个干部的好坏，不是听你嘴上说的有多好，而是看你做了什么，他们心中都有一杆秤。他们衡量干部的标准虽然朴素，却是很准确的。我们常说的'群众的眼睛是雪亮的'，是个真理。"

"半脱产"干部

由于能力出众、工作扎实，仇荣林虽然是一名"半脱产"干部，却比一些正式干部还受重视，公社领导到各村检查工作，时常会带上他。这一方面因为他懂得农业知识，遇到一些领导说不明白的农业问题，他能及时地"参谋""提示"一下，免得尴尬，让人说领导外行；另一方面，他不仅长得让人"看着顺眼"，而且"有眼色"、会照顾人，让领导有一种舒适感。

那时，东郭公社有一辆吉普车，只有公社主要领导才能用，因此这辆车是权力和身份的象征，看到这辆车，人们就知道是书记或社长来了，敬畏之情油然而生。因此跟着书记或社长的随从人员，每坐上这辆车，也会有一种受宠的荣耀感。仇荣林也不例外，每次跟着书记或社长下村，看到大队干部和村民们敬畏的目光，听着他们恭维的话语，他心里也会涌出一种说不出的满足和自豪。他虽然知道这是狐假虎威，人家敬畏和恭维的是公社领导，而不是他仇荣林，但他还是有一种莫名的荣耀感和自豪感。每逢这时，就觉得当一名干部真好。每到这时，他心里就会对自己说：一定要努力，争取早日把"半脱产"去掉，成为一位名副其实的干部，然后一步步升迁，有更大的作为，受人尊敬，让人敬畏，为自己和老仇家增光添彩。

公社领导去县城各科、局里办事，有时也带上他，在那一段时间里，他跟着公社领导认识了不少县里的领导。

由于经常跟着领导出去，加上自己有了固定的收入，仇荣林也开始注重自己的形象，买了一身"的确凉"和一身"涤卡"的衣服，一双"三接头"的皮鞋，又托人买了一辆凤凰牌自行车，把自己武装起来，看上去很像一个干部了。他也觉得自己像一个干部了。

其实，从公社领导到一般人员，都认为仇荣林成为一名正式的国家干部，只是个时间问题。公社领导也多次向他透露：只要有了转干名额，第一个就是他仇荣林。这时他踌躇满志、信心满满，总觉得离一个国家正式干部不远了，一个金灿灿的未来在向他招手，于是，他工作更积极、更卖力了。

13　要死要活要离婚

东郭公社与辛绪大队相距十多里路，在公社工作的人员中，仇荣林是离家比较近的，但他是回家最不积极的。每天下了班，除了几个离家特别远的不能回家外，其他人都是匆忙回家，他却迟迟不走，好多时候，他就住在公社，不回家。大家都以为他这是在积极表现，以求尽快转正。其实，他是不想回家面对妻子。

自从有了孩子，特别是被安排到公社农技站工作之后，仇荣林对自己的婚姻不再渴求什么了，抱着既然结婚了，也有孩子了，就凑合着过的念头，不再挣扎、反抗、抵触了，把精力都用到了工作上，以图自己有个好前程。有一段时间，他也试图改善夫妻间这种冷淡的关系，各种方法都试了，可他就是找不到"爱"和"亲"的感觉，有的只是无奈和厌烦，本来在外工作一天很高兴，可进了那个小家，他就没了情绪，就觉得压抑、憋闷，就想逃离。这样的婚姻，让他痛苦不堪。他曾无数次地想过离婚，可他知道，那几乎是不可能的，家里不会同意，公社里的人知道了，也会笑话他，甚至影响他的转正，因此，离婚的念头，只有压在心底，不敢说出来，更不敢付诸行动。他就这样痛苦地煎熬着，等待着。

我也要离婚

就在仇荣林为自己的婚姻苦恼的时候，公社一位领导开始与农村的妻子闹离婚。这位领导姓吴，是东部山区的人，幼时家境贫寒，当过农民、民办教师、公社通讯员，靠着自己的努力和奋斗，不仅转了正，而且一步一步走上了领导岗位，因此这位领导成为很多正在奋斗着的青年人的榜样。这位领导也一直以自己的奋斗经历来激励、教育身边的青年人。仇荣林对他很是钦佩。在他眼里，这位领导的人生是上进的、完美的，值得年轻人学习。他的目标，就是像这位领导一样，成为一个靠自己奋斗而走上领导岗位的人。

当知道这位姓吴的领导与农村的妻子离婚，仇荣林才知道他原来也与自己一样，有个不满意的婚姻。这位姓吴的领导年轻时，也和他一样，家里穷、兄弟多，又是山里人，不好找对象，娶了一个自己不满意的老婆。这位领导的婚姻，也是一种无奈的选择。随着地位的变化和视野的开阔，吴姓领导虽然对自己的婚姻不满意，可为了自己的前途，他一直迁就着。到了东郭任职一年后，他终于不愿意迁就了，决定与妻子离婚。

这位姓吴的领导来到东郭公社任职后，几乎很少回家，晚上，经常把仇荣林叫到宿舍里说说话、谈谈心，有时两个人还在夜色里一块儿去田野里散步。仇荣林以为他是欣赏自己，关心自己，直到他闹离婚，才知道原来是两人都有不满意的婚姻，同是天涯沦落人，同病相怜啊。

无独有偶，正当这位姓吴的领导与妻子闹离婚、闹得不可开交的时候，另一位姓贾的领导也开始与家里的妻子闹离婚。

这两位领导的妻子都是农村妇女，当初贫穷时跟了他们，如今他们发达了，能"夫贵妻荣"了，当然不愿意离婚，就和娘家人组团来公社吵闹，试图造成一种舆论压力，从而挽回即将破裂的婚姻。可是，这两位领导铁了心，任她们再吵再闹再哭再骂，就不妥协，非离婚不可。妻子不同意，他们就起诉到了法庭，不离不罢休。一时间闹得沸沸扬扬，尽人皆知，不仅成了公社机关茶余饭后的一个热议话题，就是在民间，也被议论纷纷，并被一点点演绎得"面目全非"。

这两位领导闹离婚，像是把仇荣林心中压抑多年的对自己婚姻的不满，一下子引爆了，此时的他也想和这两位领导一样，为自己争取一回：离婚。

这两位领导身居要职，尚且不怕舆论，不惧压力，他一个"半脱产"干部，怕什么呢？他决定不再压抑、不再忍耐了，他要摆脱这无爱的婚姻，重新开始一种他想要的生活。那时的仇荣林才二十多岁，一切都可以重新开始，一切都还不晚，人生的路还长着呢。拥有一个美满的婚姻，是他最大的渴求和愿望！婚姻，对一个人来说有多重要，只有婚姻不幸的人，才能体会到，也只有婚姻不幸的人，才更加渴望拥有美满的婚姻。

"俺不离婚！" 仇荣林没有像那两位领导一样，从商量，到通牒，到吵闹得不可开交，最后走上法庭。他采取了比较温和的方式，想与妻子协商离婚。他想用软法子，达到离婚的目的。他不想闹得鸡飞狗跳、满城风雨，跟仇人似的。

可是，当回到家里向妻子提出了离婚的想法后，妻子马上瞪起眼睛说："俺不离！"

一向温顺的妻子突然变得愤怒起来，她说："公社里那两个领导闹离婚的事，俺听说了，你也想跟着他们学，不要俺了，你别想！人家是当了官了，看不上家里的黄脸婆了，闹离婚，还情有可原；你一个'半脱产'，还没混上个正式饭碗，别的没学会，学会当'陈世美'了！"

妻子非常坚定地说："俺不会跟你离婚的，除非俺死！你趁早死了这条心！即使俺死了，也得埋到老仇家的坟上，俺生是恁仇家的人，死是仇家的鬼！"

不善言辞的妻子，听到离婚，一下子急得泪流满面，话语像连珠炮似的。

妻子张令英是个传统女子，满脑子是"嫁鸡随鸡、嫁狗随狗，嫁个扁担扛着走"的"从一而终"的思想，她认为既然嫁了男人，就是一辈子的事，况且还是找到了仇荣林这样一个优秀的男人。这个男人，有能力，有威望，而又一表人才，是她心爱的男人，她一直为嫁了这样一个男人而自豪、而幸运，她怎么会同意离婚呢？

因此她不离，坚决不离！

仇荣林就苦口婆心地做她的工作，说自己对她一直没有感情，而没有感情的婚姻是不道德的等等。

张令英却告诉他："你对俺没感情，俺对你有，俺心里只有你。既然跟了你，俺生是你仇家的人，死是你仇家的鬼，就是死，俺也不会离！"

仇荣林干脆直接告诉她："这样过下去，我会痛苦一辈子！你为我想想好吗？"

张令英坚决地说："你痛苦，那是你的事，俺反正不离！"

仇荣林吓唬她说："你不离婚，今后就没你的好日子过！不信，你就等着瞧！"

张令英倔强地说："好日子，孬日子，随便你，俺就是不离！打死也不离！"

在随后的日子里，仇荣林每次回到家里，几乎没有别的话题，对张令英所说的都是离婚，离婚，离婚！妻子不同意，他就阴着脸生气，她做的饭，不吃；她和他说话，也不理。向她施行冷战，也可以说是一种冷暴力。

看着仇荣林铁了心要离婚，并且一天天逼迫她，像许多农村妇女一样，张令英抱着刚满周岁的孩子去了娘家。这时候，娘家是靠山。

仇荣林闹离婚，父母是知道的，刚开始以为他闹几天就过去了，没太当回事，可看到张令英抱着孩子回娘家了，才意识到了问题的严重性。父亲郑重其事地把他叫到面前，问他："你真要离婚？"

仇荣林毫不隐讳地回答："是的，我要离婚。"

"为什么？"

"没有感情，这样过着我痛苦。"

"没感情，当初为什么和人家结婚？"

仇荣林哭笑不得，说："不是您，还有奶奶和俺娘逼着我结的婚吗？"

"既然结婚了，就得过一辈子，不能离！"

"我非离不可！"仇荣林一脸悲壮，两眼发红，倔强地梗着脖子说。

"你要是离婚，我就打死你！"父亲强硬地说。

"只要我活着，你就别想离婚！"父亲又说。

在随后的日子里，母亲也不停地劝他不要离婚，可他铁了心，谁的话也不听，非要为自己争取一回不可。

而回了娘家的张令英则打死也不愿意离。

一个要离，一个不愿意离，事情就僵持下来。

一出闹剧

一天，仇荣林下班后从公社出来，一个老人突然蹿过来，扑倒在他自行车前。他急忙刹住车。明明没有碰到那个老人，而那个老人却躺在他自行车前装作痛苦地大喊大叫："哎哟，哎哟！碰人了，碰人了，疼死我了！疼死我了！"老人的喊叫声，马上引来了一些围观者，其中有几个年轻人，显得特别"热心"和"仗义"，言之凿凿地"证明"是他碰了老人，非要他把老人弄到医院检查不可。仇荣林当时以为是遇到了碰瓷的，要讹诈他，就据理力争，一再强调根本没碰到老人，可那几个"热心"的年轻人根本不听他辩解，威逼着他把老人送往医院。他不愿意，争执了几句，几个人上前就打他。俗话说"双拳难敌四手"，何况对方是好几个身强力壮的年轻人呢，仇荣林很快被那几个青年人按倒在地上，拳脚相加，直打得他眼冒金星、疼痛难忍。

恰巧，仇荣林的表姑就住在附近，听到外边有吵闹声，原是想出来看热闹的，却看到挨打的竟然是她表侄，于是她急忙分开人群，走上前去，想劝阻下来，可那几个年轻人像是没听到，仍然对仇荣林拳打脚踢。表姑急眼了，指着那几个年轻人大声喝道："这是我表侄，我看谁敢再打他！"几个年轻人回过头来，看到表姑是一个妇女，根本不理，还要继续打，表姑双手叉腰，厉声说道："我看你们谁敢再打！今天有我在这里，你们若是敢再打他，我就让你们都爬着走！"这时，躺在地上的老头坐起来，摆着手对那几个年轻人说："别打了，别打了！"原来老头认得表姑，知道表姑有八个儿子，个个身强力壮、虎背熊腰，在东郭街上是出了名地强悍，没人敢惹。

那几个人虽然住了手，却仍然坚持要让仇荣林把老人送到医院检查、治疗。平白无故地被人打了一顿，仇荣林很是窝火，长这么大，还从来没有被人这样打过，今天竟然莫名其妙地被人痛打了一顿，怎能善罢甘休？他从地上站起来，弯腰抱起地上的老头，双臂用力一夹，只听老头嗷的一声，痛苦地大声叫起来："这回是真伤了！真伤了啊！疼死我了，疼死了！"

在那几个年轻人的监视下，仇荣林把那个老头送到医院检查，结果是三根肋骨骨裂。不是自行车碰伤的，而是被仇荣林夹伤的。仇荣林说："你既然这么想住院，就让你踏踏实实地在这里住几天吧！"

几个年轻人听说仇荣林把老人的肋骨夹伤了，上前又要去打他。恰好，医院有位医生是辛绪村的，看到几个人嚷嚷着要去打仇荣林，就挡在病房门口，不让几个人进去，随后，以医院需要清静为由，把那几个年轻人赶出医院。几个青年人仍不甘罢休，就在医院大门口候着，守株待兔，想等仇荣林出来，再打他。那位医生看到这情形，怕他挨打，让他从医院后门悄悄溜走，暂避一时。仇荣林一怒之下，把老人的肋骨夹伤，也自觉理亏，听从了医生的安排，悄悄从后门溜回家。

事后才知道，这是妻子娘家导演的一出闹剧。

那个老头原来是妻子的一位本家大叔，无儿无女，光棍一条，有点无赖。他在公社门口这样做，就是想让公社干部和东郭街上的人都知道仇荣林当了"半脱产"就要抛弃农村的结发妻子了，制造舆论，让他丢人，以此来阻止仇荣林离婚。

果然，东郭公社三个干部要当"陈世美"的消息，迅速传开了。仇荣林成了人们议论的焦点人物之一，甚至有人把他说得更加不堪："人家那两个人闹离婚，是因为当了官，还情有可原。他仇荣林一个'半脱产'，混得还不怎么样，也跟着闹离婚，真是自不量力、不知自己能吃几碗干饭了！"……

第二天，父亲知道他把人家的肋骨夹伤了，气得把仇荣林大骂了一顿，然后买了礼品，去医院看望那位老人。可那位老人看到仇荣林的父亲，却生气地把脸转向了一边，对他不理不睬。父亲觉得自己的孩子伤了他，理亏，就小心翼翼地、真诚地、一遍又一遍地向他道歉。许久，那位老人才转过脸来，看着父亲说："你家荣林虽然把我弄伤了，说实话，也不重，医生说几天就能好，我也不会赖他，但我有一个条件……"

父亲忙问："什么条件？你说，你说！"

老人说："我的条件就是：你家荣林不能跟俺侄女离婚。如果非要和俺侄女离不可，我就住在医院里不走了，跟你们耗下去，我看你家有多少钱？！"

父亲赶忙说："荣林他是一时糊涂，别跟他一般见识。有我在，反不了他，我不会让他离婚的，你放心吧。"

老人说："光说没用，咱得看实际行动。"

父亲附和着说："对，看行动。我回家就让荣林去接你侄女，让他们好好过日子。"

老人说："那好，我在这里等着。你家荣林只要把俺侄女接回去，我立马就出院！"

回家后，父亲黑着脸，让仇荣林把妻子接回来，可他不去。任凭父亲怎么说，他就是拧着不去。

这个老人的伤只是骨裂，属于轻微的骨伤，本来不用住院也可以自愈，因此几天后，医院开了点药，让他回家休养。可老人知道仇荣林没去接他侄女，就赖着不出院，是医院硬把他赶出院的。出院那天，那位老人威胁父亲说："别以为我出院了，就拿你们没办法了。如果你家荣林非要和俺侄女离婚，我就到你家里去上吊，死到你家里，让你发丧。我无儿无女，正好让你们埋葬我，为我披麻戴孝，让你在辛绪村丢人！"

父亲一直是村干部，又是个要面子的人，如果这位老人真到他家里来上吊，吃官司不说，还丢人现眼。听表姑说，这个老人是东郭街上有名的无赖、难缠头，天不怕、地不怕的滚刀肉。如果惹恼了他，什么事都能干得上来。因此父亲赶忙说："有我在，俺家荣林不会离婚的，你放心回家休养，我回家再劝劝他。"

把那个老人送回家，父亲还是不放心，怕他再出什么幺蛾子，又让本家的一位兄弟陪着，拿着礼品去看望了那位老人。

从老人家里出来，父亲和本家兄弟又来到张令英的娘家，求他们家别再闹了。张令英的父亲是幕后主使，得从根上解决问题。

张令英看到公爹来了，抱着孩子躲进了里屋，仇荣林的父亲想看看自己的孙子，也没看上。父亲央求张令英的父亲不要让人再闹了，给他点时间，让他慢慢劝说仇荣林，并郑重对亲家承诺："你放心，有我在，荣林离不了婚，咱们既然是亲家了，就是一辈子的亲家，永远的亲家！"

亲家却激将道："老话说：儿大不由爷，女大不由娘，如今荣林大了，并且还在公社当干部，这么有出息，他还能听你的话？"

父亲说："他再大，再有出息，也得听我的。"

亲家说："好，我等你的消息。"

父亲打断了棍子

父亲不让仇荣林离婚，不单是出于亲家的压力，而是真心不想让他离婚。父亲信奉"丑妻、薄地、烂棉袄，穷人的三件宝"这句老话，作为小门小户的庄稼人，有个妻子就不错了，不能朝三暮四，更不能地位变了就当陈世美。父亲封建而又爱面子，在他的词典里，一个男人一旦结了婚，如果女方没有什么原则性的大错，就应该是一辈子的事，绝不能离婚。如果男人有了点出息就离婚，那是要被人家戳脊梁骨的，他绝不允许自己的儿子干这种伤风败俗、丢人现眼的事情。

回到家后，为了让仇荣林回心转意，父亲不让他去公社上班了，把他关在家里，让他在家里"闭门思过"，非常坚决地对他说："你什么时候答应不闹离婚了，什么时候让你出门。"

仇荣林说："我要是一直不答应呢？"

"那就永远不许你出这个家门！"

"你就是关我一辈子，我也非离不可！"

父亲瞪着眼，用手指着他说："你要是敢离婚，我就去公社把你的工作弄掉，让你再回家当农民！"

仇荣林决绝地说："你把我的工作弄掉，回家种地我也要离婚！这婚，我离定了！"他指着身旁的一桶汽油说："如果不让我离婚，我就自己烧死！"

站在一旁的母亲惊慌失措地说："我的娘来，你什么时候弄的汽油啊？！"她慌忙走过去，要把那桶汽油拎走。

父亲制止住了母亲，黑着脸说："不要拎走，让他烧，他烧死了，我也烧死！这日子不过了！都死了算了！"

父亲气得脸色铁青，咬牙切齿走到院里找到一根木棍，把仇荣林按在地上，劈头盖脸地打起来。父亲身材高大，力气也大，那双手特别有劲，一棍子打下来，仇荣林只觉得后背一阵剧痛，五脏六腑仿佛都被震碎了一般，但他咬紧牙关忍住了，等着第二下、第三下……由于用力过重，只几下子，父亲就把那根棍子打断了，母亲心疼地劝说："别打了，再打就打死了，出人命了！"

父亲喘着粗气说："就得打，打死拉倒！"父亲说完，举起那半截棍子接着打。

母亲见他下死手地打儿子，生气地说："没见过你这么狠心的父亲！"

父亲咬着牙说："这样的逆子，打死了正好，省得丢人现眼！"说着，举起棍子又狠狠地打起来，直把那半截棍子又打断了，才罢手。

仇荣林的后背被打得血肉模糊，疼得满脸汗水，也没屈服。

父亲看他打死也不妥协，继续把他关在家里，不让他出门。

公社里知道仇荣林在家闹离婚，又加上公社两位主要领导也正闹离婚，因此也没人催他去上班。

他的"软肋"是孩子

仇荣林被父亲限制在家里，既不能去上班，又无事可做，与外界隔绝，无聊至极，苦闷至极。时间一长，他开始想儿子了。儿子小伟刚满周岁，已经会叫爸爸、妈妈、爷爷、奶奶了，长得白白胖胖，犹如粉雕玉琢一般，人见人爱。自从妻子抱回娘家后，他的脑海里，不时浮现出儿子天真可爱的样子。他一会儿想：儿子是不是会说更多话了？是不是会走几步路了？两个人闹离婚，妻子会不会因为生气而照顾不好孩子呢？一会儿又想：如果离了婚，妻子坚持由她抚养孩子，岂不是永远难以见到孩子了？顺着这个思路，他又想：如果离婚，妻子这么年轻，肯定会再嫁人的，孩子怎么办？……想来想去，得出的结论是：如果离婚，自己是解脱了，孩子却苦了。

不仅他想儿子，仇荣林的母亲，比他更想，自从儿媳妇把孩子抱走，她就开始天天念叨着想孙子了，到后来，竟然想得茶饭不思，唉声叹气，一脸愁容，经常望着东郭街的方向出神、发呆。后来，实在忍不住了，母亲便让本家的一位小叔子去儿媳妇的娘家，想让他把孩子抱回来看看，再送过去也行。可儿媳妇没给！那位本家小叔子好话说了一大堆，也没把孩子抱回来。儿媳妇的态度是：只要仇荣林坚持离婚，就不会让他们见孩子，永远别想见！

母亲觉得本家小叔子的面子不够，过了几日，又让仇荣林的父亲去妻子的娘家，以为他有面子，却同样遭到了拒绝。父亲赔着笑脸央求说："孩子他奶奶想孩子都快想疯了，我抱回家让她看看吧？过几天，再送过来，好吗？"

看着亲家不表态，父亲又说："荣林他是一时糊涂，我会劝他回心转意的，你放心，只要有我在，这婚，他离不成，咱还是亲家，永远的好亲戚！"

亲家很坦率地说："让你把孩子抱回家，俺闺女就更没希望了！"

父亲说："不会的，荣林是一时鬼迷心窍，让他见见孩子，我再劝劝，他会回心转意的！"

亲家说："那就等荣林回心转意再说吧。"

孩子，成了妻子家要挟仇家的砝码，也成了仇家的软肋！

父亲被亲家拒回来后，气更大了，整天黑着脸训斥他，奶奶和母亲也不停地劝他，把仇荣林弄得四面楚歌、头昏脑涨、狼狈不堪。在孩子、父母和妻子娘家三重压力下，经过数月的僵持，仇荣林万念俱灰，不得不痛苦地打消了离婚的念头。

一天早饭后，在本家二叔的陪同下，仇荣林去东郭街接妻子回家。

接妻子回来，是仇荣林极不情愿的无奈之举。当他和二叔来到东郭街上时，他没去妻子的娘家，而是让二叔一个人把妻子接出来，他则走进公社供销社，为儿子小伟买了一顶最时髦的皮帽子和一身新衣服。当他看到妻子抱着儿子向他走来时，他快步迎上去，从妻子怀里抱过儿子，看了又看，亲了又亲，眼泪不禁夺眶而出，泪水把儿子的脸都弄湿了。

在外人看来，他不再闹离婚，是屈从于父母和妻子家庭的压力，只有他知道，很大成分上是为了儿子。在离开儿子的日子里，他深切地体会到了儿子对他的重要性。在萌发离婚的念头时，他曾把儿子的乳名由"小伟"改成"柏伟"，方言中"柏"与"悲"同音，意思是他离婚后，孩子的童年肯定不会幸福，但长大后一定会幸福，取"先苦后甜"之意。如今，婚没离成，又把儿子的乳名改回了小伟。小伟，也就是仇荣林的长子仇兴东。仇兴东长大后，曾问过仇荣林为什么曾在他的名字里加了一个"柏"字，仇荣林毫不隐瞒地告诉了他其中的原委。

那年，东郭公社三个人闹离婚，两个领导离成了，仇荣林却以失败告终。

后来，其中一位领导抱怨他："你怎么虎头蛇尾、半途而废，白闹腾了一场？"仇荣林苦笑着说："我这个人家庭观念太重了，特别是孩子，我放不下，我情愿自己苦，也不舍得委屈孩子。"那位领导说："原来你是为了孩子活着啊。你这么年轻，就为孩子活着，真是，真是……"

从此以后，仇荣林再也没有动过离婚的念头，心无旁骛开始创业。

有人说：上天是公平的，为你关上了一扇门，必定会为你打开一扇窗。仇荣林后来成为一位知名的企业家，与他婚姻的不如意有着很大的关系，因为他从此把所有的精力都用在了创业上。

有人就此说，正是仇荣林不如意的婚姻，才成就了他这个企业家，这对他来说反而是件好事。仇荣林反驳说："第二次世界大战成就了一大批将军，你能说'二战'是好事吗？如果有个美满幸福的婚姻，有个温馨的家，我情愿不当这个企业家。"

14　要当一个不一样的农民

再也不想"当干部"

1981 年底，因为要了二胎，仇荣林被单位开除回家。由"半脱产"转为干部的梦想，也就此破灭。很多人都为他感到惋惜。本来就贫穷，再穷一点，他也觉得无所谓，他在意的是为了"当干部""吃皇粮"而苦苦奋斗了七八年，眼看快要开花结果的时候，一下子被打回了原形，又成了一个地地道道的农民。并且从此再也没有"吃皇粮"拿工资的机会了，只有死心蹋地当一辈子农民，再无出头之日。

但仇荣林并不后悔，他调侃地对家人说："毛主席说过，人是最重要的因素，只要有了人，一切问题就都解决了。虽然我现在一无所有了，但我有两个儿子，他们将来是我最大的财富和希望！"

母亲赞同地说："对，只要有了人，穷点、富点，都无所谓。看着虎头虎脑的两个孙子，我就觉得日子有盼头。"

父亲说："你现在是两个孩子的父亲了，又丢了工作，今后别再好高骛远、想三想四了，就踏踏实实干，好好挣钱养家吧。"

仇荣林说："是的，从现在开始，我再也不想当干部、拿工资的事了，就踏踏实实地当一个农民，好好挣钱养家，不仅要让一家人过上好日子，还要把两个孩子培养成人、成才！"

父亲赞许地说："对，从现在开始，就踏踏实实当好一个农民吧。"

仇荣林自信地说："我不当干部，也会当一个不一样的农民。"

母亲说："农民还有两样的？"

仇荣林说："我将来要当一个富裕的农民，一个有钱、有很多钱的农民！"

父亲说："你别做梦了！"

仇荣林说："不信你就等着看！"

父亲说："好，我就等着看你怎么当一个有很多钱的农民。"

仇荣林信心十足地说："那你就等着看吧，我一定会当一个有钱人！"

老大吃亏是应当的

二儿子仇兴亚于 1981 年阳历九月出生后，仇荣林的三个弟弟也相继结婚生子，家里人口迅速增加到十三人，母亲专职在家做饭，整天忙得不可开交，吃饭时，一张桌子已经坐不下。母亲便与父亲商量着分家，父亲也觉得该分家了。可是，父亲嘴上这样说，却又迟迟不分家，并且每当母亲提到分家的时候，总是眉头紧

1990 年春节全家合影，弟兄四人都已结婚成家

锁、一脸愁容。

　　常言道：知子莫若父。其实知父也莫若子。看到父亲一次次说分家，却又迟迟不分，仇荣林知道父亲是因为宅子不好分而发愁。他们兄弟四人，虽然已有四位宅子，但大小不一样，其中三位宅子是四间瓦房，而另一位宅子却只有一间半，比其他三位少了一倍还多，并且还是几十年前的土坯草房，窄小而又破旧，父亲担心分给谁，谁都不高兴。四个儿子还好说，若是儿媳妇看到自己分到了那个土坯草房，不愿意要，说他当公爹的不公平，和他闹起来，他也没话说。父亲是多年的村干部，经常作为公证人，被请去主持别人家的分家，若是自己的家都分不好，可就丢人现眼、威风扫地，再也没有脸面为别人家去处理事情、主持公道了。

　　那一间半房子，是仇荣林的爷爷分家时摊到的老房子。爷爷兄弟四个，老兄弟四个人分家时，家里只有两位宅子，每位宅子都是三间草房，大爷爷和爷爷两个人共摊了三间，三爷爷和四爷爷共摊三间。三间草房，大爷爷和爷爷一人一半。这一间半草房，先是爷爷奶奶住着，等仇荣林的父母结婚后，父母也住在这里。仇荣林结婚后，还是住在这里。这一间半房子，先后住过三代人，当过两次新房。由于年久日深，早已破败不堪。而其他三位宅子，都是父母亲手盖起来的四间新房，虽然说不是青砖到顶的墙体，也是"提门镶窗""砖包皮"的瓦房，宽敞明亮，是那一间半老旧的草房子没法比的。

仇荣林清楚记得，那三口瓦房，是父母两人像燕子衔泥筑巢一样，一点点建起来的。打地基的石头，是父亲一个人到村后的石塘坑里起出来的。父亲是村干部，白天要带领大家到大田里劳动，没有时间，每天晚饭后，父亲就带着錾子和锤头去石塘坑，一下又一下吃力地抡着锤头，把石头一块块起下来，然后再从深深的石塘坑里像蜗牛一样缓慢而又吃力地一块块背上来，装到地排车上，然后吃力地拉回家。每当父亲拉着一车石头来到家里的时候，几乎都是夜深人静了。屋墙则是父亲与母亲两个人用麦穰和了泥，用一把铁杈子一寸一寸筑起来的。只是在上屋梁的时候，才不得不找几个人帮忙。一口房子盖起来后，父亲和母亲两个人都会瘦掉十斤肉、累脱一层皮。

仇荣林还记得，在盖第二口房子的时候，为了招待请来帮忙上梁的人，母亲专门酥了一篮子酥菜，既没有鱼，也没有肉，酥的是挂了面糊的土豆条子和萝卜丸子。没想到六月的天如小孩子的脸，说变就变，第二天竟然下起了雨，雨虽不大，却淅淅沥沥，下个不停。为了防止酥菜变质，父亲把酥菜放到井里：夏天井里温度低。那眼井在村西边的坡地里，怕被人看到偷去了，父亲趁夜里偷偷放下去，每天夜里再偷偷跑到那眼井前提上来看一遍，一是看看让人偷去了吗，二是提上来闻闻变质了吗。尽管井里的温度低，可到了第四天，酥菜还是变质了，上面生出了一层白色的绒毛。父亲看到酥菜变质了、有味了，抱着那篮子酥菜，坐在井边像个女人似的呜呜哭起来，边哭边说："酥菜都坏了，俺的房子怎么盖呀，没法盖了！"之后，就泪眼汪汪地仰望着天空，抱怨老天跟他作对，回家后又没理由地抱怨母亲，和母亲大吵了一架。母亲既生气又心疼，也跟着哭了起来，两个人高一声低一声哭了半夜，等天明后，父亲跑到大队代销店里买了一瓶瓜干酒，喝得酩酊大醉，睡了一天一夜。

天晴后，家里实在没有油再酥菜了，仍然用那一篮子变了质的酥菜，盖起了房子。庆幸的是，前来帮忙上梁的人吃了变质的酥菜，既没有人中毒，也没有人感到不适。虽然如此，父亲心里却一直愧疚不已，可当时实在是没办法。等后来条件好了，他又把这些人邀请到了城头饭店里大吃了一顿，一颗愧疚的心才算平复下来。

依照父亲的性格，他会把那一间半破旧的草房也翻盖成三间新房子，可父亲实在是没能力了。为了盖那三口房子，加上给仇荣林兄弟四个人定亲、结婚，已经把家里的财力和父亲的能力用到极致了，父亲实在没能力再盖第四口房子了！

看着父亲一脸愁容，仇荣林明知故问："大，怎么一说分家您就唉声叹气，是因为房子吗？"

父亲点了点头说："是呀，四位宅子不一样，有大有小，不好分！愁死人了！"

仇荣林说："您别发愁了，要是分家的话，您把那一间半老房子分给我就是了。"

父亲说："那怎么行啊，按咱这里的风俗，分家都是抓阄。"

仇荣林说："咱也抓阄就是了。"

父亲一时没明白他的意思，就说："四位宅子不一样，怎么抓法？"

仇荣林说："咱在写阄的时候做点手脚，让我抓到那个老房子，不就解决问题了吗。"说完，朝父亲挤了挤眼。

父亲明白了他的意思，却担心地说："这倒是一个办法，可我怕你家属有意见啊。再说了，我这个当长辈的，一碗水端不平，也不行啊！"

仇荣林说："没事，我做她的工作。"

父亲想想也没有什么好办法，叹了口气说："你试试吧，如果她不同意，可别硬来，不要跟她生气、闹矛盾。"

仇荣林点头答应，回到家里把自己的想法对妻子说了，妻子果然不同意，说："既然抓阄，就真抓，谁抓着老房子，是谁的手气不好，怨不得别人。"

仇荣林劝她说："咱是老大……"

妻子抢过他的话说："老大怎么了？老大就该要老房子吗？"

仇荣林说："要想当个好老大，就得见亏就吃，见巧就让。你看看咱大，因为房子大小不一样，不好分家，整天愁得唉声叹气，咱也得替他老人家分忧。"

在他的劝说下，妻子同意要那套老房子，却不同意吃这样的哑巴亏，妻子说："咱是老大，把这一间半老房子分给咱可以，但得让三个弟弟和弟媳妇知道是咱让的，咱吃亏也得吃到明处，让弟弟们知道咱有情有义。"

可仇荣林非要坚持吃哑巴亏，妻子知道他脾气犟，极不情愿地答应了丈夫。妻子张令英自从结婚以来，对仇荣林一直是言听计从，把他看成自己的天，当成家庭的主心骨。她贤惠、宽容，不想让自己的丈夫为难。

分家的时候，仇荣林和父亲把那个写有一间半房子的纸团，暗中做了一个记号，然后扔到桌子上。

三个弟弟和弟媳妇，看看那四个纸团，又看着父亲，都不吱声，也不动手，等着父亲发话。

父亲说："按长幼顺序，老大先抓。"

结果，仇荣林伸手就抓到了那个老宅子。

三个兄弟和弟媳妇看到那位最小、最差的老房子让老大抓去了，都庆幸地长出了一口气，脸上露出不易察觉的笑容。

不知情的弟弟和弟媳妇，都以为是自己的运气好，他们哪里知道，这是大哥在背后谦让的呀。

事后，父亲愧疚地对他说："这次让你吃了个哑巴亏！"

他说："好儿不图分家产，好女不贪嫁上衣。我根本就没把这两间房子看在眼里。这件事，您不要放在心上。"

父亲叹了口气说："话是这么说，可我这个当父亲的，没有一碗水端平，让你吃了亏，心里老是觉得过意不去。"

仇荣林说："这事，您不要往心里去。我是老大，吃亏是应该的。再说吃亏赚巧也没到了外人，都是我一个娘的兄弟。"

父亲赞许地点了点头说："有你这样愿意吃亏谦让的老大哥，我就不担心你们兄弟几个将来不团结了。"

父亲仍然觉得过意不去，又对他说："等我将来攒了钱，再帮你盖口新屋。"

仇荣林说："不要您帮忙。将来我会盖全村最好的房子。您要相信您儿子的能力。"

父亲点着头说："我相信，相信！等你盖上了新房子，我也就没心事了。"

那时的仇荣林虽然还很贫穷，但正如他所说，根本没把几间房子看在眼里。他相信凭自己的能力，他会好起来的。如果连几间房子都盖不起来，那他的人生就是失败的。虽然那时的仇荣林一无所有，但他相信凭自己的能力和努力，能给家庭带来富裕的生活。

五百棵桃树

1982 年 1 月 1 日，中国共产党历史上第一个关于农村工作的一号文件正式出台，明确提出包产到户、包干到户都是社会主义集体经济的生产责任制。这个文件的出台，为农村的土地承包，提供了政策依据和法律保证，使广大农民从集体劳动中解放出来，八仙过海、各显其能，开始踏上摆脱贫穷、走向富裕之路。

那一年秋天，辛绪大队根据县里统一部署，开始实行土地承包，把土地分到各家各户，仇荣林也分到了属于自己的二亩责任田。这时他的人生目标变得单一而又明确，那就是挣钱，挣钱盖新房子，过上富裕的生活。

可是，钱怎么挣呢？

他虽然是个一穷二白的穷人，却是个心大眼高的人，给人家打工，他是不愿干的；而创业，又没本钱，也没项目。唯一能做的文章，就是那几亩责任田，曾经干过苹果园的经历，让他想到了在责任田里栽种果树。他首先想到的是种苹果，可当地栽种苹果的太多了，效益不好。偶然间，听说肥城的桃子品质好又高产，市场价格高而又畅销，仇荣林便决定在责任田里栽种肥城桃。

那年秋收后，其他人家都在责任田里种小麦，仇荣林却和妻子一起，到责任田地里挖树坑，打算春天栽种桃树。村南的一块责任田挖了上百个树坑后，又到村西去挖。妻子问他："你是要在咱家所有的责任田里都栽种桃树吗？"

仇荣林回答说："对呀，就是要把我们所有的责任田都种上桃树。"

妻子说："几亩责任田都种了桃树，来年我们吃什么？"

仇荣林笑着说："有了钱，还怕买不到粮食吗？"

妻子担忧地说："这种桃树，你只是听说，又没亲眼见过，究竟管不管呢？"

仇荣林自信地说："肯定管！人家肥城人能种，咱就能种。你别忘了，我可是学农业的出身，是内行！"

说到这里，他来了兴致，又对妻子说："你不知道吧，肥城桃在全国有名，不仅个儿大，长得好看，还特别甜、软，在上面扎一个小洞，用麦秸秆儿插进去，就能把果汁全部吸到嘴里。等咱的桃树结了果，你就可以天天吸这种甜桃了。"

妻子听他说得绘声绘色、形象逼真，馋得口水都要流出来了，一脸向往地说："既然是这么好的桃树，咱就种，按你说的办，把所有的责任田都种上！"

用了半个冬天时间，夫妻两人把责任田全部挖出了树坑，数了数，有五百多个，仇荣林像是自言自语，又像是给妻子描绘前景："等这五百多棵桃树结了果，如果一棵树能卖二十块钱的话，咱们就是万元户了！"

为了让将来的桃树长得好些，在挖好树坑之后的冬季闲暇时间，他们夫妻像勤劳的蜜蜂，每天到仇家坑里去挖坑泥，运到地里，埋到树坑下，以增加土壤养分。没钱买肥料，他们就用黑坑泥代替。据说，不施化肥的果树，结出来的果子更好吃。

年后一开春，仇荣林筹借了钱，便去肥城买桃树苗。他和一个邻居一块儿去的。邻居在他绘声绘色的鼓动下，也想种桃树。在肥城一个育苗基地，他们每人买了几百棵桃树苗。询问了几个跑出租的货车，运费太高，仇荣林提议等回头车辆，这样会便宜许多。谁知，从肥城到滕州的回头车很少，他们在路边上等了两天，才等到了一辆12马力的拖拉机。因为拖拉机的驾驶室很小，只能坐一个驾驶员，两人只得坐在后面车斗里，连夜返回。虽然已经开春了，夜里还很寒冷，坐在奔跑的拖拉机上，寒风呼啸，两个人冻得瑟瑟发抖，实在受不了的时候，他们就让拖拉机停下来，下来跑一圈，活动一下冻僵的身体。路过一个镇上时，仇荣林叫开一家小卖部，买了一瓶酒、一包花生米，两个人坐在拖拉机上喝酒取暖。冻得直打战的邻居说："为了省几个路费，真是受罪！"仇荣林说："咱是农民，要想过得好一点，就得能受罪、能吃苦。"

桃树苗运到家之后夫妻俩一个挑水，一个种树苗，几天后，他家的两块责任田里，就均匀地栽满了桃树苗。看着这些桃树，仇荣林的脑海里不由得浮现出桃花开过成熟的桃子挂满枝头的丰收画面，他不由得眉开眼笑，一脸灿烂。这之后，几乎每天都要到桃园里来一趟，观看长势，浇水、打药，管理得十分细致。

利用空闲时间，他还在几分地的菜园种上黄姜。为了黄姜能高产，没钱买肥料，他就到仇家坑里去挖黑坑泥当肥料。有一段时间，每天早晚时分，都能看到他们夫妻往地里背坑泥的身影。那时的仇荣林，憋足了劲、一门心思地想着挣钱、发家。

遗憾的是，不久后，仇荣林到镇水泥厂干，妻子不会打理，也打理不过来，这五百棵桃树没能结果，就荒废了……

他要自己闯出一条路

就在满园桃花盛开的时候，镇里派人来叫他。仇荣林不知道镇里叫他这个被开除了的人去干什么，一头雾水来到镇里，结果收到一个惊喜：让他到镇水泥厂当化验员！

到水泥厂当化验员，是个轻松而又体面的工作，很多人求之不得。仇荣林知道这是领导对他的照顾，心怀感激之情去了水泥厂。投之以桃，报之以李。他决心把这份工作干好，以不负领导的厚爱，也证明自己是个有能力的人。

但很多事情，不是想干好就能干好的。到水泥厂上班后，才知道化验员这个角色只是一个摆设，起不到应有的作用。镇水泥厂的工人，都是农民工，没有技术，没有责任心，都抱着混钱的思想，吊儿郎当，混天度日，完成下达的产量就万事大吉，根本不管质量是否合格。特别是研磨车间，每到夜班时，在家干了一天活的农民工，不按照操作规程均匀地往机器里添料，而是一口气把机器填得爆满，然后跑到一旁睡觉，等睡醒一觉，再过来把机器填得爆满……这样，原料得不到充分的、均匀的研磨，生产出来的水泥，质量不合格，经常有客户来厂里投诉、退货。

仇荣林作为化验员，每次把化验结果送过去，都是泥牛入海、悄无声息，既没有人查找原因，也没有人就此而改进生产，一如既往地任由不合格的产品出厂。他看不下去了，就越俎代庖来到车间，要求工人均匀地往机器里添料，使其充分研磨。可工人根本不听他这个化验员的。他就找到厂长，厂长告诉他，这个情况他早就知道，讲过多次，可工人们仍然这样干，他也没办法。

仇荣林说："你是厂长啊，怎么会没办法呢？"

厂长一脸无奈地说："我能有什么办法？"

仇荣林说："你当然有办法了！你可以制订管理措施，制订奖惩制度嘛！"

厂长似乎还是不明白，问他："怎么奖？怎么罚啊？"

仇荣林说："就是制订制度，用制度来约束人，让制度来发挥作用。比如，上班时间，不能睡觉。再比如，不均匀添料的逮住一次罚多少钱，累计几次的，开除。"

厂长宽厚地笑着说："都是本乡本土的，来打个工不容易，罚谁的钱去？"

厂长看到仇荣林不悦，又解释说："前几任厂长都是这样干的，我这个刚上任不久的厂长，如果管理太严了，怕是不好吧。再说了，咱厂的工人，都是托人进来的，都有关系，得罪了谁都不好！"

仇荣林听明白了：企业是集体的，厂长不想因为集体的事而得罪人！企业毁了，是集体的，得罪了人，可是自己的。人，都精着呢。

生产的水泥质量不稳定，仇荣林心里干着急没办法。他有监督权，没有管理权，更没有人事权，他人微言轻，不起作用，根本没法改变这种现状。但如果他睁一只眼闭一只眼，倒是轻松自在，可他觉得这样混下去，既对不起镇领导的关爱和照顾，也对不起自己的良心。

于是他辞职不干了。

这次，是仇荣林主动辞职、主动放弃的。

从1975年上农大那时算起来，他在"公家里"打拼了整整七年，一直满怀希望地努力着、奋斗着，盼望有一天能进入"体制内"当一名干部，可世事弄人，总是阴差阳错，总是实现不了他并不高的愿望。他想不明白，为什么有人一出生，就是非农业户口的城里人，有钱、有房、有工作、有地位，碌碌无为就可以生活安逸；而有的人，再努力、再奋斗，总是阴差阳错实现不了对别人来说是很容易实现的小目标！也许这就是社会，这就是人生。命运这个导演，给每个人设定的人生剧本，总是有好，有坏，不会一样。

仇荣林主动放弃，是下了很大决心的，他决定从此再也不想什么"进体制""吃皇粮"的事了，他要自己闯，自己闯出一条路来。经过几年的来回折腾，他悟出一个道理：对于没有任何靠山的农村人来说，自己的路，要靠自己闯。

是的，要靠自己，不能指望任何人。

从水泥厂辞职后，仇荣林决定自己单枪匹马，杀出一条属于自己的人生路来。

他不服输，他要迎难而上，开始自己创业了。

卷 二

————————

励志诗

第五章
走窄门

15　第一个肥年

农村实行联产承包这一年，生产队里的所有农具和机械，全部被处理掉，农具分到各家各户，大宗物品和机械变卖。仇荣林所在的第六生产队的一台弹棉花机，在之前的一场火灾中烧坏了，变卖的时候没人要。他知道那台弹棉花机虽然被烧得黑漆漆的，其实电机和主要部件没坏，简单修理一下就能用。而那时，他刚从镇水泥厂辞职回家，正想找个生意做，于是就以很低的价格把它买下来，准备弹棉花，搞家庭副业。

当其他人正沉浸在分田的喜悦中、只想着种好自己责任田的时候，仇荣林就想到了搞加工挣钱，仅从这一点上，就能看出仇荣林比其他人有经济头脑，意识超前。

村里都知道仇荣林是个能人，看到他把一台烧坏的弹棉花机买过来搞经营，当其他生产队变卖农具的时候，有人就效仿他把弹棉花机买过来，对外加工挣钱。

这样，一个辛绪村就有了六家弹棉花的，可一个村子里哪有那么多棉花要弹啊？僧多粥少，于是都变着法儿拉生意、抢客户，开始竞争起来。先是降低价格，直到把价格降得不能再低了，几个加工户开始效仿生产队的竞争模式，到周围村庄上门收籽棉，弹好后再给人家送去……大家都想尽办法、用尽招数，争抢生意。

挤掉两个手指甲　　为了避开激烈竞争，仇荣林决定把自己的弹棉花作坊搬走，到别处去发展。

他想把自己的加工坊搬到附近的集市上，那里人流量大，客源多。

可是，搬到哪个集上合适呢？

东郭集，肯定不行，每到集日，各村来收棉花的排满半条街。南边的东沙河集也不行，那里种棉花的少，货源跟不上；东边的城头集也不行，因为离他们辛绪村近，几乎每天都有人上门去收棉花。想来想去，只有东北方向的店子镇最理想，那是个半丘陵半山区的地方，种棉花的多，弹棉花的少，而他们村里的棉花加工户，因为路远也很少到那地方招揽生意，是个好地方。

到店子镇上弹棉花，首先必须解决用电问题，没有电，机器无法运转。恰巧他们村里有个人，在店子镇供电站工作，仇荣林还与他有点沾边的亲戚关系，叫他表叔。仇荣林找到这位表叔，请他帮忙解决用电的事。这位表叔不仅爽快地答应了他，还留他吃了中午饭。

从供电站出来，仇荣林想在店子街面上找两间房子当店面，可是问了几家，房租都是几十块钱，他觉得贵，没舍得租。又回头找那位表叔帮忙，在路边找了一块空地，决定在露天里弹棉花。

场地和用电问题解决了，接下来就是搬运机器。那套弹棉花机，原始而笨重，一千多斤，一两个人根本无法搬运，必须找人帮忙。从店子镇回来时，仇荣林把身上所有的钱拿出来，买了一大块羊肉，回家后让妻子煮上，去叫本家几个身强力壮的兄弟来帮忙。几个兄弟看到煮了半锅羊肉，就猜想他肯定有大事要让他们帮忙，可他们几个出力汉能帮什么忙呢？于是几个人看着眼前煮好的羊肉，馋得难受而不敢去吃，生怕让他们去办他们力所不能及的事情。几个人就用询问的目光看看他，心情忐忑地问："找我们来有什么事？"仇荣林指着院里的弹棉花机说："我想到店子集上去弹棉花，请几位兄弟过来，是让你们帮忙把这台机器运过去"。几个人一听是出力的活，都松了口气，齐声说："没问题，小事一桩！"说罢，争先恐后地端起碗去盛羊肉，狼吞虎咽地吃起来。

吃饱后，找来四辆地排车，两辆车运机器设备，一辆车运玉米秸秆，一辆车装了一块大碑石。这块大碑石是压机器用的，因为弹棉花机在运转的时候，震动非常大，不用重物压住容易移动。

在往地排车上抬那块大碑石的时候，不小心把仇荣林的手指压住了，他疼得一声大叫。几个人慌忙抬起大碑石，等他抽出手来，看到两根手指被压得血肉模糊，几个兄弟都让他到医疗室里包扎一下。他却咬着牙摇了摇头说："不用！"几个人着急地说："你看，手指盖都挤掉了，不包扎不行啊！"他看着两个指甲盖几乎要脱落了，鲜血汩汩直流，也想去包扎一下。可一想到眼前的机器还得搬运，不能耽误明天营业，他心一横，眼一闭，咬着牙把两个即将脱落的指甲盖揪下来，甩到地上。俗话说"十指连心"，他揪下指甲盖的一瞬间，疼得一阵抽搐，满脸汗水。他强忍疼痛，故作轻松地说："这点小伤，没事！"然后找了块旧棉花把两个手指一包，继续干起来。不多一会儿，鲜血把包裹的棉花染红了，往外渗，他就再换一块棉花重新包上继续干。第二天就是店子集，他不愿意因为自己受了伤而耽误明天开业。他挣钱的心情迫切而又执着。

装好了车，准备出发的时候，几个兄弟看到那套弹棉花机上，到处都有他的血手印，都心疼地看着他，劝他不要拉车了，跟着走就行了。可他却说："你们都来帮忙，我哪儿能不干呢！"不顾众人的劝说，拉起一辆地排车走在了前面。到了店子镇，大家看到那个地排车车把，被他的鲜血染红了！大家实在不忍心，又劝他去包扎一下，他仍然摇了摇头，让他在一旁指挥，不要干活，他却轻描淡写地说："这点小伤，不耽误干活。"就和大家一块儿安装、调试机器。

天将黑的时候，机器安装调试完毕，他们用拉来的玉米秸秆，围成一圈当作围墙，一个简易的棉花加工作坊就成了。

仇荣林的手虽然还在流血，阵阵疼痛，但他想到明天就能营业挣钱了，脸上却露出了一丝笑容。

第二天是店子集，他找来本家一个小伙子和两个姑娘当帮手，放了一挂鞭炮，开始营业。

这是店子集上唯一的弹棉花作坊，也是周围几个乡镇第一个安在集上的作坊。

仇荣林这一招，极大地方便了当地的农民，农民逢集把棉花带过来交给他们，等赶完集回家时，棉花也弹好了，背着就回家；如果是活多，实在弹不过来，就在弹好后，给人家送过去，绝不让人家再跑第二趟。最重要的是，仇荣林弹棉花"不要钱"，只把弹下来的棉籽留下，作为加工费，因此，生意特别红火。开业那天，鞭炮一响，把弹棉花的人几乎都吸引过来了，收的棉花像小山一样堆积着。有两个前来收棉花的加工户，几乎是空手而归。那一天，他几乎垄断了整个店子集弹棉花的生意。

但是，这是个特别辛苦的生意。一是噪声大，那台机器运转起来，把脚下的土地震动得直颤抖，发出的巨大声响，把耳朵震得嗡嗡响，让人不得不用棉花把耳朵堵上；二是特别"脏"，棉絮满天飞，会被吸进嘴里、鼻子里，因此在弹棉花时，每个人都得戴着口罩，像个医生似的，一天下来，每个人的身上，都是白茫茫的，像个雪人。有时，为了赶活，经常加班到深夜，怕三个帮手吃不消，每到晚上加班时，仇荣林就在他们当中实行轮班制，但他从来不轮班，都是他带着干。一双眼睛熬得通红，嗓子由于缺水，哑得喊不出话来，照样带着干。每当躺下来休息时，浑身累得像散了架。那时，正是冬天，那年的冬天还特别寒冷，比任何一年都要冷，寒风刺骨，滴水成冰，他在供电站找了一间废弃的仓库，让帮手们去住，而他每天晚上就睡在作坊里，看护机器设备和没弹完的棉花。天当房，地为床，盖着一床又脏又旧的破被子，没睡过一夜温暖觉，每夜都会冻醒几次。在地下的潮气和天上的露水双重夹击下，每天早晨起来后，被子潮湿得像浇了水，这让他不得不每天都要晒被子。晴天还好，偏偏在营业不久，下了一场大雪，那场雪是下午开始下的，竟然越下越大，到了天黑的时候，地面上已是厚厚的一层，并且雪花还在漫天飞舞，没有停的迹象，给他帮忙的一男两女都劝他到供电站去睡觉，可他怕机器被人偷了去或者毁坏了，坚持没走，就睡在雪天雪地里。他在雪地里打扫出一片空地，铺上一块塑料布，又用玉米秸秆支成一个三角形的小屋，就睡在里面。等天明的时候，小屋已被一夜的大雪完全覆盖成一个雪堆，他是从雪堆里钻出来的。有早起的人看到他睡在这样的雪堆里，都说他没被闷死就是万幸了！因为天气寒冷，地面上的雪久久不化，他就天天睡在一片冰天雪地里，长时间的寒冷和潮湿，让身强体壮的仇荣林落下了腰疼、腿疼的毛病。至今，每逢阴天下雨，胳膊、腿就会疼，像天气预报一样准确。

正在生意红火之际，弹棉花机坏了。不知是有意，还是无意，一家送来加工的籽棉里夹带了两根铁钉，把刺辊弄坏了，必须更换。仇荣林跑到县城买不到，听说只有济宁汶上县一家工厂生产，他便乘车赶往汶上县。几经周折，找到厂家买到刺辊后，天就黑了。而济宁到滕县不通火车，也没有汽车班车了，这种情况下，只有住下来，等明天回去。可他觉得如果等明天回去，要耽误半天的生意，便决定连夜步行往回赶！汶上县距离店子镇二百多里路，如果步行，起码要走二十多个小时，还不如等到天明坐车回去来得快。可他有自己的办法，这个办法就是在路上搭乘过路车。那时，路上的车很少，看到有往滕州方向去的车，不论是汽车还是拖拉机，就站在路中间拦截，求人家"捎"他一段路程。如果没有顺路车，他就在公路上步行，等着下一辆顺路车。就这样，步行一段，遇到机动车"捎"上一段，二百多里路，他竟然一夜时间赶回来了！没耽误第二天弹棉花。

仇荣林的生意好，怕人嫉妒，也怕当地的小混混找事，他特意买了一身运动服，每天早上起来后，故意在大路边打一趟"拳"脚，让人们以为他会武术，不敢来寻衅滋事。其实他哪里会什么武术呢？只是他的一个计策罢了。

干了一个冬天，落下了十七八吨棉籽，卖了九千多块钱，差不多就是一个万元户了！在当时，那可是一笔巨大而诱人的财富啊！清点着这些钱，仇荣林心满意足地笑了。

一套猪头下水

那一年，在店子镇一直干到腊月二十六才回家。母亲见到他，愣住了，才两个多月的时间，仇荣林眼窝深陷，既黑又瘦，一脸疲惫，两只手上除了冻疮，就是一道道裂开的血口子。母亲心疼地抱怨他："你这个傻孩子，在外面受这么多罪，就不知道回家吗？"他却笑着安慰母亲："回家谁给咱钱花呀，两个孩子怎么养啊？咱不是想当有钱人吗？不愿意吃苦受累，哪来的钱啊？"母亲还是抱怨他说："挣钱也不能不顾身体啊！不能要钱不要命啊！"他笑着拍了拍胸脯："男人，吃点苦、受点罪，算不了什么，你看，我的身体多壮实！"娘说："你就会说好听的话安慰我，你看你都瘦成什么样子了！"说着忍不住流下了眼泪。妻子张令英看到丈夫的样子，心疼得不知说什么好，赶紧给他做了一碗鸡蛋面条，又烧了一碗姜汤。

第二天吃过早饭，仇荣林就去了东郭集，购买了小半车的东西，除了烟酒糖茶、生菜、熟菜、供果、鞭炮等过年物资外，还给家里每个人买了一身新衣服，给两个孩子买了烟花、玩具等，下午，又特地到城头街上买了一套猪头下水。在这之前，几乎每次过春节，父亲都会看着除夕饭桌上几样素菜，惭愧地给一家人打圆场说："等明年有钱了，过年咱买一套猪头下水煮了，都解解馋，过个肥年。"可是因为困难，每年都说，却从没买过。今年仇荣林挣钱了，就买了一套猪头下水，以实现父亲多年的愿望。当他把这套猪头下水给父亲卤煮的时候，父亲高兴地说："我从多年前就说买套猪头下水，因为没钱，话都落空了。今年让你替我实现了这个愿望！"仇荣林宽慰他说："您只要想吃，咱以后每年都买！"

除夕晚上，一家人聚在一起吃年夜饭，父亲破例端起酒杯，主动与仇荣林碰了杯子，虽然没有说话，但目光里充满了赞许。

那一年，他们一家人高高兴兴过了一个富裕的肥年。

16 兔殇

饲养大户　　自从分家后，仇荣林夫妻一直搞家庭养殖，像其他家庭一样，养三五只鸡和鸭，换点零花钱。因为阴差阳错被开除回家后，仇荣林一门心思想着发家致富，开始在庭院里搞规模养殖，一次购买了五十只长毛兔子，在院子里养起来。

起初，他们用笼子喂养，随着兔子不断繁殖、数量不断增加，院子已放不下这么多笼子，仇荣林便在院子的东墙根垒起了一排兔窝，四层高，一个个单间，像是微缩的楼房。八十多个单间，能容纳近二百只兔子。他们夫妻两人，每天喂兔子、剪兔毛、清理兔窝、为下崽的母兔子接生，虽然忙得团团转，却是劲头十足，觉得过得充实、有盼头。

不久后，仇荣林到水泥厂上班，怕妻子一个人忙不过来，他建议卖掉一部分，妻子没同意，坚持自己喂养。妻子张令英虽然没有文化，身材瘦小，却异常能干，不怕吃苦，是把过日子的好手。她除了照顾好两个孩子之外，几乎把全部精力用在饲养兔子上。每天起床后，给兔子喂了食，随便吃点东西，背起草权子就去地里割草。因为附近庄稼地里的青草，都被一遍遍地割干净了，她不得不到远离村庄的田地去割草，有时，要跑到四五里之外。张令英割草非常快，每次都能满载而归。她割来的青草，不仅能满足百余只兔子的口粮，还会有节余，她就把多余的青草晒干后储存起来，留到冬天用。每次割草回来，她就忙着喂兔子、剪兔毛、打扫兔窝卫生……等这一切忙完，差不多已是半夜了。

左邻右舍都夸她能干！

当然，仇荣林也会尽力帮着她，特别是夜间下兔崽子的时候，都会和妻子整夜地守护着。

在他们的精心饲养下，兔子的数量很快增加到了二百多只，他们成了饲养大户。

养殖能手

养殖规模扩大后，仇荣林又开始琢磨兔子品种的改良。他听说有家养殖场引进了一批德国长毛兔子，生长快，个头大，出毛多，是当时最优良的品种，带来的收入当然也高。仇荣林知道后，就想买几只来饲养、繁殖，可人家对外一律不卖，后来托了一个熟人去，人家也不卖！原因是他们引进的这种德国长毛数量不多，是用于兔种繁殖的，很金贵，每只兔子都打上了"耳号"，所以谁也不敢卖出去。

人往往就是，越得不到的东西，越想得到。仇荣林被吊起了胃口，那一段时间，他经常去那家养殖场里转悠，总想着用什么办法弄到这样的兔子。他发现，饲养场虽然看护得很紧，却也有可乘之机，这个机会就是从小兔子下手。刚生下来的小兔子，由于身体小、体质弱，不打"耳号"，而且长得与当地的小兔子并无二样，于是，他就想到了一个"狸猫换太子"的调包计。

第二天，仇荣林从自己家里挑选了两只与养殖场长得差不多的兔崽子，揣在怀里，由养殖场所在地的村支书带领，装作去"参观"，趁人家不注意，将自己带去的小兔子与养殖场的小兔子进行了调换，然后若无其事地离开。

仇荣林把调包来的一对小兔子带回家后，如获至宝，精心喂养，等长大一点，发现是两只公兔子，无法繁殖。妻子失望地说："你想尽了办法，却弄来了两只公兔子，还是没办法繁育、更换品种啊！你总不能再去调包吧！"仇荣林说："调包的事，只能干一次，不能再二、再三。仅这一次就让我心里很不安了，觉得自己像小偷似的。"妻子说："那咱就安心饲养现有的笨兔子吧。"他说："我自有办法改良品种。"妻子不相信，看着他说："没有母兔子，怎么改良？"他说："我就用咱家的母兔与德国公兔杂交。"妻子说："这样能行吗？"他说："试试吧。"

仇荣林嘴上说试试，其实他对自己设计的"杂交兔"是抱着极大的期望的。在第一窝杂交兔子即将出生的时候，正是冬天，怕生下来的小兔子冻着，他就在一旁守护着，每生下来一只，他就小心地揣到自己怀里，用身体的热量来温暖它。等七八只小兔子顺利生下来后，他像对待孩子一样，把它们搂在自己的被窝里，睡觉也不敢乱翻身，生怕压到一旁的小兔子。母兔的奶水不够，他就买来奶粉喂养，小心翼翼、体贴入微，像照顾孩子一样照顾着。

随着"杂交兔"一窝接一窝地出生，并一天天长大，仇荣林把原来养殖的老品种长毛兔逐步淘汰，全部换成"杂交兔"。很快地，就有了规模和效益，成了东郭镇乃至全县有名的养兔专业户。

这是上世纪八十年代初期，国家正大力提倡农民勤劳致富，但广大农民大多沉浸在土地承包的兴奋中，把自己的智慧和干劲都用在了责任田里，少有人想到用养殖来发家致富，至于办工厂、搞企业，就更没人去想了。为了鼓励农民运用多种形式致富，县里挑选一部分养殖能手，组成五个人的宣讲团，到各个乡镇进行演讲。仇荣林就是五人宣讲团成员之一。

其他几位演讲者，都精心准备了演讲稿，唯独仇荣林没用稿子。他像拉家常一样，讲了自己养殖的目的和经历，朴素的语言和实实在在的想法，让农民听了感觉更真实、更亲切、更生动、更有感染力。演讲回家后，一批接一批的农民跑到他家里来参观，想跟他学习养兔子。仇荣林以极大的热情接待他们，凡是想养兔子的，他就以三十元一对的价格卖给人家；几天后，看到来买兔子的人络绎不绝，而他的兔子越来越少，不舍得卖了，就想通过涨价的方法拒绝出售，涨到五十元一对；可仍然人流不断、门庭若市，就涨到二百元一对，依然有人来买！

兔子养到三百只

妻子看到自家的兔子被仇荣林一对一对卖出去，既欣喜又不安，提醒他说："你把兔子都卖光了，咱养什么？"

仇荣林也不想再卖了，他挠着头，为难地说："县里把我评为养殖先进典型，让我到各乡镇演讲，我就有责任带领大家共同致富。再说了，人家大老远跑上门来买，怎么好意思不卖呢？"

妻子说："俗话说，打铁先要自身硬。你得先富起来，才有资格带领大家致富，你看咱家现在穷得叮当响，唯一的家产就是这些兔子，如果你把它们都卖光了，咱还有什么？还有什么资格说带领大家致富？"

妻子几句话，说得仇荣林无言了。实事求是地说，他搞养殖的初衷，就是想让自己过得好一点，活得有质量、有尊严，并没有带领大家致富的想法。是当了典型，又到各乡镇进行了演讲，把他的觉悟和境界提高了，他才"被"有了带领大家共同致富的意识。加上他性格"面不拒人"，人家既然大老远来了，他不好意思拒绝，才把兔子一对一对卖出去。其实，他在对外出售兔种的时候，心里也很不情愿，只是无奈之举。妻子的提醒和抱怨，让仇荣林下定决心不再出售兔种了，他要先顾自己。

于是，仇荣林不再对外出售兔种了，谁来买也不卖了！他想按自己的目标，把兔子的养殖规模逐步扩大，然后办成一个养殖场，使自己成为一个"挣大钱""有产业"的人。

很快，仇荣林养殖的兔子达到了三百只的数量。

一无所有

然而，世上很多事情，并不会按照个人的意愿去发展。当仇荣林的兔子数量增加到三百多只的时候，一场猝不及防的瘟疫，无情地击碎了他的致富梦！

一天早晨，还没起床，妻子惊慌失措地叫醒了他：兔子在一夜之间死掉了一大半！仇荣林一骨碌从床上爬起来，赶紧跑到兔窝前察看，发现死掉的兔子都是口吐白色黏液，他的脸色瞬间变得苍白，一下子怔在那里！这是养殖户最怕的瘟疫！这种瘟疫，是灾难性的、毁灭性的，一旦传播开来，无药可治，根本没有挽救的办法，只能眼睁睁地看着兔子一批批地死掉！

看到丈夫凝重的表情，妻子似乎明白了，蹲在地上，小声哭泣起来。

果然，从那天开始，兔子接二连三地死掉，仅几天的工夫，三百多只兔子全部死光，无一幸兔。

看着一大堆死掉的兔子，妻子泪眼婆娑望着仇荣林，自责地说："当初，我要不从中阻止，让你陆续卖掉一些，也不会倒这么大的霉了！"

仇荣林说："也不光怨你，是我发家心切，也不舍得卖！"

妻子无助地说："这可怎么办呀？"

仇荣林说："还能怎么办？找个地方埋掉吧。"

之前，很多人上门来买他家的兔子，他贵贱不卖，惹得一些人很不高兴。如今兔子全部死掉，怕这些人看到了幸灾乐祸，仇荣林就趁夜里把这些死兔子拉到村外埋掉。村北的坡地上，有他家一片山楂园，是父亲摊的，父亲是村干部，村里没钱开工资，就把村后几亩山楂树分给几个村干部，当作工资。父亲知道仇荣林懂得果树栽培，而自己又没时间管理，就把这片山楂园给了他。仇荣林把死掉的兔子拉到山楂树林里，每棵树下埋进三只兔子。那一年秋天，他家的山楂结果特别多、特别大、特别红，红得像血。其他几个村干部看到他家的山楂大丰收，向他讨教经验，他却凄然一笑，不愿回答，因为那是他的伤痛，不愿提及，也不想让他人知道的伤痛。

这些兔子，几乎是仇荣林的全部家底，也寄托着他们夫妻的无限憧憬，兔子全部死掉，不仅让他一下子变得一无所有，而且发家的梦想也随之破灭。

他只能从头再来。

17　寻访"大肚子黑"——三次下扬州

养兔子失败后，仇荣林痛定思痛、吸取教训，决定不再饲养容易传播瘟疫的兔子，而是改养猪。他那时认为猪皮实，一般不会得瘟疫，好喂养，经济效益也不差。他把砌在东墙根的兔窝全部拆掉，在院子里垒起了几排猪舍。

其实，仇荣林家里一直在养猪，只是数量少，像很多家庭那样，养一两头或者几头而已。决定开始养猪时，因为手头没钱，不能一步到位实现规模养殖，他就先买来几头母猪进行繁殖，逐步扩大规模。

1982 年，在家搞养殖

一年多时间，圈里的猪就达到了几十头的规模。

随着存栏量的逐渐增加，伴随而来的是饲料用量的增多，仇荣林每隔几天就得购买玉米、瓜干等，开支较大，他开始琢磨能否找到一种省钱的饲料，以降低养殖成本。

仇荣林想来想去，想到了村里的淀粉厂。

自从土地承包后，部分富有经济头脑的辛绪村民，在村办副业全部解散后，开始搞起家庭副业来，弹棉花的、打铁的、开染坊的、开油坊的、搞贩运的……其中搞的人最多的是粉丝加工，有十几家之多。因而村里对加工粉丝的主要原料——淀粉的用量特别大，加工户大都去河北购买。时间长了，就诞生了一个贩运淀粉的行当，村里有几个人专门去河北贩运淀粉。村支书杨德珍和村委会主任郝文平看到村民对淀粉的需求量大，为了方便村民，也觉得这是一个商机，就筹资创办了一家淀粉厂——辛绪淀粉厂。

由于缺乏经验，加上资金短缺，淀粉厂从河北引进的是即将淘汰的老旧设备，生产工艺落后，出粉率低，污染严重。生产排出的大量白色粉尘，在空气中飘散，像浓雾一样在整个村庄上空弥漫。排出的大量的废水也是乳白色的，通过一条专门修建的渠道，排放到村西边的幸福河里。这些废水在排污渠道里会沉淀出白色渣滓，时间长了就会发酵，散发出一股刺鼻的臭味。等到渠道里沉淀满了，还得清理出去，像处理垃圾一样倒进一个大坑里掩埋起来。村里人在享受淀粉厂带来的经济效益，以及不需要远赴河北购买淀粉的便利的同时，也不得不承受着这样的污染！

仇荣林后来总结说：在上世纪八九十年代，为了发展经济，像我们辛绪村淀粉这样的污染企业，在中国大地上有很多。值得庆幸的是，这个阶段持续时间并不长，特别是党的十八大以后，我们国家以前所未有的力度，开始治理污染，重新拥有了蓝天白云、青山绿水的良好环境。

仇荣林知道渠道里沉淀的废渣滓叫蛋白渣，是用玉米提炼淀粉时没有提取干净的产物，是有营养的，如果能用它喂猪，岂不是废物利用、变废为宝？这样既可以减少污染，又能减少浪费。于是，他就弄了一些蛋白渣，找人化验了一下，果然如他预料的那样，含有不少的养分。这样的结果，让他非常高兴，决定捞出这些蛋白渣来喂猪，以节省饲料、降低养殖成本。出人意料的是，猪不吃，闻一下就走开了，掺上一些玉米等粮食，也不愿意吃！他不死心，又试验着用来喂鸡、喂鸭等家禽，也都不吃！

仇荣林不得不打消了用蛋白渣喂养牲畜、家禽的想法。

然而没过多久，却看到南方有汽车来拉排到沟渠里的蛋白渣。一天一趟，从不间断。刚开始，村里不仅不收钱，还感激人家帮忙处理这些废弃物，一段时间后，看到人家来拉得非常愉快，像捡了便宜似的，就试探着收费，要五厘钱一斤，对方欣然接受；不久，又涨到二分钱一斤，对方还是没有异议；后来又涨到五分钱一斤，对方依然接受，照样天天来拉。

这让村里人都很奇怪，询问司机，人家不说，于是村民就展开自己的想象力去想象、猜测。有人说是去从中提取贵重的化学原料，有人说是去当鱼饲料，有人说是去喂一些咱北方没有的野生动物……

仇荣林的好奇心很强，南方人越是不说，他就越想知道。为了能打探出南方人拉蛋白渣的用途，他就经常与南方司机套近乎，每当看到司机停下车后，他就会给对方送上一壶开水，递上一支香烟，有时，还帮着装车。时间一长，两人就熟悉了，成了"朋友"，仇荣林再问起，对方就不好意思不说了，司机告诉他：蛋白渣拉到南方，是喂猪的。

仇荣林听后，意外地瞪大了眼睛，问司机："我做过实验，我们这个地方的猪都不吃这种蛋白渣，你们南方的猪为什么会吃呢？"

司机想了想回答他："可能是猪的品种不一样吧？我们南方的猪与你们北方的不一样。"

这引起了他的兴趣和好奇，决定亲自去南方看个究竟。怕一个人孤单，就叫上同村一个发小，两个人搭乘运输蛋白渣的汽车，一块儿去了南方。

一下扬州，追踪蛋白渣

所说的南方，其实就是扬州。

来到扬州的农村，发现那里的农民家家户户都养猪，少则四五头，多则几十头，饲养一种名叫"大肚子黑"的猪。顾名思义，这种猪有两个特点：一是鬃毛全是黑色的；二是肚子大，能吃能睡，生长快。让仇荣林最感兴趣的是，这种"大肚子黑"愿意吃蛋白渣，并且吃得还特别欢。据当地人介绍：这种"大肚子黑"特别耐粗饲料，吃了蛋白渣后，像北方的猪吃了酒糟一样，能睡觉，生长快。但是，不能单纯用蛋白渣当饲料，还要合理搭配一些玉米面、鱼骨粉之类的食物，如果光是蛋白渣，"大肚子黑"也是不太愿意吃的。他们还特别强调一点：用蛋白渣喂猪，不能像北方那样喂较稠的食料，而要喂稀食，稀得像北方的稀饭似的，不要怕营养不够，这样喂法，猪既爱吃，又生长得快。

仇荣林问当地人，这种"大肚子黑"正式名称叫什么？人家说，都形象地叫"大肚子黑"，至于正式名称叫什么，他们也不知道。

这次扬州之行，如愿以偿地弄明白了蛋白渣喂猪的问题，这令他格外兴奋、欣喜。去之前，他和发小商量好要到扬州各个地方去玩一下，这时的仇荣林，也顾不得玩了，立即赶回来，惹得发小还有点不高兴。

回到村里，他连家也没回，直接去找村支书和村委会主任，把自己去扬州考察的情况作了简单介绍，建议村里不要再把蛋白渣廉价卖给南方人了，号召村民像南方人那样用蛋白渣养猪。

此时，村里老支书已退休，刚上任的新支书正想干点事，让大家认可他、拥护他，听到仇荣林号召全村养猪的提议，认为这是既能消化淀粉厂废物，又能让村民致富的一举两得的好主意，当即表示赞同。

但因为这是关系到全村各家各户的大事，又是新支书上任后要做的第一件事，出于慎重考虑，他决定让村委会主任亲自考察一次，再发动村民养猪。于是，村委会主任和另外一名村干部，在仇荣林的带领下，再次去了扬州。

二下扬州，考察养殖专业户

为了节省路费，像仇荣林上次一样，他们三个人是搭乘运输蛋白渣的汽车去的。那辆汽车是解放牌的货运车，只有一排座位，他们三个人，加上一个司机，四个人挤在狭窄的驾驶室里，每个人都尽力缩小身体，仍然挤不下，其中一个人不得不坐在另一个人的腿上，动一下都很困难。整整一夜，都累得浑身酸疼，腿麻木得失去了知觉。

他们三个人在扬州农村考察了几家养殖户后，村委会主任当时就表态说："我看行，咱回去后，就号召村民用蛋白渣饲养这种猪。"转头又对仇荣林说："这次，你可是为咱村里办了件大好事！"

回来时，他们原打算坐火车，看到有通往台儿庄的客船，并且船票还便宜，三个人又想体验一下坐船的感觉，便乘船沿着大运河一路而来。那是一艘能乘坐一百多人的客船，船上的设施异常简陋，只有几排破旧的座椅，大面积是甲板，如果人多，只能站着，或席地而坐。好在船上的人不多，二十多个人的样子，船舱内显得空空荡荡。仇荣林仔细观察了一下，乘坐这艘船的大多是年前没来得及返乡的农民工，只有一个中年妇女，穿着光鲜，皮肤白皙，像是城里人。

他们三人从扬州回来这天，农历正月初九，正是天寒地冻的时节，加上客船在空旷的大运河上行驶，呼啸的寒风阵阵吹进来，船舱里异常寒冷。加上他们没有坐船的经验，既没有带保暖的衣服，也没带吃的，三个人都冻得坐不住，只得不停地在船舱里来回走动，增加热量。到了中午的时候，想买点饭吃，船上也没有，肚子饿得咕咕叫，身上更觉寒冷，嘴唇冻得青紫，牙齿直打架。村委会主任看到一个船员拿着一个咸萝卜吃，就上前想买他一个，可人家说是自己吃的，不卖，讪讪回来后，仍不甘心，又鼓动仇荣林去买。仇荣林看他没买来，不想自讨没趣，可自己既饿又冷，也想弄点东西下肚，就走到船员面前，好说歹说，要来了船员那根已吃了几口的咸萝卜。三个人围坐一圈，村委会主任拿出带来的一瓶酒，就着那大半个咸萝卜，你一口我一口地喝了起来。由于寒冷，三个人坐在那里，都是弓着身子、缩着头，一副狼狈样子。村委会主任后来说：如果有照相机，把当时他们三个人的狼狈样拍摄下来，那一定是一张非常滑稽的照片。

更滑稽的是，仇荣林在扬州买了一双皮鞋——是他们三个人在扬州游玩时买的。那时正是南方造假成风的时候，那双皮鞋看上去像是真皮的，其实是高丽纸的，而北方人根本没有识别能力，看着油光锃亮，认为是真的，价格便宜，款式又新，就买了一双。刚穿上时还很得意，可等船到了码头，上岸的时候，脚下用力一蹬，鞋底和鞋帮分家了，不能穿了。而原来穿去的那双布鞋又让他扔了，只得找了根绳子，把鞋帮和鞋底一起绑在脚上，勉强走到汽车站……

事隔多年后，提起那次坐船，他们三个人都会感慨地说，那一次，让他们知道了把人冻得瑟瑟发抖、无处躲藏，把人冻透、冻怕，冻得终生难忘的滋味。

考察回来，村委会主任立即召开了村委会，通报了去南方考察的情况，决定在村里推广蛋白渣养猪。

可是，除了仇荣林和主任之外，大家都觉得用蛋白渣喂猪不靠谱，不愿尝试。主任决定先从干部做起，起带头示范作用。他要求：凡是村里的干部，包括各生产小组组长，一律要带头养猪。不愿意带头的，自动辞职。算是死命令。

三下扬州，买回一车"大肚子黑"

购买猪苗的任务，村里交给了仇荣林，并让他这个发起人带头养起来，给村民做示范。仇荣林欣然同意。于是，他三下扬州。这回，借了一辆小货车，让当兵回来的四弟开去的，开车去，不是为了自己方便，而是为了运猪苗。他顺利买回来一车扬州"大肚子黑"，自己率先养起来。

而此时仇荣林家里已养了近百头本地猪，又养了几百只鹌鹑，整个院子已占得满满的，拉来的一车"大肚子黑"，再也无处安置。这时候，就想租一块土地，办一个相对规范的养殖场，把家里饲养的猪和鹌鹑集中在一块儿养殖。可他看中的村北的那块地，是他们村里一家一户的菜园地，平时种菜，麦收时节当麦场，打出来的麦穰也都垛在那里，村里表示这块地牵扯到太多家庭，没法租给他。

仇荣林看到自己新建的小楼前有一片空地，征得村里同意，把那片空地围起来，当成了养殖场。这样，他的老宅子里养本地猪和鹌鹑，这片空地上养殖"大肚子黑"，有两个养殖基地。

当时东郭镇党委书记，听说仇荣林带头利用蛋白渣搞养殖，想培养他当养殖典型，就带领一班人前来参观。这时他已盖起了新房子，分家时分到的老宅子，当作养猪场了，这位老宅子的大门既窄又矮，个子高一点的人容易碰头。当书记带领一班人将要进入老宅子门口时，仇荣林快步走上前，站在大门口适时地提醒道："请领导注意，大门矮！别碰了头！"说着，还像照顾大领导下车那样，用手遮挡一下。书记看到他这个样子，笑着说："谁进你的家，都得低下头呀！像古代的下马石，文官下轿，武官下马。"仇荣林听书记这么一说，也会心地笑了。原来，在他养兔子时，书记就来参观过，光顾着说话了，没注意大门太过低矮，碰过一次头，当时疼得直咧嘴，很是尴尬。后来，再有陌生人来，仇荣林就会站在门口提醒来人别碰头。因此，建新房子时，他不仅把小楼盖得宽敞漂亮，大门也留得特别高大，小汽车都能开进去。

办起养殖场，带动全村养猪

书记看到仇荣林的养殖分散，就建议他找个大一点的地方集中饲养，他接口说："我也想集中在一块儿，办成一个综合性的养殖场，可是没有地方啊！"

书记当即说："你需要哪个地方，我来帮你解决。"

仇荣林说他想要村北那块菜园地。

书记说："既然有目标了，就赶紧落实呀！"

仇荣林挠了挠头说："那块地是几十家的菜园地，村里不好解决。"

书记说："我来帮你解决！"

第二天，书记和镇长一块儿亲自来到村里，让村两委做工作，把那块地调剂出来。因为那块菜园牵扯到几十户村民的菜园和麦场，村干部都一脸难色地说不好办，书记严肃地给村两委做工作："现在是以经济建设为中心，一切要为经济建设让路、为经济建设服务，带领群众发家致富是头等大事，也是我们每个干部义不容辞的职责！谁要是不适应当前的形势，谁就别当这个干部！"在书记的严厉要求下，村两委的干部挨家挨户上门做工作。村民看到镇党委书记亲自坐镇，再也没人敢站出来反对。于是，村委一班人把那片地里的麦穰垛推倒，把地里的白菜铲除。当天，就把那块场地清理干净，租给仇荣林办养殖场。

这是辛绪村的第一个规模养殖场，建成后，不仅本村的村民都来参观，就连附近村子也有人前来参观。有人是好奇，有人是想学经验。

仇荣林学习南方人的经验，在蛋白渣里掺上少许的玉米面、鱼骨粉作为饲料，并在饲料里加上大量的水，弄得稀汤稀水的，与北方喂稠饲料的传统大不相同。但这样喂出来的猪，毛色油黑发亮，肉皮粉红，生长特别快，一天能长一斤多，甚是招人喜欢，引得村民一拨一拨前来观看，无不啧啧称奇。

村淀粉厂厂长看到仇荣林带头养猪，免费给他供应蛋白渣。看他用量较大，每天要一趟趟来装车、运输，怕耽误他的时间和精力，就想修一条直通养殖场的管道，建一个沉淀池，这样，可以从沉淀池里捞出蛋白渣，直接喂猪。仇荣林觉得淀粉厂免费供应蛋白渣，就是很大的情分了，不好意思让淀粉厂再为自己破费，就谢绝了，仍然每天拉着地排车去捞蛋白渣。

桃李不言，下自成蹊。村民们看到仇荣林用不花钱的蛋白渣，把猪养得如此之好，纷纷来找他，让他带着去扬州买猪苗。

看到让他帮着买猪苗的人家很多，仇荣林干脆就买了一辆农用车，让四弟仇荣强开着，一趟趟地带着村里人去扬州。有的村民图省事，干脆就让四弟代买。那些日子，仇荣强开着那辆农用车几乎不停地在扬州到辛绪之间来回奔跑。

当然，村里也有少数不愿意养猪的人家，或者是愿意养而没钱买猪苗的人家，对于这样的人家，仇荣林就无偿地送给他们一头小猪，让他们喂养一下试试。曾任辛绪小学校长的梁子华，当年还是民办教师时，家里穷，就是买不起猪苗的人家之一，仇荣林就主动送给他一头母猪，养猪让他家的经济状况有了好转。时至今日，梁子华还念念不忘当年无偿送猪的情谊。如今的梁子华，已是当地颇有名气的书法家，仇荣林公司的春联，每年都由他义务书写。仇荣林知道梁子华这是投桃报李，每年收到春联后，都会送他一份节礼。典型的互相敬重，君子情怀。

在仇荣林的带动下，辛绪村几乎家家养猪，少的十几头，多的几百头，超过二百头的养殖户就有几十家，辛绪村一下子成了远近闻名的养猪专业村，每个家庭的经济状况都有了很大的改善。

从此，养猪成了辛绪村的养殖传统。时至今日，村里还有几十户人家养猪。已经退休的老村委会主任，至今还在家里养着几十头猪。

仇荣林也因此成了东郭镇乃至滕州市的养殖能手。电视台对他的事迹进行了专题采访报道。市委书记亲自带队，两次到他家里来参观，并在全市推广他的经验。

第六章
行行重行行

18　第一次合伙办厂

辛绪村历来有春节后串门的习俗。年后，闲来无事，关系好的，相互串门走动，算是拜年，也是一种感情的联络。

那年初五，仇荣林吃过早饭，去了本村一位表叔家。表叔在店子镇供电站，年前，仇荣林去店子镇弹棉花，他帮了不少忙。仇荣林出于尊敬和礼节，也为了表示感谢，去他家串门。进了屋里，看到村支书、村委会主任都在，三个人正在喝茶、聊天。表叔看到他来了，就吩咐妻子去炒菜，要留他们喝酒。几个人都客气地说刚吃过饭，谦让着说不喝。表叔却说："难得我们几个人聚到一起，过年期间又没事做，正是喝酒、聊天的时候！"于是，表叔从里屋拿出两瓶酒，四个人喝起来。

在喝酒闲聊的时候，表叔说年后他们站要把冯卯镇到店子镇之间的沿线电线杆进行升级改造，把原来的木头电线杆全部换成水泥电线杆。

说者无心，听者有意，仇荣林听了，眼睛一亮，认为这是一个大好商机，就询问："需用的水泥电线杆已经订货了吗？"

表叔回答还没有。

仇荣林试探着说："既然还没订货。咱加工不行吗？"

表叔说："当然行了。可是，咱几个人都不会加工啊。"

仇荣林说："没什么复杂的，我在水泥厂干过，懂得一二。如果觉得没把握，咱可以请张德平一块儿干，这样保证没问题。"

村支书和村主任一听，热情也很高，说赶快把张德平叫过来，商量商量，一块儿干！

仇荣林看到事情有门，主动去叫张德平。他也是本村人，在镇安装公司当经理，之前当过镇水泥厂的厂长，既会管理，又懂技术。

张德平来到后，几个人征求他的意见，他不假思索地说："这是个好项目，好机会，能干，肯定能干！”

张德平是东郭镇有名的大能人，有手段，有眼光，镇里弄不好的企业，只要派他去，很快就会起死回生，他像有什么魔法，相继救活了几个企业。在很多人的眼里，张德平是位高人，他看好的项目，肯定会行。

他的话，一锤定音，让大家吃了定心丸。于是几个人不再讨论项目的可行性，决定由他们五个人合伙办一个水泥制品厂，加工水泥电线杆。

村里之前的供销社搬走了，空下一个大院子和一排房子，由村主任出面租下来，作为加工场地。

去常州买模具

生产电线杆的模具，在张德平的建议下，不用镇水泥厂那样落后的设备，他决定去常州购买更为先进的。张德平在水泥厂时，考察过这种设备，因为调离到安装公司，没能引进过来。这次，他们决定使用这种设备。

由于其他几个合伙人都有工作，只有仇荣林有时间，订购设备的任务就落在了他身上。今后的生产、管理，也让他全权负责。他是这个水泥制品厂的总前台，他得全力以赴，不能像其他几位合伙人那样轻闲。但他不抱亏、不攀比，心甘情愿、乐意操劳。因为他十分珍惜这次创业机会。自从辞职回家后，他弹棉花、搞种植、搞养殖，虽然一直奔走在致富路上，但他觉得之前的那些项目，只能是解决温饱，最多过上小康生活，不会有太大的作为。他村里有一户人家，弹了三辈人的棉花，依然原地踏步，家庭状况没有多少起色；他这几年虽然也搞养殖、搞种植，用尽了心思，仍然没能富起来，这让他认识到，要想真正富起来，必须搞企业、做项目。如今，有了项目，有了奔头，他当然会不计较个人得失地全力去做了。

订购模具，是仇荣林去的。根据张德平提供的信息，坐火车去了常州，在常州分别预订了一套十二米长、一套九米长的模具。

一个月后，仇荣林在村里借了一辆柴油车去拉模具。

由于那时机动车稀少，他借的那辆车没有行车手续，白天不敢上路，只能趁夜间赶路。更麻烦的是，那是一台几近报废的老爷车，又赶上正是滴水成冰的严寒季节，不好启动，每次启动前，他都要钻到车底下，拿个火把预热一阵子才行。不知是天冷、柴油标号低的缘故，还是因为那辆车太老旧了，在路上行驶的时候，也经常熄火。这样，他就不得不一次又一次地钻到车底下。熄火的次数频繁了，他嫌不停地上车、下车麻烦，干脆举着火把跟着那辆车奔跑，刚出常州那一段，他几乎跟着跑了大半夜。正是寒风呼啸的冬夜，他却跑得大汗淋漓，把内衣都湿透了，等到下半夜车子正常了，坐在驾驶室里的时候，被汗水湿透的内衣变得冰凉，冻得瑟瑟发抖，却没有替换衣服，只得用身体慢慢把它暖干。乍一说起来，带车出去拉货，并不是辛苦活，可这次带车出去，却是受累、受冻，吃尽了苦头。

去哈尔滨买钢筋

模具买来之后，在村里招了几名工人，开始置备原料，准备生产了。

原料主要是水泥、沙子、石子和钢筋。沙子，村前的漷河里取之不尽，随便拉来用；水泥和石子也好买。难买的是钢筋，张德平利用关系买到了十吨，热火朝天地生产起来。没几天，十吨钢筋眼看着将要用光，若要继续生产，必须再购买钢筋。可几个人都没有这方面的关系，买不到。

那是 1983 年的春天，国家虽然开放了，但还处在计划经济为主的时代，物资紧缺，很多物资都要计划、要审批，特别是钢筋之类的物资，必须到县物资局批条子。而仇荣林几个人，谁也没有到物资局批条子的关系，因此，想到物资局购买计划内的钢筋，是不可能的，此路不通。

计划内的钢筋买不到，他们就只能花高价购买计划外的。那时，少数人利用手中的权力搞到批条后，转手卖高价，从中牟利。仇荣林几个人觉得购买倒卖的钢筋价格太高，并且还不能保证及时买到，往往耽误生产，于是就商量到外地去购买。

这个任务，又交给了仇荣林。

可是，哪里能买到钢筋，他也没路子。想来想去，想到了江苏泗阳的一位本家大叔。这位大叔与他父亲是一个奶奶的叔伯兄弟，早年间，跟随其父亲远走他乡谋生，定居到了泗阳，几经辗转，到了矿山机械厂工作，并当上了供销科科长。仇荣林认为他是搞矿山设备的，又是供销科科长，应该能买到钢筋，就奔他去了。大叔热情招待了他。遗憾的是，他也搞不到钢筋，只提供了

1985 年冬，第一次去哈尔滨

一个信息，说是从东北一个钢筋贩子那里能买到。大叔厂里紧张的时候，曾从这个贩子手里买过钢筋。

仇荣林回来后，几个合伙人筹集了四万块钱，他一个人坐上了去东北的火车。

那时的金融业务不像现在这么发达，一张银行卡可以走天下。仇荣林是带着现金去的。而他带去的现金，面值都是十元一张的，一千元一捆，四万元就是四十捆，放在包里怕被人偷了，就把钱一捆一捆地绑在身上，四十捆钱绑在身上，像一副铠甲从腰间一直缠到胸口。幸好正是冬天，穿的衣服多，若是夏天，一眼就能看出他绑了一身钱。即使这样，仇荣林还是不放心，生怕被人偷了去，觉得绑在身上的四十捆钱，像是绑了四十个炸药包，随时随地都有可能把他炸了。踏上火车后，发现车上人太多了，人挨人、人挤人，别说座位了，连走动都很困难，他怕身上的钱在拥挤中被人偷了去，就钻到座位底下躺着，像个乞丐似的。他觉得躺在座位底下，不会被小偷盯上，保险些。尽管这样，他仍然不敢睡觉，时刻警觉地守护着身上的钱。那时的车慢，从滕县到哈尔滨要两天两夜的时间，仇荣林硬是两天两夜没敢睡觉，只吃了从家里带去的几个鸡蛋和煎饼，死守着身上的四万块钱。下车后，他头晕目眩、两眼通红、脸色发暗，走路像是踩在了棉花上，两腿发软、四肢无力、摇摇晃晃，像个病汉。那时的他，最想做的事，就是找个地方美美地睡一觉！可是他使命在身，买钢筋的心情迫切，坐在车站下的小摊上吃了点东西，硬挺着去了卖方的住处。

四万块钱被骗了

本家大叔介绍的卖钢筋的人叫战胜，是个身高一米八的大汉，手面上、胳膊上长满了浓密的汗毛，瘦长脸。待人热情得近乎虚假，口若悬河，能言善辩，完全不像一个商人，倒似一个跑江湖的。

战胜的公司在两间平房里，仅有一套办公桌椅，一套沙发，比较简陋。两人一接触，仇荣林就怀疑他不是能搞到钢筋这种紧缺物资的人，言语中、神色里不由得流露出了不信任。

战胜看出了他的怀疑，既像是解释，又像是自我介绍说，他有一个亲戚是物资局的供销科科长，靠这位亲戚批条子搞计划内的钢筋，明着是战胜自己的生意，实际上是战胜和他亲戚两个人合伙的。

仇荣林听后，仍不放心地问："你现在有货吗？"

"有，当然有！你能要多少？"怕他不相信，又把他带到不远处的一个大院子前，透过那个栅栏式的大门，看到院子里堆放了好几堆钢筋。战胜指着那些钢筋说："看看我的钢筋，有好几百吨呢，够你用的吧？"

仇荣林点头，连说够用，之后就想进到院子里仔细看一下那些钢筋的质量，却被战胜制止了。

看到了钢筋，疑虑打消了一大半。下午，他又到物资局打听了一下，证实战胜确实有这样一个亲戚，没有骗人，就把带去的四万块钱交给他。把钱从身上取下来，即将交给战胜之前，又追问他："今天我交了钱，你什么时候能发货？"

战胜十分肯定："三天之内，保证发货，这个你放心。"又十分诚恳地说："你是仇科长介绍来的，我肯定不会让你久等。"

仇荣林很高兴，在不远处的一家"北方旅馆"里住下来。为了庆祝自己马到成功，他晚上还得意地喝了点酒，然后美美地睡觉。

第二天，吃了早饭，就去战胜的公司，想看看当天能发货吗？他知道家里正缺钢筋，等米下锅呢。

战胜告诉他：正在联系车皮，今天发不了。

仇荣林也觉得自己太心急了，就回旅社了。

第三天再去，战胜仍然说没有车皮。

第四天再去问，还是说没车皮。仇荣林有点急了，责问他："你不是说三天之内保证发货吗？"

战胜张开双臂，无奈地说："没有车皮，让我有什么办法？你再等等吧，我会尽快的。"

可等了十多天，仍然没发货，这让仇荣林怀疑了，他一个人悄悄来到那天看钢筋的大门前，询问门卫大爷，才知道这院子里的钢筋根本不是战胜的，原来这家伙给他玩了个"指山卖磨"的把戏，怪不得那天他不让进院去看货呢，原来是心虚，怕露了馅。知道了真相，仇荣林气愤难当，回头就去找战胜。在路上，他又冷静下来，心想如果此时揭穿他，就等于撕破了脸，战胜很可能会给他耍赖皮，不给货、亦不退钱，也可能会玩"消失"，让他找不到。无论哪种可能，都会把事情弄得更糟。出于这样的考虑，仇荣林决定装作被蒙在鼓里，用软磨硬泡的方法，让他发货或者退款。他认为只有这样，才可能从战胜手里逼出钢筋或货款。

于是还像往常一样，天天去催战胜，而每次得到的回答都是：没有车皮，再等等。

毫无办法的仇荣林只能一天又一天，一个星期又一个星期地等待。没想到这一等就是两个月。

两个月来，他心急如焚，用过各种办法，可战胜软硬不吃、油盐不进，滚刀肉一块，仇荣林一个外地人，形单影只、举目无亲，能有什么办法呢？

两个月的消耗，身上的钱几近花光了，吃饭成了问题，住宿费也交不上了，到了山穷水尽的困境。他所住宿的"北方旅馆"的员工，是几位心地善良的东北大嫂，知道他被骗了，都很同情他，让他住到了她们的衣帽间，不再让他交住宿费，还时常给他带些吃的，才让他勉强坚持下来。

再到哈尔滨

仇荣林看到短期内解决不了问题，一直让几位东北大嫂照顾不是长久之计，并且出来两个多月了，也怕家里人担心，决定回家一趟，与几个合伙人说清楚情况，休整一下再来。

果然，几个合伙人在家已等得烦躁不安了，特别是村支书，见他空手而归，眼瞪得铃铛似的，不问他在外两个多月来犯了多少难、吃了多少苦，只关心那四万块钱的去处，话里话外的意思，对他起了疑心。

在外两个多月，犯了难、吃了苦，人瘦了一圈，却被合伙人怀疑，仇荣林心里有说不出来的难过和委屈，却又是哑巴吃黄连有苦难言，只坐在那里喘粗气，吸闷烟。

村支书说："咱不能让人家骗了这四万块钱，你在家里休息一晚，明天再去要！这四万块钱，可是咱几家人的老底啊。"

听了这话，仇荣林不悦地说："不用明天了，我今天晚上就走。"

他回家拿了点替换衣服，连夜踏上了去哈尔滨的火车——为了证实自己的清白，这回，是和村主任一块儿去的。村支书也想派人跟着去看个究竟。

到了哈尔滨，战胜显得很热情，见面后就要请他们喝酒。仇荣林知道战胜的酒量大，就悄悄对村主任说："战胜表面上是给你接风，看着是好意，其实他是想把你灌醉，给你来个下马威，你的酒量不大，你别喝，我和他喝。咱俩得有一个清醒的，别让他糊弄了咱。"

村主任点头说行。

到了饭店，战胜见村主任不喝，就说："主任啊，今天这个酒是专门为你接风洗尘的，你哪能不喝呢？"

仇荣林不客气地说："主任不能喝酒，他酒精过敏。再说了，他也不是来喝酒的，而是和我一块儿来要账的。"

村主任附和说："你的好意，我心领了，酒，我不喝。我这次跟荣林一块儿来，就是想问问你，为什么既不给我们发货，也不退还货款？你到底是怎么打算的？"

战胜怔了一下说："我既然收了你们的钱，钢筋肯定会给你们的，只是还要再等等，钢筋有点紧张。"

村主任问道："还要等到什么时候？"

战胜含糊地说："快，也快，用不了几天。来，咱喝酒。"

仇荣林说："你只要答应尽快给我们发货，我陪你喝。"

战胜听仇荣林挑战他，不屑地说："就你那点酒量，能陪得了我？"

仇荣林说："只要你能尽快发货，我就陪你喝到底。"

战胜不信："你要能陪我喝到底，保证三天内给你发货！"

仇荣林盯着他说："说话算数吗？"

战胜说："君子一言，绝不食言！"

于是，两个人用大碗喝起来，开始比高低、分胜负。

战胜小瞧了仇荣林，认为他喝酒不是对手。因为在此之前，他俩喝过几次酒，仇荣林都没喝多少。其实，那都是因为仇荣林谨慎，出门在外，怕喝多了误事，也怕喝多了出丑。仇荣林其实是有酒量的。

喝的是东北高度酒，每喝一口，都像喝了一团火。但仇荣林抱着要喝倒战胜的信念，比对方喝得还猛。两碗酒喝光后，仇荣林觉得胃里翻江倒海，像有了泉眼，一股一股地从嗓子眼直往上冒，觉得自己不能再喝了，一口也喝不下去了！可他看看对面的战胜，也是面红耳赤，醉意蒙眬，一副不胜酒力的样子，一下子又有了信心，就强撑着端起酒碗，对他说："喝，再喝了这一碗。当年武松一口气喝了十八碗酒，在景阳冈上打死了猛虎，今天咱也学学武松，喝出个英雄样子来！"

战胜却摆着手说："不喝了，不喝了，不能喝了，武松是你们山东人，不是东北的，我喝不过你们山东人！……"此时他口齿不清，舌头都直了。

仇荣林说："你既然不能喝了，三天之内就得给我发货。说话要算数。"

战胜却闭上眼睛，装作喝醉了，不接话了。仇荣林再三追问，他竟然趴在桌子上装作睡着了。

村主任知道，真正睡着的人好叫醒，装睡的人叫不醒，他见战胜装醉、不再喝了，就搀扶着仇荣林回了旅馆。进了房间，仇荣林一下子就吐了，把晚上吃的饭菜全吐出来了。村主任照顾他喝了点水，扶他躺到床上，可不一会儿，又吐了。因为肚子里已吐空了，他吐了一阵，只吐出了一些黏水。那一夜，反复吐了好几次，每次都吐得两眼泪水，像是要把胆汁都吐出来似的。

村主任看他难受的样子，既感慨又心疼地说："我的个娘哎，我可知道你在这里两个月是怎么过来的了，受罪呀，活受罪！"

早晨起来，仇荣林虽然还很难受，勉强吃了几口饭，就和村主任一块儿去找战胜。

战胜公司却锁着门，等了半上午，也没等来。

第二天，又去，仍然没见到战胜。

第三天，终于见到了战胜，酒桌上约定的三天期限已到，村主任和仇荣林要求他发货，他却略表歉意地说：再等三天。

见战胜说得言之凿凿，两个人就等。也只有等。

在等待的三天里，两个人闲着无事，就到太阳岛、冰雪大世界、中央大街、动物园等景点看了一遍。也算没有白来哈尔滨一趟。

可三天过后，战胜仍然不发货，又往后推。推来推去，七八天过去了，村主任见战胜一天天往后推，却又毫无办法，觉得再待下去也是无用，就要回去。

仇荣林说："你自己回去吧，我留下来。"

村主任说："一块儿回去吧，你留在这里，一时半会儿也要不来，还是先回去给支书交了差，再来也不迟。"

于是两人一块儿回家了。

三去哈尔滨

在家待了几天，看到预制场里用的钢筋，都是花高价购买的，并且还是零零星星、断断续续的，不仅成本高，还耽误生产，仇荣林在家待不住，又去了哈尔滨。

仇荣林知道，如果像之前那样，直接找战胜要货或要钱根本没用，必须另想办法。闲暇无事时，他在集贸市场上无意中发现，粉丝在当地卖得特别火。他灵机一动，想到了一个要账的办法。

他找到战胜，说："我发现了一个赚钱的生意，不知你感不感兴趣？"

战胜问："什么生意？"

仇荣林说："我发现你们这里人特别爱吃粉丝，而我们家乡盛产粉丝，并且价格低，质量好，如果贩运到哈尔滨来，肯定能赚钱。"

战胜点着头说："是个好生意，咱俩一块儿干吧？"

仇荣林摇摇头说："我没本钱，再说家里还有厂子，也没时间，要干你自己干，我可以帮你联系货源。"

战胜考虑了一会儿说："好，我自己干。你先帮我发一批粉丝来吧。"

仇荣林说："没问题，但是，你得先付款。"

战胜问："如果发一个车皮粉丝得多少钱？"

仇荣林大体算了一下，说："大概得要四五万块钱吧。"

战胜沉思了一会儿，说："我先付两万元的预付款，等货到了，再付清尾款。"

仇荣林装作无奈地说："好吧，我再信你一回。你先付款吧。"

可是，战胜又挠了挠头："不瞒你说，我现在还真没有这么多现金。不过，我可以给他们发些钢筋，行吗？"

仇荣林见战胜已上钩，心里暗暗高兴，表面上却装作一副为难的样子，迟疑了好一会儿，才说："也可以，你把钢筋给我用，我给他们现金。"

隔了一天，战胜往山东发了两万块钱的钢筋。此时，仇荣林才知道他是有钢筋的，之所以拖着不发货，就是想耍赖，想吞掉这四万块钱。

随后，仇荣林赶紧跑到邮局给弟弟打了一个长途电话，大概意思是：让弟弟配合他唱一出双簧，把交到战胜手里的四万块钱"套"回来。

几天后，仇荣林拿着一封电报给战胜看，告诉他：发来的粉丝已到了吉林，因大雪封路不通车，滞留住了，短时间内不能运抵哈尔滨，因怕车站收取保管费用，决定把这批粉丝在吉林就地销售；过些日子再重新给你处发货。

战胜看到电报后，急眼了："怎么能在吉林就地销货呢？明明是给我发的货啊，不能不守信用啊？"

仇荣林说："家里人说发过来的是四万块钱的粉丝，而你只发过去两万块钱的钢筋，没有付清款，人家想在吉林直接把粉丝变成全款。"

战胜看着市场上的粉丝一天比一天紧俏，心急火燎地说："好，我再给他们汇两万元的款，总行了吧？"

战胜知道山东人实诚，又有电报为证，压根就没想到仇荣林会骗他，当天就往指定的账户上汇了两万块钱。仇荣林怕战胜骗他，跟着他去了银行，亲眼看着他汇了款。

仇荣林一看大事已成，当天就坐上了回家的火车。

可到了家里才发现：钢筋发过来了，款却没有汇过来，原因是汇款时把账号写错了一个数字，又被银行退回了。不知是战胜故意写错的，还是无意的。

仇荣林喜忧参半，喜的是要来了两万块钱的钢筋，忧的是两万块钱现金又被退回去，再找战胜去要，那可就是难上加难了！

但他别无选择，必须硬着头皮再去哈尔滨。

四去哈尔滨

这次，仇荣林没有直接去找战胜，怕对方知道被他骗了，不仅不退还他的钱，还会想法报复他。因此，到哈尔滨住下后，没与战胜见面，而是转悠着想点子。

旅社里一位员工知道仇荣林被骗了，很同情他，主动带他找他邻居帮忙。这位员工的邻居是一位离休老干部，在当地很有影响力，并且他儿子在北京一家报社当记者，也很有能量。仇荣林特意买了两条好烟、两瓶好酒，跟着那位员工去求他。老干部很有正义感，听了他的遭遇后，当即答应帮忙，并且中午留他在家吃了饭。为了讨好老干部，也出于感激，饭后，仇荣林并没有马上告

1986 年春，第四次去哈尔滨

辞，而是帮着刷锅、洗碗，打扫卫生，看到院子里一棵果树因为疏于管理而枝条丛生，他又帮着修剪了果枝。

几天后，老干部出面找到战胜，战胜虽然也知道他不好惹，却抱着要钱不要命的想法，仍然耍赖皮，既不给货，也不退钱。后来老干部找到战胜在物资局当供销科科长的亲戚，说如果再耍赖皮，一是找局长查他，二是让儿子在报纸上曝光他，供销科科长害怕，逼着战胜退回了所欠的两万块钱。

这回，为了保险起见，仇荣林不敢再让战胜汇款了，而是直接带着现金回来的。

为了购买钢筋，仇荣林四下哈尔滨，前后用了四个多月的时间。

退出水泥预制厂

这四个多月里，预制厂全是用购买的高价钢筋进行生产。因为仇荣林不在家，其他几个合伙人都有各自的工作，没有时间抓管理，又拉进来一个合伙人，让他抓生产、搞管理。这个人是邻村一个小队干部，人很精明，却不踏实，他既不像仇荣林那样带着工人一块儿干，也不监督，每天到预制厂里转一圈、安排一下就走，很少在现场，致使生产速度慢，浪费还很严重。由于没人监督，工人在生产的时候不认真，生产出来不少废品，怕被发现了挨骂、扣工资，就悄悄把不合格的电线杆砸碎，扔到不远处的一个大坑里。特别是夜间，出来的废品更多。仇荣林回来后，发现那个大坑几乎被废掉的电线杆碎块填满了！

看到这种情况，仇荣林既生气又心疼，从哈尔滨回来的第二天，他就一头扎在了预制厂里，带着工人一块儿干。每一个工人，都在他的视线里，谁也别想偷懒耍滑；每一根电线杆，都在他的监督下完成，保证不出废品。即使下班后，回家吃罢晚饭，他也会到预制厂里看看，有时夜里也去巡查一次，防止工人夜里出废品。为了不让工人掌握夜间他去巡查的规律，他不定时去：有时，晚饭后，他在家喝酒消磨时间，等到十点去；有时十二点去；有时睡醒一觉，也会起身去看一次。工人不知道他什么时候来监督，就不敢偷懒，也不敢出废品。

由于每天高强度劳动，仇荣林在弹棉花时落下的腿疼病犯了，有时正干着活，突然就剧烈地疼起来，疼得一脸汗水；有时走着路，也会突然疼得不能动弹，必须站在原地很长时间，才能缓过来；如果夜里疼起来，会把他折磨得死去活来，难以入睡。妻子多次劝他去医院治疗，他总是说等忙完这阵子再去，一直拖着、忍着。为了不耽误带着工人们干活，他只得隔三岔五地打封闭针。

在仇荣林的全力管理下，产量和质量都上去了，水泥电线杆源源不断地运往工地。不长时间，一条高压线路架设起来，从冯卯到店子这一段，全部用了他们生产的电线杆。这让他们着实挣了一笔钱，分红的时候，几个合伙人脸上都露出了满足的笑容。

拿到分红后，表叔适时地退了出来，不再参与合伙经营。表叔是个明白人，他知道当初拉他进来，是因为他是供电站站长，能销售电线杆，如今他所负责的线路改造完成了，他既不能销售了，也没时间参与其中的工作，如果继续合伙，就等于跟着大家揩油，退出来，是明智之举。

没想到仇荣林也提出退出来。大家都不解，问他为什么。他却淡然一笑，说不为什么，就是想退出来。其实，他早就想退出来了，只是想等到一个节点。自从哈尔滨回来之后，他虽然没日没夜领着大家干，负责人却一直是别人，他的角色有点尴尬，干得不舒心。加上那人老想着"吃独食"，总是变着法子排挤他，因此他早就想退出了，只是想找一个合适的时机。如今分红，正是茬口。

大家都知道仇荣林能干、会干，就劝他留下来，可他坚决要求退出。

张德平看到仇荣林退出来了，也跟着退出来了，他公开对几个合伙人说："这个预制品厂，离开了仇荣林，恐怕干不出好道子来！我也退出，不干了！"

听张德平这样一说，村支书和村主任也退出，只剩下那一个负责人。大家纷纷退出，他虽然面子上很不好看，心里却很得意，因为这正是他想要的结果。他拉来邻村的一个村干部，一块儿经营。想着能挣大钱，发大财。但是最终却正如张德平预言的那样，没干多久，那个厂子就散了。

19 第二次合伙办厂

塑料管厂 从水泥预制厂退出来之后，仇荣林在家歇了几天，正琢磨着再找新项目时，同村一个年轻人来找他，想和他一块儿办个塑料管厂。这个年轻人觉得自己势单力薄，挑不起来，就想找仇荣林合伙。

正想找项目，项目就送上门来，真如及时雨，仇荣林很是高兴。

其实，这个年轻人早就想和他一块儿办塑料厂，只是看着他在水泥预制厂干得风风火火的，怕他没时间、分不开身，这个想法就一直压在心里。如今，看到仇荣林无事可干了，才来找他的。

仇荣林觉得这是一个好项目，因为这个年轻人的三哥在县城办了一个塑料管厂，非常挣钱。因为不懂技术，不知道销售前景，于是就一块儿到县城找他三哥咨询。得到的反馈是：现在的行情很好，可以搞。至于技术上的事，他可以帮忙。

听了这个内行人的话，仇荣林心里有底了，决定和他们一块儿办个塑料管厂。因为不懂技术，他想拉着这个三哥一块儿干，可三哥在县城里有厂，推辞了。但是，对方把他姐夫拉进来，想三个人合伙。仇荣林看到他们两人是一家子，担心以后被边缘化，就力主把张德平拉进来。张德平虽然与他非亲非故，但心地公正、主持正义，有他在，就能主持公道。

这样，他们租用第四生产队荒废的一个大院子，作为工厂，购买了一套设备，招收了几个年轻工人，一家四个人合伙开办的塑料管厂就诞生了。

说是工厂，其实很简陋，门口连个牌子也没挂，就利用生产队院里几间旧房子当厂房。一套机器，几个人，产量当然也不大。

张德平是镇安装公司的负责人，没有时间，事先就讲好的，只是入股，不参与具体工作。塑料管厂由那个年轻的发起人全权负责，仇荣林和他姐夫两人带领几个工人干活。

他们生产塑料管，全部用自己加工的再生料，即把收购的废弃的旧塑料，先加工成颗粒状，然后再生产塑料管。这样成本低。

生产塑料管的设备原始而简陋，生产时很不环保：一是在一百多摄氏度的高温下融化的再生塑料，会散发出刺鼻的焦臭味，阵阵弥漫在空气中；二是机器会有节奏地发出"扑哧——扑哧——"的巨响，形成刺耳的噪声。为了节约成本，他们用的树脂粉，是从徐州购买的水捞料，含量不固定，生产时配比掌握不好，经常在塑料管成形的机头造成堵塞。一旦堵塞，就得把机头卸下来，重新清理。而清理机头是件非常麻烦的事，热的时候，塑料粘在上面，还烫人。凉的时候，又硬邦邦粘在模具上，得用錾子往下錾，用铁锤砸，叮叮当当，噪声很大。如果是白天还好，若是夜里，会惊扰得周围的邻居睡不着觉。幸好邻居们都很宽厚，没人闹事。

产品生产出来后，销路很好，便日夜不停地生产，这就苦累了两个带班的，他们白天要带着工人干，晚上还要轮流值班，一旦堵了，就得叮叮当当地清理机头，一次就得一两个小时。在那一年多的时间里，仇荣林几乎没睡过安稳觉，累了，就坐下喝杯茶，休息几分钟；困了，就到院子里吸根烟驱赶困神，拼命地带领大家生产。

尽管产销两旺，可实际效益却不理想，原因是跑、冒、滴、漏严重，账目混乱，厂里并没有落下多少钱。看到这种局面，干劲一下子小了许多，仇荣林找到张德平，说出了自己的失望，有了退出的意思。张德平劝他：既然合伙了，并且多少还有些效益，就坚持干着吧。

9.8 吨塑料管

可是过了不久，南方的塑料管大批涌进来，质量好，价格低，很快就把北方市场冲击得稀里哗啦，他们的塑料管开始滞销，堆满了一个院子。

张德平看到这种情况，觉得不能再继续合伙干下去，提出分账，要求退出。仇荣林当然也随着退出。三个人合伙人都不干了，塑料管厂交给了发起人自己经营。

让大家没想到的是，分账竟然不是分钱，而是分塑料管，说是账上没有现金，如果不要塑料管，那就只能等以后有了钱再说。大家都明白，这个"以后"，不知是猴年马月了，所以三个人都无奈地接受了塑料管。仇荣林以1.8万元现金入股，又不分黑白地干了近两年，一分钱的工资没领过，最终分到了9.8吨塑料管。

张德平是镇安装公司的经理，可以把分到的塑料管用到自己的工程中。另一个人可以通过他在县城开塑料管厂的亲戚帮忙销售，只有仇荣林没有路子。自从建厂以来，他一直抓生产，从没跑过销售。

当他把分到的9.8吨塑料管拉到家里后，非常犯愁，可他别无选择，只有想办法销出去。他打听了一下，在滕县附近，根本没有人要他的塑料管。那时，虽然整个县城到处在建大楼，但都有自己固定的供应商，他一个新面孔，还是无名小厂的产品，很难挤进去。唯一的出路是到外地去碰运气。听说临沂和东营这两个地方可能有需求，便请他的一个叔兄弟帮忙，把家里仅有的三百元钱一人一半，兵分两路，他去临沂，叔兄弟去东营。在临沂跑了半个月，没有找到客户，便去东营与叔兄弟会合。叔兄弟的情况和他一样，把带去的钱花光，也没找到销路。仇荣林便让叔兄弟一个人回家，他留在东营继续寻找销路。跑了几天，也没找到销路，此时，身上的钱已花光，连吃饭的钱也没有了，但他仍然没有回家。他明白，回家后还得出来找销路，因为近十吨的塑料管在家里堆着呢，还不如就留在东营，四处奔走，说不定就能找到一家买主呢。

走投无路的仇荣林突然想起，有一个远门亲戚在东营干工程，就费尽周折找去了，原来那位亲戚只是从别人手里包活干，根本没有进料的权力，帮不上忙。亲戚留他吃了一顿饭，让身无分文的仇荣林免除了一顿饥饿。饭后，想向亲戚借点钱，可张了几次口，最终还是没好意思说出那个借字，身无分文地留在东营，继续寻找销路。

受那位包工程的亲戚启发，仇荣林的目光不再盯着城区的一些单位、公司，而是到郊区跑建筑工地。可是，跑了几天，弄得灰头土脸，也没找到用户，只能在那些工地上跟着民工蹭顿饭吃。那时的东营刚开始开发，还很荒凉，举目所及，到处是无尽的盐碱地，人烟稀少，经济不发达，路上连汽车都很少见到，偶尔能见到的只有小马力的拖拉机。一次次的碰壁，一天天徒劳的奔波，让他的心情和当时的环境一样，前途茫茫，一片凄凉，但他没有放弃，仍然抱着一丝希望，不停地奔走在那块盐碱地上，做着近乎无望的坚持和努力。

天无绝人之路

一天上午，仇荣林像往日一样，带着塑料管样品，走到了远离城区的一条新路上。那条路，严格地说，算不上路，只是新开出来的一条路的雏形，路基没有沉淀，路面没有硬化，只是整理出来了一条路的轮廓而已。路基非常宽阔，路两侧是一望无际的盐碱地，路上既没有车辆，也没有行人，只有他一个人寂寥地走着。四周一望无际，没有庄稼，没有树木，甚至连野草也没有，无垠的苍茫直连天际，异常地苍凉和寂静，颇有一种"上天无路，入地无门"的悲凉和无助。

天近中午的时候，走到一个十字路口，那个路口，异常宽阔，足有几个篮球场那么大！他站在那个路口，抬头望了望天上的太阳，肚子饿得咕咕叫，想找个地方落脚，找点东西吃，顺便休息一下，一时又不知向何处去。他茫然环顾四周，一片空旷，尽是无边的荒野。他站在那里，无助地闭上眼睛，胡乱朝前走去。他知道人闭上眼睛走路走久了，肯定不会走成直线，走着走着就会偏离方向，心想走到哪儿算哪儿，在那一望无际的盐碱地上，既没有沟，也没有建筑，到处都是平展展的，肯定摔不着。他一边走，一边唯心地想：等睁开眼睛，面朝哪个方向，就是上天暗示他要去哪个地方，那个地方肯定能让他碰到好运。他闭着眼睛像盲人一样向前走了一段，觉得无聊、别扭，为了鼓励自己继续走下去，就把随身带去的塑料管样品摸出来，放在手里摆弄着玩，不巧，把一截塑料管套在手指上取不下来了！此时不得不睁开眼睛，使劲往下取那截塑料管，可怎么也取不下来了。他向四处望去，发现远处有一间小房子，便朝那里奔去——他想借把钳子，把套在手指上的塑料管取下来。

大约走了四五里路程，来到了那间房子前。原来那是一个即将开始施工的建筑工地，正是午饭休息时间，几个人正在一间临时搭建的房子里打牌，看到仇荣林站在门口，一个人抬起头问："你是干什么的？"

他举起那只被塑料管套住的手说："塑料管套在手上，取不下来了，想向你们借把钳子，取下来。"

其中一个人用手向工棚角落里一指，示意那里有钳子，然后问他："你一个大人，怎么还像小孩子似的，拿一截塑料管玩？"

他苦笑着说："我是过来推销塑料管的。"

那个人丢下手中的牌，过来帮他把手指上的塑料管取下来，仔细看了看，问道："我们工地上正需要用这种管子呢，你有现货吗？"

仇荣林一下子兴奋起来："有！有现货！"

那人又问："你有多少？"

他说："我有个塑料管厂，要多少有多少！并且品种齐全。"赶忙又从包里拿出几个型号的塑料管递给那个人。

那人把递过来的样品逐个看了一遍，认真地问："你能保证送来的货和样品的质量一样吗？"

仇荣林诚恳地说："保证送来的产品和样品是一样的！如果不一样，你可以不要！"

那人说："你先给我送几吨过来吧。"

仇荣林激动地问："什么时候要货？"

"越快越好！"

"好！我马上回家，给你送货！"

这真是：踏破铁鞋无觅处，得来全不费工夫！

那天中午，与对方谈好价格后，仇荣林跟人家蹭了一顿饭，便匆忙而又兴奋地往家里赶。

回来的途中，意外发现身上还有一毛五分钱，便买了一份黑鱼头犒劳自己，也算是庆祝一下。那份黑鱼头之所以便宜，是因为人家把鱼鳃上仅有的两块肉剔下来了，能吃到的仅是鱼头骨，也就只能品一品鱼味罢了。

回到家里，租用了镇拖拉机站的一辆拖拉机，又找两个人帮忙，马不停蹄地给东营送塑料管。途经化马湾那个大山坡时，拖拉机突然失灵，在上坡时翻车了，差点掉到一百多米的悬崖下，他们一行三个人全部被摔到地上，车上的塑料管也散落一地。仇荣林惊魂未定，赶紧从地上爬起来，看到其中一个人躺在那里迟迟不起来，心想坏菜了，可能是摔伤了。就快步走到他近前，一看，那人两眼痴呆呆地看着天空，赶忙问道："你没伤着吧？"那人半天才回答说："没有！"然后慢慢坐起来，双手合十，望着天空念叨起来："上天保佑，我们这是拾了一条命啊！"

看到三个人都没受伤，仇荣林庆幸万分而又心有余悸，他掏出一盒"白莲"烟来，每人一根吸起来。这盒"白莲"烟，是专门买来到东营工地上招待用的，为了庆贺三个人逢凶化吉、逃过一劫，他慷慨地拆开吸了。

由于东营那边是个新开工的大工地，用货量大，仇荣林分到的近 9.8 吨塑料管，几趟就送光了，全部变成了现金。

20 第三次合伙办厂

养鹌鹑，做罐头

仇荣林是辛绪村第一个养鹌鹑的人。

兔子死掉之后，在养猪的同时，他曾经养过一段时间的鸡。鸡苗全是从炕房里赊来的，等把小鸡喂大了再给鸡苗钱。仇荣林发家心切，一次赊了几百只小鸡苗，可等到小鸡长到二三两重的时候，没钱买饲料了，只得处理掉一部分。他想卖个好价钱，没到集上去卖，而是带着几十只小鸡去了城里，就有城里人买去喂养，也有的买去给孩子玩。在市场上，他看到有卖鹌鹑的，就好奇地问人家好养吗。人家告诉他好养，他就买来几只试养，果真和养鸡差不多，很好伺候。热衷于搞新鲜事物的仇荣林，就把家里的小鸡逐渐处理掉，开始养鹌鹑。鹌鹑与猪同时饲养，他很快成了养殖大户。在镇党委书记邓连启的支持下，在村北租了一块地，搞起了一个综合养殖场。

一年多时间，养殖场连同自家老宅子里生猪的存栏量达到五百多头，鹌鹑的数量达到了一万多只，每天下几千只鹌鹑蛋，因为没有单位收购，只有到周围的集市上去卖。为了卖鹌鹑蛋，仇荣林专门雇了两个工人销售。而那时的农村人，大多吃鸡蛋，很少有买鹌鹑蛋的，因此，鹌鹑蛋的销售一直是困扰他的一个大问题。有一次，在去桑村集的路上，车子不慎翻到了沟里，几千只鹌鹑蛋全部摔得稀巴烂。当卖鹌鹑蛋的工人哭丧着脸回来后，他意识到仅靠到集市销售不是长久之计，必须找一个彻底解决销售的办法。想来想去，想到了办罐头加工厂，这样不仅可以消化掉鹌鹑蛋，还可以拉长产业链，增加效益。

想到就干。就在养殖场旁边，扩租了几亩地，又招收了几十个工人，轰轰烈烈开始办罐头厂。

仇荣林觉得自己办这么大的厂子，一个人势单力薄，没有帮手不行，就找本村两个人入股，入的都是干股，即不让他们投钱，只帮着管理、带班干活，参与分红。又找了一个人，负责孵化鹌鹑。在这之前，他养殖的鹌鹑，都是从外地购买鹌鹑苗，这样成本高。他觉得既然办罐头厂了，就要大量增加鹌鹑的数量，才能满足罐头厂对鹌鹑蛋的需求。为了降低成本，就请一个擅长孵化小鸡的人来负责孵化鹌鹑苗。像另外两个人一样，给他干股，但不开工资，年底分红。这样，罐头厂就是四股的生意，仇荣林控股并全权负责，资金全由他一个人出，有借来的，也有东郭镇邓书记帮着在银行贷的。

在此之前，仇荣林只吃过罐头，根本没见过罐头是怎么加工的，更别说生产工艺了。他之所以敢办罐头厂，是他一个朋友开了一个罐头厂，他可以到他那里去学。这个朋友叫李广芝，是东边冯卯镇青石村人，和仇荣林的姥娘一个村。小时候，他经常到姥娘家帮着割草干活，时常和李广芝一起玩，算是半个发小，长大后也经常联系，彼此都把对方当成朋友。这个李广芝是个能人，利用他们山区盛产水果的优势，办起了一个水果罐头厂，效益很不错。可是当他找到李广芝后，对方却直挠头，并不是人家不想教，而是他生产的全是素罐头，即苹果、梨、桃、山楂之类的罐头，却不会加工鹌鹑蛋这类的荤罐头。

看到李广芝一脸难为情，仇荣林就说："荤罐头和素罐头虽然生产工艺不同，但原理应该是相同的，你把生产素罐头的工艺教给我，我回去自己琢磨琢磨吧。"

李广芝告诉他，素罐头的生产工艺其实很简单，就是消毒杀菌，然后密封。然后，又详细介绍了生产工艺和注意事项，连杀菌消毒锅和封口机到哪里去购买都告诉了他。

回来之后，仇荣林就弄来些鹌鹑蛋，一遍遍地进行实验。这期间，李广芝也经常过来看看，参谋参谋。一个月后，就成功摸索出了鹌鹑蛋罐头的加工方法。

接下来，便是购买设备，准备生产。其实设备挺简单，主要是消毒杀菌锅和封口机。按照李广芝提供的线索，消毒锅必须去河南才能买到。仇荣林在去河南购买消毒杀菌锅时，还差点被人骗了。他是和一位姓张的人一块儿去的，到了河南时，天黑了，不小心被人看出了他们身上有钱，被骗进了一个郊外的黑店，幸亏他及时识破，机智应对，才巧妙脱身。

设备进来后，经过简单的调试，开始批量生产，每天可以达到几千瓶的产量，不仅养殖场所下的鹌鹑蛋不需要外销了，还要派人到外面采购，而那时养鹌鹑的少，并且零散，能收购到的鹌鹑蛋并不多，根本不能满足几十个工人生产的需求。为了满负荷地生产，在加工鹌鹑蛋罐头的同时，也开始生产苹果、桃、梨、山楂之类的素罐头。

很快，仇荣林的罐头厂就成了滕州有名的罐头生产基地。

产品销路也非常好。滕州有个"杏花村干杂货批发市场"，是全国十大干杂货批发市场之一，辐射周边多个省市，每天车流如织，货物吞吐量很大。自从仇荣林的罐头厂投产后，干杂货市场的批发商们排着队来进货。在上世纪八十年代末、九十年代初，人们的生活刚得到改善，物质还相对缺乏，罐头是走亲访友的上品，社会需求量很大。产品供不应求，几乎每天来进货的人都会排队，不用多大一会儿，一天生产的罐头就会被抢购一空。有的经销商为了能及时拿到货，头一天就来预付款，还有人带着礼品来走仇荣林的后门。

一切都很顺利，形势一片大好。

人们都说仇荣林得在罐头厂上发财。

几个合伙人也是喜上眉梢、一脸得意，都觉得这个生意让仇荣林选对了，合伙做这个生意肯定会收获满满。

他也觉得通过这个项目，能让自己大翻身。

"一大一小"当"村官"

罐头厂的火爆，很快传到了镇里，镇党委书记亲自带着一班人前来察看。当邓书记看到仇荣林的罐头厂比他想象中的还要红火，赞扬说："行啊，搞得不错呀！在咱东郭镇个体户中，你算是头一份了！"

仇荣林嘿嘿地笑着说："这才刚起步，今后会更好！"

"你还打算再扩大规模？"

"当然了，要不断扩大、发展，致富路上，不能停步嘛。"

"目前效益怎么样？"

"产销两旺，效益很好！"

当邓书记问到具体有多好时，仇荣林得意地回答："具体说嘛，就是每天能挣一大一小。"

邓书记一头雾水，笑着责怪道："什么一大一小，别净给我说黑话！"

仇荣林解释说："一大，就是一千元，一小就是一百元，一大一小就是一千一百元啊！这是我们辛绪人的一种说法。"

邓书记听后，竖起大拇指夸赞说："效益这么好啊！真不错！"

这话让一旁的人听去了，村里就开始叫仇荣林"一大一小"。那一段时间，村里人见到他，都不叫他的名字了，而是叫"一大一小"。这样叫他，有人是出于羡慕，是赞扬，也是善意的玩笑；有人则是出于讽刺，根本不相信他一天能挣这么多钱。心态不一。

那次参观临走时，邓书记对他说："不要光想着自己闷头发大财，也要想着带领全村人共同致富。"

仇荣林以为这只是一句大面上的套话，可几天后，镇组织科来人找他谈话，说镇党委想让他参选村领导班子。

邓书记自从到东郭镇任职以后，就注意到了仇荣林。在别人眼里，这是个能折腾、瞎折腾的人，可在邓书记眼里，他是个有主意、有想法、敢闯敢干的能人。特别是他养猪、养鹌鹑，办水泥制品厂、塑料管厂、罐头厂等一系列举动，让书记对他青睐有加、十分赏识。在他眼里，仇荣林和辛绪淀粉厂厂长张学仁、镇水泥厂厂长巩延岳，是东郭镇的三个经营、管理型人才。因此，他格外关注、重视这三个人。后来的事实证明，邓书记看得很准，这三个人所办的企业后来成了东郭经济的三驾马车，成了东郭镇的支柱企业。

仇荣林的罐头厂正在蒸蒸日上、风生水起的好时候，要丢下自己的养殖场和罐头厂，去当村干部，他有些舍不得。家里人和一些好朋友，也都劝他别干那个光为村里操心、没有好处的村干部。劝他的人还拿他父亲当例子，你父亲当了大半辈子村干部，到头来，落下什么了？除了有个当干部的名声外，什么也没落下，特别是土地承包后，连工资都发不上，就给了一片山楂园，充当工资了，干了一辈子穷了一生。只有那些不会挣钱的人，才想当干部，你仇荣林生意做得好好的，如果去当村干部，那就是丢了西瓜，去捡芝麻。

仇荣林犹豫再三，最后还是服从了镇里的安排。他聪明，但又非常义气，他觉得邓书记这么赏识他、看重他，是他的知己，他就应该"士为知己者死"，哪怕丢下自己的利益，也要报效知己。再者，他认为，当村干部虽然耽误挣钱，但也是人生价值的另一种体现。

于是仇荣林参选了，并以接近满票当选，任职村委会副主任。

罐头厂破产

仇荣林新官上任，为了干出成绩，证明自己的能力，把经营得正红火的罐头厂承包给本村一位年轻人。这个年轻人是个高中毕业生，有文化，有头脑，一直在罐头厂干，熟悉情况，懂得生产工艺，仇荣林认为承包给他，应该没有问题。但仇荣林忽略了一个利益的问题。所谓的承包，就是把设备、工人等一切都交给这个年轻人，只让他抓管理、抓生产，每生产一瓶罐头，给他提成两分钱。销售由仇荣林负责，批发市场上天天来车拉，生产多少拉走多少，根本不需要费精力。这个年轻人，为了多拿提成，对鹌鹑蛋消毒杀菌不彻底就装瓶，加上封口不严实，销售之前又不进行质检，结果销出去八九天后，鹌鹑蛋在瓶里发酵、变质，经销商发现后，一批批过来退货。如果这时亡羊补牢、开始挽救也不晚，可仇荣林光顾着忙村里的事了，其他几个股东也不管不问，没有及时采取补救措施。而那个承包的年轻人在利益的驱动下，依然只图产量，不顾质量。这样，不停地生产，不停地退货，不长时间，被退回来的罐头堆得像小山一样。光赔不进，周转金很快用光，不得不停产。这时的罐头厂，不仅把一年多挣的钱和当初投入的老本全部赔光，还欠下了不少债务，面临破产。

其他三个股东一看形势不好，要赔钱了，赶紧抽身走人，工人也都一哄而散。这个一度轰轰隆隆的罐头厂，就此沉寂下来。

几个股东退出后，有人建议仇荣林让他们共同承担债务，因为既然是合伙做生意，就应该风险共担。况且，仇荣林到村委任职期间，没时间管理罐头厂，几个股东应该主动承担起管理的责任来，然而几个股东却像旁观者似的，对生产不管不问，明知道产品不合格，却没有采取措施及时止损，也没有及时提醒仇荣林，才导致罐头厂走向破产。可以说，几个股东有着不可推卸的责任。让他们共同承担破产的责任，是理所当然的。可仇荣林考虑到，几个股东都是自己请来的，他们的家庭条件也不好，如果逼着他们共同承担责任，不仅会给他们的家庭带来巨大困难，而且会给他们造成很大的家庭矛盾。抱着"我不下地狱，谁下地狱"的想法，仇荣林自己全部承担了。当然，他也清楚地知道，如果自己全部承担下来，对他来说，也是很残酷的。思虑再三，他咬了咬牙，把所有的债务，一人承担下来。

几个股东退股后，他想借点钱买饲料，把鹌鹑继续养着，重整旗鼓，继续经营罐头厂。可村里人都知道罐头厂赔光了，都不愿意借给他，怕打了水漂。他找到邓书记，想让他出面协调一下银行，贷点款，可银行说他之前的贷款还没还上，不能再放贷款给他了。书记也帮不上忙。

没有钱，别说重整旗鼓、东山再起了，就连饲料都没法买，家里的几百斤粮食，几天就被吃光了，再也弄不到食物，上万只鹌鹑饿得咕咕叫。仇荣林把养鹌鹑的笼子门打开，想让它们飞出去自己找食吃，他以为鹌鹑会像鸽子那样，靠野外觅食也能生存。没想到，鹌鹑都待在笼子里，宁愿饿着，就是不出去觅食。妻子建议："把它们卖了吧，如果饿死了，损失更大。"仇荣林也知道自己实在没能力再养下去了，但他还想把这仅有的一部分资产效益最大化，于是狠下心来，叫来几个原先的工人，把鹌鹑全部杀了，做成了罐头。

那是仇荣林第一次做鹌鹑肉罐头，也是最后一次。

走麦城的一年

卖罐头的钱，仅还上了一部分私人的欠款，银行的贷款和另一部分私人的欠款，却没钱还了。银行派人上门来催要，见他确实没有还款能力，就想把他家里的东西变卖了抵债，可在他家里看了半天，除了一辆摩托车，一点值钱的东西都没有，就把他的那辆摩托车弄走了。那辆摩托车，是仇荣林在贩运树脂时从徐州买的，是他的心爱之物，也是他的荣耀，因为他是村里第一批有摩托车的人之一，那辆摩托车，是他有钱的象征，也是他事业成功的象征。可是，这一切，转眼之间都没有了。之后，几乎是每一天，都会有人上门来要债，没钱还债，仇荣林只得给人家赔着笑脸解释、道歉。讲究点的人，虽然脸色不好看，但不会说什么难听的话；不讲究的人，就会说一些难听的，甚至是污辱性的话。仇荣林一直是个自尊心很强、很爱面子的人，每当有人对他说些不堪入耳的话时，他就会气得脸色发青、浑身颤抖，可欠人家钱，自知理亏，只得忍着。每当这些人离开后，他会气得狠狠打自己！

每当仇荣林走到街上，人们老远就会指着他说："一大一小来了。"等走近了，有些人就会不怀好意地问他："仇老板，你的罐头厂效益那么好，怎么停下不干了呢？是钱挣足了，数票子数累了？"仇荣林知道人们是在嘲笑他，就干脆说："干赔了，没本钱再干了。"有人又会说："你这么能的人，怎么会干赔了呢？你不是一天就能挣一千一百块吗，怎么会没本钱了呢？你的一大一小跑到哪里去了？"这时他可谓是"虎落平原""龙遇浅滩"，只得任由人们冷嘲热讽、肆意谈论。

仇荣林曾经穷过，无助过，也失败过，但他从来没输得这么惨过，也从来没有像现在这样被人肆无忌惮地嘲笑过。这让他心灰意冷、苦闷至极，认为自己再无出头之日，再也没有往日的雄心壮志，不得不承认自己失败了，彻底失败了！

大家都认为这是他瞎折腾的结果，很少有人同情他，更没有人安慰他，连关系很亲近的人都躲着他。那些日子，仇荣林成了村里没人理的人，成了人们眼中的反面教材和讥笑对象。让他深切地体会到了人情冷暖，世态炎凉。

为了躲避人们的冷嘲热讽，他到理发店把一头浓密的头发全部剪掉，剃了个光头，然后回到家里，再也不出门。从年轻时，他就一直留着当时最帅气的发型，这次剃光了头发，有点"削发为僧、遁入空门、不问世事"的味道，想从此与世隔绝。在之后半年多的时间里，他就闷在家里，不出门，什么也不干，谁也不接触，天天在家喝"八毛辣"（八毛钱一斤的地瓜干酒）麻醉自己，喝醉之后，要么在自家院子里痴呆呆地躺着，要么醉眼蒙眬地去村前的水坑边转悠。每次出门，妻子张令英都会在身后悄悄地跟着他，生怕喝得醉醺醺的他掉进了水坑里。偶尔，喝醉了之后，他也会到街上去，当他双目通红、东倒西歪地走过来，如果有人和他开玩笑，他就会恶狠狠地骂人家，甚至上前要打人家，吓得人们都会纷纷躲回家去，街上只剩下他一个人在那里念念叨叨、骂骂咧咧。他心中有一股说不出来的怨气、怒气无处宣泄，看到路边上有一堆水泥砌块，就一块块举起来，狠狠地往地上摔，一大堆砌块，让他扔得满街都是，也没人敢上前制止。原先那个彬彬有礼、总是笑眯眯的仇荣林，变成了现在这个满街发酒疯、人人躲着走的醉汉！

苦难和挫折可以磨砺人，同样也可以摧毁一个人。债务的压力和人们的嘲讽以及看不到希望的未来，把仇荣林这个硬汉子压垮了。

看到他这个样子，人们都感慨地说：仇荣林这个人完了！彻底完了！

喝醉的时候，仇荣林也会去罐头厂。罐头厂破产后，他把租用的土地，转租给了别人养鸡，只留下几间简陋的厂房和一片狭小的院子，似乎是为了记录他昔日的红火，反衬今天的破败。每次来到后，他就拉个躺椅躺在那里，一躺就是一天。租他罐头厂院子养鸡的，是他本村的一位嫂子，看到他躺在院子里消沉的样子，好心过来劝他振作起来，可他总是像没听到似的，理也不理；那位嫂子见他没有反应，以为睡着了，试图上前叫醒他，每到这时，仇荣林就会像一头发怒的狮子，突然睁开眼睛，一阵咆哮、大发雷霆，那位嫂子看到他双眼通红、怒不可遏的样子，吓得赶紧走开。但她也不会生气，因为她知道仇荣林心里难受、憋气、郁闷，总是笑笑走开。

仇兴东和仇兴亚每天放学回家后，看到父亲再也不是风风火火在外干事创业的父亲了，而是一个天天喝得烂醉如泥、垂头丧气的父亲，走到街上，还会听到一些幸灾乐祸的议论声，两个幼小的孩子不明白他们的父亲是怎么了，怎么会突然之间变成这样了呢？仇兴亚后来回忆说："我在那段时间看到的父亲，是与以往完全不一样的一个人，每天放学回家后，要么看到他正在喝酒，要么看到他烂醉如泥地躺在院子里，一副自暴自弃的样子，完全不是之前的那个整天在外边忙碌、几天见不着一面、精神抖擞、信心十足的父亲了。"

那一年，是仇荣林一生中最穷困潦倒的一年，也是他最丧气、最苦闷的一年。

按照当地的风俗，春节前，亲戚之间是要相互走动的，特别是晚辈，必须带着礼品去看望长辈。仇荣林穷困至极，那一年，几乎所有的亲戚都没走动，只有岳父家不得不去，就拿出家里仅有的五块钱，买了一小块猪肉，拎着给岳父送节礼。岳父知道他的处境艰难，不仅没留他送来的猪肉，还给他们带回了一些过春节的食品。那一年，仇荣林就用那五块钱的猪肉包了一点荤馅饺子，给两个孩子吃，他们夫妻两人吃的全是素馅的。

那一年，因为仇荣林的失败，亲戚朋友都不上门了，凡是上门来的，都是要债的。人情的冷暖，世态的炎凉，不仅让他们夫妻体会到了，也在两个孩子幼小的心灵里留下了抹不掉的阴影……

那一年，是仇荣林败走麦城的一年，也是最刻骨铭心的一年！

21　从头再来

树脂粉往事　　那年春节过后，仇荣林觉得不能再消沉下去了，必须振作起来，干点什么了。

自从罐头厂破产后，他在家闲了半年多，这是仇荣林一生中仅有的一次，整天喝得像个醉鬼，无所事事、自暴自弃，不仅所欠的债务没有偿还，自己的家庭生活也陷入了困境。那半年多来，他们一家人的吃、穿、用，全是妻子一个人操持，从没吃过肉，也没给任何人添过新衣服，两个正长身体的孩子瘦了许多。仇荣林意识到，作为一家之主，这是他没有尽到责任，是他的错，他不能再怨天尤人、顾影自怜了，而是要像从前那样，振作起来，挣钱养家，还债。

这一次，不能像以前那样去做生意、搞项目了，一次次创业的失败，让他血本无归、伤痕累累，不仅没有了资本，并且还欠了一屁股债。摆在他面前的首要任务，一是要保障一家人的生存，二是要还清所有的债务。他思虑再三，决定出去打工。这是自从水泥厂辞职回家后，第一次想到出去打工，之前，他想的都是生意、项目，脑子里从没想过要靠给人打工出力挣饭吃。可如今，他一无所有、走投无路，只有一身力气，只能靠出力去挣钱了。

按说，要打工的话，他去村淀粉厂或者镇水泥厂、镇安装公司都可以，这三个企业的负责人都认识，单位离家近，还能得到些照顾，但他自尊心强、爱面子，不想到几个老伙计面前讨饭吃，不想让他们看到他穷困潦倒的狼狈样，就想到远一点的滕州市塑料六厂去打工。

"滕州市塑料六厂"，如果仅从厂子的名称上看，会让人觉得是个市里的企业，实际上是东沙河镇党村的一个村办企业。

之所以选择到塑料六厂来打工，是因为他与厂长党金河认识。

早在办塑料管厂之前，仇荣林曾经往这个厂里贩卖过树脂粉。那时，他看到本村有一个人在县城办的塑料管厂很挣钱，也想与人合伙在村里办一个塑料管厂，因为没有资金，就开始贩卖树脂粉，积累资金。树脂粉，是生产塑料必不可少的一种化工原料，价格很高。听知情人说，塑料厂为了降低生产成本，一直使用徐州电解化工厂的水捞树脂。这种水捞树脂，是化工厂的下脚料，犹如淀粉厂排出的蛋白渣，价格很便宜，却和正品的树脂粉差不多，因此，很多小塑料厂都用这种水捞树脂粉。由于用它的小厂多，也就变得紧俏，很难买到，如果买到，转手就能挣钱。

仇荣林听说县城的塑料厂不知什么原因得罪了徐州电解化工厂，买不来这种水捞树脂粉了，就想从贩子手中购买原料。得知这一消息后，他决定贩卖水捞树脂粉。

知道这种水捞树脂紧俏，不易买到手，便先到徐州电解化工厂探探路子。他从家里带了一篮子鸡蛋，坐火车去了徐州。因为带了一篮子鸡蛋，怕人家说科长受贿，他没有去厂里，而是去了供销科科长家。到了科长家发现，科长的老婆带着两个人也捞树脂粉。仇荣林作了简单的自我介绍，并说明了来意之后，就帮着他们一块儿捞树脂，中午的时候，科长老婆留他在家吃了一顿饭，并答应让她老公照顾他一下。虽然没听到科长亲口答应，只是科长老婆愿意帮忙，但仇荣林判断，事情就算有眉目了，很高兴地回来了。

回家后第三天，仇荣林又带着一些礼品去了徐州，他想尽快把生意干起来。这次，他顺便把二孩子仇兴亚带去了，想让他见识一下徐州这个"大城市"。那时的仇兴亚刚满两岁，长得白白胖胖，虎头虎脑，一张小嘴特别会说话，很是招人喜欢。科长的老婆见到后，抱在怀里不松手。几个帮忙捞树脂的工人，看到科长老婆这么喜欢仇兴亚，就起哄让仇兴亚认她当干妈。仇荣林笑着说："兴亚，叫干妈！"仇兴亚竟然甜甜地叫了声："干妈！"科长老婆笑容满面地答应着，又用脸蛋去亲仇兴亚。科长老婆去厨房做饭的时候，仇兴亚在屋里跑着玩，不小心一屁股坐到了一个水盆里，把身上的棉裤弄湿了，科长老婆心疼得不得了，找了衣服给他换上，把湿棉裤放在暖气片上烘干。

　　仇荣林两次拜访，加上科长老婆十分喜爱仇兴亚，供销科科长当即答应供给他水捞树脂粉。

　　回到家后，仇荣林就找了一辆车，开始贩卖树脂粉。水捞树脂，顾名思义，是从水里捞出来的树脂粉，必须晾晒干了以后，才能出售。拉来第一车，他是在自家院子里晾晒的，因为院子小，还有遮阴，好几天才晾晒干。看着这样不行，必须找个宽敞的地方。村里虽然有闲置的生产队院，他不想用，怕村里人又议论他胡折腾，当然也有怕别人抢生意的顾虑。几经辗转，在东沙河耿楼村找到了一个闲置的水泥预制场，那块场地不仅宽敞，而且全部铺上了水泥地面，晾晒树脂粉最合适了。因为耿楼村离家十几里路，没人看守不行，就盖了两间房子，既住人，也当仓库，一房两用。生意最好的时候，他一个人忙不过来，就找了两个人帮忙。

　　贩运来的树脂粉，先是卖给县城的塑料厂，可七八天就拉来一车，一个塑料厂根本消化不了，仇荣林就找到滕州市塑料六厂。他之所以选择这个塑料厂，是因为它是村办企业，对原料的选择具有灵活性。可当他找到厂长时，却吃了闭门羹，厂长一本正经地对他说："我们虽然是村办企业，可挂的是滕州市的牌子，是正规企业，不会用小商小贩的原料。再说了，我们厂子办了多年了，有固定的供应商，用的都是优质原料，像你这种水捞原料，我们不会用。"仇荣林不甘心，争取道："我的原料一是价格低，二是不影响产品质量，你试用一下，再做决定，好吗？"那位厂长很坚决地说："再便宜，我们也不用！"看他还想再说什么，那位厂长不耐烦地挥挥手，示意他赶紧走。仇荣林失望地走出他的办公室时，看到旁边还有一个副厂长办公室，又抱着一丝希望敲开了门。按说，厂长否定的事，再找副厂长，纯粹是多此一举、浪费口舌，这是一个常识性的问题。没想到，副厂长党金河与厂长的态度截然相反，听了他的介绍后，当即拍板，同意试用他的水捞树脂。党金河虽然是副厂长，但是分管生产，威望高、懂技术，生产上的事，他说了算。

　　就这样，仇荣林又成功地开发了一个新客户，两个塑料厂基本上把他贩来的树脂粉消化掉，不再愁销路。

　　贩卖树脂粉，虽然买和卖都求人，但这是个特别赚钱的生意。一趟就能挣到一千多元，好的时候，能挣到几千元。而那时，一个在机关上班的干部，每个月的工资还不到一百元，也就是说，他贩运一趟树脂粉的利润，就赶上一个机关干部一年甚至两年的工资！仇荣林的钱包总是鼓鼓的，花钱特别大方，再也不羡慕"吃皇粮、拿工资"了，也不再为被开除回家而懊恼了。

有一次，他去徐州城里闲逛，看到一款摩托车特别漂亮，心动了，当即就买了一辆，然后从徐州骑着回家。从徐州到他们辛绪老家三百多里，骑了六个多小时，除了途中加了一次油，他不吃、不喝、不歇，一路上欢快而又兴奋，有时还忍不住大喊几声，引得沿途的人都侧目观看。为了显摆一下，让全村人都知道他有摩托车了，进村后，他没有直接回家，而是在村里大街小巷转起来，每当有人和他打招呼，他就会停下来，顺着别人的问话，介绍自己的摩托车，一脸的得意和自豪。他作为辛绪村第一个骑摩托车的人，引来无数羡慕的目光和称赞。

一年后，仇荣林把分家时"抓阄"抓到的一间半旧房子拆掉，向村里申请了一位宅基地，盖起了四间小楼。那时，农村盖房子，几乎都是青砖瓦房，能盖小楼的，都是村里的"实力派"家庭。为了美观，仇荣林的小楼外墙还用彩色粉刷石进行了外装饰，院内栽种了各种花草，布置得非常漂亮，不仅辛绪村的人前来参观，外村也有人来参观的。用老百姓的话说是："要了味了！""盖了帽了！"

仇荣林兑现了分家时他对父亲和老婆许下的"我要盖全村最好的房子"的诺言。

树脂粉新传

当仇荣林再次找到党金河的时候，他早在两年前就由副厂长扶正当了塑料厂的一把手，听仇荣林说要来跟他打工，开始以为是玩笑话，当他看到仇荣林是认真的，脸上瞬间露出了诧异的表情。自从仇荣林不再贩运树脂粉后，他们两个人虽然没有多少联系，零零星星听到不少关于仇荣林的消息，知道他养猪、养兔子、养鹌鹑，办水泥制品厂、办塑料管厂、办罐头厂，一个项目接一个项目，并且办得都不错，没想到突然之间就破产了，并且到了如此潦倒的地步，这让党金河简直不敢相信。可仇荣林证实这一切都是真的。仇荣林落难了，来找他打工，他觉得应该帮一把，可他知道仇荣林是个有大目标、大智慧的人，不会久居困地，日后必有扬眉吐气的一天，因此他说："你来跟我打工，我不能要你！"

仇荣林听了，脸一下子长了，半天不说话。党金河看着失望的仇荣林，解释说："不是我不要你，而是我认为你不是打工的人。你现在虽然落魄了，这只是暂时的，你是个干大事的人，不应该考虑给谁打工，而应该考虑东山再起、再来一个大翻身。"

仇荣林苦笑着说："我现在是连饭都吃不上了，还干什么大事呀？老哥呀，你就别取笑我了。"

党金河说："我没有任何取笑你的意思，我是认真的。"

仇荣林叹了口气说："我现在不仅身无分文，还欠了一屁股债，除了有一身力气之外，什么也没有了，除了打工，我还能干什么呢？"

党金河说："你什么都可以干，就是不能打工，你仇荣林就是不能打工！"

仇荣林苦笑着说："就我这个现状，依你说，还能干什么？"

党金河站起身来，走到他面前，郑重地说："狼行千里吃肉，马跑千里吃草。我看你只是暂时落难了，就如姜子牙卖面、刘备卖鞋的时候，不会久居困境的，一旦有了机会，你一定还能大鹏展翅，一飞冲天！"

听了党金河的话，仇荣林心里一热，顿时有一种遇到了知音的感觉。在来的路上，虽然他是打算来打工的，但心里却不甘心像农民工那样当一个打工人。他虽然落魄了，几乎到了走投无路的地步，却不服输、不认栽，心里总有一股烈火在燃烧，总相信自己还能东山再起、再展雄风。只是现在狼狈不堪的处境，让他不能说出来而已。党金河的话，正说到了他心坎上，让他胸中那团不服输的烈火燃烧得更旺了，他感慨地说："老哥呀，不瞒你说，我其实是个有野心的人，虽然我这次失败得很惨，可我并不认为这是我最后的结局，我总认为我还能再起来，还能再干出点事来！只是我现在不能说出来，怕别人再笑话我罢了。"

党金河说："既然你想着将来要干大事，就不要想着到我这里打工，像农民工那样挣那点工资。好汉不挣有数的钱。"

仇荣林又苦笑着说："可是我得先挣点钱，维持一家人的生活啊，不瞒你说，家里都快揭不开锅了。"

党金河说："要想挣钱养家，并积累创业资金，你还可以再干老本行，去贩树脂粉啊，现在厂里我说了算了。"

"我知道你扶正了，可是，可是……"仇荣林说到这里，直挠头，一脸为难的样子。

党金河知道其中定有原因，就问："怎么了，你弄不来树脂粉了吗？"

仇荣林说："弄是能弄来，只是我现在没有本钱了，没钱进货。"

党金河听后，笑了："没本钱，这好办，我借给你，正好我有六千块钱的存款，你拿去先用。"

仇荣林听了，一股暖流涌上心头，党金河与他非亲非故，只是贩卖树脂粉结下的买卖关系，却能在他最困难的时候慷慨相助，与那些上门逼债的、看他笑话的人相比，真是天壤之别，令人感动。

仇荣林说："你借给我钱，我给你利息。"

党金河摆了摆手说："我看你是个可帮之人，才主动借钱给你。如果是扶不上墙的烂泥巴，给我再高的利息，我也不会帮的。"

于是，仇荣林拿着党金河的六千块钱，重新开始贩运树脂粉。不到一年的时间，他还清了所有的欠款，还有了一些积蓄，又一次从失败的阴霾中走出来。

知恩图报是君子

一年后，塑料六厂停产解散了，党金河回村当干部，双方的合作终止。但两人的友谊却由此而建立起来。对于党金河的慷慨帮助，仇荣林始终感激不尽、铭记在心，当他从党金河手里接过那六千块钱的时候，心里就暗暗起誓：将来如果发达了，一定不能忘了党金河，一定要报答他。为了时刻提醒自己，他在床头上写下这样一句话："今天受人一碗水，明天还人一桶油。"他认为，在他困难的时候，帮助过他的人，都是他生命中的贵人。党金河就是他生命中的一个贵人。

后来，仇荣林发达了、成功了，而党金河因为年过六十岁，退休不当村干部了，闲在家里，仇荣林就亲自找到党金河，请他到自己厂里来当"顾问"，并许以较高的待遇，党金河明白这是仇荣林在变相地报答他，婉言谢绝了。党金河认为，当年他只是"顺便"给仇荣林提供了一点方便而已，没必要让仇荣林这么感恩戴德。而仇荣林却觉得他对党金河有还不完的恩情。

再后来，仇荣林的企业步入正轨之后，只要有了空闲，他就会到党金河家里看望一眼，聊聊天，有时，也会把他接到厂里来。仇荣林是有专职司机的，平时很少自己开车，可是，只要去党金河家，他都是自己亲自开车，以表达对他的敬意。把党金河接到厂里后，他会陪着党金河在厂里转一圈，让他看看企业的发展，让他为之高兴。之后，他们便会来到仇荣林的私人茶室里，泡上一壶好茶，两人对面而坐，侃侃而谈，话题像放飞的小鸟，自由而又随意。他们像亲兄弟似的，亲热无比，说说笑笑，无拘无束，畅怀当年，感慨今天。到了中午饭的时候，仇荣林安排食堂专门做几个可口的菜肴，拿出他最好的酒，也不让人作陪，两个人坐在单间里，边喝边聊。自从年龄大了之后，仇荣林就不喝酒了，可为了陪党金河，他会破例喝几杯，但不喝多，借酒叙旧，借酒传情。仇荣林作为一位成功的企业家，在很多饭局中，多为座上宾，总有一些人众星捧月般地给他敬酒，而和党金河在一起，他则恭恭敬敬地把党金河扶到上宾的座位，自己像个小兄弟一样，一会儿给他夹菜，一会儿给他倒酒，对党金河这位无权无钱的老人表现出了无比的敬意和亲近……

这样的场面，让人看了，心里都会有种说不出的温馨和感动！这两个有情有义的男人，用自己的行动，演绎了一幅当代高山流水图。

君子之交，情浓似酒。

党金河常说："我快八十岁了，当过村干部，当过厂长，可以说是阅人无数，也遇到过讲究的人，但像仇荣林这么知恩图报、不忘旧情的人不多，我这一生只遇到他一个。他是一个君子，一个重情重义的君子，能结交这样的人，是我一生的骄傲和安慰！"

其实，仇荣林何止对党金河一个人这样，凡是帮助过他的人，他一个都没忘，都像对待党金河一样，用各种方式不停地报答他们。他兑现了当年许下的"今日受人一碗水，他日还人一桶油"的诺言。

第七章
西北大洼

22　终于找到项目

　　贩运树脂粉回家后，仇荣林除了忙村里的事，尽一个村干部的职责外，相对轻闲了下来。妻子在他贩运树脂粉期间，搞了点家庭养殖，几头猪和几十只鸡，规模很小，见他没生意做了，就想让他帮着扩大养殖规模，他没同意。养殖，把他搞伤心了，再也不愿意涉足；多年的养殖，让他深切地体悟到：养殖和种植，只能解决温饱问题，最多只能过上富裕的生活，是小打小闹，很难真正让人富起来，要想有大作为、大成就，必须从事制造业，办企业。时值1993年，乡镇企业如火如荼，民营企业如雨后春笋，滕州孔凡生的雄狮钢窗厂、王曙光的彤晖电暖器厂、高敬方的益康食品厂、张陆泽的机械制造厂，以及本村里的淀粉厂……每一个都办得风生水起、红红火火，这些成功的例子，让仇荣林萌发了办企业的想法。

　　妻子见他折腾这么些年，历经风风雨雨，弄得疲惫不堪，却没有什么收获，劝他不要再折腾了，安心当着村干部，业余搞点家庭副业，把小日子过得宽裕一点就行了。他却觉得此生不能碌碌无为、一事无成，不能像父亲那样，当了一辈子村干部依然默默无闻。他要像那些企业家那样，创办企业，轰轰烈烈，成就自己。

　　然而，要凭一己之力去办一个企业，无论是资金，还是人力，都是远远不行的，因此，他想让村里像投资淀粉厂那样投资一个集体企业，交给他去管理、经营，顺便跳出村干部那个圈子。自从罐头厂失败之后，他就想退出村委会，原因是有人看他能力强，怕他以后会取而代之，总是排挤他。

　　躲开村干部那个是非圈子，最好的办法就是办企业，既可以实现自己的创业梦，又能躲开那些缠人的事务和钩心斗角。创办一个企业，既是他创业的基地，又是他的世外桃源。"躲进小楼成一统，管他冬夏与春秋。"

　　有了这样的念头不久，仇荣林在村委会上提出了办企业的想法。鉴于他的威信和能力，大家没有异议，可具体办什么样的企业，都是一脸茫然。问有什么项目，他也没有，只是有这个想法而已。于是村委会决定等考察到合适的项目再定。把考察项目的事交给了仇荣林。

仇荣林热情很高，在滕州境内跑了几天，没有找到合适的项目，就和村里会计一块儿去了胶东。他认为胶东工业发达，好找项目。因为没有具体目标，到了胶东，到处乱转，见到冒烟的工厂，就奔过去考察，结果，大多数工厂不让他们进门，几个能进去的，也没找到合适的项目，只得无功而返。

发现大店镇

仇荣林不甘心空手而归，就和会计一块儿从烟台去了日照，转了两天，也没找到项目，就一路南下，来到了莒南县。

莒南县属于临沂市，沂蒙山区，工业欠发达。到这里来寻找工业项目，似乎是找错了地方。仇荣林坚持到这里来，也是找项目心切，乱转而已。果然，两个人在莒南县城转了一天，没有找到项目。可他仍不甘心，不顾会计的反对，又来到了一个叫大店镇的地方，这里是当年山东省政府和八路军一一五师所在地，凡是到这里来的人，几乎都是来参观这两个革命旧址的。只有仇荣林两个人例外，在参观完两个红色旧址后，没有像其他游客一样马上离开，而是留下来，用搜寻的目光在大店的街道上来回走着、看着、寻找着，像一名勘探者，试图找到属于自己的矿藏。当他们在一条街上发现有很多小型的油石加工厂，并且轰隆隆很是红火时，仇荣林来了兴趣，参观、考察后，觉得这个项目投资不大、生产工艺简单，还能出口创汇，比较适合他们村，当即就在一个厂家预订了一套生产油石的加工设备，把身上的钱全部交了定金，决定回去让村里办一个油石加工厂。

回来后，仇荣林向村委会汇报了考察的项目，想让村里投资办油石加工厂。可村委会的几个人你看我、我看你，都不表态，后来，村委会主任以村里没钱为由，不愿意上这个项目。仇荣林知道，村里没钱是真的，但事实上，主要原因是村里不想再上项目了。这时候，他们村已有一个淀粉厂，由于引进的设备老旧，淀粉出粉率低，加之没有办企业的经验，管理不好，自从投产后，一直亏损，让村委一班人伤透了脑筋。后来，把淀粉厂承包出去，才算少了一个头疼的事。一朝被蛇咬，十年怕井绳。知道了村办企业难干的几个干部，都不愿意再建什么工厂了，都不想再找类似于淀粉厂的头疼事了。因此，除了仇荣林外，让村里办油石厂的提议，大家一致否决。

会后，村委会主任不好意思地向他解释说："大家都不同意，我也没办法，请你理解。如果你真想办厂，你就自己干！凭你的能力，肯定行！"

仇荣林无奈地笑了笑说："我要是有资金，肯定自己干。"

村主任提示说："你还可以像之前那样，找人合伙呀。"

仇荣林坚决地说："我要么不干，要干，就自己干，绝不再与别人合伙了。"

村主任想想他几次与人合伙，都是不欢而散，知道他是伤了心，就没再劝他。

这样，办油石厂的事就搁浅了。

然而不久，东郭镇党委、政府召开了一个"招商引资动员大会"。这个大会是自上而下的，先是市里开了，接着就是各个乡、镇。把"招商引资"作为各级政府的一项硬任务，也是一项重要政绩，因此，各级政府都非常重视。在这次大会上，镇领导严厉要求各村、各部门都要积极招商引资办企业。仇荣林和村主任、会计三个人，代表辛绪村参加了大会。会上，镇党委书记和镇长分别作了动员讲话。说是动员会，其实是命令会，镇里两位主要领导态度严肃、措辞严厉，给各村下达了任务！

这个会议，让仇荣林很高兴、很激动，他认为搞企业的好时机来了！

村主任却像很多村干部一样，唉声叹气、愁眉苦脸。辛绪村自从七十年代以来，一直是东郭镇的先进村，在招商引资上，肯定也不想落后，可是，作为一个农村干部，到哪里招商去？又到哪里引资去？坐在会议室里，村主任的大脑就不停地运转，猛然间想到了仇荣林考察的项目，心里一下子有底了。散了会，村主任拉住仇荣林问道："你前些日子考察的那个油石项目，现在还有联系吗？"

仇荣林说："村里不想干，我就一直没联系。"

村主任说："你再联系联系吧。"

仇荣林明知故问："咱村里不想再办企业了，还联系干吗？"

村主任一脸无奈地说："这不是有任务吗！还是硬任务！"

仇荣林一副置身事外的样子，说："任务是下给你这个村主任的，与我无关。"

村主任急了："你是咱村的副主任，你也有责任！如果完不成任务，处理我，也跑不了你，你别想推得这么干净！"

仇荣林看到村主任急切的样子，笑了，说："行，听你的，我再联系一下。"

村主任说："我仔细想了想，你看中的那个油石加工项目，投资小、门槛低，还真适合咱村里呢。要不然，咱改天去考察一下吧？"

仇荣林说："如果真想去考察，现在就去。"

村主任看了一眼会计，想征求一下他的意见，会计笑了笑说："我随着你们。"

于是，从会议室里出来，他们三个人直接坐上了去大店镇的班车。因为走得匆忙，村主任骑去的自行车没来得及寄存，回来后发现丢了。

发现泡花碱厂

到了大店镇，在去油石厂的途中，看到远处有几个高耸的烟筒在冒烟，仇荣林好奇地问当地人，得知是泡花碱厂，仇荣林一下子来了兴趣，便鼓动着要去考察考察。村主任和会计都不同意，他俩的意思是既然是来考察油石厂的，并且已经交了设备定金，就先考察完油石厂再说。仇荣林说："咱先考察一下泡花碱厂，回来再去油石厂，把两个项目比较一下，看看哪个更好！"村主任说："比较什么？咱考察一下油石厂，只要投资小，工艺不复杂，差不多就行。"话里的意思是只要找到一个项目，能完成镇里下达的任务就行。仇荣林却与他的想法不同，他知道，项目虽然是为村里考察的，可最终要由他来负责，因此，他不想应付差事，而是想找一个更合适的项目。鉴于这样的想法，仇荣林就更慎重。因此，他就坚持要去考察泡花碱厂，把它与油厂做一番比较之后，再做决定。

在仇荣林的坚持下，三个人在当地租了三辆自行车，奔着那几个烟筒方向骑去。

俗话说：望山跑死马。远处的几个烟筒，看着不远，其实离大店镇十几里路，并且隔着一座山。当时正是盛夏，骄阳似火，酷热难耐，骑了不多远，三个人都热得大汗淋漓。到了那座山的山坡下，见一棵大树下有卖冷饮的，村主任提议，停下来凉快一会儿再走，并给每个人买了一块冰糕降温。会计一边吃着冰糕，一边指着前面的山坡说："这个山坡太陡了，自行车骑不上去，咱恐怕得推着车子走上去了。"仇荣林却说："我看着能骑上去。"村主任忽然以开玩笑的口吻说："如果能一口气骑上这个山坡，就预示着咱能顺利找到项目。"村主任说完这句话，用挑衅的目光看着仇荣林，仇荣林把手里的冰糕塞进嘴里含着，骑上自行车就向山坡冲过去。那个山坡不仅陡峭，而且很长，足足有四五里路，上这样的山坡，像跑马拉松一样，不仅要有爆发力，而且要有持久的耐力。大多数人骑到中途不得不下车推着走。仇荣林竟然一口气骑到了坡顶。

气喘吁吁的村主任推着车子上来后，竖起大拇指对仇荣林说："我这个当过几年兵的人，体力都不如你，你真厉害！"仇荣林也喘着粗气说："你刚才说，如果能一口气骑上来，就能顺利找到项目，我骑上来了，咱应该能找到合适的项目吧？"村主任和会计都笑着说："必须得找到！不然我们回去怎么交差呀！"

仇荣林去胶东考察时，多数厂家不让他们进门。这次，他接受胶东的教训，怕人家厂家不让进门，在途中就与村主任和会计商量好了：冒充是纸箱厂前来购买泡花碱的，村主任是纸箱厂的厂长，仇荣林和会计是业务员。为了让村主任这个"厂长"显得内行，仇荣林告诉了他一句内行话：模数。仇荣林自信地说："你只要问他们的泡花碱'模数'是多少，他们就知道你是内行，就不会小看咱，就会热情接待咱。"

村主任点头答应，然后问仇荣林："模数是什么东西？"

仇荣林笑了："大概是泡花碱的一个指标。具体是什么？我也说不清楚，只听别人说过。"

村主任又问："除了模数之外，还有什么行话？"

仇荣林不好意思地说："我也是就知道这一句。"

村主任笑着说："要是说露馅了，可别怪我！"

说着话，三个人到了那个地方，仔细一看，才发现这里有好几个泡花碱厂，算得上一个泡花碱生产基地了。他们三个人就逐个厂子去观看。

听说是来买泡花碱的客户，几个厂里的负责人都很热情地接待他们。

他们三个人把几家泡花碱厂逐个看了一遍之后，得出的共同结论是：泡花碱生产，无论是资金上，还是技术上，门槛都不高，是个不错的项目。仇荣林又联想到邻镇的泡花碱厂，效益很好，成了邻镇的支柱企业，当时就动心了，提议不搞油石了，回去办泡花碱厂！

村主任和会计觉得他改变得太快了，都说再去油石厂看看，比较一下，再定。

仇荣林很坚决地表示：不看，也不比较了，就搞泡花碱！

村主任虽然是领导，又是为村里考察项目，可他知道，如果办厂，最终还得是仇荣林来办，村里只不过是挂个名，完成镇里的任务而已。另一方面，虽然多数人说仇荣林是瞎折腾，可他相信仇荣林的眼光和能力，仇荣林看准的事，十有八九是对的。因此，看到仇荣林表情坚定，就没有再提出反对意见。

因为仇荣林之前与油石厂有了加工设备的协议，怕油石厂的人见了他们，让他们买走已经预定的设备，三个人回到大店时，没敢在油石厂附近露面，定金也没敢去要，悄悄地溜走了。因为自己不守信用，仇荣林内心不安了好些日子。后来泡花碱厂办起来后，他从大店一家泡花碱厂的庄老板打听到，原来那家油石厂见仇荣林没去催促要设备，压根就没给他加工。一颗不安的心才放了下来。

创办泡花碱厂

回来后，村里召集村两委的人员开了个会，讨论创办泡花碱厂的事。这回，因为是镇里压下来的任务，没人再反对。但村两委商量的结果是：厂子让仇荣林个人办，但要以村里的名义办。村里没钱投资，只提供办厂用地，算是仇荣林租用，每年上交土地租金。至于办厂的一切事宜，以及工厂今后的赢利或亏损，一概与村里无关。

仇荣林本来是想让村里投资办厂的，结果却落到了自己身上，在其他人看来，是意料之外，对仇荣林来说，却是意料之中的事。再加上办厂也是他想干的事，因此他欣然接受了。

村委会开过之后，村主任便与仇荣林一起去了镇里，向镇党委、镇政府汇报了创办泡花碱厂的想法。

动员会刚开过，他们就找到了项目，书记、镇长都很高兴。但也有不同的意见，有的领导认为邻镇已有一个泡花碱厂，两个地方相距不远，如果再办一个新厂，怕竞争不过人家。人家毕竟是多年的老厂子，已经做得风生水起了，无论是规模、资金、人脉，还是技术和销路，都没法跟人家比，就好比一棵大树底下再种一棵小树，小树很难成长起来，如果人家再利用自己的优势打压一下，就是雪上加霜。从大一点的范围来说，仅枣庄地区内，就有好几个泡花碱厂了，只有邻镇的泡花碱厂做得好，其他几个厂家都是举步维艰、不景气，由此可见泡花碱厂不好办。

但书记和镇长全力支持这个项目，他们的观点是：船多不碍路，事在人为，只要懂经营会管理，既然邻镇泡花碱厂能做好，我们一样能做好，就看让谁去干。只有倒闭的企业，没有倒闭的行业。人是关键。而仇荣林的能力和事业心，是有目共睹的，相信他能干好。

为了慎重起见，书记和镇长让仇荣林带领他们，来到大店镇，亲自去考察了一次。在回来的路上，书记和镇长交换意见，认为大店一个镇上就有好几个泡花碱厂，照样每个厂子都搞得很红火，可见厂子多了不一定就会妨碍发展，反而还会有一种群体效应和规模优势。于是对仇荣林说："这个项目行，你放心大胆地去搞吧，我们支持你！相信你能干出一片新天地来，为咱东郭镇做出贡献。"

于是，仇荣林在经历了养殖、贩运、加工等一系列尝试后，又开始新的探索——办企业建工厂了，他要向自己心中的目标迈进了！

23　这一次独立办厂

这次办厂，仇荣林接受以往几次与人合作最后都是不欢而散的教训，决定不再与任何人合伙，自己一个人办厂。自己办厂，能发挥自己的聪明才智，能按自己的想法干，不用钩心斗角，不受别人的掣肘和排挤。

这次办厂，仇荣林不仅不与他人合伙，而且计划建一个真正的、工业味十足的工厂，与往日的水泥制品厂、塑料管厂、罐头厂等小作坊式的厂子有本质的区别。初次办这种正规的工厂，对他来说是一个巨大的挑战，因为他不具备办工厂的条件，既没有资金储备，也没有技术支撑，亦没有能和他一块儿创业的团队，唯一有的是村里划给他的十亩用地。可以说，创建泡花碱厂，是硬着头皮要搞的项目，这就注定了今后的一切工作都会异常艰难，并且具有极大的不确定性。

办企业，首先要组建团队，仅靠自己一个人是不行的，管理、生产、采购、销售人员，缺一不可。因此，仇荣林确定独立办厂之后，首先考虑的就是人员问题，他清楚地知道专业技术人员、原料采购和销售人员素质的优劣，将直接决定企业未来的发展前途。可是，那时资金异常紧张，根本花不起高薪去聘请专业人员，即使资金允许，他一个对泡花碱行业十分陌生的农民，也没有聘请这样的人才的渠道，他只能在本村挑选一些能人，凑合着先干起来。

而那时，村里相当一部分能人都去了淀粉厂，可供挑选的余地不大。仇荣林坐在家里，像过筛子一样，把村里能用的人，拉出一个名单，然后去找村支书和村主任商量。人员确定下来之后，仇荣林提出让村里派两个干部去协助他。因为这个即将筹建的泡花碱厂是挂了辛绪村的牌子，是为村里顶任务的，派两个村干部参与其中，让人看上去"像"村里的企业。

村支书和村主任听了他的要求后，都笑了，说："你仇荣林真精明，自己办企业，却让村里派两个人给你无偿去帮忙。用不花钱的人，还说得冠冕堂皇！"他们嘴上这样说，却觉得他的要求无法拒绝，就派出了会计和一个村委委员来协助他。结果，那个村委委员干了几天，嫌太忙太累，撒手不干，走人了。会计坚持了一段时间，整天忙得陀螺似的，没时间顾及他的会计事务，也走人了，剩下仇荣林一个光杆司令。

请能人，组建团队

再向村里要人，已无人可派。仇荣林只得开始招人。因为对外声称是村办企业，仇荣林就让村主任在大喇叭上吆喝，希望列入名单中的能人，主动来报名应聘，可广播了好几天，却没人来应聘。尽管对外声称是村办企业，其实大家都知道是仇荣林个人办的，知道他没有资金，没有技术，没有销路，产品还是不被看好的

"水玻璃"（泡花碱的民间俗称），断定这个泡花碱厂不会有前途，"弄不出道道来"，所以没人应聘。

没人主动应聘，仇荣林只得出面去"请"。按照事先拉出的名单逐个去"请"，一趟不行，就去两趟，两趟不行，就去三趟，用"三顾茅庐"的精神去"请"人家。

其实，并不是所有名单上的人都不愿意来，其中有相当一部分人看着别人在淀粉厂上班，而自己没有工作，显得没面子、没能力，心里也想到仇荣林这里来谋份工作，只是没人带头，怕率先报名，丢了"面子"而已。

当然，几个真正的能人，是仇荣林亲自上门，一个一个"请"来的。

请的第一个人是仇心忠。仇心忠年龄比仇荣林小九岁，那年正是而立之年。他说话慢条斯理，性格温和，但心灵手巧，还善于钻研，农村的巧活、细致活，他一看就会，谁家垒个墙、砌个锅灶，或者修理电器什么的，都会找他帮忙。仇荣林聘请他，就是想利用他的心灵手巧，把住泡花碱炉子的技术关，当个技术人员使用。当仇荣林找他时，他犹豫着不想去；第二天，仇荣林的父亲又亲自来到他家，请他帮忙。他觉得都是一个村的，又是本家，关系处得一直很好，不去帮一下，于情于理说不过去。于是，仇心忠就过来了。那时他认为自己对工业一窍不通，仇荣林请他，也就是建厂初期垒个墙、盖个房子什么的，等工厂正常运转起来，也就用不着他了，就能回家继续干自己的小生意。他是抱着临时观念来的。没想到，这一干，就停不下来了，一直干到今天，用他的话说：要在这里干到退休了！

第二个是林家增。林家增是村会计的弟弟，他到泡花碱厂里来，是他哥哥推荐过来的。在泡花碱厂筹建之初，村会计和另一个委员作为村干部被派过来协助仇荣林建厂，嫌工作太忙太累，会计想抽身回村委干他的会计，仇荣林那时正是用人之际，特别缺少一个有文化、能写会算的人，会计就推荐了他二弟林家增。林家增和仇心忠同岁，那年也是三十岁，人生最好的时期，他不仅长得一表人才、风度翩翩，口才好，社交能力强，而且文化水平高，能写会算，仇荣林请他来负责财务，并协助自己搞外部联络工作。

第三个徐德强是外村人，与仇荣林有亲戚关系。在来泡花碱厂之前，二十多岁的徐德强是他们村的村主任，可谓年轻有为，是那一片有名的能人。

他善于社交，人际关系很广，在周围几个村里是能使得动风、有面子的人物。当仇荣林去动员他来厂里帮忙，讲亲情、讲义气的徐德强二话没说，把村主任的职务辞掉，来了泡花碱厂。徐德强不仅自己来了，还把他三弟徐德亮也带过来了。几年后，从枣庄工业学校毕业的四弟徐德沛，也来到了泡花碱厂工作。徐德强干销售，徐德亮开车送货，徐德沛搞技术，一家三兄弟各显身手，各有成就。

第四位是梁子清。梁子清也是村里有名的能人，特别是在采购方面，多年来一直在济南一家建筑公司当采购。那年麦收时回家后，因家里有事耽误了，一直没能回济南。村主任看他在家待着，以为他不回济南了，就向仇荣林推荐了他。仇荣林怕他不愿意来，就让村主任去动员他，结果，他很爽快地答应了。进厂后，一直负责采购和销售。和仇心忠、林家增、徐德强一样，一直干到现在，成为集团公司的元老之一，很快就能退休，颐养天年了。

仇玉秋也是仇荣林请来的。进厂后，仇荣林根据他勤劳、心细的特点，让他负责行政后勤工作，他认真负责、任劳任怨，凡是交给他的工作，保证干得妥妥当当，非常让人放心。他一直干到退休，成为辛化集团的元老之一。

张士伟那时正在村里开饭店，仇荣林怕他不舍得丢下生意，就让村支书张士行帮忙去请他。他看到仇荣林为了请他，竟然让村支书亲自前来，很是感动，果断把饭店停了，跟仇荣林来干。

王延玲那时在村淀粉厂当化验员，是个很轻松、体面的工作，在仇荣林的动员下，辞职投奔仇荣林而来。

李子美是自己主动来的。那时她还是个刚下学的小姑娘，听说泡花碱厂招工人，就鼓动同村的八个姑娘一起报名进了厂。那年李子美十八岁，因为没有特长，也没学历，就在车间当工人。筛煤，拌料，添料，运料，都是用人力，样样都不是轻松的活，让一些男人都吃不消，可李子美却像个铁姑娘一样，从不叫累，不嫌脏。特别是筛煤炭，一个班下来，不仅累得浑身酸疼，而且脏得像刚从煤井底下上来的煤炭工人一样。后来其他八个姑娘有的嫌脏、嫌累不干了，有的出嫁走了，相继离开了泡花碱厂，李子美虽然也出嫁到了外村，但她却一直在这里干着。在泡花碱厂最艰苦的那些年，很难招到干活的工人，愿意来的，大多是只会出力、没有任何技术、不好找活干的人。可李子美

泡花碱创建初期，在户外召开年底表彰会

从没动摇过，一直干到今天，成了公司的老员工。不过，她早就不在车间了，而是一名老资格的销售员了，享受中层干部的待遇。

按照拉出来的名单，仇荣林还请来了张成良、张西才等人……仅仅几天的时间，请来了十几位能人，又招进了二十多名工人。

"画饼"成真

看到仇荣林在短短几天的时间里，就把村里的能人"一网打尽"、悉数招收过来，很多人不理解，就问其中的几个人："仇荣林用了什么魔法，把你们这些能人都哄去了？"几个人都笑着说是让仇荣林画了张大饼给"引诱""忽悠"来的。这当然是调侃的话。这十几个人，都是村里有头脑、有眼光的能人，岂能被人轻易"忽悠"？他们之所以愿意到这里来，主要是相信仇荣林的能力和人品，相信仇荣林会把厂子搞好，跟着仇荣林干会有前途。

计划支一台小炉子的工厂，一下子招进了四十多人，大家都认为用不开，特别采购和销售上十几个人，是一种严重的人员过剩。邻镇泡花碱厂六台大炉子，才用了十个人。仇荣林自有打算，他招这么多人，一方面是因为他知道采购和销售难，必须有足够的人员，才能保证原料的供应和产品的销售，还想通过优胜劣汰淘汰掉一部分不胜任的；另一方面他是想尽快培养出一支过硬的营销队伍，为今后的大发展做人才储备。一台小炉子绝不是他的目标，他要由一台变成二台、三台、四台、五台……并且把现有的小炉子变成高产而节能的大炉子，尽快达到枣庄地区泡花碱生产的最高水平和规模。这是他为自己的泡花碱厂定下的目标，也就是那几个人口中所说的仇荣林"画的饼"。

后来事实证明，仇荣林"画的饼"不仅变成了香甜可口的真饼，而且远远超过了预期目标。他仅用了十年的时间，就把一个仅有一台炉子的小作坊，不仅是做成了枣庄地区最大，而且是做成了全国最大的泡花碱厂，成为行业的领军者。

在仇荣林的带领下，他们这个团队齐心协力，仅用五年的时间，就实现了六台炉子的规模，产量超过了邻镇泡花碱厂，成为省内最大的泡花碱厂。然而由于1998年的金融危机，加之内蒙古的廉价泡花碱大量涌入，导致产品销售困难，企业出现了困境，有两个人对泡花碱厂失去信心，辞职离开了。到了2001年，仇荣林接手国家"八五"攻关项目"1,4-萘醌"，经营失败，企业走到了破产的边缘，又有几个人失去信心，相继离开。车间的工人也是陆续跑掉，和李子美一块儿进厂的八个姑娘都走了，只剩下李子美一个女工；男工人更是走马灯似的，其中有两个工人什么技术都没有，宁愿到淀粉厂去扛大包，也不愿意在泡花碱厂干。那几年里，人员像流水一样，一波一波地往外流，挽留不住。

大浪淘沙。仇荣林"请"来的十几个能人，最后只有林家增、仇心忠、徐德强、梁子清、李子美等几个人不离不弃，矢志不移，坚持下来，跟随着仇荣林一块儿打拼。坚持下来的这几位，如今都是辛化集团的元老，受人尊敬，并享受较高的待遇。

对于那几位在困难时期离开的人，仇荣林也从没有过抱怨和指责，他一再强调说：人往高处走。趋利避害是人的天性。尽管这些人在企业最需要的时候离开了，他们毕竟都是为企业出过力、流过汗、做过贡献的人，跟着我辛辛苦苦打拼了七八年，辛化集团的功劳簿上，不仅要记住林家增、仇心忠、徐德强、梁子清、李子美等几位元老级的人物，也要记住仇玉秋、张士伟、张成良、仇心勇、王延玲、张西才等几个人的名字。他们都是辛化集团的功臣。是不能，也不应该忘记的人。

吸纳新生力量

到了 1999 年，徐德沛从枣庄工业学校毕业后，分配到一家国有企业工作，在仇荣林和他哥哥徐德强的动员下，他辞掉了铁饭碗，来到了泡花碱厂，成为企业的第一个中专生。徐德沛是徐德强的弟弟，在他上学期间，他就经常听父母和哥哥说起仇荣林，从心里非常敬佩他，知道跟着仇荣林能干出道道来，所以他才不顾同学的反对和国有企业的挽留，毅然追随了仇荣林。虽然是厂里第一个有学历的职工，但仇荣林依然让他到车间里筛煤、添料，干最脏最累的活，锻炼他的意志品质和吃苦精神，直到仇荣林接手国家"八五"攻关项目"1,4-萘醌"时，才让他跟着苏永宁教授当助手。

2000 年初，从潍坊市机械工业学校毕业的闫先霞，一个既漂亮又能干的外村姑娘，应聘到了辛绪村淀粉厂，做销售内勤。这是个相当不错的工作，可她认为淀粉厂的环境不适合她上进的要求，当她从李子美那里听说泡花碱厂是个适合青年人发展的地方后，毅然辞掉淀粉厂的工作，投奔过来，使泡花碱厂有了第二个中专生。和徐德沛一样，仇荣林并没有因为她是中专生而优待她，而是让她从车间干起。那时，车间里的所有的活，既脏又累，并且高温，一般男人都不愿意干，特别是到麦收农忙时节，很难找到人，可闫先霞却不怕，和李子美一样，比个男孩子都能干。知道她情况的人都说她舍弃了淀粉厂既轻松又体面的工作不干，却跑到泡花碱厂来出苦力，是憨、是傻，可她不管别人怎么议论，一直坚持到了今天。不过，她的付出，也得到了回报，她现在是车间主任，带领二百多人，管理智能包装车间和立体仓库，是仇荣林倚重的中层干部之一。

之后，陆续又有房宽、李福强、张玉莲、仇丽、胡开行、李吉瑞等一批有学历、有文化的青年人进来，提高了整个团队的文化水平，为企业注入了新的生机和活力。

2004 年底，仇荣林的长子仇兴东来到公司协助父亲。2006 年，仇兴亚大学毕业，随后进入企业。同年，大学毕业的房宽也放弃了教师的职位，来到了公司。这使辛化公司有了三个大学生。这三个人经过一段时间的锻炼后,分别走到企业的管理、销售岗位上,使企业的人员结构发生了质的变化,经营、管理理念也发生了质的变化,企业开始向规范化、现代化迈进。

这样,一个老、中、青三结合,学历水平不断提升的团队形成了。

可以毫不夸张地说,这一批青年人进来,没有人是奔着企业待遇和环境而来的,他们都是奔着仇荣林这个人而来的,像当年一大批奔赴崇高理想的青年人一样,都是奔着泡花碱厂的朝气和前景的。

24 西北大洼的新生

看准"西北大洼" 按照与村里的约定,所办的工厂虽然挂牌"辛绪泡花碱厂",名义上是村里的,实际上一切都是仇荣林个人的,资金自己出,人员自己找,设备自己买,盈亏自负,村里只提供土地,收取租金。

因为是给村里挡任务,在征用土地时,村两委表示:村里的地,随便挑选,要哪块地给哪块地,要多少给多少。

仇荣林在村外转了一圈,决定在村西北的一块涝洼地里建厂,要了十亩地。那块涝洼地在淀粉厂西边,土质差,地势很低,十年九涝,每到夏季,这里就会变成一片汪洋,被村里人叫作"西北大洼",是块不适合耕种的土地。但这块田地紧挨村里大路,西边有一条河,叫幸福河,是早些年挖的一条水沟,直通村前的漳河。仇荣林挑选这个地方,是为了将来生产后,排水方便,运输方便,远离村庄,不影响村民的生活,还不占用好粮田。在这里建厂,可以说是物尽其用、恰到好处。

资金难筹 厂址定下来,人员也物色好了,接下来就是筹集资金。仇荣林虽然有了一定的资金积累,但手里仅有的一部分钱对于建设一个工厂来说，无疑是杯水车薪，九牛一毛，远远不够。以往，仇荣林搞的几个项目，都是与人合伙，资金大家一块儿筹集，可这次，没有合作者，只有靠自己了。

仇荣林找到镇长，让他帮忙到银行贷款，解决了十万元，但远远不够，想争取多贷点，银行告诉他：按照规定，这已是能贷给农村小企业的最大额度了。剩下的资金缺口，想让村里帮助解决，可村里没钱。仇荣林就让村委出面向村民集资，因为挂了辛绪村的牌子，村委有义务帮忙。村委出面，也有力度。

可是，村主任在大喇叭上喊了几天，许下两分的利息，也没人愿意集资。在这之前，村淀粉厂就是靠村民集资筹建的，可效益一直不好，投产好几年了，村民不仅没见到一点红利，投进去的钱，反而还一天天缩水。吃过亏的村民，担心未来的泡花碱厂重蹈淀粉厂的覆辙，再也不愿意入什么股、集什么资了。虽然嘴上说是村办企业，但大家都心知肚明，其实是仇荣林个人的，仇荣林之前所办罐头厂的失败，在很多人心里留下了阴影，怕他万一再赔了，自己辛苦挣来的钱，就得打水漂。

其实，不要说村民看不透泡花碱厂未来会发展成什么样子，就连仇荣林本人，也没有把握，只是凭着一腔创业的激情和对财富的强烈渴望筹建这个工厂。

"大家不愿意集资，怕自己的钱打了水漂，这种顾虑和担心，我完全理解。谁愿意拿自己的辛苦钱去冒险呢？若是换成我，我也会有顾虑，不愿意去冒这个险。"仇荣林后来说。

村里帮不上忙，剩下的资金缺口，只有靠自己想办法。仇荣林便靠自己的面子和信誉，到本家和一些朋友家里去筹借，许下两分的利息，先后跑了三十多家，好话说尽、笑脸赔尽，勉强筹措了几十万元资金。

虽然资金不宽裕，勉强能够支一台小炉子。但仇荣林心里的规划却很宏大，他要从此起步，然后把这个工厂逐年扩大，建成一个现代化的大工厂，至于多么现代化、究竟多大，没有具体目标，起码要超过邻镇的泡花碱厂。

小作坊式的工厂

建设泡花碱厂，遇到的第一个技术难题，就是支炉子。

在此之前，仇荣林虽然到几家泡花碱厂考察过，因为都是偷着去"考察"的，所看到的只是皮毛，对于核心技术却是一窍不通、一无所知，连生产泡花碱的炉子都不会支。而生产泡花碱，最主要的设备就是高温炉子。仇荣林跑到莒南县大店镇，想请个技术员来帮忙，可出于对技术的保护，几个泡花碱厂谁也不愿意来帮忙。

没有支炉子的技术员，泡花碱厂就无法建设。仇荣林就在大店镇住了下来，想通过软磨硬泡的方法请个技术员一块儿回去。在大店的那几天，仇荣林好话说尽、笑脸赔尽，就是没有一个厂家愿意来帮他。正当绝望之际，他所住的旅馆里入住了一位姓钱的人，这人自称是连云港泡花碱厂的技术员，专程来给大店一家泡花碱厂修炉子的。仇荣林喜出望外，忙与对方攀谈起来。姓钱的自称不仅会支炉子，还懂得泡花碱的生产工艺。仇荣林像遇到了救星，当即请求姓钱的去帮忙。钱技术员爽快地答应了，并留下了联系电话，待仇荣林准备好场地，就过来帮着支炉子。

资金有了，技术员也请到了，仇荣林信心十足地开始动工建厂。

这是1993年秋天，"西北大洼"那片地里已经种上了玉米，是一望无际的青纱帐。仇荣林割倒已有一人多高的玉米棵，清理出租用的十亩空地，围墙没垒，路没修，就在青纱帐的包围中，开始了举步维艰、困难重重的建厂。

没想到的是，连云港的钱技术员，是个唯利是图的人。当时的泡花碱炉子都是小型的，是六平方米的直火炉，支一台这样的炉子有八十吨耐火砖就足够用了。可他为了多吃提成，却让不懂行而又十分相信他的仇荣林一次购买了一百五十吨，为了用光一百五十吨耐火砖，在不该用耐火砖的风道里也用耐火砖垒砌，炉子砌得厚重而笨拙。这样一来，本来就很紧张的建厂经费就更加紧张，甚至不够用了，仇荣林不得不从其他各个方面节省资金。

为了节省资金，支炉子用的钢轨，是仇荣林到东边的马庄村购买的废旧的，马庄是有名的铁匠村，几乎每个铁匠家里都有储存的废旧钢铁。可在买来的当天夜里，却让人"偷"去了一大半，第二天一早，当仇荣林知道这个情况后，头都大了，在那里愁得直转圈子。这让把资金已用到极致的仇荣林不知道再上哪里筹措资金，也让他气愤难当，因为他知道这些钢轨让谁偷去了——那是监守自盗！仇荣林让他看护钢轨，自然是对他的信任，可他却利用这种信任，竟然在这个一分钱掰两半花的节骨眼上偷他的钢轨，这无异于从背后捅了他一刀！仇荣林当时想到了报警，把那个人抓起来，不仅让他把偷去的钢轨退回来，还让他丢人难堪、背负"小偷"的臭名，可如果这样，就把这个人毁了，犹豫再三，最终没有声张，咬着牙忍下了，吃下了这个哑巴亏。这次偷盗，不仅让建厂资金陷入了困境，而且也让他感到很伤心：他多年的好朋友，在他最需要帮助的时候，不但没帮他，还釜底抽薪，无情地给了他一刀！后来，在建仓库时，这个人又从中捣蛋，故意把房子盖偏、盖得漏雨，仇荣林忍无可忍，把他臭骂一顿，开除了。

炉子的烟筒，也是去旧货市场购买的旧货。为了耐烧，烟筒的底部用的是废旧的无缝钢管，上面用的是汽油桶，把两头割开，再一节一节地焊接起来的。那个烟筒高二十五米，竖起来后，四周用钢筋拉着。但由于炉子设计不合理，炉火直往烟筒里跑，能把烟筒烧红七八米，到了晚上，从很远的地方就能看到那段火红的烟筒，因此没用多久，就把那段汽油桶烧透了，又得再换烟筒。换了两次之后，仇荣林觉得这样频繁地更换烟筒不是办法，就跑到大店请人用红砖垒砌了一个永久的烟筒，才算彻底解决了这个难题。那个烟筒高耸入云，几里外就能看到，成了泡花碱厂的一个标志。

为了节省资金，厂房和办公室全是用石棉瓦搭建的，是仇荣林带领仇心忠、梁子清和他妹妹仇光芹、李子美等人，自己动手搭建的。仓库呢，也是石棉瓦的；垒墙用的砖，是仇荣林派人到周围村里收集上来的人家拆老房子废弃下来的旧砖；木棒，一部分是工人从家里凑上来的，一部分是收集的旧木料。

所谓的工厂，就是一台炉子，几间石棉瓦搭建的厂房，连围墙也没有。就在一片涝洼地里，周围全是玉米地，一切都是凑合，异常简陋。如果不是那个高耸的烟筒，根本不像工厂，最多像个小作坊。但当时的仇荣林看着自己建起来的"工厂"，很是满足和得意。他终于有自己的工厂了。

看着仇荣林这个简陋的工厂，村里好多人认为他又是像以前一样瞎折腾，甚至有的人还等着看他的笑话。一次次创业失败，几乎没有人看好仇荣林。

仇荣林却很自信。

"这个厂办不成功，我就钻到炉子里烧死！"

挂牌投产，仇荣林选择的日期是1993年9月9日。这是他特意选定的日子，九在《易经》中代表最大的数，又代表长久，表达了他想把企业做大、做长久的想法和期盼。

挂牌这天，仇荣林请来镇里领导和企业界的人士，举行了隆重的仪式，他信心十足地在众人面前夸下海口："大家今天看到的是一个小作坊，将来就会是一个现代化的大工厂，我要把辛绪村的'西北大洼'变成辛绪村的标志！变成辛绪村甚至是东郭镇的支柱企业！辛绪人的骄傲和自豪！"

仇荣林的这句话，让在场的很多人不以为然，特别是前来"祝贺"的邻镇泡花碱厂的代表直撇嘴。这位代表是邻镇泡花碱厂的负责人，与其说是前来祝贺的，倒不如说是来观察情况的，当他看到仇荣林的泡花碱厂只有一台六平方米的小炉子，又看到从筛煤、拌料、添料、捞料到装运，全是用人工，又看到他的炉子小而落后，哈哈笑了，笑得很得意、很轻蔑、很放肆，他居高临下地对陪着他观看的仇荣林说："泡花碱厂可不是谁想干就能干的呀！"言外之意很明显，那就是仇荣林干不成。

仇荣林听了，心里很恼火，却笑着对他说："怎么了？我就不能做泡花碱厂吗？"

那位代表指了指炉子说："就你这一台小炉子，就你这生产工艺，怎么做？能干出什么道道来？"

仇荣林说："你们的厂子不也是从小到大一步一步干起来的吗？"

那位代表笑了："就你现在的这台小炉子，就你现在这粗老笨重的生产工艺，能与我们几台大炉子相比吗？有可比性吗？哈哈哈……"

仇荣林说："现在是不能比，但我相信将来有一天，会和你们有一比的。"

那位代表又撇一下嘴，然后揶揄地竖起大拇指说："好，有志气！我拭目以待！等你的厂子办得能和我们厂相提并论的时候，我来向你学习。"

仇荣林坚定地说："会有那一天的。"

那位代表不屑地哼了一声，然后扬长而去。

仇荣林看着那位代表远去的背影，气得直喘粗气，对村主任说："你给我作证，如果这个厂办不成功，我就钻到炉子里烧死！"

村主任安慰他说："这个人太狂妄了，别跟他生气。"

仇荣林说："这也不全是跟他生气，这是我的决心和真实想法。"

村主任说："俗话说，出水才看两腿泥。那你就干出个样子来，证明给他和大伙看看。"

仇荣林坚定地说："我会证明的。"

"烧不死的鸟是凤凰。"后来的事实证明，仇荣林没有钻到炉子里烧死，而是引领他的企业在一次次炼狱般的磨难中迅速崛起，创造了一个又一个奇迹。

25　炉子的变迁

短命的小炉子

开始生产才知道，从连云港请来的钱技术员是个半瓶子醋。他支的炉子，多用了近一倍的耐火砖，增加了炉子的造价不说，更要命的是炉子燃烧不充分，炉内温度达不到要求的温度，烧1.8吨煤炭，才能生产出1吨泡花碱，生产成本非常高，不但没有利润，还亏损。

另外，这个钱技术员支的炉子还有一个大毛病："炼炉"，就是炉子里的煤炭燃烧后的残渣，一层一层粘贴在炉壁上，时间久了，会把炉内的空间逐渐变小，影响生产，必须及时清理。而清理炉子，还不能停火，如果停火等到炉子冷却下来，至少需要几天的时间，影响生产不说，最重要的是冷却后，凝固在炉壁上的煤渣会变得异常坚硬，更不易清理，只有趁热的时候，煤渣黏软，才能清理。泡花碱炉子是个接近封闭的长方体，除了前端有一个添煤口，后端有一个出料口，顶端有一个观察口之外，四周没有开口，要想清理炉壁，必须通过炉顶的观察口。这样，人就必须爬到两米多高的炉子顶上去，而内部温度高达一千多度的炉子体外也有几百度，是人无法承受的高温。第一次清理时，仇荣林不知道厉害，刚上去，鞋底就被炽热的炉壁灼烫得咝咝冒烟，赶紧跳了下来，找了一块木板垫上，不多一会儿，木板也被灼热的炉壁烧焦冒烟；后来，把木板湿了水再放上去，不久木板又被灼热的炉壁烤干，再次烧焦冒烟；不得不再下来重新换上另一块湿了水的木板。人站在炉子上，就像置身于火焰山上，烈焰烤得人难以承受。有人做过试验，把一块地瓜放到上面，一会儿工夫，就能烤熟了。站到这么高温的炉子上面，没有隔热服是没法工作的，可仇荣林的资金异常紧张，哪舍得买隔热服啊，他就把棉袄、棉裤用水湿透了，穿在身上当隔热服。刚投产时，正是初冬，穿上湿了水的棉衣，会把人冰得直打冷战，等到在炉子上站一会儿，身上的棉衣被烤热，热蒸汽像一团白雾，从身上散发开来，等把衣服里面也烤热了，人便如置身蒸笼一般，浑身灼热难耐。实在坚持不住了，赶紧跳下来，让仇心忠再上去。等脱掉棉衣，像被烫伤了一般，浑身通红。冬天还好些，到了夏天穿一身用水湿透的棉衣，手拿八十多斤重的铁钎子清理炉子，干一会儿，就承受不了那种火热，就不得不下来，吃冰糕、冰镇的西瓜降温，喝绿豆水补充水分。

最烦人的是，这个炉子每天都得清理一次或几次，几乎得不停地清理。

不仅如此，炉子里的煤炭燃烧也不充分，出来的煤渣里边还有不少没烧透的生煤，被当煤渣倒掉后，还不停地自燃，到了晚上，倒煤渣的那个地方总是红红的一片，像一片地火。有一次，镇安装公司经理张德平来厂里，看到了被倒掉的煤渣里竟有大量的生煤在自燃，就生气地念叨："这样弄法，再好的企业也得弄瞎了，长此下去，不倒闭才怪呢！"陪同他转悠的仇荣林听了，就问他怎么回事，张德平指着烧得囫囵半个的煤渣说："你看你们倒掉的这些煤渣，里面还有好多生炭，这么浪费，生产成本得多高呀！企业怎么会有利润呢？"仇荣林说："是炉子有问题，我也正想着改造呢！"张德平说："既然发现了问题，那就赶紧改造，这样弄法不行！做企业，就得精打细算，不能大手大脚。"仇荣林挠了挠头，不好意思地说："一直找不到炉子的症结，想改造却无处下手。"张德平说："那就用心去找，想尽一切办法找到症结，不能拖着！"张德平说完，不满意地走了，走了几步，回过头来说："等我下次来，看到还有没烧尽的煤渣，我就不愿意你！"

张德平和仇荣林的私人关系特别好，两个人同村，比仇荣林辈分高，总是以一个长者的身份关心仇荣林。自从仇荣林办起泡花碱厂后，他只要有空，就会过来看看，出出主意，提些意见，生怕仇荣林弄不好。

在此之前，仇荣林看到炉子燃烧不充分，就一直想改造，由于找不到症结，就拖了下来。听张德平说得这么严厉，就下决心找出症结，进行改造。仇荣林和仇心忠两个人每天就站在炉子前，盯着炉内的火焰观察，一看就是几个小时，脸被炉火烤得通红，眼睛也烤得又干又涩，后来仇荣林的眼睛被烤得病变，差点失明。为了测试炉内温度，仇荣林派人到上海买了一个小设备，测量炉温，结果炉内温度只有一千二百度左右，达不到烧制泡花碱要求的一千四百度以上的温度。而他们用的煤炭均是热量最高的块煤，温度达不到，无疑是燃烧不充分造成的。经过多天的观察、琢磨，仇荣林发现是炉堂与火道之间的喷火口太小了，才导致煤炭燃烧不充分。于是，仇荣林拿来一根八十斤重的铁钎子，站到炉子顶上，想把喷火口捅大一点。而喷火口是钱技术员用耐火砖砌成的，像石头一样坚硬，非常难捅。仇荣林刚开始以为几下子就能捅开，没想到捅了两个小时，也没捅下多大一块来，实在累得不行了，就跳下来，让仇心忠上去接着捅。两个人轮番上阵。

从早晨干到晚上，仍然没能捅大喷火口，仇心忠把钎子往地上一扔，说："今天是弄不好了，明天再干吧。"仇荣林看到他一脸疲倦，知道他想下班回家休息，就说："走，我请你喝羊肉汤去。"仇心忠听仇荣林请他喝羊肉汤，知道是想让他加班干，就说："我不去。家里做好饭了，回家吃吧。"仇荣林却拉着他的胳膊，直奔羊汤馆。回来后，他两人又一直干到夜里十二点。仇心忠开玩笑说："喝了一碗羊肉汤，加班到十二点，不划算！明天再拉我去喝羊肉汤，说吗也不去了。"仇荣林也笑着说："你是技术员，弄不好炉子，别想休息！"

结果第二天，喷火口仍然没捅到理想的大小，仇荣林又拉仇心忠喝了羊肉汤，加班到十二点。直到第三天下午，才把喷火口捅大了。看到炉子旺了起来，作为技术员的仇心忠心里高兴，嘴上却抱怨说："以后可不跟你喝羊肉汤了！"仇荣林知道他是开玩笑，也说："只要活没干完，不喝羊肉汤，也得加班。你这个技术员，可不能白当。"仇心忠说："我这哪儿是干的技术活呀，分明是出苦力！"仇荣林笑着说："你得能文能武，粗活细活都得干！"

捅大了喷火口，仇荣林以为解决了问题，可他发现，炉内燃烧虽然好了许多，却仍然不充分，温度还是达不到要求。并且自从捅大了喷火口后，出料口不出料，而是从砖缝里漏料。今天补，明天修，把时间都浪费在了捣鼓炉子上，每天只能出两三吨泡花碱，没有产量，也没有效益。工人们倒是轻松，销售员也没有压力，只有仇荣林压力特别大，急得团团转，一根接一根地抽烟，脑海里不停地想着炉子的解决办法。可是，几乎把那台炉子所有地方都鼓捣了一遍，仍然不死不活，没有明显好转，仇荣林一咬牙，决定拆了，重新支一台新炉子。

泡花碱炉子的使用寿命一般是一到两年，而他的这台炉子仅用几个月，就被迫拆掉。

三台新炉子

因为钱技术员的技术不可靠，又找不到其他的技术员，仇荣林决定让仇心忠重新支一台新炉子。仇心忠是厂里唯一的技术员。

仇心忠却面露难色，说他无法胜任。仇心忠原本就是一个农民，之前从没接触过泡花碱行业，所掌握的一点支炉子技术，都是从钱技术员那里学来的。而钱技术员支的炉子根本不管用，如果让他支，也只能再支一台和钱技术员一样的炉子，还是高耗煤、低产量，仍然不管用。仇心忠建议到邻镇泡花碱厂请个技术员来帮忙，因为邻镇泡花碱厂的炉子是最先进的。可是仇荣林摇了摇头，否定了他的提议。他知道邻镇泡花碱厂是不会传授任何经验和技术给他们的，因为邻镇泡花碱厂把他们当成了竞争对手，正变着法打压他们呢，又怎么会教授技术给他们呢？

仇荣林想到了莒南大店的几家泡花碱厂，就带着仇心忠过去求教。出于技术保护，大店的几家泡花碱厂都不愿意帮忙。后来，在仇荣林的再三恳求下，一个叫庄绪安的老板把他俩带到自己的车间里，让他们现场观看了自己炉子的结构，并详细介绍了支炉子的要点和注意事项。两个人虽然看明白了，也听清楚了，仇荣林还是觉得没把握，想请庄绪安派个技术员来帮忙，老庄委婉拒绝了他。

回来的路上，仇心忠问仇荣林："怎么办？"

仇荣林说："还能怎么办？回去自己支炉子。"

仇心忠说："我可没把握。"

仇荣林说："不是还有我吗，咱俩一块儿商量着干。"

回到厂里，根据记忆，两个人商量着支出了一台新炉子。

这台新支起的炉子采用日本五六十年代的技术，工艺虽然不是多么先进，也有"炼炉"现象，但比之前的炉子好了许多。炉体也大了些，内部面积达到了八平方米，每天能达到五六吨的产量。耗煤也小了，烧 1.2 吨煤出 1 吨泡花碱，比之前的烧 1.8 吨煤出 1 吨泡花碱进步了不少，生产开始有利润了。

这让仇荣林看到了希望，不久之后，又筹措资金，决定支建第二台炉子。原本想按照第一台炉子的标准来支，仇荣林听说大店的炉子近期有所改进，又和仇心忠一起来到大店镇，找到那位叫庄绪安的老板，恳求他派人来帮忙。这次，庄绪安没有拒绝，派了一个技术员过来，帮他支了第二台炉子。这台炉子比第一台又先进了一些，日产量达到七八吨，耗煤也由之前的 1.2 吨煤烧出 1 吨泡花碱，降至 0.8 吨煤，无论是产量，还是效益，又进了一步。

看到第二台比新支的第一台更节煤、产量更高，不久后，仇荣林按照第二台的标准，把重新支起的第一台炉子再次拆掉，支起和第二台一样标准的炉子。两台炉子的日产量达到了十五六吨，企业的效益也日渐好起来。

积累了一部分资金后，仇荣林又在那年的春节后，支起了第三台炉子。

这样，仇荣林仅用了一年多一点的时间，就把一台直火型的小炉子扩展成了三台中型炉子。无论是产量，还是效益，都已经相当不错了。看着齐刷刷的三台新炉子，几位行管人员都说：有了这三台炉子，虽然算不上大厂，但比上不足，比下有余，照这样干下去就可以了。言语中，透露出对现状的满意。

偷师学艺遭羞辱

企业有了利润，仇荣林仍不满足，他心中的目标是尽快赶上邻镇泡花碱厂。而那时邻镇厂里有六台大炉子，数量多，炉子大，产量高，全部用的是马蹄焰返火炉，这种炉子对热量利用率更高，听说只要半斤煤就能烧制出 1 斤泡花碱，生产成本很低，效益非常好。仇荣林的泡花碱厂与之相比，有不小的差距。有差距，仇荣林就不甘心，就想追赶，也想支出邻镇泡花碱厂那种马蹄焰的炉子。

可是，邻镇的马蹄焰返火炉，是一种新炉型，形体多大，结构如何，燃烧原理怎样等，仇荣林对其一无所知。他找邻镇泡花碱厂的人打听了几次，也是一无所获。抱着试一试的态度，仇荣林和仇心忠一起去了大店镇，想和大店几个泡花碱厂共同研究出这种炉型，几个厂的技术员在一起琢磨了几天，也没弄出个所以然来，只得扫兴而归。

听说河北有采用这种炉子的技术的，他们两人匆忙赶去，也是无功而返。

仇荣林仍不甘心，又带着仇心忠跑了好几个地方，也没有找到像邻镇泡花碱厂那样节能的炉型。

唯一的希望只有去邻镇泡花碱厂。

而他们都知道：邻镇泡花碱厂肯定不会把这个技术传授给他们的。如果能传授，他们也不会东奔西走、四处求教了。

越是没有，就越渴望得到。那些日子，仇荣林像着魔了一样，天天和仇心忠一起守在炉子前，一边看着自己的炉子，一边猜想着邻镇泡花碱厂里炉子的模样，想得头昏脑胀，也没想出个所以然来。夜里睡不着觉的时候，他想起了民间故事里偷艺的情节，这样的情节让他灵光一闪：邻镇泡花碱厂既然不教，可以去偷学啊！这个想法似乎让他看到了一线希望，然而邻镇泡花碱厂的人都认识他，也一直防着他，他试着去了几次，结果连人家的大门都进不去，根本没法偷学。

进不去工厂，仇荣林就想在厂外偷学。自从泡花碱厂投产之后，仇荣林和仇心忠两个一直住在厂里，一是为了夜班生产出现了问题，能及时解决；二是想利用晚上时间，一块儿研究炉子的改进。一天晚上，仇心忠正要脱衣服睡觉，仇荣林拿起一个笔记本和手电筒，对仇心忠说："走，跟我出去一趟。"仇心忠以为是像往常那样去车间里看看，就跟着出去了。可看到仇荣林不是去车间，而是出了厂大门往东走，就问他："我们这是去哪里？"仇荣林悄声说："咱去看看邻镇的炉子。"仇心忠说："咱去了几次了，连人家的大门都进不去，黑天半夜的，别瞎跑了。"仇荣林说："咱到他们厂外面，看看他们多长时间添一次煤炭，咱也如法炮制。"仇心忠明白了：他是想通过观察人家烟筒多长时间冒一次浓烟，从而掌握往炉子里添加煤的时间节奏，从而达到节煤的目的。仇心忠说："既然是到厂外观察，白天去看，岂不是更清楚。"仇荣林说："如果白天蹲在人家厂外观察，我怕路过的人看到了，不好看。"于是在夜色掩护下，两个人悄悄来到邻镇泡花碱厂外的麦田里，像侦察兵似的，观察人家的烟筒冒烟情况，一边观察，还一边记录。然而掌握了人家多长时间加一次煤炭，可不知道人家一次加煤炭的数量，根本没用，更重要的是炉子设计不同，对热量的利用率不同，不掌握炉子的结构，一切都是枉然。因此，他和仇心忠两个人在冬天的麦田里冻了几个夜晚，也没观察出个所以然来。

这次"侦察"的失败，让仇荣林彻底明白：要想学到邻镇泡花碱厂的技术，必须实地去看人家的炉子结构才行。

几天后，仇荣林想到了一个进入邻镇泡花碱厂的办法。既然明着进不去，他就偷着进去。仇荣林认识一位给邻镇泡花碱厂运送原料的拖拉机手，他跟着拖拉机混进了工厂。那天，仇荣林和仇心忠一块儿去的，拖拉机驾驶室里只有一个司机的座位，仇荣林就蹲在拖拉机手后面，仍然怕人认出了他，他特地戴了一顶帽子，把帽檐压得很低；仇心忠则趴在车斗的沙子上。混入厂区之后，仇荣林找到一位熟悉的工人，送给他一包好烟，让他领着来到了泡花碱炉子前，两个人像特工似的紧张而又兴奋，一边观察炉子的结构，一边拿出随身带去的米尺，丈量炉子的具体尺寸……

他们正在丈量的时候，一个工人悄悄地跑到厂办报告了此事。厂长一听仇荣林过来偷他们厂的技术了，带着厂里几位领导干部快步赶过来。

在那个打报告的工人出去后，那位领他俩进入车间的工人紧张地对仇荣林说："刚才出去的那个人，准是给厂长打小报告去了，您别量了，快点走吧。如果让厂领导看到你们，就麻烦了。"

仇荣林一听，心里发虚，和仇心忠赶紧离开。刚走到工厂大门口的时候，听到身后有人大声喊道："仇大厂长，不要急着走啊！"

仇荣林回过头，看到六七个负责人正急步向他走来，只得站住。

"仇大厂长，你来了，怎么事先也不打声招呼？"

仇荣林看着对方六七个人齐刷刷地来到面前，又听到叫他"大"厂长，一时尴尬得不知所措，脸唰地红了。

其中一位负责人用讥讽的口吻说："仇大厂长来我们厂里参观，要来就光明正大地来，干吗像小偷似的偷偷摸摸呢！这不是你的作风啊！"

另一个也跟着讽刺道："既然来了，就别急着走，到我们厂办公室喝会儿茶，顺便也给我们指导指导，传授点经验再走。"

正像那位负责人所说的那样，仇荣林一贯的作风就是光明正大、堂堂正正，从未干过什么偷事，现在来"偷学"人家的技术，却让人家堵在了门口、抓了现行，一时窘迫难当、无地自容，红着脸解释说："你们厂是老大哥，技术领先，我就是想来看看你们的炉子，学习学习的……"

那一位接着说："我听说你厂里的炉子是请大店技术员来支的，好得很呀！我们的炉子跟你的可没法比呀！要学习，也是我们向你学习呀。"

仇荣林知道这话是讽刺他的，也不好反唇相讥，只得实话实说："我的炉子不如你们的，所以想来学学你们的技术……"

那位负责人得意地说："不谦虚地说，我们的炉子，是目前最先进的，我们是不会传授外人的，你趁早别打这样的主意。"

另一位看着仇荣林，用傲慢的口吻说："我说句话，你别不爱听。"仇荣林知道他说不出好话，但也只得说："有什么话，你说就是。"结果对方说出了令仇荣林记一辈子的话："就你那个小厂子，就你们那几个不懂技术的人，那样的炉子，再学也没用，不是我看不起你，用不了两年，我们就得去收购你下马的设备！你信吗？"

仇荣林听了这话，心里顿时翻江倒海、愤怒难当，一股热血直往头上冲，脖子上的青筋暴起，脸憋得通红，他瞪着眼，坚定地说："不信！我不信！"然后他用手指着那位负责人，一字一句地说："你今天说的这句话，我记住了！你也要记住：咱骑驴看唱本，走着瞧，将来还不定谁收购谁呢！"说完，仇荣林向仇心忠挥了挥手，大步走了。

邻镇泡花碱厂负责人的话，让仇荣林感到了莫名的羞辱和气愤，也激起了他一定要把厂子办好的狠劲，回来的路上，他对仇心忠又像是对自己说："我就是累死，拼了这条命，也要把这个厂子搞起来，争这口气！"

仇心忠也很生气地说："就是，人争一口气，佛争一炉香，咱一定得干出个样子来，争这口气！给这帮鸟人看看！"

终于建成"马蹄焰炉子"

决心易下，狠话也好说，可是要办好厂子，首要解决的是炉子的问题，没有先进的炉子，一切都是空谈。在此之前，仇荣林还觉得偷人家的技术有些不光彩，也违背商业规则，心里有些歉意，这次邻镇泡花碱厂几位负责人对他的羞辱，让他彻底放下了思想包袱，决定不惜一切代价，也要学到他们的技术。他深知：必须先学习对手，然后才能超越对手。邻镇泡花碱厂的生产工艺，是仇荣林所知道的最先进的，因此他们的效益也非常好，在同行业中是佼佼者、鲁南地区的老大，也正因为如此，那几位负责人才会那么狂妄，说出那样嚣张的话来。

回去以后，仇荣林把林家增、仇心忠、徐德强几个人叫到一块儿商量：既然不能光明正大地学习邻镇的技术，偷学也不成，那我们采取间接的方法"曲线救国"。辛绪村与邻镇相距不远，两个地方的亲戚、朋友很多，仇心忠的姐姐就嫁在邻镇，并且他姐姐的大伯哥和邻镇泡花碱厂的周技术员是仁兄弟。仇荣林给仇心忠一笔"活动经费"，让他先去活动通了姐姐的大伯哥，然后再让姐姐的大伯哥去活动周技术员。可这个周技术员是个非常谨慎的人，听说是让他"透露"厂里技术，说什么也不愿意做这种事。

仇心忠垂头丧气地回来后，仇荣林也有些失望，但他知道，这是掌握先进生产工艺的最后渠道，这个渠道如果打不通，他的泡花碱厂虽然照样可以发展，但步子肯定要慢，赶上邻镇或超过邻镇是不可能的。因此他说："一趟不行，就去两趟、三趟、四趟，直到他愿意教我们为止。我们要有三顾茅庐的精神。"第二天，仇荣林又让林家增和仇心忠一块儿去邻镇继续"活动"，林家增在邻镇也有熟人，并且林家增在邻镇人眼里"有面子"，由林家增出面，把相关人员请到饭店里大喝了一场，几个人都喝醉了，也没把事办成。

看到两个人去了几次，事情仍然没有进展，仇荣林决定亲自去"攻关"周技术员。那天晚上，仇荣林和仇心忠一起，拿了礼品，去了周技术员家。当周技术员看到仇荣林，吓得在大门口左顾右盼地看了半天，当看到街上没人，才极不情愿地让他们进了家。果然和仇心忠说的一样，这个周技术员非常小心，不愿意把技术偷着传授给他们，怕厂里知道了，说他吃里扒外，丢了工作。

仇荣林第一次无功而返，并不灰心，隔了一天，又去拜访；

第二次不成，他又去第三次……

周技术员看到仇荣林一次次地上门来，一是有些感动，二是都是亲戚朋友的，低头不见抬头见，面子上抹不开，就横下心来，把手头的一张图纸给了仇荣林。

仇荣林喜出望外，回来后，就想按着图纸改造炉子。可没想到，他们厂里所有人都看不懂那张图纸。他们都是些文化水平不高的农民，哪里能看懂图纸呢？于是，仇荣林和仇心忠一块儿又去找周技术员，想请他来厂里实地指导支炉子，可周技术员怕被邻镇泡花碱厂知道了，说什么也不愿意来。周技术员摊开图纸，纸上谈兵地给他们讲解了一通，几个人似乎听懂了，又似乎没听懂，回来后，一边看着图纸，一边研究着，支起了一台"马蹄焰炉子"。

这台马蹄焰炉子虽然比原有的三台直火炉子效果好了许多，但仍然是燃烧不充分，达不到邻镇泡花碱厂的标准。

几个人都很奇怪，就开始琢磨是怎么回事。琢磨了几天，也没找出问题出在哪里，就又去找周技术员，想请他过来看看是怎么回事，现场指导一下，周技术员仍然不愿意来，他给仇荣林推荐了一个叫聂玉春的人。这个聂玉春曾经给邻镇泡花碱厂支过炉子，懂得马蹄焰炉子。仇荣林便开车请来聂玉春，许以高工资，让他来指导。聂玉春来到后发现，原来是炉子少支了一道风门！加了一道风门，果然好了，产量上去了，成本下来了！达到了半斤煤出 1 斤泡花碱的标准。

仇荣林大喜过望，接着又让聂玉春指导，支起了第五台、第六台炉子。

这样，仇荣林的泡花碱厂，就有了三台直火炉、三台马蹄焰炉子，达到了六台炉子的规模，与邻镇泡花碱厂规模相等。

至此，仇荣林的泡花碱厂已完成了追赶邻镇泡花碱厂的任务，他又把目标定在了"超越"上……

出了当年的一口恶气

事隔多年后，仇荣林、仇心忠和进厂的几个大学生一块儿吃饭，谈起"偷学技术"这件事，一个大学生说："你们当年用尽办法去搞邻镇泡花碱厂的技术，放在今天，属于侵犯知识产权，是不合法的。"

仇荣林说："在九十年代，人们根本没有知识产权的概念和意识。后来我们也弄清楚了，邻镇泡花碱厂的技术，也是从外地学来的，并不是他们的发明创造，也没有什么知识产权。"

这个大学生说："即使是共享的技术，用这方法，也不妥当。"

仇荣林反问他："如果不用这种方法，你告诉我，应该用什么方法才能学到先进的技术呢？花高价去买？一是人家不卖，二是我也拿不出那份钱，那时，正是我资金最紧张的时期……"

没等仇荣林说完，仇心忠插话说："你们不了解那时的背景，仇总在建厂时，很多人认为他是瞎折腾，邻镇泡花碱厂的一位负责人，在投产的当天，就当面断言说他弄不好，仇总憋着一股气，非要把这个厂子弄好不可，所以他才要险中求胜。"

仇荣林补充说："我也不仅是为了与人赌气，主要是想尽快把企业搞起来，实现自己的愿望。"

仇心忠说："我们一帮子农民办企业，不靠学习别人的技术，靠什么？那时的民营和乡镇企业，有几个是靠自己技术搞起来的？还不都是学习、模仿别人的？就连我们国家的一些大企业，也是学习、模仿国外的。"

仇荣林说："你不能用今天的眼光去衡量过去，正如不能用今天的思维去指责历史人物的局限性一样。这是社会发展和进步的必经阶段。"……

那个大学生听了他们一席话，点头说："您这样说，我理解了。"

在随后的日子里，他们抓生产，抓销售，抓管理，并不断对炉子进行升级改造，短短几年的时间，仇荣林的泡花碱厂发展壮大起来，成为枣庄地区的老大哥。而邻镇泡花碱厂因为管理松懈，加上镇里把这个企业当成小金库不断抽取资金进行不合规定的开支，致使资金链断了，宣布破产。当仇荣林听到邻镇泡花碱厂对外拍卖的消息后，筹集了六十万元现金，用皮箱拎着，前去竞拍。仇荣林的出现，让邻镇泡花碱厂的几个负责人，特别是当年讥笑过仇荣林的那两个人无地自容、羞愧难当。那两个不懂得骄兵必败、哀兵必胜的道理的负责人，当年在狂妄自大地讥笑仇荣林的时候，永远也不会想到短短几年的时间，事情就发生了戏剧性的逆转，不是他们去收购仇荣林的下马设备，而是仇荣林来收购他们的工厂了！那一刻，他们尝到了被反击的滋味，同时也由衷地佩服仇荣林。

虽然仇荣林以六十万元的价格没能拍下邻镇的泡花碱厂，却让那帮人以四十万元的价格转给了其他人，但仇荣林实实在在地出了当年的一口恶气，为自己争回了面子，找回了尊严！

其实，仇荣林也并不是真心要去收购邻镇泡花碱厂，只是想去报几年前被羞辱的那一箭之仇罢了。

再上"煤气发生炉"

1998 年春节后，仇荣林像往年一样，带着厂里几位骨干人员到外地的同行中参观学习，当来到大店镇，看到庄绪安的泡花碱厂开始使用煤气发生炉，这种炉子仅烧三两煤就能生产 1 斤泡花碱，比马蹄焰返火炉更节能。这让仇荣林很感兴趣，当时就和仇心忠几个人认真参观了这种炉子。

所谓的煤气发生炉，就是用一套煤气发生设备，先把煤炭转换成煤气之后，把煤气当燃料，对炉子里的原料进行加热，这样对热量的利用率更高。这种炉子虽然不需要对原来的炉子进行多大改造，但要增加一套煤气发生设备，一套设备就要二十八万元。因为价格高，很多厂家不舍得上这套设备。

仇荣林却毫不犹豫，亲自跑到河北、青岛等地考察，购买了一套煤气发生设备，在庄绪安的帮助下，把马蹄焰炉子改造成了煤气发生炉。这种炉子不仅节能，而且产量大，一台炉子的日产量由原来的七八吨一下子提高到二十吨。

至此，仇荣林的泡花碱厂由当初的日产二三吨，迅速达到了日产六十多吨，是个名副其实的大厂了。

这一年，仇荣林被评为"山东省发展经济带头人"。

这样，仇荣林泡花碱厂的炉子经历了从直火到返火，从返火到马蹄焰，从马蹄焰到煤气发生炉的一次次的革新改造，炉子体积逐渐变大，产量逐步增加，经历了从原始到先进、从小到大的演变，终于化蛹为蝶，丑小鸭变成了白天鹅。

就在仇荣林不停地对炉子进行改造的几年间，煤炭的价格一路飙升，由三百元一吨一路涨到八百元一吨，不少厂家因此而停产，而仇荣林的泡花碱厂不但没停产，反而越做越大，逐步发展起来。仇荣林对技术人员常说的一句话就是："对于我们来说，没有最好，只有更好，技术创新永远在路上，永无止境。只有不断进行技术创新，企业才能立于不败之地。"在这种思想的指导下，他们又对煤气发生炉不断进行改造、完善，不长时间后，无论是炉子的结构，还是生产工艺，都已超过了大店，超过了省内所有的泡花碱厂，成为同行业中的技术领军者。

饮水思源的仇荣林，不忘大店的庄绪安曾经在炉子改进方面帮助过他，自己的炉子每改进一次后，仇荣林都会把这个消息电话告诉庄绪安，只要庄绪安需要，都会让仇心忠前去帮助他对炉子进行升级改造。

这样一来二去，仇荣林和庄绪安成了好朋友，生产上相互帮助、交流，在日常生活中直言不讳、无话不谈。庄绪安是个热心帮助他人的人，仇荣林亦然。他们两个人，在企业界是少见的。老话说，"教会徒弟，饿死师傅"，现在的企业核心技术，也是不会传授给他人的。可仇荣林不这样，他认为技术应该共享，只要有需要，他就会伸出援助之手。庄绪安后来评价说：仇荣林正是有了这样的大胸怀、大格局，才会有他今天的大企业、大成就、大辉煌！

26　天南地北，芒硝难求

从眉山到柳园

芒硝是生产泡花碱的主要原料。虽然是化工厂的下脚料，但由于泡花碱厂子多，用量大，非常紧俏，因而在仇荣林的泡花碱厂投入生产之后，他和他的团队不得不把大量的精力用在采购原料上。

泡花碱厂刚投产时，仅有一台炉子，体积小，生产量不大，每天只要三吨原料就够用，尽管这么少的用量，因为没有渠道，也不知到哪里去购买。仇荣林找人四处打听，也没结果，就想找邻镇泡花碱厂打听在哪里能买到。可邻镇厂守口如瓶，一点口风也不露，后来，仇荣林悄悄在路上截住给邻镇泡花碱厂送料的车，在原料包装袋上，看到了几个地址，按图索骥，让业务员前去购买。

梁子清，是仇荣林请过来负责采购的。梁子清在建筑行业是采购内行，于化工原料却是一窍不通的门外汉。来上班的第二天，仇荣林就把一个纸包交给他，让他出去采购。梁子清打开纸包看了半天，也没认出是什么东西，就问："这是什么东西？"

仇荣林回答："芒硝，生产泡花碱的主要原料，厂里急等着用，你尽快采购一批回来。"

梁子清又问："哪里有这种原料？"

仇荣林回答："四川、内蒙古、新疆等地都有。"

梁子清请示道："我具体去哪个地方采购？"

仇荣林想了想，回答道："你去四川吧"。

梁子清又问他具体到四川哪个地方，仇荣林说他只知道四川有原料，具体哪里有，他也不清楚，让他到四川后再打探。

于是，梁子清便坐上了去四川成都的火车。1993 年中国的交通远没有今天这么发达，既没有动车，更没有高铁，只有绿皮车，行驶缓慢，每站都停，人满为患。梁子清坐的那趟列车也不例外，车上异常拥挤，走道里、两个车厢之间都拥满了人，人挨人、人挤人，想在车里走动一下都十分困难。在车上的两天时间，梁子清一直站着，几乎没怎么吃饭、睡觉，等下了车，人困乏得走路直打晃。但任务在身，梁子清顾不得休息一下，只想尽快采购到原料，厂里还等着用呢。来时，仇荣林只对他说四川有货源，没告诉他具体哪里有，四川那么大，总不能盲目乱跑吧？梁子清出了车站，不知到何处去。他向当地人打听，也没人知道哪里有货源。一时有些不知所措。梁子清在车站转了一圈，根据自己的经验，去了成都车站的货运场——货运场是走货的地方，应该能打听到货源。没想到货场的人只顾着发货，也没有人留意原料的产地。

辗转两天，才打听到产地在眉山。眉山位于成都西南，主要产煤、铁、芒硝等，农产品也特别丰富，后来被农业部确定为国家特色农产品优势区。在眉山当地，人们把芒硝叫做"元明粉"。元明粉的化学成分是无水硫酸钠，纯度比较高，但生产泡花碱排出的气体中含硫，对大气有污染，需要进行处理。在眉山，除了有两个大厂生产这种"元明粉"外，民间也有不少小作坊式的企业加工生产。

找到货源，梁子清很是兴奋，立即来到邮局，给厂里打电话请示，购不购这种高纯度的"元明粉"。仇荣林在电话里急切地说："购，赶紧购，厂里还等着原料生产呢！"梁子清放下电话，到厂家下了订单，就去火车站联系车皮。车站上的人却告诉他，车皮非常紧张，暂时没有。梁子清问："要等多长时间？"回答是："不知道。"无奈，只有等，几天后，再去问，回答还是要等，这一等就是一个多月，才等到一个车皮。因为是第一次出来采购原料，梁子清格外小心，他仔细验看了原料，又亲自看着装了车，直到火车发出，他才放心地付给厂方货款，等家里打电话告诉他原料收到了，他才付车皮款。这就是一个老采购员的经验和稳妥。

在等待车皮的一个月期间，梁子清听当地人说，在一个叫石棉的地方也产芒硝，并且便宜，因为闲着也是闲着，他便决定过去看看，如果真像当地人说的既便宜、质量又好的话，以后就去那个地方采购。

石棉是个很偏僻的山区，在山路上坐了两天的汽车才到，整个地方除了山还是山，生产芒硝倒是不假，但是产量很少，零零星星，根本不值得发货。梁子清便又折回眉山，放弃了在石棉采购芒硝的想法。

从四川回来后，厂里人告诉梁子清，他采购的这种的"元明粉"，虽然纯度高，价格也合适，但是熔点高，不易熔化，给生产带来很大难度，因此厂里几个人商量得换原料，于是又派梁子清出去采购。这次梁子清出去，和上次一样，也很盲目，只是奔着甘肃、新疆去的，没有具体目标。他从滕州坐车到徐州，然后从徐州转车到兰州。在兰州下车后，梁子清买了两包当地的好烟，像在四川时一样，直接去了铁路货场，打听到一个叫柳园的地方生产芒硝，并且这里产的芒硝全是天然的。梁子清喜出望外，立即赶过去。原料倒是充足，只是车皮难搞，跑了多次货运站，回答均是没有车皮，得等。他问："得等多久？"对方回答："不知道。"等了几天，再去询问，仍然让等。可厂里急等着原料生产，直催他尽快发货。为了尽快搞到车皮，梁子清自作主张给调度员送了一笔"好处费"，结果很快就有了车皮，解决了厂里的燃眉之急。

梁子清为厂里发走了一批原料后，并没有立即回来，又跑到包头、杭锦旗、乌海等地考察原料，因为价格都比较高，就一直采购柳园的原料。

从山西到天津

仇荣林知道原料紧张，为了保证生产，采取了双管齐下、兵分两路的办法，在派梁子清去四川采购原料的同时，他和林家增、张士伟三个人一起去了济南。林家增是负责外联和财务工作的，因为原料吃紧，他就把林家增拉出来了。他们一起去了济南石化二厂，托人找到分管生产的厂长，得到的答复是：因为要原料的客户多，每个月只能挤出两汽车原料给他们。两汽车原料，对一个泡花碱厂来说，无疑是杯水车薪，远远不能满足生产的需求。于是他们放弃了济南石化二厂的采购，去了南方，按照林家增一个亲戚提供的信息，他们到了淮阴、涟水几家化工厂，厂里都有原料，但都有了固定的客户，买不到。三个人又跑到湖北云梦一家军工厂，芒硝倒是有的是，可又嫌他们要的太少了：这个军工厂发货都是以专列为单位的，数量少了不给供货。当时仇荣林的泡花碱厂刚刚起步，资金异常紧张，哪有买一个专列芒硝的资金啊！他和林家增再三恳求，军工厂就是不开口。军工厂的供销处处长见他们待着不走，告诉他们：山西运城有货，你们去那里看看吧。于是他们日夜兼程地来到山西鸿运化工集团（现改为山西南风化工集团），一问，果然有货，要多少有多少，他们就把带去的几万元现金交给了供销科，科长告诉他们："回家等着吧，等有了车皮就给你们发货。"于是他们就高兴地回家等着山西发货，可是，一等一不来，二等二不来，盼星星盼月亮地苦苦等了一个多月，货也没发过来，多次打电话催问，回答均是四个字："没有车皮。"仇荣林等不下去了，就和林家增再次来到山西鸿运化工集团，问对方为什么迟迟不发货，对方懒洋洋地回答："没有车皮，怎么发货？"知情人告诉他们：在这个集团买原料，有个潜规则，不给供销科送礼，永远没车皮。当时林家增和仇荣林商量说："要不然咱就给供销科科长送点礼吧？"仇荣林很坚决地说："不送！"林家增劝他说："咱厂里还等着原料生产呢！"仇荣林说："在他这里买不到，咱再到别的地方去买！"林家增说："你看看咱跑了多少地方了，光路费已花了不少了，也没买到呀。为了厂里的生产，咱就给他送点礼吧。该低头时，就得低头，你别这么刚强。"仇荣林生气地说："不送！坚决不送！不给这样的人低头！情愿不生产，我也不给他送礼！"仇荣林之所以这样，是因为他最痛恨索贿受贿的干部，遇到这样的人，他就生气，就犯犟脾气。仇荣林生气地向供销科要回了几万元的货款，和林家增一起空手回来了。

仇荣林平时是个非常灵活的人，可他是有底线的，触碰底线的事，他绝对不干。对于这一点，有人总结说：他既如杨柳一样柔韧，又像青松一样坚定。这就是仇荣林。

回家后，经多方打听，得知安徽合肥一家化工研究所能买到芒硝，仇荣林就和林家增、张士伟一起赶赴合肥。来到"安徽得力技术研究所"，他们才知道这个牌子听起来很大的公司，竟然是一个空壳公司，业务之一就是倒卖芒硝。公司经理江涛的岳父曾经是合肥某个大型工厂的厂长，这个大厂长早年曾经帮过天津有机化工厂的大忙，天津有机化工厂知恩图报，愿意以低于出厂价的价格把紧俏的芒硝卖给江涛，让江涛从中挣钱。仇荣林当即把带去的四万元钱交给江涛。江涛接过钱后，给他们写了一张字条，盖上他公司的公章说："你们直接去天津有机化工厂提货吧。"

仇荣林当时有点不放心，问道："就凭你的字条，我们直接去提货，人家给吗？"

江涛肯定地回答：保证没问题！到了厂里找某某人，见到我公司的字条，他就会给你们发货。

于是，仇荣林和林家增、张士伟又马不停蹄地来到天津有机化工厂。到了厂里，他们的脸都长了：天津有机化工厂刚刚停产了！仇荣林三个人当时的第一反应就是遇到骗子了，气愤地折回合肥找江涛。江涛听说天津有机化工厂停产了，也很意外，原来江涛已经几个月没与这家化工厂联系了，不知道情况。江涛为了表示歉意，请他们到家里吃了一顿饭，并打算把钱退给他们。仇荣林怀疑他是个骗子，怕江涛像哈尔滨的战胜那样耍赖不退钱，在吃饭的时候，平时酒量很大的三个人，刚喝了几杯酒，就开始装醉，不停地对江涛说些"醉话"，而这些"醉话"尽是一些威胁人的狠话，三个人一唱一和，把江涛吓得脸色煞白，不知如何是好，还没吃完饭，就赶紧拿出四万元的汇票交给他们。

仇荣林和林家增、张士伟在这之前从没见过汇票，以为是江涛弄了一张废纸糊弄他们，当时不愿意接这张汇票，想要现金。江涛再三解释，他们才将信将疑地接过来，然后跑到当地一家银行验证后，才知道那张汇票也是钱，才放心地回来。

后来，天津有机化工厂恢复生产了，江涛又主动联系仇荣林，给他供货。打了几次交道之后，江涛发现仇荣林是个非常守信用的人，有时，仇荣林不付款，他也照样发货。有的泡花碱厂知道江涛有原料，愿意以高价购买，江涛也总是优先供应仇荣林。仇荣林发现江涛虽然开了个空壳公司，却不拐不骗，诚实守信，是个"讲究人"，也从不拖欠他的货款，江涛每次到滕州来，仇荣林总是盛情招待。这样一来二去，两人就处成了好朋友，没有业务也经常联系。

从柳园到新疆：一个专列运芒硝

到了 2002 年，泡花碱厂从一台小炉子扩展到六台大炉子，企业步入正常运转，效益也好起来之后，仇荣林决定亲自去看一看多年来一直供应他们原料的地方——柳园，也顺便带着几个人出去旅游一次，算是对他们的一种奖赏。于是，仇荣林带领跟他一块儿创业的仇心忠、梁子清、林家增，四个人一块儿踏上了去兰州的火车。路上还有一个小插曲：在徐州上车前，梁子清买了一大桶水、一沓报纸、四个马扎以及好多食品，其他几个人都说，你买这些东西干吗？梁子清回答：路上用。其他三个人都不以为然。上了火车，才知道他买的这些东西都非常实用，火车上很拥挤，根本没有座位，小马扎可以坐；到了夜里，把报纸铺在座位底下，可以睡觉；带的食品和水就更有用了，火车跑得很慢不说，还经常停，而且一停就是几个，甚至十几个小时，车上根本买不到食品和水，到了车站上，倒是附近的群众有去卖水、卖食品的，但都贵得吓人。到了这时，大家都说还是梁子清有经验。梁子清一笑：我经常坐这趟车，知道情况。

柳园属于酒泉瓜州，这里东迎嘉峪关，西通新疆哈密，南与敦煌相连，是连接甘肃、青海、新疆、西藏的交通枢纽之地，素有"旱码头"之称。但这里气候非常恶劣，日照强烈，空气干燥，四个人不停地喝水，嘴唇仍然干得起皮。而当地的水既涩又咸，根本无法下咽，可因为身体水分蒸发得太快，几个人不得不一杯接一杯地喝水。柳园那个地方的紫外线也非常强，在野外晒上半天，晚上洗澡的时候，身上能搓下一层晒脱的皮。晚上休息的时候，有人笑着对仇荣林说："我们到这个地方来，与其说是来旅游的，不如说是来受罪的！"仇荣林开玩笑说："我们就当是学人家重走长征路，重新体会一下当年创业的艰苦了。"

四个人在柳园附近玩了几天，然后去了新疆的盐湖转了一圈，听当地人介绍，在大山深处有一个化工厂，这个化工厂多年来生产出来大量的芒硝，因为交通不便，都倒在了一条大山沟里，足足有几万吨。仇荣林听后，如获至宝，当即租了一辆面包车，来到这个化工厂，与厂里负责人商谈，想购买一批。化工厂虽然想把这些被当作废品的芒硝卖出去，但因为不想零星出售，只想打堆出售。若是要的话，就必须把那几万吨全部买下。而当时仇荣林根本没有这么多资金。几天后，这几万吨芒硝被当地一个有钱人打堆买去了。仇荣林后来又从那个当地人手里以一百元一吨的价格购买了一个专列的芒硝，发往家里。

整专列发原料，这在辛绪泡花碱厂的历史上，还是头一次！据业内人士说，在整个泡花碱行业里，也是罕见的，或者说是绝无仅有的。

回来的时候，仇荣林知道四个人都是农民出身，还没坐过飞机，想让大家过把瘾，从天上飞回家。梁子清和林家增都很高兴，只有仇心忠高兴不起来，原来他没有带身份证，买不上飞机票。为了不扫大家的兴，仇心忠自己坐火车回来的。

在飞机上，三个人都不由得感慨：创业虽然难，但付出总会有回报，如果没有这几年的努力拼搏，他们几个农民，哪会有机会坐飞机啊！

27 "模数"问题

试制余热锅炉　　在中国，有这样一种现象：某一项生意，如果有一家干好了，他就成了示范者和带头者，随之而来的就是很多人效仿，比如东郭镇的邵疃村有人种大棚效益好了，于是全村都效仿，随后就是周围几个村，最后就是全镇都搞大棚种植，成了蔬菜种植基地；再比如滕县城里的杏花村有一家卖干杂货的生意不错，逐步发展成为一个全国知名的干杂货批发市场。我们姑且把这种现象称之为"扎堆"现象或者是"带动"效应。

在上世纪九十年代的枣庄地区，办泡花碱厂，就出现了这种扎堆现象，一个不到三百万人口的枣庄地区，原来只有一家泡花碱厂，很短时间内，骤增到七八家。这种扎堆现象直接导致的后果就是原料难买，产品难销，用仇荣林的话说，就是："烧香买，磕头卖。"

在仇荣林上马泡花碱厂之前，泡花碱的销售行情一直很好。等他开始生产之后，内蒙古的泡花碱大量涌进来，市场出现了供远大于求的局面，产品严重滞销，而仇荣林的产品尤为严重。

主要原因是产品质量不稳定。几个农民办厂，没有技术，又没钱建化验室，进来原料后，就按固定的配比进行配料生产，而原料来自全国各地，非常杂，有效成分含量不一样，这样，生产出来的泡花碱质量不稳定。

雪上加霜的是，中间还购进了一批劣质原料，生产出了一批废品。那是一个姓侯的业务员购买的原料。那位姓侯的业务员是仇荣林后来招进来的。因为原料难购，仇荣林为了加强采购力量，又招进了张士伟、王延玲等几个人，与徐德强、梁子清等人一起负责采购。姓侯的毛遂自荐，说他姐夫是一家大型玻璃厂的负责人，不仅能够买到原料，而且价格还便宜，仅要一百五十元一吨。仇荣林大喜过望，让姓侯的赶紧去采购，把那家玻璃厂的数百吨原料全部购买过来了。

仇荣林采购原料心切，忘记了"便宜没好货""想巧必拙"的道理，结果用那批原料生产出来的泡花碱花花搭搭，别说化验了，内行人一搭眼，就能看出不合格。一开始还没引起重视，仍然夜以继日地生产，一个月的时间，生产出来的产品，堆积得像小山一样，足有七八百吨之多。用业内人士的话说：爆棚了！几个销售员天天跑出去，却拿不来订单，厂里的工人看着都发愁。仇荣林的父亲，不知从谁嘴里听说了滞销的事，跑到厂里来，看到几百吨泡花碱像小山一样堆积在院里，也愁得吃不下饭、睡不好觉，整天唉声叹气、一脸愁云。仇荣林强装笑脸，安慰父亲说："您别愁，就这几百吨货，几个客户就买光了。"

仇荣林嘴上说得轻松，心里却是压力极大，他把徐德强、梁子清、林家增、王延玲、张成良、张西才等几个能力强的人，全部抽调到销售上来，集中一切力量跑销售。就连仇荣林本人，也开始出去开发客户。

几天后，联系到了一个小客户，在给人家送料装车时，发现这七八百吨泡花碱因为堆放时间长、质量不合格，受潮后，竟然全部粘在一块儿了！当时，厂里没有任何机械，所使用的都是些铁锨、镢头之类的原始工具，刨不开、铲不动，根本无法装车。不知是谁出了个主意：用炸药炸开。然而炸了几炮，只炸成一坨一坨的大圆球，根本恢复不了之前的"水玻璃"样的碎块。没办法，仇荣林就带着大家一人一把锤头或一把铁錾子，像起石头一样，一点点凿开，再像砸石头子一样砸成小碎块。用了十几天的时间，才把那座小山一样的泡花碱分离开、凿碎。

给那个小客户送走了一车料，几百吨产品仍然堆在院子里，仇荣林怕它再粘在一起，就请了一个内行找原因。经过分析，知道姓侯的业务员采购的那几百吨原料都是废品，才导致产品不合格。仇荣林很是气愤，认为是玻璃厂以次充好欺骗了他，找了东郭司法所的司法员，一块儿去那家玻璃厂，想讨个说法。没想到玻璃厂销售科的人告诉他们：卖给你们的那批原料，本来就是废品，我们也是按废品价格卖给你们的！还拿出了销售账本让他看。原来玻璃厂是以每吨十几元的价格当废品处理给姓侯的，而不是每吨一百五十元的价格。仇荣林这才知道，这件事与玻璃厂无关，是那位姓侯的利令智昏、从中捣鬼所造成的。

那位姓侯的，看到仇荣林和镇里司法员一块儿去了玻璃厂，知道事情不妙，害怕东窗事发，无法面对仇荣林，便不辞而别，偷跑回家了。

司法员建议起诉姓侯的，让他承担由此造成的损失，仇荣林碍于同是一个村的，没有与姓侯的对簿公堂，只把姓侯的从中吃的好处费要回来。大家都说是仇荣林心慈手软了，不然，姓侯的非得进监狱不可。

可是，数百吨不合格的泡花碱堆在院子里，成了一个不好解决而又必须解决的难题。

幸运的是，一个机缘巧合的机会，这批不合格的产品让梁子清销售出去了，去掉了压在仇荣林心里的一块大石头。

那次，梁子清到济宁洗衣粉厂联系销售。这家洗衣粉厂是梁子清开发的客户，他是来销售厂里新生产出来的合格泡花碱的。当他来到洗衣粉厂，供应科科长说要向厂领导汇报后再决定，而厂领导出差了，明天回来，让他等回复。梁子清就找了一家旅社住下来等消息。非常巧的是，梁子清住到了一个煤矿工区负责人家里开的旅社里，晚上吃饭的时候，这个工区负责人向他提供了一个非常有价值的信息：他们矿上准备修建大航道，需要大量泡花碱，而且还没有采购。梁子清大喜过望，请他帮忙联系一下。第二天一早，这位负责人就带着梁子清来到矿上，把他引荐给了材料科。让梁子清喜出望外的是：这家煤矿工区不仅对泡花碱的需求量非常大，而且明确提出所需用的泡花碱，对质量要求不高，只要价格便宜即可。梁子清赶紧跑出来，打电话请示仇荣林，仇荣林回答："只要能把这批次品处理掉，价格，你灵活掌握。"有了老板"灵活掌握"的政策，梁子清当天与煤矿工区签订了供货协议。

仅这家煤矿工区，就能把厂里积存的七八百吨不合格的泡花碱全部消化掉。

但是，矿上需用的是液体泡花碱，而不是固体的。

按照煤矿工区的要求，必须把这七八百吨固体泡花碱全部加工成液体。

这又是一个新课题。

在此之前，他们从没熬制过液体泡花碱，根本不知道具体的加工方法，大家不知如何下手，有人提出请人来搞。仇荣林没同意，他说："逢山开路，遇水搭桥。我们还是自力更生，自己来搞。"他和仇心忠一块儿，找到一个加工液体泡花碱的地方看了一遍之后，到鲁南化肥厂买来一个废弃的反应釜，照着人家的样子，改造得像爆米花锅似的，在固体泡花碱中兑上适量的水，用火加热融化成液体，竟然一次就试验成功了。

仇心忠得意地笑着说："没想到这么容易就搞成功了。"仇荣林说："人家能搞，我们又不笨，怎么不能搞！"林家增说："你这一个决定，为厂里省了不少钱！"说完，几个人哈哈大笑。

液体泡花碱加工一段时间后，仇荣林觉得直接用煤炭进行加热太浪费，就想把泡花碱炉子的余热充分利用起来。他从镇安装公司请来两个电焊工，按照他的想法自制了一台余热锅炉，安装到泡花碱炉子的火道上，利用火道里的火加热余热锅炉，再用余热锅炉里的蒸汽来融化固体泡花碱，一下子把加工液体泡花碱的燃煤成本降低到了零。

第一台余热锅炉试制成功后，仇荣林紧接着把其他几台炉子都安装上余热锅炉，又买来钢板，焊制了两个更大的铁罐，用来加工液体泡花碱，产量大了，成本却低了。

利用泡花碱炉子的余热加工液体，在行业中是仇荣林的首创，后来，很多厂家纷纷效仿。到了1996年底，泡花碱的直火炉全部改成了返火炉，不能安装余热锅炉了，仇荣林才上马了一台锅炉。业内人后来总结说，仅利用余热锅炉这一项，几年时间，仇荣林就省下了不少钱。

这次技改让他们尝到了甜头，从此以后，仇荣林开始在企业里大力提倡技改和发明创造。2007年开始生产硅胶之后，仇兴亚把烘干盘的底部打了一些小孔，使之更有利于蒸汽的散发，这看似微不足道的改造，每年就能节省四百多万元的生产成本。这是后话。

出了两次事故

半年后，济宁煤矿的大航道修好，仇荣林他们停止了供货，没有了固定的大客户，不得不重新开发市场。

仇荣林把梁子清、徐德强等几个销售员叫到一起，拿出一张山东地图，按东南西北方向划为几个区域，让他们分头跑销售。为了鼓励大家的积极性，实行提成制：每销售一吨固体泡花碱提成十五元，一吨液体提成十元。销售业绩一周一排名，一月一奖励。

在仇荣林的激励措施下，市场很快打开，但不久，接连出了几次意外事故，使企业又一次陷入了困境。

1995年冬天，熬制液体泡花碱时，出了一次事故。那时，销售局面有了好转，液体泡花碱的需求量越来越大，而厂里只有一台自制的加工罐，产量不大，为了赶产量，生产一直是三班倒，日夜不停地生产。在一天夜里，大罐的门打不开了，熬制好的液体放不出来，几个当班的工人没办法了，就去叫管技术的仇心忠。仇心忠虽然是管技术的，可这种现象从来没有碰到过，围着那个罐转了几圈后，找了一根粗钢钎，试着朝大罐的门捅了几下，试试能不能捅开。没想到大罐门瞬间自动打开了，大罐里的泡花碱液体一下子喷了出来，仇心忠躲闪不及，被滚烫而又黏稠的泡花碱液体喷了一身，烫得他乱蹦乱跳、嗷嗷大叫。旁边的几个工人赶忙帮他扒下身上的衣服，送往医院。医生说幸好是冬天，穿的衣服多，又脱得及时，不然后果不堪设想。尽管这样，仇心忠仍然在医院里躺了十几天，回家后又休养了一些日子。时至今日，仇心忠的头上、胳膊上、腿上还留下了多块疤痕。

这之后不久，送货的拖拉机又出了一次事故。那时，液体泡花碱的用户大多是纸箱厂，送货都是用拖拉机晚上送货，以便不耽误客户第二天使用。有一天晚上，仇荣林刚从车间里回到办公室，就接到电话："送货的拖拉机撞车了！"仇荣林忙问："人伤到了没有？"回答是："送医院了。"他又问："人伤得重吗？"回答说："目前还不太清楚……"仇荣林的头嗡的一声，紧张起来，这是他自从办厂以来第一次遇到这样的事情，没有处理这方面问题的经验，就去找林家增商量。刚从厂里回家的林家增正在街上与几个人说话，看到仇荣林来找他，就问什么事。仇荣林见他旁边有一堆人，不想让其他人知道，就把他拉到一旁，悄悄把出车祸的事说了，想征求他的意见。林家增也没有处理这种事情的经验，沉思了一会儿，建议去找镇拖拉机站的站长，认为站长应该有处理这方面事情的经验。于是两个人骑上自行车找到了拖拉机站站长家里，想请他拿个主意。站长听说出了事故，挠了一会儿头，也拿不出好主意，只是建议他们去现场看看情况再说。因为出车祸的地点是邹县张庄镇，离这里比较远，两人就到淀粉厂借了一辆面包车，连夜赶往现场。

车祸并没有他们所担心的那么严重，拖拉机手任振德只是把脸碰破了一个大口子，但在送到镇医院缝合的时候，突然停电了，是打着手电缝合的，没缝好，后来落下了一个疤。当任振德见到仇荣林时，捂着缠了白纱布的脸，像受了委屈的孩子见到了大人，哇的一声大哭起来，边哭边说："大叔，我惹祸了啊！我给你惹祸了！"仇荣林安慰说："没事的，只要人没有大伤就好，你安心养伤，剩下的问题我来处理。"然后把任振德安顿到一家旅社休息，就和林家增一块儿去邹县交警大队。

到了交警大队，天还没亮，两个人在门口等了几个小时。一位副大队长亲自处理了此次事故。这位副大队长看到双方没有什么大事，仇荣林又急着用车送货，就指示事故科："给他们和和吧。"当时仇荣林没听懂这位副大队长说的"和和"是什么意思，就问林家增，林家增也说不懂，两个人的心情就很忐忑，恐怕交警队地方保护，为难他们。到了事故科，才弄明白"和和"就是调解的意思。有了副大队长的指示，事故科很快就把事情处理了。

从交警大队出来，两个人赶到出事的张庄镇，接上任振德准备回家时，天已近中午了，肚子饿得咕咕叫，两个人才想起从昨晚到现在还水米未进呢，林家增就提议吃点东西再回。可到了饭店坐下来，仇荣林光抽烟不动筷子，林家增就劝他："事情不大，并且已处理完了，别当心事了，吃点饭吧。"仇荣林长叹了一口气，对林家增说："我不是为今天的事故烦恼，而是想我这些年来，怎么这么不顺呢？干什么事都比别人难呢？"林家增点了点头说："我也觉得咱干点事情，总比别人难。"仇荣林感叹说："你说说，老天爷为什么总是让我比别人难呢！"林家增安慰他说："也许正应了'自古雄才多磨难'那句话吧，也许以后就会顺利起来了。"仇荣林坚定地说："即使再难，我也要把这个厂子办起来，办出个样子来！"林家增赞许地点了点头说："对，咱就得有志气，把厂子办起来！办出样子来！"

回到厂门口时，仇荣林交代林家增和任振德："这次交通事故要保密，以免影响职工的情绪，也免得村里起什么谣言。"两个人点头答应。

又出质量问题

没想到的是，不久，产品质量又出了问题。其中一批液体泡花碱，某客户用了，糊好的纸箱开胶。开始对方负责人怀疑是工人干活马虎造成的，后来发现是泡花碱的质量问题，就想让仇荣林赔偿损失，又怕仇荣林不认账，就不动声色地打电话又要了一车泡花碱。等送料的车到了地方，把送去的泡花碱和汽车一并扣留了。仇荣林接到业务员的电话后，立即赶过去与之协商，最后，两车货款一分没给，还被罚了五千元的款，才算了结。

几乎是同时，送到龙阳纸箱厂的汽车和泡花碱也同样被扣留，仇荣林又亲自过去处理，与先前一样，又是道歉、赔款，才算了结。

从这两个地方回来后，仇荣林宣布：立即停产，解决质量问题。并对管理层说："质量问题不解决，绝不再生产！"

那时，厂里还没有围墙，在通往厂区唯一的一条路旁最醒目的位置，仇荣林让人垒起了一段白墙，上面用鲜红的油漆写上了"产量是钱，质量是命"八个大字。

在此之前，仇荣林把精力都用在了提高产量和降低成本上，而忽视了质量问题。现在意识到质量的重要性了，悟出了"质量是企业的生命，一旦企业的命没有了，一切都是零"的道理。

因为没有技术员，也无处请教，仇荣林把厂里几个干部召集在一起，开始分析、研究，找问题。

有人说是水的问题，邻镇泡花碱厂就是因为水质好，熬制出来的液体泡花碱质量才合格。仇荣林就派人用拖拉机到邻镇去拉水，试验的结果是：不行。

又有人说熬出来的液体，得经过一段时间晾晒，挥发干净里边的水汽。可进行晾晒之后，依然不行。

还有人说是在熬制的时候，火候掌握得不好。又一次次试验，还是不行！

能想到的因素和办法，都试验了：不行，全都不行！

让人着急而又无奈的是，找不到原因，因而也就无从改进。

仇荣林为此着急，也十分懊恼，生产固体泡花碱时，出现过质量问题；如今，加工液体泡花碱，又出现问题！并且，还找不到原因！

随着停产时间一天天延长，村里开始有了传言，说仇荣林遇到大坎了，弄不好这个厂子就得破产。那些当初以二分利息借钱给仇荣林的人，都担心自己的钱打了水漂，就有人跑到厂里来看虚实，如果真像传说的那样，就打算向仇荣林要钱。

为了稳定那些借给他钱的人的人心，仇荣林让厂里的拖拉机每天拉一车井水出去，到外面转一天或者半天后，把水放掉，再回来，造成天天往外送货、企业还在正常生产的假象，以此让大家不要担心自己的钱。

制造正常生产的假象，能哄骗村里人，但不能糊弄自己，解决质量问题迫在眉睫、刻不容缓。那些日子，找不到症结，一直停产，仇荣林急得团团转，烟一根接一根地抽，嘴上烧起了好几个火泡，嗓子也哑了，有时夜里想起一个办法，就把和他一块儿睡在厂里的仇心忠叫起来，一块儿商量、试验。可以说，他们想尽了点子、用尽了办法，依然见不到曙光。

找出"模数"病根

仇荣林实在没办法了，就拉着林家增一块儿去找淀粉厂的老板张学仁，想请他出出主意、想想办法。张学仁看着一脸疲惫的仇荣林，真诚地说："荣林，咱是老伙计了，我说句不好听的话，你别烦。"仇荣林说："我不烦，有什么话，你直说吧。"张学仁顿了顿说："这个厂子你要是觉得不行，就赶紧停了吧，别硬撑着了。"仇荣林意外地说："我为什么要停下？"张学仁说："你厂里的情况，我也听知情人说了，产品质量不合格，又迟迟找不到解决的办法，一直拖着，也不是长久之计。拖的时间越长，赔的钱越多，不如现在就别干了，还能少损失点，免得到时候赔进去更多，越陷越深，不好收场。"仇荣林听了这话，很不高兴，也不讨什么主意了，拉起林家增就走。出了淀粉厂，对林家增说："我觉得他是个明白人，让他帮忙出出主意、想想办法，他却让我不干了！这算什么话？"林家增劝他说："他虽然没帮咱出主意，也是好心。"仇荣林说："他是好心不假，但他也是不了解具体情况。别听他的，遇到一点困难就不干了，那算什么事？咱得干，好好干下去，非得干出个样子来不行！"林家增知道仇荣林这样说，是怕他泄气，从而影响整个厂里的人，就说："只要你不退缩，我们就跟着你一块儿干，'逢山开路、遇水架桥'，这是你常说的话，我就不信咱过不了这个坎！"

山重水复疑无路，柳暗花明又一村。正在一筹莫展之际，仇荣林忽然想到一个大客户，这个客户一直从他厂里购买固体泡花碱，然后加工成液体出售。这个客户有个化验员。他就抱着试一试的想法，请他的化验员来帮助找找问题，结果那个化验员很快就找到了病根，竟然是生产的固体泡花碱的模数不对，也就是在生产固体泡花碱前原料的搭配比例不对造成的。怪不得他们一直在熬制上找问题找不到，原来是头疼医了脚，研究错了地方。

病根找到了，问题当然就很快解决了。

这次事故，让仇荣林意识到，没有化验室是不行的，必须建自己的化验室，资金再紧张也得建，不能再干省了盐瞎了酱的事了。就在那一年，仇荣林投资十多万元建起了化验室，并高薪聘请了一名化验员，对每一批产品进行化验后再出厂，从此避免了客户退货事件的发生。

重新打开销路

产品质量虽然过关了，可因为停产时间长了，原来的客户大都流失了，生产出来的产品又一次堆满了仓库。仇荣林又一次面临着巨大的销售压力。

　　听说蒙阴有一家大型纸箱厂，对液体泡花碱的用量很大，仇荣林就带着仇心忠一块儿去攻关，想把这个纸箱厂开发成自己的客户。

　　他们是开着厂里的桑塔纳去的。那辆车是去年买的，那时开这样的车很有面子，也能显示自己的实力。

　　说起这辆车，还有一个小插曲。在买这辆车之前，泡花碱厂凡有重大外事活动，都去淀粉厂借小车，为的是给企业涨面子。之所以每次都去淀粉厂借车，一是因为他们全村只有淀粉厂有一辆小车，仇荣林与淀粉厂厂长张学仁关系很好，好张口；二是仇荣林的四弟仇荣强就在淀粉厂当小车司机，更觉得近乎，有时，仇荣林不通过张学仁，直接向四弟借车用，方便。有一次，要到枣庄去接一位技术员来厂里指导，仇荣林让人去找四弟借车。正巧那天淀粉厂领导安排用车，四弟就不敢私自外借。那人以为是自己的面子不够，强调说："这不是我借的，是你大哥让我来借的！是你家老大用车！"四弟不高兴地说："小车又不是我的，我不当家，怎能说借就借？要借，让我大哥找我们厂长去！"那人悻悻地回来交差，并把四弟说的话转告了仇荣林，仇荣林听了很不高兴，赌气再也不去淀粉厂借车。几天后，仇荣林和林家增一块儿去市里

公司的第一辆小车

办事，回来时，在路上等公交车，恰巧四弟从市里开车回家，看到他们两个人等车，就把小车停到他们身旁，意思是让他们上车，捎上他们一块儿回去。可仇荣林还生四弟那天不借车的气，看到四弟从车里探出头来，把脸转向一边，赌气不坐他的车，四弟叫他，他也不理。四弟知道大哥生他的气，尴尬了一会儿，只得一人开车走了。惹得林家增在一旁偷笑。回到厂里，仇荣林就让林家增带上钱，到市里买了这辆桑塔纳。在当时，有辆桑塔纳，是实力和面子的象征。仇荣林把厂里的流动资金拿出来买这辆小车，也不纯粹是赌气。随着业务量的增大，厂里经常外出用车，老是借人家的不是办法，必须要有自己的小车，因此就下决心买了这辆车。

仇荣林和仇心忠两人来到蒙阴纸箱厂，没找到厂长，就去了厂长家里。原来那个厂长正在家里收拾房子。那个厂长刚建了一套别墅，主房已经装修好，院墙也已垒好，只有大门还没安。仇荣林为了取悦那位厂长，就建议他安一副杏木大门。那位厂长问他："为什么要安杏木大门？"仇荣林回答："杏木，幸福的谐音，有幸福、幸运之意，安上杏木大门，走幸福之路！古时候，很多大户人家都安杏木大门。"厂长一听，很高兴，转而又说："可是到哪里去弄杏木呢？"仇荣林马上说："我帮你去弄啊！"

从厂长家出来，仇心忠说："咱也没有杏木呀。"仇荣林说："咱去山里买呀！"于是两个人跑到山里，到处找杏树，终于在一个山腰上发现了两棵大杏树，就去找杏树的主人，人家却不卖，仇荣林软磨硬泡、苦苦央求，又许以高价，那杏树的主人才松了口。仇荣林找人把那两棵大杏树杀掉，送到纸箱厂厂长家里。厂长见仇荣林从几十里外的山区给他弄来了两棵杏树，有点意外，也很感动，决定辞掉原来的供应商，改用仇荣林的泡花碱。

蒙阴这家纸箱厂规模很大，有五六百名员工，每天至少需要十吨液体泡花碱。好几个泡花碱厂的业务员都来攻关过，有送礼品的，有许回扣的，都没成功。仇荣林用两棵杏树，却顺利地把这个大客户拿下了。仅这一个纸箱厂，就大大缓解了销售压力。

不久，徐德强、梁子清等几位销售员也相继开发了一批客户，他们的泡花碱重新打开了市场。

1997：首次赢利

经过几个月的努力，企业出现了前所未有的产销两旺的好局面。大家脸上都露出了喜悦的笑容。

企业有了盈利，仇荣林有了多余的精力，便不安于现状，想在生产泡花碱的同时，搞新项目。当他从济宁洗衣粉厂听说国家不让用三钠、五钠为原料生产洗衣粉了，因为其中含磷，会造成水污染，洗衣粉行业面临着一场大洗牌时，他认为这是一个进入新行业的最佳时机，萌发了生产洗衣粉的想法。从建厂那天起，仇荣林就看到生产泡花碱是个粗老笨重而又附加值低的行业，一直想发展精细而又附加值高的产品。面临洗衣粉行业的大洗牌，仇荣林决定抢占这个先机，向洗衣粉行业进军。通过一位李姓朋友介绍，他聘请枣庄一位蒋师傅来当技术指导，开始筹建洗衣粉车间。为了节省费用，他看到淀粉厂有闲置下来的、而他生产洗衣粉所需要的暖气片、离心机等，决定"借"来为自己所用。碍于自己的身份和面子，不好意思亲自出面去"借"，就让林家增去找淀粉厂厂长张学仁试探，张学仁出于对仇荣林的友情，很爽快地答应将闲置不用的暖气片等设备送给他们……

尽管极力节省，一个洗衣粉车间，投资了近百万元，才实现生产。

看到仇荣林又不安分，投资洗衣粉车间，他父亲生气地说："你就是个不能有钱的人，只要手里有了钱，就这山望着那山高，就想折腾，不折腾光，你就不好受！"仇荣林笑着解释："我这不是折腾，我是增加项目挣大钱，多产业发展。"父亲不屑地哼了一声说："你别说得那么好听，我看你就是瞎折腾，早晚连老本都得赔进去！"

没想到让父亲一语说中了，洗衣粉投产后，因为产品没有知名度，产品打不开市场，一段时间后，被迫下马了。

后来，在南方一位农业专家的建议下，仇荣林又投资几十万元，生产过一段时间硅肥，不久也放弃了。

两个项目，先后赔进去一百多万。但仇荣林不后悔，他毕竟尝试了。

这一年，虽然折腾了一点，但泡花碱厂首次实现了赢利。这一年，是1997年，香港回归祖国的年份，一直亏损或无利经营的辛绪泡花碱厂，经过四年的不懈努力，第一次赢利了！年终，当会计林家增告诉他赢利了五十万元时，仇荣林脸上露出了灿烂的笑容："终于赢利了，有回报了，咱得好好庆祝一下！"仇荣林让人买来了好多烟花、鞭炮，把厂里人全部集合起来，在厂门口燃放起来！那气氛，比过年还热闹、还喜庆。

那年春节，仇荣林给每个员工都发了一个红包，让大家过了一个欢乐年。

28　千磨万击还坚劲

层出不穷的"老赖"　　　上世纪九十年代，由于乡镇企业和民营企业如雨后春笋般不断上马，并狂热地扩张，而金融行业的扶持力度不够，造成了企业资金的巨大缺口，一些中、小企业由于资金不足，又不断扩大生产规模，致使相互之间赊欠，在全国普遍出现了"三角债"现象。"三角债"成为制约企业发展的一个巨大障碍。当时，不仅是中国，俄罗斯和东欧几个国家也出现了"三角债"现象，成了一个世界性的问题。

在这种"三角债"遍及全国的形势下，仇荣林的企业也不例外，产品不赊，销不出去，赊出去后，资金又迟迟不能回笼。为了企业保持正常生产，他的企业也不得不赊欠原料款，造成三角债，形成了恶性循环。

生产泡花碱所用的原料是石英砂和芒硝，石英砂倒是不缺，而芒硝（或纯碱）虽然是化工下脚料，却是紧俏物资，因此大多数厂家不愿意赊销，必须现款购买，这就逼着仇荣林必须不停地催讨欠款。仇荣林对负责销售的梁子清、徐德强等几个人下死命令：谁销出去的货，谁负责回收货款，收不回来的，自己负责。几个销售员就到赊欠厂家软磨硬泡、死缠烂打地催讨货款，一次两次，人家根本不理，要得急了，也不给现款，而是给你物品抵债——叫"以物易物"。那时，"以物易物"成了一种普遍现象。好像回到了原始社会，没有了货币。在那一个时期，他们泡花碱厂"易"来了自行车、摩托车、电风扇、洗衣粉、肥皂、保温瓶、衣服、毛巾、钢精锅、白酒、红酒等等，凡是在商场里能买到的物品，几乎都被"易"过来了。刚开始，仇荣林把这些物品分给职工家用，但陆续"易"来的物品太多了，职工家里饱和了，而厂里又急用钱，就不得不想办法把这些物品卖出去，变成现金，购买原料。为此，仇荣林专门把李子美、仇光芹等几个女工抽出来，成立了一个"销售队"，专门由两个人在厂门口摆摊销售这些"易"来的物品，厂门口摆成了一个杂货铺，但这仍然销售不了"易"来的大量物品。仇荣林就给她们配了一辆车，让李子美和仇光芹每天拉着一汽车物品到周边的集上变卖，不是逢集的时候，就到周边的村子里去销售。在那一年多的时间里，凡是周边的集市上、村庄里，都会有李子美和仇光芹拿着扩音小喇叭的叫卖声。不知道底细的，都以为李子美和仇光芹是两个小商贩呢。

欠债的客户，也有"老赖"，明明有钱，就是不还债，拿着钱花天酒地去喝酒、去歌厅，甚至去找女人。王某就是这样的人，王某挂靠滕州标件厂办了一个纸箱厂，生意很不错，可用了几批泡花碱，都不付款。负责销售的林家增多次上门讨要，就是不给钱。后来林家增要到法庭起诉，他才答应以物抵债。王某人拿出抵债的物品是衬衣。林家增看到那衬衣无论是颜色还是款式都不好，有些犹豫，可这个王某人再也不愿意给其他物品了，林家增就拿了一件回来请示仇荣林。仇荣林听到是这个情况，勉强同意了。没想到这个王某人隔了一夜，又反悔了，不愿意以衬衣抵债了，还找了几个社会上的小混混，威胁林家增，说再逼着要债，就给他"添点红颜色"！想通过威胁的方法，把这笔债赖过去。林家增当然不愿意，到了当地派出所求助，让警察出面；费了好一番周折，才讨回了那批货款。

也有的客户，从进货那天起，就没打算付款。高密一个泡花碱贩子，在泡花碱滞销的时候，主动跑到厂里来购货，这让销售人员喜出望外，当即给他发了一车泡花碱。讲好了货到付款，可卸了车后，却说等送了第二车一块儿结账，结果第二车送到后，就耍赖不付款了，想坑了这两车货。送料的业务员拿他没办法，打电话给仇荣林，仇荣林当然不愿意被他坑了几万块钱的货款，就找到镇长帮忙，镇长听了，气愤地说："这小子，想坑咱，他找错了人！"说完，带着仇荣林去找滕州市公安局经侦大队队长，让他出面帮忙。恰巧，这位经侦大队队长与高密公安局刑警大队队长是警校同学，两人经常联系，前些日子还被邀请到高密去玩呢。滕州市公安局经侦大队队长就和仇荣林一块儿来到高密，在高密公安局刑警大队队长的帮助下，把那个赖账的叫过来，逼着他付了款。

济宁西郊一家纸箱厂，第一次要货，全额付清了款。在取得信任后，从第二批货开始，每送一批货，就压下一部分资金不付，滚雪球似的，压的资金越来越多，去要钱，就说等下批货送来后一块儿结账。这样，厂里被套住了，只得不停地给他们供货，而送去的每一批货，照样压一部分资金。仇荣林看到这是一个无底洞，不得不让销售员停止了供货，压住的那些资金，要了几年也没要来，最后成了一笔死账。

还有销往广东的、福建的、江苏的，有十几个客户的欠款，都要不来……

那几年，仇荣林累计被客户坑去了几百万元，利润几乎都被这些不良客户套去了。

没必要动用"道上"的人

由于货款不能及时回笼，没有周转资金，泡花碱厂所用的生产原料也是能赊就赊。其中所用的煤炭，一直是邹城一个煤炭贩子供应的，仇荣林采取的是"压批付款"的办法，即送第二批煤炭时，结第一批的款，送第三批结第二批的款，以此类推。后来，煤炭紧俏了，那个煤老板不愿意"压批付款"了，而资金紧张的仇荣林仍然坚持"压批付款"的老办法。煤炭贩子看到煤炭抢手了，就想让仇荣林把货款全部结清，不再与他合作。仇荣林就想用"易"来的物品抵账，煤炭贩子不愿意，就要现金，可仇荣林手头根本没有现金给他，事情就僵持下来。

过了一段时间，这个煤炭贩子打电话给仇荣林，说是兖州矿务局下属的横河煤矿需要一批泡花碱，并且用量还很大，让仇荣林尽快过去面谈。仇荣林与这个煤炭贩子合作几年了，根本没想到他是在使诈，就让林家增和梁子清两个人开车前去洽谈。

那天是农历六月初一，在农村是小年。与这个煤炭贩子合作几年来，他从未帮助仇荣林销售过泡花碱，在这债务僵持的节骨眼上，突然帮他们联系销售，让林家增觉得不正常。于是，他提醒仇荣林说："据我了解，横河煤矿用泡花碱的可能性不大，怕是有什么圈套"。仇荣林销货心切，说："去一趟看看吧，别错过了机会。"等小车开出了村庄，林家增仍觉得不对劲，又打电话提醒仇荣林，仇荣林还是说："去一趟吧，最多就是空跑一趟，也没什么损失，别错过了商机。"

果然，正如林家增所担心的，根本没有横河煤矿要泡花碱这回事，是那个煤炭贩子为了要账，设的圈套。一见面，煤炭贩子和一个叫铁大强的人把他们开去的车扣下了，逼着他们还款。不还款，就不放车、不放人。煤炭贩子是邹城人，公司也在邹城，却请了兖州的铁大强前来助阵。这个铁大强是兖州的黑社会老大，在兖州欺行霸市、无恶不作，民愤极大，后来被枪毙了。这个铁大强手拿一把大刀，逼着林家增和梁子清给仇荣林打电话，让仇荣带钱过来，赎车赎人，不然，就要砍下他们两个人的胳膊。林家增和梁子清也是老江湖，面对铁大强的威胁，毫无惧色，林家增对煤炭贩子说："不用让我们仇老板过来，我们在邹城有不少朋友，能借到钱。我们马上出去借钱，给你。"铁大强怕他们趁此机会跑了，要求留下一个人当人质，煤炭贩子看着他们的小车扣在自己手里，不怕他们跑掉，就让他俩出去借钱。

气愤的林家增和梁子清决定以暴制暴，让邹城的朋友找了当地一帮小混混，去对付那个铁大强。那帮小混混的头对林家增说："只要你同意，我们先把铁大强的腿打断，再把那个煤炭贩子打进医院，然后把车给你夺回来。"铁大强虽然在兖州是老大，可这是在邹城的地面上，强龙不压地头蛇，恶虎怕群狼，林家增相信这帮小混混人多势众，一定能制服铁大强和煤炭贩子。可此时的林家增和梁子清冷静下来了，怕把事情闹大了不好收场，就打电话请示仇荣林，仇荣林让他们赶紧把那帮小混混退回去，他前去处理。

放下电话，仇荣林立即开车赶到邹城，见到煤炭贩子说："我们合作这么多年了，债务的事，没必要动用道上的人吧？"煤炭贩子说："你老是压着货款不给，我没办法。这是你逼的。"仇荣林生气地指着煤炭贩子说："在煤炭滞销的时候，你同意压批付款给我供煤，现在畅销了，你就翻脸不认人了，不与我合作了，这首先是你见利忘义、不守信誉！其次，就因为欠了你一批货款，有必要请'道上'的人来威胁我们吗？你以为请来了'道上'的人，就能吓住我们吗？"说到这里，他指着铁大强厉声说："你别拿着把刀在我眼前晃来晃去的，赶紧把刀放下！这里没你的事，赶紧走人！"铁大强听仇荣林说话底气十足，不知他的深浅，就用目光询问煤炭贩子，煤炭贩子认为是在他的地盘上，仍然强硬地说："今天你要是不还清欠款，这位'道上'的朋友不会走，你们三个人也别想离开邹城！"言外之意，是要把他们扣留下来。仇荣林看到没有商量的余地，就说："好，我出去给你借钱。"出来后，给邹城检察院的一个朋友打电话，让他来协调。检察院的朋友又找了两个警察一同赶过来，首先把铁大强轰走，然后坐下来协商，妥善处理了欠款的事情……

在那两年的时间里，仇荣林为了企业能够生存、发展，他管理着厂里的生产，还像销售员一样到处跑销售，同时还得绞尽脑汁、赔着笑脸地去赊原料，还得像个灭火队员一样四处去处理一些棘手的问题，忙得昏天地黑、焦头烂额。他家离厂子仅有几百米的距离，可他竟然一两个月不能回家一次，每天忙到深夜，就在厂里的沙发上睡一会儿，一觉醒来，无论是夜里两点，还是三点，他都会起身到车间里转一圈，看一看，不转一圈，他就是有心事，睡不踏实。极度繁忙和操劳，每天只能睡三四个小时，身体长期透支，让他心力交瘁，疲惫不堪，每逢外出，只要一坐上车，用不了一分钟，他就能呼呼睡着了！不知道情况的，以为他是睡眠好，其实他是太累了，太乏了，把自己的精力和体力用到极致，甚至严重透支了！

有这样一句话：人们往往只注重成功者头上的桂冠和眼前的鲜花、掌声，而忽视了他为之付出的心血和汗水。

为了他的企业，仇荣林付出了多少，只有他自己知道，就是跟在他身边的人，都很难体会到，更不要说局外人了。

土办法解决大问题

1997 年的春夏之交，泡花碱厂东邻的淀粉厂排出的污水把滕州的水源地污染了，造成整个城市吃水困难。市委书记亲自督阵指挥，对淀粉厂进行停产治理。市环保局及镇政府一行几十人浩浩荡荡进驻辛绪村。

环保局在对淀粉厂污染源进行排查、整顿的时候，把仇荣林泡花碱厂的排水也当成了污染源，把厂里所有的排水口全部堵死，不让厂里往外排水。原来厂里六台泡花碱炉子，产生的废水，一直是排到厂子西边的河沟里。突然不让排水了，根本无法生产。仇荣林到相关部门找了多次，都不同意往外排水，给他两个选择：要么停产，要么上马净水设备。而那时正是泡花碱销售最好的时期，根本不舍得停产；如果停产，还会使客户流失，损失太大。若是按要求新上一套水处理设备，需要数百万的资金，企业根本投资不起。

为了维持生产，有人提议把废水排到厂内一个深水井里，仇荣林怕污染地下水源，坚决没同意这个方案。可是，不排水怎么生产呢？仇荣林围着炉子转了几圈，又在厂里来回观察，想到了自己净化废水的一个土办法：即在泡花碱炉子旁边的一大片空地上，挖出一个多 S 形的水槽，里面放上泡花碱炉子烧出的大块炉渣，把生产泡花碱排出的废水，利用多 S 形的水槽通过炉渣进行净化，之后再重复利用。因为急于生产排水，仇荣林把厂里所有行管、后勤人员全部集合起来，连夜加班砌了一个多 S 形的水槽。天明时砌好了，大家都说休息一下，等着水泥凝固，可仇荣林心急，让大家去睡一会儿，他却蹲在水槽旁边等着水泥凝固。还没一个小时，就用手摸摸水泥凝固了吗，过一会儿又摸摸，看着水泥老是不凝固，蹲在那里不停地吸烟，焦急之情溢于言表。几个小时后，还没等到水泥达到凝固的规定时间，就把水槽投入使用。

他的这个土办法，把水循环利用，解决了不让排水的难题，也节省了水资源，但有两个问题：一是使用两天的时间，用来过滤杂质的炉渣上就会吸附满白色的渣滓，就要更换新炉渣，水槽里也会沉淀出一层像糨糊一样的白东西，必须及时清理；二是通过水槽把废水过滤成清水后，仍然水温较高，不能很好地冷却刚生产出来的炽热的泡花碱，影响生产进度。仇荣林就学习发电厂，建一个凉水塔，用来冷却过滤后的清水。他建的凉水塔，因陋就简，焊一个巨大的铁罐，置于十几米高铁架子上，把过滤后的清水用水泵抽上去，然后让其自由落水，在落水的途中，每隔两米架上一层竹排，让落下来的水流经过层层竹排变成雨水状，使其得到充分冷却。虽然是土办法，却维持了正常生产。

这套自制的净水设备使用后，大家都说仇荣林办法多，他却无奈地说："这也是没办法的办法。"

后来，由淀粉厂出资一部分，市里补贴一部分，从辛绪修建了一条长达近三十里的排污管道，直通市污水处理厂，泡花碱厂也有偿利用这条排污管道排废水，结束了自制的那套土设备的使命。

"坏脾气"与工作狂

客观地说，仇荣林创办泡花碱厂，纯粹是源于一股创业的激情，无论是资金、技术，还是管理，条件都不成熟，因此，投入生产后，困难很多，问题一个接一个，很是不顺。但开弓没有回头箭，既然办厂了，他就要办好，办出效益来。之前，他曾办过预制厂、塑料管厂、罐头厂等，都失败了，遭到了很多嘲笑和打击，弄得伤痕累累。这次办厂，是他破釜沉舟、背水一战，只能成功，不能失败，正像他说的："如果这个厂办不成功，我就钻到炉子里烧死！"因此，从投产那天起，仇荣林就把这次办厂当成最后一次创业，既有烈烈的雄心斗志，又背负着巨大的心理压力，他恨铁不成钢，总是急切地想把企业一下子办起来，一口吃个大胖子。

在这种急切心理作用下，仇荣林吃住在厂里，他每天早上五点起床，在厂里转一圈、观看一遍之后，六点准时开早会，让车间和各部门总结前一天的工作得失，交流相互配合的情况，布置新一天的任务，然后带着工人一起干，不完成既定的任务，绝不罢休。如果有工人偷懒，仇荣林像个暴君，动不动就发脾气，有时还会动手打人，弄得大家都很怕他。除了泡花碱炉子前出力流汗的工人按点上、下班外，行管、销售、后勤人员虽然有分工，但每个人都是万金油，什么活都得干。比如销售员，如果回来早了，他就会带着去帮着装车、运料、打扫卫生等。把每一个人的精力和体力都用到极致。跟着他干，大家都很累。有人受不了，走人了；有人不称职，被仇荣林撵走了。与李子美一块儿来的八位姑娘，因为受不了"脏、累、热"，陆续走了，后来，厂子好起来，有两个姑娘又找仇荣林要求回来。有一个销售员，每天开完早会后，别人都出去跑客户，他却耍小聪明，跑到城头街上找朋友去喝酒，天天喝得醉醺醺的，吗事不干，一点业绩没有。仇荣林知道后，把他叫到办公室，把事先准备好的两瓶酒拿出来，说："我听说你很爱喝酒，咱今天一人一瓶，我陪你喝。"那人一看仇荣林黑着脸，知道不好，起身想溜，仇荣林气愤地照他屁股踹了一脚，然后把他开除了。徐德强干工作是有名的拼命三郎，也曾挨过仇荣林不少的"吼骂"。仇心忠是厂里唯一的技术人员，仇荣林担心夜里有技术问题不能及时解决，就让他和自己一块儿住在厂里。仇心忠觉得离家近，不想长期住在厂里，仇荣林不愿意，"强令"他不能回家住，以便有了生产上的问题，能及时解决；即使夜里没有问题，仇心忠也很难睡个"安稳觉"，如果仇荣林想起什么技术问题，哪怕是半夜，也会把他叫起来，一块儿商量研究……

但仇荣林只是在工作上有"坏脾气"，一旦干完了工作，他又非常体贴、关心大家，他知道大家跟着他吃苦受累，在生活上、待遇上格外照顾。比如加班时，他会让伙房里买肉买鱼，来犒劳大家，有时，还会带着大家去饭店大吃大喝，酒桌上，他又会因为自己的"坏脾气"向大家解释、道歉，让大家理解他、体谅他。大家都知道他是为了工作，并且从来不计较谁的过错，根本没人记恨他、抱怨他。至于工资，仇荣林资金再紧张，从来不拖不欠，哪怕去借，也会按时发放。在那些困难的日子里，仇荣林照样给员工做了工作服，夏天一套，冬天一套，并且质量好、款式时尚，大家穿出去都觉得很荣耀，有人走亲戚也穿着。伙房的伙食也是优质的，几乎顿顿有鱼有肉，收费又非常低，连成本都不够，每年厂里都要贴补不少。后来企业效益好了，行管人员吃饭，全部免费，并且标准较高，有荤有素，营养均衡。职工上夜班，午夜时，仇荣林让人准时送去两个鸡蛋、一个面包和一杯牛奶，以补充体能。仅食堂，公司每年就补贴四十多万元。仇荣林说："大家跟我出力流汗，我得让他们吃好喝好，好有劲儿干活。"每年的年底，仇荣林都会根据各人的业绩，给每一个人发个大红包，并且给每个人红包的金额，都会超出他们的预期。

最初那几年，仇荣林把挣来的钱，除了用来扩大生产规模外，剩下的都分给大家了。而他从来没领过工资，更没给自己发过红包，每到年底，他都是钱包空空，成为全厂最穷的人。同时，他也是整个公司最忙、最累的人，一年三百六十五天，他只有年初一休息一天，但这一天，他也会来到公司，坐在办公室里考虑人、事、工作。因此，大家对他既亲又怕。有人总结说："那时的仇厂长工作起来像疯子，在他手下干，就得拼命工作；工余时间里，他又像位慈祥的兄长，对人加倍关心、疼爱，亲切又和蔼。"

仇荣林后来总结说："那时我只有一台小炉子，处于起步阶段，各方面都很艰难，要想在激烈的竞争中生存、发展，唯一的方法就是带着大家苦干、巧干，只有比别人付出更多的汗水，才有可能赶上人家，才能实现企业的发展，甚至腾飞。我知道，这样苦累了大家，但我别无选择。我只能等着企业发展起来后，好好补偿大家。"

　　在企业刚起步那几年里，仇荣林一个农民，没有系统的企业管理经验，就凭着自己的直觉进行粗放式的管理，把任务一分，然后带着大家一块儿干，遇到问题一块儿解决。那时的仇荣林既是决策者，又是带班者，像一台不知疲倦的机器，不分黑白地忙碌着。他把自己和团队的精力和体力用到了极致。因此，有人说，他的企业就是干出来的、拼出来的。

第八章

大项目

29 引进"1,4-萘醌"

进入新世纪后，由于北方泡花碱市场销售竞争激烈，仇荣林在巩固北方已有市场的基础上，着力开发南方市场。经过几个月的运作，在南京周边成功开发了几个客户，为了维护并继续开发新客户，他在南京专门设立了"办事处"，派业务员王延岭常驻南京。

2000年秋天，王延岭打电话，说南京有机化工厂要采购一批泡花碱，厂方要求仇荣林前去洽谈相关事宜。仇荣林与南京有机化工厂签订了供货合同后，和王延岭一起到已有的客户中走访了一遍。走访途中，王延岭无意说到南通海门化工厂有一个高科技项目正在寻找合作伙伴，仇荣林立即眼睛放光，来了兴趣，详细询问起来。此时他的泡花碱厂已有六台炉子，日产量达到一百多吨，规模已超过邻镇泡花碱厂，成为枣庄地区的龙头老大，并且产销两旺，正是顺风顺水的好时候。可他却是个"这山望着那山高"的人，对这个项目动心了。这源于仇荣林一直以来对"高科技"的向往。在生产塑料管时，购买的三盐、五钠原料，每吨五六千元的价格，让仇荣林觉得十分昂贵，那时他就想：我要是能生产这种高价位的产品多好啊！从那时起，生产高附加值产品的种子，就在他心中种下了。而他生产的泡花碱，科技含量比较低，工艺水平低，投资门槛低，只有民营企业在生产，利润也不高。虽然他在同行业中是个佼佼者，却不满足于一吨只卖几百块钱的低端产品，一直想寻找一个高科技、高附加值的产品来做。这个信息，正中他的下怀。

这个高科技项目是"1,4-萘醌"，国家"八五"攻关项目。

在此之前，仇荣林从未听说过"1,4-萘醌"，当然更不知道是干什么用的，回家后查阅资料才知道："1,4-萘醌"是一种精细化工原料，黄色晶体，广泛应用于染料、香料、药物、杀菌剂，也用作合成橡胶和树脂的聚合调节剂。这种产品是由"1-氨基-4-萘酚"，在催化剂的作用下，经过氧化后，萃取而制得。

所谓的"八五"，就是我国国民经济和社会发展第八个五年规划。当时，我国使用的"1,4-萘醌"，主要依赖从日本进口。日本生产商利用我国对其产品的依赖，销售价格非常高，达到了近二十万元一吨的天价！日本厂家的这种做法，说是卡脖子行为一点都不过分。在制定"八五"规划时，为了摆脱对日本产品的依赖，国家决定自主研发"1,4-萘醌"，列为"八五"攻关项目，任务交给了沈阳化工研究院。

沈阳化工研究院成立于1949年初，是新中国成立最早的一个综合性化工研究院，直属化工部。后来的北京化工研究院、上海化工研究院、天津化工研究院等科研机构，都是由沈阳化工研究院分立出来的，是我国化工研发机构中最具权威的一个老字号。从"六五"计划以来，这个研究院共完成了国家下达的一百多项重点攻关项目。"1,4-萘醌"，只是下达给该院多个攻关项目之一。经过三年多的研究、实验，在取得了阶段性成果后，不知道出于什么原因，这项研发又突然被叫停了。沈阳化工研究院的几个工程师，特别是项目的领头人苏永宁工程师不甘心几年的成果功亏一篑、无果而终，决定自己研发出来，投放市场，惠及民族企业。他通过关系找到了海门一家停产的化工厂，利用闲置的车间当基地，带着两位助手，自己继续研发、实验。众所周知，研发一个新产品所需经费是巨大的，不长时间后，苏永宁自己的资金就用光了，实验进行不下去了。这时，他放出话来，想寻找合作伙伴，他声称：谁投资这个项目的研发，将来的生产权、经营权就归谁。

这个消息放出去后，江南有好几家企业想与苏永宁合作，特别是一个姓蔡的老板极力想与他合作。通过几次接触之后，苏永宁探知这个姓蔡的老板是想利用他的专业知识去研发另一个产品，而不是帮助他搞"1,4-萘醌"的研发，这违背苏永宁的意愿和初衷，因此拒绝了这个蔡老板。和蔡老板等几个厂家的接触，给苏永宁造成了南方人心眼太多、不好相处的印象，因此，他想找个北方人合作。

当仇荣林找到苏永宁，两个人一见如故，好像朋友似的，谈话甚为融洽。两人进行了短暂的交谈后，初步达成了合作意向。仇荣林表示，由他出资金，让苏永宁继续做实验，但实验地点仍在海门化工厂，等他实验成功了，再到仇荣林的厂里来。在此期间，仇荣林派一名助手过去，为苏永宁服务，并支付他一切实验经费和生活开支。

仇荣林只是想借这个口头协议助力这个项目继续实验，并没有谈及深度合作的具体事项。这是仇荣林为自己留了后手。尽管他十分向往高科技，迫切想找到高附加值的产品，但由于他对"1,4-萘醌"知之甚少，对苏永宁所说的实验进度也是半信半疑，就派了徐德沛过去，是为苏永宁服务，也是刺探情况，掌握第一手资料，不打无把握之仗。

徐德沛 1999 年从枣庄工业学校毕业后，分配到滕州市平板玻璃厂，报到之后，在仇荣林的动员下，辞职来了泡花碱厂，成为当时厂里第一个中专生。派他去给苏永宁当助手，一是让他跟着苏永宁学习"1,4-萘醌"的制作工艺，二是让他掌握实验的真实进度及相关情况，以便决策下一步是否投资生产"1,4-萘醌"。徐德沛确实也没有让仇荣林失望，在跟苏永宁当助手的几个月里，他不仅形影不离地跟着学习、服务，还掌握了很多即时情况。按照仇荣林的要求，他每天晚上都要打一次电话，汇报当天的情况，如有重要的事情，除电话外，还要写成书面文字，寄过来。

几个月后，徐德沛来信说："我看到了苏永宁教授的日志，据他所写，实验中试已过，并且达到了 30% 的提取率，已接近日本 32% 的最高提取标准，苏教授在日志中说可以投入生产了。"

仇荣林看到时机成熟，决定把这个项目引进过来，投入生产。

仇荣林亲自来到海门，与苏永宁签订了投入生产协议：苏永宁以技术入股，占 49%；仇荣林的泡花碱厂投资，控股，占 51%。

从海门签订了协议回来后，仇荣林立即到了镇里，向书记和镇长作了汇报，两位领导听说是国家"八五"攻关项目，异常高兴，非常支持他引进这个项目。仇荣林把苏永宁从海门接过来时，书记、镇长带着镇里一大班子人，举行了一个隆重的欢迎仪式，并陪苏永宁吃了一顿饭。

到了晚上，苏永宁却面带愧色地告诉仇荣林：其实中试还不稳定，还要再进行一段时间的试验，才能投入生产。

仇荣林听了，很是意外，问道："不是说中试已经成功，可以直接投入生产了吗？"

苏永宁说："我没说过这话呀。"

仇荣林哑口了，他意识到自己失言了。中试成功，可以投入生产，是徐德沛偷看了苏永宁的日志后告诉他的，他这样一说，等于承认了徐德沛偷看他日志的事。

仇荣林问道："你的意思是，还要建实验室，继续实验？"

苏永宁解释说："'1,4-萘醌'必须经过小试、中试，只有中试成熟了之后，才能进行生产，而现在中试还不稳定。"

听了苏永宁的话，仇荣林才知道，原来他在海门的中试，根本就没取得成功，他在日志中写的"中试已取得成功，提取率达到30%，已接近目前世界上最先进的日本的32%的工艺标准，完全可以投入生产……"那些话，是故意写给徐德沛看的，然后让他转告给仇荣林。他是急于想把实验室搬过来，而又不好意思说，当然也怕仇荣林不同意，而采取的一个计策。

到了这时，仇荣林意识到上当受骗了，可人已请来了，协议签订了，镇领导也知道了，箭在弦上，不得不发。到了这地步，他有苦难言，有火不能发，只有积极配合苏永宁继续研发。别无选择。

既然中试还不稳定，就不能贸然生产。按照苏永宁的要求，仇荣林为他建起了实验室，把厂里徐德沛、闫先霞、李华等几个有学历的年轻人全都配备给他当助手。又在苏永宁的建议下，从沈阳化工研究院请来了阮丽荣教授，从南京有机化工厂请来了孙国栋厂长和该厂的技术员吴玉同，一块儿进行中试。按照苏永宁的说法，他自己搞小试可以，但搞中试还得请这三位专家帮助。

为了让苏永宁、阮丽荣等几位专家有一个舒适的生活环境，因为工厂的条件比较简陋，仇荣林就把自己刚建好的一套新房子腾出来让他们几个人住。把厨房改造成卫生间，安上热水器、浴霸，让他们每天都能洗上热水澡，还在房间里安上空调，买了席梦思床，让他们几个人住得像宾馆一样。为了让他们吃好，专门聘请了厨师为他们做饭，变着花样为他们改善伙食。在实验室里，买来了最好的茶叶和咖啡。从衣、食、住、行各个方面，仇荣林把他们照顾得无微不至，表现出了一个农民企业家对知识的尊敬、对人才的尊敬，以及对高科技的向往。

仇荣林极大的热情和敬重，和在海门时南方人对他的处处刁难形成鲜明对比，令苏永宁几个人既感动又不安。他们都是行业专家，见过无数的鲜花和掌声，也得到过不少领导的赞扬，但他们觉得那些东西多少都有些程式化，远不及仇荣林这一点一滴来得珍贵。他们被感动了，特别是苏永宁，为自己的"日志计谋"感到对不起仇荣林，便夜以继日地工作，来回报他的真诚和热情，想尽快把中试搞成功，尽快投入生产，产生效益。

可科学试验，是急不得的，必须有可靠的数据和成熟的工艺，才能投入生产。苏永宁、阮丽荣几个科研工作者，虽然懂得这个道理，但他们怕仇荣林焦急，在中试还不稳定的情况下，便急切地投入了生产。

因为是国家"八五"攻关项目，填补国内空白的产品，正式投产时，在镇领导的提议下，搞了一个隆重的揭牌仪式和投产典礼。由镇领导出面，邀请了枣庄和滕州两级市领导及一批企业家，滕州市委书记、市长、市委副书记等主要领导，以及相关科局的负责人，出席了揭牌仪式并讲了话。场面宏大而又热烈。市领导在讲话中一再强调：这是有史以来落户到我市的第一个国家级攻关项目，它将极大提高我市的工业地位和品格，甚至会从此改变我市的工业格局……把这个项目提到了相当的高度。

30 投产"1,4- 萘醌"

原始设备与高端产品

"1,4- 萘醌"，是一种用途非常广泛的精细化工原料。生产工艺很复杂。简单地说，就是把萘在催化剂的作用下，与空气进行氧化后，变成液体，然后在高标号的汽油中加热到八十三摄氏度，从中萃取出"1,4- 萘醌"。

由于是国内第一个生产"1,4- 萘醌"的厂家，买不到现成的设备，所有的设备都必须自己设计、自己制造、自己安装、自己调试。

在苏永宁、阮丽荣等几个专家的指导下，南京有机化工厂的厂长和技术员画出了图纸，然后让仇荣林组织人员加工制造设备。

自制"1，4－萘醌"生产设备

　　仇荣林虽然涉猎过好多行业，于机械制造却一窍不通，他聘请了东郭镇安装队的张玉同。张玉同是镇安装队的队长，于机械制造方面是一把好手，但让他和徐德沛等几个中专生，在没有样品、没有机床的条件下，同一帮农民出身的人，加工出一套生产精细化工原料的设备的难度可想而知！他们用了近一年的时间，一次次地试验，反复拆装，费了九牛二虎之力，终于制造出了生产"1,4-萘醌"最为关键的设备：氧化炉。这台氧化炉长三十多米，宽九米，高十几米，耗资一百多万元，标准的一个庞然大物。

　　南京有机化工厂的厂长和技术员说：如果让国有企业加工这套设备，至少也得二百多万元。

　　之后，仇荣林又投资一百多万元建起了萃取车间。这个萃取车间要求厂房高度十几米，跨度三十多米，当时所有的建筑单位都不敢接这个活，因为跨度太大了，没有这么长的楼板。后来，仇荣林打听到济宁有超长楼板的加工场，就专门订购了一批。因为超长，价格特别贵，一块楼板的价格就是一万多元。因为楼板太长，从济宁运输过来的时候，路上费了好大的周折。

　　因为设计制造的设备简陋、原始，导致生产过程非常危险。汽油和萘均是易燃易爆品，无论是电路出现静电，还是温度掌握不好，或者是操作不当，都会起火爆炸。而用来萃取"1,4-萘醌"的汽油有十几吨，一旦起火，那将是一片巨大的火海。因此自从生产那天起，仇荣林就制定了异常严格的操作制度，要求所有人不准带火种进入车间，一律不准穿带铁掌的皮鞋（那几年社会上正时兴在皮鞋底下钉铁掌，走路咔咔响），怕走路时与地面摩擦出火花。这样还不放心，又在车间的水泥地面上，全部铺上一层厚厚的橡胶垫子，确保走路时地面上不起火花。他甚至不让工人身上带有铁质的东西，哪怕是衣服上的铁扣子、拉链，都不允许，怕与机器碰撞产生了火花。在生产过程中，进行置换时，是最危险的时候，每到这时，只留两个工人在车间里操作，其他十几个人一律到厂房外几百米远的地方躲起来，以防万一出现了事故，把伤亡降到最低……总之，整个生产过程，像排雷一样危险，处处小心，时时提防。仇荣林在车间里反复说的几句话就是：注意安全！一定要注意安全！！千万要注意安全！！！

　　自从"1,4-萘醌"投产后，仇荣林基本上不再过问泡花碱生产，把所有的精力都用在了"1,4-萘醌"上。白天，一刻不离地守在车间里，夜里虽然有带班的，但他每天夜里会起来好几次，到车间里去看看情况。那些日子，他一刻也不敢离开，一颗心始终是悬着的。

不仅生产过程危险，工作环境也非常不好。首先是萘在催化剂的作用下，散发出一股难闻的气味，即使戴上口罩，也挡不住弥漫在车间里的浓烈气味。工人下班回家后，都得把衣服脱下来晾在院子里，如果放到屋里，会弄得满屋子有气味。其次是当时的工作条件非常原始，几乎所有的工作，都是靠一双手，而那些化工原料都是容易着色的，因此每个工人的手都被化工原料染成了蓝紫色，有的人脸上也会被染成一片一片的，胎记似的，并且还很难洗掉，很是影响形象，特别是几个年轻的工人，在那段时间都不敢和对象约会。

毫不夸张地说，他们是在用最原始的工具和方法，生产一种先进、高端的化工原料。

产品找到了销路

然而产品生产出来后，却一时找不到销路。因为国内所有的用户都知道国内没有生产厂家，把目光都盯在了国外，形成了一种惯性思维。业务员跑了几个厂家，也都不敢用，他们都不相信国内产品的质量。

无奈，仇荣林便亲自出去跑销售。经过调研，他首先到了泰安市一家化工厂，这个工厂一直用日本厂家的原料，对他们拿去的样品看都不看，就拒绝了，对方根本不相信滕州这个地方能生产出合格的"1,4-萘醌"来。仇荣林提出让他们免费试用，他们也不愿意。泰安这个化工厂主要生产"3，3'-二氯联苯胺"，是一种极为重要的颜料中间体，市场价格很昂贵，而生产时所用的"1,4-萘醌"的数量又很少，对方怕用了不合格的配料，坏了他们的产品，而因小失大、得不偿失，所以不愿意试用。

供应科不愿意，仇荣林就找厂长，厂长也是不同意试用。厂家不愿意冒这个险。

这个厂家的销售渠道似乎打不通了！

仇荣林却没回去，而是找了个宾馆住了下来，他还要继续攻关，想把这个客户争取过来。当天晚上，他去了泰安化工厂技术员家里，请求他偷偷试用。技术员不敢，怕出了问题担不起。仇荣林拍着胸脯向他保证没问题，技术员仍然不敢用。他不答应，仇荣林就天天晚上到他家里来软磨硬泡。那个技术员被缠得没法，又看他是个实诚人，勉强答应偷偷试用一下。结果真如仇荣林所说，竟然和日本产品效果一样！这个技术员惊喜地向厂长汇报了这一结果，厂长也很惊愕，当即把仇荣林叫过来，商谈价格，仇荣林报价十二万元一吨，竟然比日本的原料每吨便宜了六万元。企业最注重的是效益，有便宜的原料，绝不会用贵的。双方当即达成协议。从此，泰安市这家工厂主要使用仇荣林的产品，很少进口日本的"1,4-萘醌"了。

随后，仇荣林带领几个销售员，利用自己产品的价格优势，又成功开发了几个小客户。经过近两年的不断投入，终于开始有了回报。尽管这个回报很小，企业仍处于亏本状态，毕竟让人看到了希望。

31 这个项目像鸡肋

一生产，就亏损 虽然投入了生产，产品也有了客户，但产量和产品萃取率很低，日产量只有十斤左右，萃取率仅有8%，根本达不到苏永宁在日记中说的30%左右，产出与投入极不成比例，严重亏损。

苏永宁告诉仇荣林：原因是自制的设备简陋、工艺落后，改造一下设备，完善一下工艺，产量和萃取率都会有所提高的。

仇荣林对苏永宁这个大专家深信不疑、言听计从，随后按照他的要求，决定改造设备、技术升级。通过长时间的观察，仇荣林发现苏永宁是个实验室型的专家，只会搞实验，不太懂设备和生产，就把懂设备和生产的阮丽荣、孙国栋和吴玉同三个人继续留下来，成立一个集研发、设备改造、工艺提升于一体的团队。当初聘请阮丽荣他们三个人过来时，计划搞好中试和设备制造之后就解聘，仇荣林为了尽快解决这一系列难题，仍花高薪继续聘用他们协助苏永宁。

为了给这个团队配备得力的助手，仇荣林想招几个大学生，结果没人来，就把徐德沛、闫先霞、张玉国等几个有学历的青年人全部集中过去，还觉得不充实，又让闫先霞拉来了她几个中专同学……

为了尽快攻克技术关，实现预期的生产目标，仇荣林竭尽全力给几位专家提供了他所能提供的一切资金和物资保障。

然而，经过半年多的改造，日产量仅达到一百斤左右，萃取率仅达到12%，再也提高不上去了。在这半年多时间里，仇荣林带领徐德沛、闫先霞等一帮年轻人，按照专家的要求，几乎把那套设备从头到尾改造了一遍，仍然起色不大，似乎走到了一个瓶颈期。

阮丽荣和孙国栋两个人悄悄告诉仇荣林，经过这半年多的改造，他们发现，产量和萃取率低的主要原因，不完全是设备的问题，而是苏永宁的提取方法有问题，这种先天性的不足，仅通过改造设备，无法有质的改变。

知道了这个真相，仇荣林既失望，又沮丧，多少有点被欺骗的感觉，但是他主动找的人家，并且是重金把人家请来的，有苦说不出。退一步说，出于对苏永宁这种级别的专家的尊敬，他也不好意思抱怨。再说，抱怨也没用。他能做的，就是亡羊补牢，让苏永宁在提取方法上做文章、下功夫。

不是生产工艺问题

一天晚上，仇荣林让食堂专门做了几个菜，把苏永宁叫到办公室里，开始了一次不同于往常的对话。往常，仇荣林也经常请苏永宁一块儿喝酒，但都是请阮丽荣、孙国栋、吴玉同几个人一块儿，这次却只请了他一个人。苏永宁知道仇荣林有事要和他谈，显得有些忐忑，刚端起酒杯，就问："仇总，有什么事，您说吧。"

仇荣林也不绕弯子，直接说："苏教授，今天就咱两个人，你给我句实话，咱们的产量和萃取率，还能提高吗？"

苏永宁窘迫了一会儿，肯定地说："当然能提高！"

仇荣林说："投产半年多了，我按照你的方案不停地进行改造，怎么还是原地踏步、没有多少进展啊？"

苏永宁说："现在看来，还是生产工艺的问题。"

仇荣林说："到底是工艺问题，还是你的课题研究不成熟呢？"

苏永宁说："我的课题研究绝对没问题，问题就出在我们所用的催化剂上，换种催化剂肯定行！"

听苏永宁说得肯定，仇荣林似乎又看到了希望，当即表态说："既然是这样，我们就换催化剂。"

第二天，仇荣林就和苏永宁一起去南京购买催化剂。让人没想到的是，苏永宁所说的那种催化剂竟然是几十万元一吨的天价！直把两个人惊得目瞪口呆。仇荣林看着苏永宁问："买吗？"苏永宁快速眨巴了几下眼皮说："太贵了！我们回去自己研制吧。"仇荣林又问他："我们自己能研制出来吗？"苏永宁很有把握地说："行！没问题！"

回来后，用了两个多月的时间，苏永宁果然研制出了新型催化剂。可是，产量和提取率依然上不来，几乎还是原地踏步。

在随后的几个月里，仇荣林按照苏永宁的要求，又进行了各种改造和尝试，令人沮丧的是，产量和萃取率仍然上不去！

这让仇荣林认识到，"1,4- 萘醌"这个高科技产品在苏永宁手里，永远也不会达到他所期望的效果，他的热情没了，心凉了。

大专家跑了

雪上加霜的是，日本企业这时又与仇荣林的产品打起了价格战。日本企业发现山东的几个化工企业，在近几个月里，购买他们产品的数量突然间减少了，便派人前来市场调查，发现中国有了"1,4- 萘醌"的生产企业，便决定用更低的价格，把中国这家还在摇篮中的企业扼杀掉，以便今后重新垄断市场。他们把"1,4- 萘醌"的销售价格由原来的 18 万元 / 吨，直接降到 10 万元 / 吨，比仇荣林的 12 万元 / 吨低了 2 万元。

大家知道日本产品的质量好，价格低，便无人再买仇荣林的产品。为了销售，仇荣林不得把价格降得比日本企业更低，以 9 万元 / 吨的价格出售。

原来按 12 万元 / 吨的价格出售就严重亏损，如今更是亏得一塌糊涂。很快地，仇荣林生产泡花碱所积累起来的家底子，就要消耗殆尽，难以支撑了！

苏永宁一看形势不好，觉得无颜面对仇荣林，便在一天夜里，不辞而别，悄悄地走人了。气得仇荣林把他宿舍里留下的生活用品全都扔了。

阮丽荣、孙国栋和吴玉同三个人，看到主要研发人苏永宁走了，觉得再待下去已没有意义，也辞职走人。把一个烂摊子留给了仇荣林。

阮丽荣三个人临走时，郑重地奉劝仇荣林下马这个项目，告诉他这是一条很难走通的路。

仇荣林也认为这个项目生存价值不大，想下马，可是又有很多顾虑。一是当初市里领导把这个项目看得挺重，如果停了，不好面对领导，也会让社会上一些人笑话他；二是几年来他投入了太多的资金和精力，对这个项目抱有太大的希望，不甘心就此放手。

这个项目像个鸡肋，食之无肉，弃之可惜。仇荣林犹豫不决，他的创业路，又走到了一个十字路口。

32 下马 "1,4- 萘醌"

就在仇荣林犹豫不决时，日本企业两位代表来到厂里"参观"，临走前告诉仇荣林，他们愿与仇荣林合资办一个现代化的"1,4- 萘醌"生产企业，如果仇荣林有意愿，可随时与他们联系。

日方找上门来合资，这是求之不得的大好事。镇领导听到这个消息后，要求仇荣林尽最大努力促成这次合资。如果合资成功，东郭镇就有了合资企业，不仅是一个不小的政绩，还能带动全镇经济发展。职工们听到这个消息，也都为即将成为合资企业的工人而欢欣鼓舞、喜笑颜开。

只有仇荣林高兴不起来。

仇荣林不是不想合资，而是此时的仇荣林没有合资的资本。"1,4- 萘醌"从研发，到设备加工制造，再到投入生产，一直是投资、投资、再投资，这些年来的积累，已用得精光，根本没钱了！可谓山穷水尽、穷途末路了！没有钱，拿什么与人家合资？况且，与日方合资建一个现代化的企业，那是需要巨额的资金啊！是仇荣林根本没法筹措的。看着是块肥肉，自己没这个能力吃下去。但，这个情况只有仇荣林和会计林家增知道，仇荣林再三嘱咐林家增，不要让大家知道了企业的困难情况，怕引起职工恐慌，也怕外人笑话，丢面子。对外只说不愿意和日本合资。

就在镇领导和职工们都劝仇荣林与日方合资时，与泡花碱厂相邻的淀粉厂出了一个事故，造成数人死亡，多人受伤。

这个事故极大地震惊了仇荣林。从事故现场回来，坐在办公室里不停地抽烟，他感到莫名的害怕。"1,4- 萘醌"的生产过程，其实要比淀粉厂危险得多，如果有了静电，或者操作不慎，十几吨汽油和萘，瞬间就会变成一片火海，一个班上十八个工人顷刻间就会命丧黄泉。而萘等化工原料的泄露，还会造成大面积的污染，而他们所在的辛绪村是滕州市整个城市的水源地的上游，一旦污染了，整个城市的饮用水将受到严重影响。如果那样，不仅要受到法律的制裁，还会遭到全市居民的唾骂，他将成为千古罪人，百死莫赎。自从"1,4- 萘醌"投产以来，仇荣林的心一直是悬着的，就连觉也睡不踏实，生怕有了闪失，出了事故。淀粉厂的事故，向他敲响了警钟，也让他感到了前所未有的恐惧和担心，几十个工人的生命和整个城市吃水安全，让他决心停止"1,4- 萘醌"的生产，不再继续这种在刀尖上跳舞的营生。

其实，即使没有安全隐患，"1,4- 萘醌"生产，也已到了非停不可的地步，原因是继续生产下去，会使企业一直亏损下去。如果想止损，要么停产，要么按照阮丽荣和孙国栋所说的，继续研发，重新制造一套新设备。而重新制造一套新设备，效果怎么样是未知数不说，至少需要二百万的投入，而那时仇荣林手里根本没钱了，根本拿不出这笔资金。还有，重新制造新设备，至少需要半年的时间，在这半年里，光投资，没效益，拿什么发工资？

思来想去，唯一的选择就是放弃。

可是，真下马这个项目，又有点恋恋不舍。"1,4- 萘醌"从研发、设备加工，到投入生产、打开销路，不仅耗费了两年多的时间，而且消耗掉了四百多万元资金，这四百多万元，是他办泡花碱厂八九年全部积蓄。如果此时下马，不仅四百多万元打了水漂，更重要的是，仇荣林为这个项目投入的那么多的精力，寄予的那么大的希望，都将统统落空。

让他纠结的，还有面子问题，如果下马了"1,4-萘醌"，也怕别人笑话他。自从苏永宁和几位专家走后，仇荣林就一直想下马这个项目，出于留恋，碍于面子，一直在犹豫，迟迟下不了决心。

村淀粉厂的事故，震惊了仇荣林，也让他有了下马的台阶和借口。不久，仇荣林宣布：下马"1,4-萘醌"。

仇荣林宣布这个决定时，人们看到，他面容憔悴，双目通红，显然是经过了激烈的思想斗争，才做出这个痛苦的决定。

随后，把耗费一百多万元加工出来的"1,4-萘醌"生产设备，全部当废铁卖掉；那一排高大的厂房闲置下来。几年后，生产泡花碱挣了钱，仇荣林把它改造成一座三层的仿古建筑，一、二层作为公司食堂，第三层作为接待室。

至此，仇荣林选择的高科技项目"1,4-萘醌"，以赔光了所有的资金而结束！

唯一能交代的是：他把"1,4-萘醌"研制出来了，并且投入生产了。

因为"1,4-萘醌"的研发和生产，是填补国内空白的新成果，在东郭镇和市科技局两位领导的帮助、协调下，得到了科技部六十万元的奖励资金。

仇荣林投入四百万元的项目，也算有了回报。

仇荣林用这六十万元，重新开始了泡花碱的生产。

六台炉子的泡花碱厂与"1，4-萘醌"同时生产

登高赋

第九章
蜕变与跃升

33 走出西北大洼

酒桌上的情报　　　　从 1993 年创建泡花碱厂起，每年正月初五开工，仇荣林都要开一个新年起步会。年初六，则带着厂里的几个骨干人员，去外地泡花碱厂转一圈。一是参观学习，看看别人有什么值得学习和借鉴的管理经验、先进技术，以便为自己所用。二是去走访，联络一下同行之间的感情，以便今后相互帮助。顺便带大家出去散散心、鼓鼓劲。一举数得。

这已成惯例。

2004 年春节后，仇荣林照例带领林家增、仇心忠、梁子清、徐德强等几个骨干成员出来了。按照计划，要去莒南和河北两个地方。

第一站来到莒南县大店镇。这个镇有七八家泡花碱厂，算得上一个泡花碱生产基地。通过这些年来不断交往，仇荣林和几个厂长都成了朋友，特别是庄绪安，两人关系特别好，仇荣林每次来大店，都是先找庄绪安。这次当然也不例外，他们一行人来到庄绪安的厂子，参观一遍之后，天已到中午，庄绪安把镇上几个泡花碱厂的厂长全部请过来，到镇上最好的饭店，请仇荣林几个人吃饭。远来为客，本应是庄绪安尽地主之谊的，可仇荣林觉得是来向人家学习、走访的，非得坚持自己请客不可，以表达自己的诚意。每年都是如此。仇荣林的厚道和能力，让几位厂长赞成而又敬佩，每年与仇荣林共餐，都是气氛热烈，畅所欲言，无话不谈。当然，谈论最多的话题，还是泡花碱的工艺技术和生产成本。

大店镇经委主任老魏自己也办了一个泡花碱厂，席间，他向仇荣林提供了一个非常有价值的信息：利用焦化厂排出的煤气当燃料，可以大大降低泡花碱的生产成本。

降低生产成本，一直是仇荣林苦苦追求的，这个信息，让仇荣林眼睛一亮，他问道："具体可以降低多少？"

老魏说："具体能降低多少，我也没有准确的数字，因为没有这样的先例，但可以肯定的是，比烧煤炭能成倍地节省。"

仇荣林脸上立即有了向往之色，说："这真是个福音，大好事。可是，到哪里去找气源呢？"

老魏告诉仇荣林，年前，他已到两家焦化厂谈过，其中就去过枣庄焦化厂，这些厂家都愿意把排出的煤气供给他使用。老魏对仇荣林说："你如果有兴趣，可以去枣庄焦化厂具体谈谈。"

仇荣林听了很是兴奋，他疑惑地问老魏说："既然你已谈好了，怎么舍得让给我？君子不夺人所爱，这是你的财路，我可不占。"

老魏解释说："枣庄焦化厂的排气量小，只够两三台炉子用的。我又找到了青州焦化厂，那里的煤气排量大，能满足六台炉子生产用气，所以我决定放弃枣庄，去青州建厂。"

仇荣林看了看老魏，又环视了同席的几位厂长，说："在座几位厂长都是多年的老伙计了，这样的好事，要让，也得让给他们，轮不到我呀。我不能抢你们碗里的饭吃。"

老魏是大店镇经委主任，也算是他们几个厂长的领导，他居高临下地笑着说："我当然得先让给他们了，可他们都不愿意干，怕冒风险。这几个人呀，认为在家门口稳妥地干着就行了，不想到外地去冒险。"

这时，庄绪安说话了："仇厂长，不瞒你说，老魏确实想让我们去枣庄焦化厂试验一下，可我们几个人都觉得用煤气生产泡花碱，不靠谱，风险太大，所以没人愿意去。我劝你也慎重点，这可不是闹着玩的。"

接下来，几位厂长七嘴八舌地说开了，主要意思是说，用煤气生产泡花碱，从来没人尝试过，是个很冒险的尝试，如果成功了，当然是好，一旦失败了，那将是血本无归，厂房、炉子都得扔在焦化厂。大家一致认为老魏的这个想法，是奇思怪想，不切实际，没有可行性，因此，谁也不愿意去冒这个险。

但仇荣林却认为这是一个大好机会，他非常兴奋。下马"1,4-萘醌"，重新开始生产泡花碱后，煤炭的价格一直在涨价，由每吨三百五十元一路飙升到八百元，而泡花碱的价格却不怎么涨，导致生产没有利润甚至亏损，很多厂家被迫停产。利用煤气代替煤炭，让仇荣林看到了泡花碱生产的大好前景。

仇荣林当即问老魏："你真愿意把枣庄焦化厂让给我去做？"

老魏十分肯定地说："军中无戏言。你只要愿意去，我绝无二话，你放心就是。"说完，端起酒杯，与仇荣林碰了一下，算是击掌起誓、永不反悔。

饭后，仇荣林放弃了去河北走访的计划，直接开车回了滕州，商量去枣庄办厂的事宜。

然而，当他们坐在办公室里，静下心来，几个人又犹豫了：去枣庄办厂，人生地不熟，一是怕当地政府设卡、刁难，二怕当地百姓欺负、讹诈。如果真出现这种情况，再好的厂子也办不下去，等于白投资。这样的例子比比皆是。后来，大店的老魏到青州焦化厂投资数百万元建起了六台炉子，只干了一年多，在产销两旺的时候，当地人眼红，运用各种不正当的手段，把他排挤走了。可见他们的担心并不是多余的。

还有，用煤气烧制泡花碱，属于第一个吃螃蟹的行为。能不能成功，也未可知……

总之，去枣庄办厂，有很多不确定性。因此，仇荣林没有马上行动。

去枣庄拼一次

犹豫了一段时间，他看到煤炭价格仍在不断上涨，开始冷静分析自己的处境：如果在辛绪村继续干下去，稳妥是稳妥，却也挣不到多少钱，弄不好的话，国家奖励的六十万元也会被消耗掉，让自己重新变成一无所有。与其这样，不如去枣庄拼一次、搏一把，如果成功，他将咸鱼大翻身，万一失败了，大不了从头再来！

仇荣林不再犹豫，决定去枣庄建厂。他把仇心忠、林家增、徐德强、梁子清几个人叫到办公室，商量去枣庄办厂事宜。几个人问他："你考虑好了吗？"

仇荣林回答："我想好了，决定去枣庄办厂！不入虎穴，焉得虎子。我们不能在大好机会面前，像个小脚娘们，瞻前顾后、畏缩不前！"

几个人又提醒他说：到了枣庄，如果被当地政府卡了、百姓讹了，怎么办？如果用煤气失败了怎么办？我们厂里的底子可是薄得很呀，经不起折腾了啊！

仇荣林目光坚定地说："有机会，就得去闯、去试。大不了一无所有，从头再来！"

几个人看到仇荣林决心已下，相视而笑，齐声说：就等你这句话了！富贵险中求。这么好的机会，如果患得患失，放弃了确实可惜！如果去闯一次、搏一把，说不定还能闯出一片新天地来。

第二天，仇荣林和林家增、仇心忠几个人一起去了枣庄焦化厂。打听到这个焦化厂是临沂驻枣庄的一家外地企业，属于市中区光明社区管辖。枣庄是铁道游击队的故乡，也是全国有名的煤炭基地，素有"煤城"之称。九十年代初期，光明社区利用当地盛产煤炭的资源优势，兴办了这个焦化厂，但由于管理不善，厂领导班子换了一茬又一茬，效益依然不好，后来采取了承包的办法，几经转手，最后转到了临沂一个私企老板的名下。但这个焦化厂的产权，依然是光明社区。

仇荣林和林家增、仇心忠几个人，来到了市中区光明社区，询问具体情况。

光明社区主任张德忠接待了他们。

张德忠是一位从基层干起来的干部，文化水平高，有经济头脑和发展意识，听说仇荣林是来投资办企业的，非常热情地接待了他们。他认真听完仇荣林想来办泡花碱厂的想法后，详细向仇荣林介绍了焦化厂的基本情况，并对仇荣林承诺：他们光明社区愿意以最大的诚意和热情帮助、支持他来此投资建厂。临走时，张德忠把他们送到门外，握着仇荣林的手说："什么时候遇到了困难，随时来找我，我会竭力为你服务，做好后勤工作。"张德忠还派了一位社区干部，陪着仇荣林，帮助联系、协调有关方面的工作。在这期间，几乎所有的难题，都让张德忠帮助解决了。这让仇荣林看到了一位真心为企业服务的好干部，从心里佩服他。张德忠看仇荣林是个干事业的人，也很赞赏他、敬重他，两人惺惺相惜，渐渐处成了好朋友。时隔多年后的今天，两人的友情依旧不变，每逢仇荣林去枣庄，都会去拜访张德忠；张德忠呢，总会热情地接待他；即使不见面，两人也经常电话联系。这是后话。

当地政府的态度，让仇荣林吃了定心丸，从社区出来，就和林家增、仇心忠几个人一起去焦化厂实地考察。

焦化厂坐落在枣庄市城区最南端的城乡接合部。来到焦化厂大门口时，几个人看到厂子西边有一块空闲地，都说在这里建厂最合适。陪同他们前去的光明社区干部介绍说，这块地属于光明社区涝坡村，如果仇荣林想征用这块地建厂，他可以带领他们去找这个村的干部协商，估计问题不大。仇荣林想了想说："先到焦化厂把使用煤气的事定下来，再说用地的事吧。"

进了焦化厂，几个人一眼看到厂区南部有一块空闲地，比涝坡村的那块地更适合建厂。询问焦化厂里的工人，证实那是一块闲置的地，多年来一直当垃圾场使用。仇荣林对其他几个人说："如果能在这个地方建厂，是最好的了。"

林家增赞同说："这块地当然好了。"

仇荣林像是考验林家增，又像是验证自己的判断，问林家增："你说好在哪里？"

林家增抿着嘴笑了笑，说："用这块地起码有两大好处，一是我们的泡花碱厂建在焦化厂内，不会受到外界的干扰，不用担心周围的村民来讹咱、干扰咱，既安全又省心；二是离气源近，可以减少管道的铺设，节省建设资金，还可减少煤气的损耗。"

仇心忠也附和说："对，在这个地方建厂最理想！"

仇荣林笑着说："既然大家都认为这个地方最好，咱就向焦化厂尽力争取用这块地！"

在光明社区干部的引荐下，仇荣林一行人见到了焦化厂的厂长，说出了想来此利用焦化厂的煤气建泡花碱厂的想法。厂长告诉他们，他虽然是厂长，但只是个聘用的管理者，是一个职业经理人，不是老板，这样的大问题，他不能做主，必须得找老板协商。

原来，这个焦化厂的大老板叫张怀远，在临沂有一个集团公司，是与全国劳模王廷江齐名的人物。枣庄焦化厂只是他旗下的一个企业。

第二天一早，仇荣林便带着林家增、仇心忠几个人开车来到临沂总部。张怀远的秘书告诉他们，张老板要接待的人很多，让他们等候。

几个人便在办公楼前等候，以为很快会被召见，可看着一个接一个人进进出出，却总不见秘书来叫他们。几个人等得无聊，便在院子里来回走动，看到院子里停放了几辆小汽车，便走过去仔细观看，其中有一辆小车非常豪华，大家都不认识是什么车，便问保安。保安告诉他们，这是劳斯莱斯，老板的车，价值几百万，被誉为"世界上最豪华的车"。看着这款名车，又看到一拨又一拨求见的人，几个人感慨万千，林家增感慨地说："看看人家，这才是真正的大老板！"仇荣林点点头说："张怀远是临沂市知名的企业家，在全省都有名，当然不一般了！"林家增笑着说："你什么时候能干成他这样，当上大老板，我们也跟着坐坐这样的豪车！"仇心忠也说："坐上这样的车，真给人涨面子。"林家增和仇心忠本来是随口说说而已，仇荣林却认真了，他像是回答林家增和仇心忠，又像是自言自语："张怀远的事迹，我听说过一些，他的企业也是从小到大逐步发展起来的。只要努力干，相信我们也会有这一天的！"仇荣林这句话，在场的人都认为是一句鼓劲的话，谁也没当真。十多年后，他真的创造出了令员工"涨面子"的这一天，并且远远超过了当年他们仰慕的、认为可望而不可即的人。

等到中午十一点多，秘书才把仇荣林领进了张怀远的办公室。张怀远虽然是大老板，并不像大家想象的那样高高在上，见到仇荣林，赶忙起身与他握手，又让秘书给他倒了杯水，然后很和气地问找他有什么事。仇荣林作了一个简单的自我介绍，便说明了来意。张怀远听了很感兴趣，问道："用煤气烧制泡花碱，你是怎么想起这个主意的？"仇荣林实话实说："我是听一个同行朋友说的。"张怀远忽然想起来，问道："枣庄焦化厂厂长说，年前有个人专门过来询问用煤气的事，是你吧？"仇荣林说："不是我，是我一个朋友。就是他给我提供的信息。"张怀远又问道："用煤气烧制泡花碱，是个新尝试，你考察好了吗？听你刚才自我介绍，和我一样，也是农民创业，白手起家，不容易，可别冒险。"仇荣林说："我考察好了，只要你能供给我煤气，我就能做好！"张怀远说："我们焦化厂的煤气排到空气中，既污染环境，又没收益，你能利用，是一举两得的好事，我当然愿意给你使用。"说罢，张怀远拿起电话，叫来秘书，让仇荣林与秘书商谈具体细节，签订了合同。张怀远还特意安排秘书，留仇荣林几个吃了午饭。

在仇荣林的争取下，合同签订的煤气价格不高，并且，还免费争取来了焦化厂南部的那块土地，用来建厂。

仇荣林此行，可谓是收获很大，满意而归。

34 奋战枣庄，45 天起高炉

"不会，就去学！" 从临沂回到辛绪泡花碱厂，仇荣林把仇心忠叫到办公室里，对他说："这几天你要抓紧时间研究一下用煤气烧泡花碱的炉子，准备去枣庄建厂。"仇心忠听后，挠着头说："你也知道，我所掌握的技术，都是烧煤炭的炉子，根本没见过烧煤气的炉子，连听说都是第一次，我怎么研究啊？！"仇荣林不高兴地说："你是我的技术员，你不研究，谁研究？"仇心忠不服气地说："我也不能凭空去研究啊，我哪有这么大的本事啊？"仇荣林说："不会，就去学！这世上，没有学不会的东西，只有不愿意去学习的人！"仇心忠强调说："学习也没地方去学啊！"仇荣林站起身来，拉起仇心忠就往外走。仇心忠问："你拉着我去干什么？"仇荣林边走边说："走，我们到大店去学习。"

他们来到大店，没有像往常那样去找庄绪安，而是直接去找老魏。他们以为老魏懂得这种炉子的技术，没想到他也不懂，正因为炉子的技术问题没解决而迟迟没去青州动工呢！

利用煤气烧制泡花碱，是老魏的首创，除了他，再也没有地方请教了。

唯一的办法就是自己解决。

从大店回来后，仇荣林对仇心忠说："既然没地方去学，咱两个人共同研究吧。"

仇心忠虽然有些畏难，却别无选择，就和仇荣林一起开始讨论、研究。他们一致认为，用煤炭和用煤气烧制泡花碱，两者虽然不同，但原理应该是相通的，都是用火加热，不同的地方只是炉膛的结构。用煤炭，炉膛里要有煤炭燃烧的地方，而烧煤气，不用占地方。按照这个原理，他们结合正在使用的炉子，用了三天的时间，画出了煤气炉子的草图，拿给大家讨论，都认为可行。

"我得带头干！"

有了炉子的建造方法，仇荣林迫不及待，第二天就要带人去枣庄施工建厂，仇心忠提醒他第二天是清明节，才不得不拖了一天。

仇荣林之所以这么急切，是因为那时的煤炭价格由原来的三百五十元一吨一路飙升到八百元，泡花碱生产已无利润甚至亏损，致使很多泡花碱厂被迫停产。如果用廉价的煤气生产，将会有很大的利润，早一天投产，就会早受益、早获利。他想抓住这次机会，打个翻身仗，东山再起。

仇荣林是个不会放过任何机会的人。

这一次，他孤注一掷，把辛绪泡花碱厂的生产全部停掉，把所有人员、所有资金全部集中到枣庄去建厂。

他粗略算了一下，仅有的、科技部奖励的六十万元钱，去枣庄建厂根本不够，就让仇心勇带人把辛绪厂里的泡花碱炉子拆掉，找村里的妇女把拆下来的耐火砖清理干净后，运到枣庄建厂用。这样，可以节省一大笔费用。

仇心勇是仇心忠本家的一个兄弟，协助仇心忠搞技术。听到仇荣林让他拆炉子，瞪大了眼睛问道："把这些炉子拆掉了，你不打算回来干了吗？"

仇荣林说："现在资金紧张，要集中一切力量去枣庄建厂。"

仇心勇小声说："万一枣庄弄不好，可就没退路了呀！"

仇荣林说："我压根就没留退路，这次到枣庄建厂，只能成功，不能失败！"

仇心勇看仇荣林态度坚决，不再说话，带领几个人拆炉子去了。

仇荣林带领全厂人员，浩浩荡荡开赴枣庄。

焦化厂按照总部与仇荣林签订的合同，把厂区南部废弃的那块土地，无偿给仇荣林建厂使用。那块地有七八亩大小，其中有一半是两三米深的大坑；另一半因为废弃多年，杂草丛生，垃圾遍地，一片狼藉。仇荣林带领工人把一米多高的杂草割掉，又租了拖拉机把垃圾运走，用推土机把两三米的深坑全部填平，然后开始支炉子、建车间、架设输气管道……

"快一点就是赢。"仇荣林非常相信李嘉诚的这句话。

为了赶工期，尽快投产，宿舍不建，直接开始砌炉子。其实想建宿舍也没钱，仇荣林手里仅有的六十万元，全部用到生产建设上，也是非常紧张。好钢用在刀刃上，他必须把这笔资金全部用到厂子的建设上。

仇荣林向焦化厂借了一排废弃多年的宿舍，和四十多名职工一起住进去。那排宿舍是几间瓦房，由于多年不用，房顶的瓦一片片塌陷，白天能看到天空，夜晚能看到星星。没有屋门，窗子没玻璃，屋里面结满了蜘蛛网，墙体黑暗，地面潮湿。仇荣林让人买来几十领草苫子，往地上一铺，大家挤在一起睡觉。

用一个废弃的水泵房当伙房，没有餐桌、餐椅，吃饭时，大家轮流进去盛一碗菜出来，然后蹲在院子里吃。那阵势，那艰苦，像当年出河工，远远看上去，活像一群流浪汉。但在仇荣林的鼓动下，大家没人叫苦，认为这只是暂时的，等投入生产就会好起来。

根据焦化厂的排气量，仇荣林决定同时砌两台炉子。两台都是几十平方米的大炉子，又是自己研究的新炉型，施工的每一个环节，都要有人具体指挥。仇心忠作为唯一的技术员，在两台炉子之间来回穿梭，忙得连喝水的时间都没有。他不仅指挥具体施工，有说不明白的地方，他还要亲自示范，像工人们一样，弄得一身泥水，工人们开玩笑说他："看你戴着副眼镜，像个技术员，可看看一身泥土的邋遢样，又像是个落魄的穷酸秀才。"晚上，工人们都休息了，他则坐在灯下，和仇荣林一块儿商量明天的施工。

炉子的底部砌好后，仇荣林抽出一部分人同步建设厂房、焊接输气管道。本来人手就紧张，分成三块施工，人员更加紧张，特别是电焊工，既要焊接管道，又要焊接车间的框架，人手少，不能倒班，每天要干十五六个小时，干到凌晨时分，困得实在睁不开眼了，才从焊架上下来回去睡觉。每当看到大家极度困倦的样子，仇荣林就心疼地说："大家都累了，困了，别干了，回去睡觉吧。"有的工人就说干完这几个接口再去睡觉，仇荣林心里也想让他们干完再下来，可看到每个人都昏昏欲睡的样子，怕从架子上掉下来摔伤了，坚决让他们停下来。剩下的几个接口，他和张永文一块儿干。张永文是刚招来的一个青年人，踏实能干，有文化，仇荣林本来让他给仇心忠当助手，想培养他当技术员。因为电焊上人员紧张，把他临时调到这边来。

在那些日子，几乎所有的工人，下了班之后，一身的泥污都顾不上洗一下，赶紧跑到宿舍里睡觉。睡觉，成了所有人的第一需求。

看到工人们都苦累成这样，仇荣林也很心疼，可是为了赶工期，没办法。他唯一能做的，就是让负责后勤的林家增变着法改善生活，今天吃鱼，明天炖肉，后天杀个羊，让大家吃好，保证营养，保证体力。仇荣林干工作是个拼命三郎，跟他干，不能孬种。工人们后来总结说："仇总的企业之所以能在泡花碱和硅胶行业中脱颖而出、后来居上，看了电视剧《亮剑》才知道，就是因为有了仇总这样拼命干、带头干的领导者。正如李云龙所说的，一个部队的领导人，就是一个部队的灵魂。有什么样的领导人，就会带出什么样的部队。我们辛化集团，正是因为有了仇总注入的这种拼搏精神，才会有今天的成就。"

工人们劳累，仇荣林更辛苦，他是总负责、总指挥，工作千头万绪都要他谋划、要他拍板，还有焦化厂里的一些关系要他去协调。工人们还有个上下班，他却没有，每天都要忙十七八个小时，在砌炉子最要紧的时候，他竟然连续三夜没睡觉，一边指挥砌炉子，一边指挥建车间、焊接管道。负责支炉子的仇心忠遇到了难题，还得找他商量、请示。一旦有了空闲，他就和工人们一起干活。他既是指挥员，又当技术员，还是带班干活的班长。他嗓子哑得说不出话，眼睛红得像灯笼，仍然坚持着。工人们看到他劳累到极度的样子，都劝他适当休息一下，不然身体吃不消，他却笑说："没事，就我这身体，累不垮，也熬不坏，我就是个铁人。"他又说："你们都这样拼命干，我怎能不干呢？我得带头干！"

"我的心脏没问题！"

没想到让几个工人说中了，到了投产的时候，仇荣林真累倒了。

那天早上，妹妹仇光芹打电话，说母亲的痛风病犯了，疼得受不了。仇荣林是个孝子，放下电话，就让司机开车回家接母亲。听说台儿庄有一位老中医治疗痛风效果好，就带着母亲前去求医。

车刚开到枣庄，仇荣林突然胸闷难受，汗流不止，眼前发黑，他意识到自己的身体出了问题，让司机把车开到焦化厂，把闫先霞叫过来，让她陪着母亲去台儿庄求医，自己去附近的医院。司机看他面色苍白、满脸汗水，要先把他送到医院看病，然后再去台儿庄。他觉得自己身体没大问题，坚持没让车送，一个人坐公交车去了枣庄市立医院。在公交车上，他给市立医院一位熟悉的医生打电话，简单说了一下自己的情况。那位医生是仇荣林本家的一位婶子，知道他是个工作狂，特别是到枣庄建厂后，她和丈夫来过几次，亲眼看到仇荣林没日没夜地工作，一直担心他把身体累坏了，曾交代他要注意身体，可他就是不听……当她接到电话，便知道仇荣林是把身体累垮了，断定是心脏出了问题，因为怕他紧张，嘴里便故作轻松地说不要紧张，没什么大病。挂了电话，这位本家婶子便叫了两位护士，拿起一副担架，来到医院大门口等他。仇荣林看到这阵势，心里紧张了一下，马上笑着说："我能走能跑的，准备担架干什么？"那位婶子急切地说："别说话了，赶紧躺到担架上来！"仇荣林看到婶子表情严肃，话语不容置疑，便犹犹豫豫躺到担架上，被抬进了急救室。经过会诊，确认是心脏病急性发作，心跳仅有三十六下。经过抢救治疗，脱离危险后，医生才告诉他：幸亏就诊及时，不然心跳很可能会骤停。在医院住了九天，仇荣林觉得自己没事了，要求出院，医生建议他置入心脏起搏器，以防心搏骤停，危及生命。仇荣林觉得自己的身体没问题，对医生说："我的身体我知道，不需要。"坚持没放心脏起搏器。

出院后，家人不放心，又催促他到滕州市中心人民医院复诊一次，几位专家会诊后，也建议放心脏起搏器，仇荣林仍然坚持不放。

为了进一步确诊自己的病情，仇荣林又到山东省立医院就诊。一位老专家诊断后，确定他的心脏没问题，之前的症状是烟酒过量，加上过度劳累和紧张造成的，他开了三十六块钱的药，让他戒烟、戒酒，注意休息，一个月包好。回来后，仇荣林按省立医院专家所说的去做，果然很快恢复起来，二十多年过去了，心脏依然健康。

45 天的苦干，值了！

为了赶工期，工人们都脱了一层皮，仇荣林累得差点送了命。也正是这样的奋战，仅用了四十五天时间，就在焦化厂那片废墟上建起了两台大型泡花碱炉子，投入生产运营。

大店的老魏和庄绪安等人，听说仇荣林仅用了四十五天时间就建成两台大炉子，根本不相信会有这么快的速度，结伴过来参观取经。他们看到两台大炉子已经投入生产，惊奇得半天说不出话来。老魏在仇荣林来枣庄建厂之

2004 年，45 天在枣庄建起泡花碱炉子

前，就已着手于青州泡花碱厂的筹建，而仇荣林开始生产了，他的厂子却还在建设中，他询问仇荣林用了什么方法后来居上的，是不是有什么诀窍。仇荣林笑着回答："什么诀窍也没有，就是一个字，干！加班加点、日夜不停地干出来、拼出来的。"

仇荣林这么拼命地赶进度，一是他就是这样的工作作风，做任何事总是讲速度，求快、求好；二是他看到那一年的煤炭价格一路飙升，由三百五十元涨到了八百多元一吨，造成生产成本太高，很多泡花碱厂因此而停产，甚至下马，泡花碱变得特别抢手。而焦化厂提供的煤气价格却很低：每生产一吨泡花碱，只向焦化厂上交七十元的费用，这样的生产成本，与用煤炭比起来，简直是低得不像话。换句话说，用煤气生产泡花碱，利润非常大，甚至可以说是暴利。早一天生产，就早一天获利，他想尽快把生产"1,4- 萘醌"造成的损失补回来，也尽快实现自己的原始积累。

因为炉子设计先进，气源充足，一天的总产量可达四十多吨。从投产那天起，泡花碱因为煤炭不断涨价而变得特别抢手，没有了从前的赊销，更没有了"以物易物"，都是拿着现款来进货。

仇荣林和工人们看到这样的场景，觉得四十五天日夜不停的苦干，值了，脸上都绽出了满足和自豪的笑容。

投产后不久，用盈利的资金，又增加了一台炉子，达到了三台炉子的规模。再想增加第四台炉子，焦化厂的煤气量已经不够用了。

在外人看来，仇荣林用七十元的煤气生产一吨泡花碱，比同行中其他企业用二百多元的煤炭才能生产一吨泡花碱，生产成本低了很多，利润非常可观！并且还供不应求，这让同行羡慕不已。

枣庄焦化厂的负责人看到仇荣林的泡花碱如此挣钱，觉得当初煤气价格定低了，在第三台炉子投产不久，要求涨价，由原来的每生产一吨泡花碱上交七十元的煤气费用涨到九十元，接着涨到一百四十元，后来又涨到二百元。

尽管这样，仇荣林的泡花碱厂依然有较大的利润空间。仅仅几个月的时间，仇荣林再一次快速积累了一笔财富。

35　转战西乡，扩张与蜕变

一波三折征地难　　丰厚的利润回报，让仇荣林尝到了用煤气生产泡花碱的甜头，但枣庄焦化厂的排气量有限，仅够三台炉子所用，这远远不能满足仇荣林的胃口。他急切地想再找到一个焦化厂合作，把自己的这块蛋糕做大。

很快，仇荣林打听到滕州市西乡境内正在筹建一个大型焦化厂。这个消息让仇荣林异常兴奋，立即开车赶到那里，找到焦化厂老板，协商使用煤气的事。这个焦化厂是滕州市政府一位主要领导亲自招商引资过来的项目，是一个股份制企业，老板是福建人。

经过商谈，焦化厂同意给仇荣林提供气源，但价格定不下来。这位福建老板不愿意按照枣庄焦化厂的模式收费，想按方收费，但怕价格定低了吃亏，要与其他几位董事商量后再定。

几天后，仇荣林按照约定的时间，再次去商谈。对方要的价格很高，仇荣林不愿接受，而对方又不让步，因为价格僵持下来。

急于办厂的仇荣林，便找到镇长帮忙出面协调，达成了 0.2 元／方的协议，签订了合同。

合同拿到手后，仇荣林立即向政府递交了投资办厂报告，申请建厂用地。在申请报告中，仇荣林特别强调，建厂用地最好与焦化厂毗邻，这样，可以缩短输送煤气管道的长度，降低建设成本，还可减少煤气输送过程中的损耗。

正在积极招商引资的乡政府，表示会尽力满足仇荣林的要求，并安排乡土地管理所具体落实。

可不知什么原因，土管所却迟迟不落实，仇荣林去了几次，都是不疼不痒地拖着。仇荣林觉得再找土管所也没用，就再找镇长，在他的协调下，把焦化厂附近的一块土地划给了仇荣林使用。这块用地离焦化厂很近，仇荣林很满意。

可是，正准备开工建厂时，市煤炭局会同煤矿找上门来，说这里地下有煤炭，是国家批准的开采区域，不能在上面建厂，以防塌陷，造成不必要的损失。

这让仇荣林空欢喜一场，只得请求镇政府重新调换地方。

可不知道什么原因，对招商引资热情很高的镇政府，在一夜之间冷淡下来，对于仇荣林调换土地的要求，嘴上答应，却一拖再拖。去问镇长和土管所，迟迟不给一个明确的答复，总是回答"过几天""再等等""还得再商量"……

事后，通过知情人了解到，当时这里的镇政府有相当一部分人认为仇荣林来办泡花碱厂，就是建个小作坊式的工厂，是小打小闹，成不了气候，不会有多大作为，既不能增加政府的政绩，也增加不了多少税收，可有可无，因而热情不高，甚至不欢迎仇荣林来办厂了。得知这个情况后，仇荣林找到相关领导，一再说明他要建的泡花碱厂，不是小作坊式的，而是有规模的中型企业，并把发展前景绘声绘色地进行了描述，可镇里根本不相信他能办出多大规模的厂子来，认为他是为了尽快拿到用地而故意夸大其词，总是一笑置之。

与焦化厂签订合同时，焦化厂的建设进程就已过半，按照合同，他的泡花碱厂必须与焦化厂同步投产，以免焦化厂投产后产出的煤气浪费掉。可是，眼看着焦化厂有条不紊地建设着，而自己的厂址却迟迟定不下来，仇荣林急得心里冒火，嘴上起泡，直转圈子。他决定不再跑土管所，直接找镇党委程书记，直截了当地问他："程书记，我建厂的用地到底能不能批？希望你能给个痛快的答复！别这样不死不活地拖着。"程书记看到仇荣林很生气的样子，不知道是怎么回事，就说："你建厂用地的事，不是安排土管所给你办了吗？"仇荣林说："没办，至今还没着落呢！"程书记听了具体情况后，向仇荣林表示了歉意，然后说："你再等几天吧，我马上把相关人员叫过来，安排他们尽快帮你解决，好吗？"仇荣林以为又是推脱话，就问道："程书记，具体再让我等几天？你给个准话！"程书记十分肯定地回答说："用不了几天，你等通知吧。"

仇荣林以为又是一次踢皮球，又会是遥遥无期的等待，可没想到程书记雷厉风行，没几天，就有了结果。程书记责成镇里出面，把离焦化厂最近的胡庄村的土地，协调出三十亩，划拨给仇荣林建厂使用，租金是每年三万元。

那块地虽然距离焦化厂有三里多远，却也是相对不错的位置了。

困扰重重建厂难

胡庄的厂址与焦化厂有三里路的距离，也就意味着要铺设三里远的输气管道，需要一笔不小的费用，更棘手的是管道要从胡庄村的地面上穿过，沿途一部分村民不仅要包产、赔青，有人还提出一些无理要求。其中最过分的一户村民，在地头上种了两棵萝卜种，就按一棵萝卜种能结多少粒种子，这些种子在第二年能长出多少棵萝卜来计算，算来算去，两棵萝卜种竟然要求赔偿两万元！不答应他的要求，就不让管道从他家地头通过。还有几个村民找到仇荣林，要求承包泡花碱厂的建设，建厂房、砌炉子、架设管道、地面硬化、建围墙等等，都要承包，并且要价非常高。其实这些活，他们根本干不了，特别是砌泡花碱炉子，专业性非常强，行业内的人员都弄不好，何况他们这一帮子对泡花碱一无所知的农民？然而，不满足他们的无理要求，他们就闹着不让施工。年初去枣庄建厂前所担心的被当地人讹诈的现象，却在自己的家乡发生了。

仇荣林知道，这种现象在整个西乡镇到处都有。这里是鲁南的一个煤炭基地，境内有多家煤矿，而煤矿周围的村庄里有一小部分人变着法儿讹诈煤矿、"吃"煤矿。用他们的话说是"靠山吃山，靠矿吃矿"，多年来，他们吃惯了，形成了一种天经地义的思维定式。一旦被他们吃开了头，那就没完没了。仇荣林所办的是民营企业，可不像国营煤矿那样财大气粗，如果让他们张开了口，用不了多久，就会被吃跑、吃干净！仇荣林是绝不会开这个头的。他一方面找镇里领导出面协调，一方面寸步不让，兵来将挡，水来土掩，见招拆招，开始建厂。

为了处理好与当地村民的关系，泡花碱厂投产后，仇荣林优先招收周围几个村的人来打工，特别对胡庄的村民，格外照顾。不愿意到厂里来打工，或者不符合打工条件的一部分人，看到泡花碱厂产销两旺、效益特别好，眼红了，想着像讹诈煤矿那样来讹诈泡花碱厂，提出了分钱给村民的要求，仇荣林不同意，他们就采取惯用的手段来闹事。先是一个喝了酒的人装醉汉，来厂门口大声叫嚷，说是泡花碱厂头顶胡庄村的天，脚踏胡庄的地，呼吸着胡庄村的空气，办厂挣了钱，不能全部装到自己腰包里，要求拿出一部分来分给老少爷们！这个"醉汉"叫嚷半天，见没人理睬，便污言秽语地开始谩骂起来。仍是没人理睬，不知是醉汉打电话叫来的，还是预谋好的，村里一下子涌来了老老少少几十口子人，把公司大门堵住，吵吵嚷嚷，脏话不断，不让车辆和人员进出，把大门封锁了。一时人头攒动、气势汹汹、叫骂连天。

不知是想给胡庄人助阵，还是想借机闹事从中捞取好处，前边村里的人也出动了，在泡花碱厂的主路上垒起了两个大水泥墩子，不让大车通过。说是怕泡花碱厂的大车轧坏了他们的路。

两个村的人堵了门、封了路，致使原料进不来，产品出不去，厂里几个行管人员走出来，试图说服他们，让他们退去。可这些人像打了鸡血似的，个个理直气壮、斗志昂扬，说在他们的地面上挣了钱，就得给他们分红。几个行管人员说，用你们的地给你们租金了，并且所给的比其他地方还多。他们又说，光给土地租金不行，你们泡花碱厂污染了我们村的空气，必须每年给我们一笔污染赔偿费才行。厂里行管人员说，我们厂是经过环保部门验收的，根本没有污染。可这些村民根本不听，就是吵，就是闹。其实，他们也知道自己没理由，只是想通过吵闹，来讹诈一些钱财。

仇荣林看到他们死缠烂打，闹起来没完没了，便向镇政府求助，派出所出动警力，强行将人群驱散，才算平息了这场群体闹事。事后，镇政府召开了周围几个村的村干部会议，责令村干部一定要管束好各自的村民，绝不允许集体闹事的事情再次发生，否则，拿村干部是问。

集体闹事杜绝了，却还有个人出来闹事。泡花碱厂前边的村里，有姓史的兄弟俩人，长得虎背熊腰，力气大、脾气暴，村里无人敢惹。老二在泡花碱厂里上班，老大在厂门口开了个小饭店，想着厂里的招待和职工的饭局，都得到他饭店里来。可由于他饭菜的口味不好，价格又高，门前冷清、生意惨淡，便心生怨恨，经常在公司门口骂骂咧咧、发酒疯，骂泡花碱厂不照顾他的生意。老二呢，依仗家住在邻近，又有力气，也在公司里耍横，今天骂这个，明天打那个，工人都不愿意和他一个班。有一天中午，老二在老大的小饭店里喝了点酒，借着酒劲，到车间里大骂职工，还要打人，吓得工人都不敢待在车间，纷纷跑出来，致使车间停产。仇荣林知道了，过去劝他、批评他，他不但不听，反而对仇荣林骂骂咧咧、指指戳戳，最后竟然上前要打人，几位副总闻讯赶来，想把老二拉开，可老二却是越发嚣张，到门口把他哥叫来，一块儿大骂大闹起来。仇荣林看他俩人闹起来没完没了，叫来几个身强力壮的工人，强行把他们兄弟俩扭送到派出所处理，之后将老二开除出厂，老大的饭店也被迫关门停业……

杀一儆百，敲山震虎。经过几个回合的较量，周围的村民看到泡花碱厂不好惹，仇荣林更不是软柿子，从此才罢手，再无人敢来闹事。泡花碱厂才有了一个安定的生产环境。

炉火熊熊放光华

由于着手晚，加上征地、处理与周围村民的关系，又耽误了一些时间，仇荣林开始建厂时，焦化厂已经投产了。焦化厂不愿意让产出的煤气排到空气中浪费掉，天天派人催促仇荣林尽快建厂。仇荣林眼睁睁看着大量的煤气被浪费掉，也很心疼，他认为，这些浪费的煤气，都是他的能源，他的泡花碱，他的经济效益。为了尽快生产，决定先建两台炉子，把生产搞起来，之后，边生产、边建设。

又像在枣庄建厂一样，仇荣林带领几十个工人，在一片砍倒的玉米地里，开始了轰轰烈烈、日夜不停的建厂大奋战。为了加快进度，在工人之间发起了劳动竞赛，让两个技术员仇心忠和仇心勇各带一支队伍，各支一台炉子，看谁支的炉子又快又好又耐用。

因为不像枣庄建厂时需要平整土地，加之购置了一些施工机械，又有在枣庄积累的经验，两个施工队只用了二十三天的时间，分别支好了一台日产量四十吨的炉子。

这两台炉子投入生产后，仇荣林让仇心忠和仇心勇不要停歇，带领原班人马，继续支炉子。由于技术熟练了，二人各用二十天的时间，完成任务。

用这么短的时间支起炉子，在泡花碱厂建厂历史上，创下了一个纪录，至今无人打破。

随后，他们乘胜前进，连续又支了四台炉子。

西乡泡花碱厂于 2004 年秋天开始筹建，仅用了不到半年时间，建成了八台大炉子，速度之快，令人咋舌，规模之大，同行中无有能及者。

焦化厂看到仇荣林的八台炉子仍然消化不了他们排出的煤气，要求仇荣林再上炉子，确保产出的煤气能全部被消化掉。仇荣林也觉得焦化厂产出的煤气不能被自己用光，实在可惜，就在 2005 年初，又支了两台炉子，达到了十台炉子、年产十万吨的生产规模，成为国内泡花碱行业中唯一年产过十万吨的企业。

企业投产挂牌时，仇荣林决定不再叫某某厂，而叫公司，让人听起来不是小作坊、小工厂，而是个正规企业。最初，沿用枣庄的方法，把企业定名为西乡分公司，正式挂牌后，当地镇政府提出，叫"分公司"的话，一是当地政府不能收税，二是看上去不是一个独立的企业，不能体现政府的政绩，建议把"分公司"去掉。经过公司集体讨论，改为"滕州市宏泰化工有限公司"，成为一个独立的、具有法人资格的企业。

其实，在枣庄和西乡两个厂的建设过程中，仇荣林都是只争朝夕、日夜奋战，表现出一种时不我待的紧迫感，也可以看出他想尽快把自己的企业做大、做强的心态。

事实上，从 1993 年开始创建泡花碱厂，经过十多年的技术摸索和经验积累，仇荣林的企业也该到了蜕变的时候了。

36　新生代开始接力

第一个大学生　　公司投产后，枣庄和滕州两个公司十三台炉子同时生产，产量骤增，原来仅有的一部分客户，已远远不能消化每个月近万吨的产量。不长时间，宏泰公司积存的泡花碱不仅堆满了仓库，一些临时搭建的工棚里，也堆满了泡花碱！

去库存，加强销售，成了摆在公司面前一个亟待解决的问题。

公司成立了销售部。由仇兴东总负责，房宽协助，把原来跑销售的梁子清、徐德强等人集合起来，全力开发市场。

仇荣林的长子仇兴东，2004 年从南京工业大学毕业后，没有回到自家公司工作，而是应聘到南京某集团当培训师，几个月后又应聘到一个科研所工作。他之所以选择留在南京工作，是因为他在南京买了房子，安了家。仇兴东的爱人戴凌，是他大学同学，成绩优异，人又长得漂亮，毕业后即被南京一家银行录用。加上戴凌家是南京的，又是独生女，考虑到将来还要照顾父母，两人商量，定居在了南京。

毕业半年后，仇荣林打电话要他回来，为自家公司效力。父命难违，企业需要，仇兴东便辞掉南京的工作，回到滕州，回到自家的公司来。当初，仇兴东考大学时，仇荣林让他选择的是企业管理和市场营销专业，目的就是让他大学毕业后为自家公司效力，当他的助理和接班人。在上大学时，每到寒暑假，仇荣林都会让仇兴东和弟弟仇兴亚一起来厂里，要么像工人一样在车间干活，要么一起去开发客户，要么去要账，各种工作都让他们干，目的就是让他俩尽早地熟悉厂里的工作及业务，全面培养他们的技能，以便将来为公司效力。

然而，仇兴东回到滕州工作，爱人却远在南京，两地分居，生活很不方便。看到仇兴东每个周末要坐几个小时的火车回南京，很是劳累，也不方便，仇荣林便与仇兴东商量把戴凌调到滕州来，仇兴东说他们夫妻俩也有此想法，可跨省调动一个人哪有那么容易？仇荣林说你别管了，只要你们同意，剩下的事，我来办。他找到了当时的市长，提出了自己的要求。市长当即爽快地答应了。市长告诉仇荣林，市委、市政府为了留住人才，刚出台了一个政策：凡是本科毕业的大学生，愿意来滕州工作的，一律安排到机关、事业单位。戴凌是南工大的本科大学生，当然符合这个条件。于是，戴凌为了仇兴东，辞掉南京银行的工作，离开了父母，调到滕州商务局工作。后来，为了照顾好自己的孩子及父母，让仇兴东安心工作，戴凌又辞掉了商务局的工作，回家做全职太太。

仇兴东是 2004 年年底来公司的，他是这个公司有史以来第一个大学生。作为他助手的房宽，是继仇兴东、仇兴亚兄弟俩之后的第三个大学生。仇荣林把两名大学生用在销售上，可见当时的销售压力。

连续创造多个第一

仇兴东和房宽两位年轻人，没有辜负仇荣林的期望，在很短的时间里，连续创造了泡花碱行业的多个第一。

他们首先为公司建起了网站，利用网络宣传公司、宣传产品，成为泡花碱行业第一个吃螃蟹的人，开了利用网络销售泡花碱的先河。

其次，他们在网上查询全国的泡花碱用户，把数百家用户按照地理位置，划分成几个大区，然后把销售人员兵分四路：一路去南方，一路去湖北、河南等地，一路去东北三省，一路去青岛等山东沿海地区，开拓市场。

仇兴东带人去的是南方一路。在浙江、广东等地，成功地开发了几个大客户，不仅用量大，价格也合适。然而，由于路途遥远，运输成本也很高。为了降低运输成本，仇兴东想到了水运，他亲自到日照、连云港两个港务局联系了水运，而水运要求必须用集装箱。这样，他们又成为泡花碱行业第一个用集装箱发货的公司。

　　用集装箱发货，降低了运输成本，装箱却很麻烦。之前发货都是用汽车运输，装车都是用机械装车，而改用集装箱后，机械无法装箱，必须全靠人工把泡花碱装成小袋，然后再用人工一袋一袋地装到集装箱里。而集装箱两米多高，人不能直接进去，必须用木板铺成一个斜坡，沿着木板斜坡爬到顶端，再放入集装箱内，箱内有人把放进来的袋子依次码放好，很费工夫。

　　由于一线人员紧张，抽不出人来，仇荣林还想节约运输成本，就带着张永文、李军、任开增几位厂长和管理层的人员当起了装运工。那时，正是盛夏季节，室外温度三十六七度，而集装箱里则是四十多度的高温，仇荣林就带着几位厂长在炎炎的烈日下，有人扛袋子，有人在集装箱里码袋子。无论是爬坡扛袋子，还是在集装箱内码袋子，都是既累又脏的苦活，每个人都热得汗流浃背，用来擦汗的毛巾，用不了多大一会儿就能拧出一把水来。有时为了赶时间，他们几个人一天就得装十多个集装箱，三百吨泡花碱，近六千个袋子，劳动量特别大。不难想象，每天干下来，每个人都累得几乎虚脱，却也没人叫苦、叫累。仇荣林知道大家辛苦，让人买来冰糕、冷饮、西瓜，让大伙随便吃、随便喝，晚上，让食堂做几个好菜，弄来几罐冰镇啤酒，犒劳大家。

　　按照与客户达成的协议，货到付款。可发了几趟货之后，有一些客户开始打歪主意，等货发到了，就以产品不合格为借口，不付款，想借此拖欠货款或者逼着降价。他们认为你的货已经发来了，不卖给我，再运回去或者停在码头，都不划算，"货到码头死"，逼着仇兴东要么赊销，要么降价。对于这样的客户，仇兴东坚决不迁就：不付款，就坚决不给供货。仇兴东明白，如果开了那样的先河，以后就会慢慢成为惯例，成为潜规则，重蹈九十年代的拖欠款、要账难、"以物易物"的覆辙，他们公司为此付出过太多的代价。仇兴东绝不愿意这样的事情再次重演。自从父亲让他负责销售那天起，他就为销售团队定下了一个原则：不再赊销！即使销不出去，也不再赊销。遇到刁难他们的客户，仇兴东绝不让步，就把发过去的泡花碱租用一个仓库暂时存起来，再联系新客户。那些以产品质量不合格为借口、想刁难他的客户，看到这个招数难不住仇兴东，反而耽误了自己生产，只得带着现款找仇兴东提货，再也端不起架子。

　　在仇兴东的坚持下，赊销局面，被彻底改变。

在所有的泡花碱厂家中，不赊销，他们是第一家，开了一个好头。

市场打开之后，仇兴东又根据自己的计划，做了两项改革，也就是两个统一：

第一个是统一印制包装袋。在此之前，所有的泡花碱厂，为了节省，都是购买二手的编织袋包装，有用过的水泥袋子、面粉袋子、化肥袋子……五花八门，从包装袋上，根本看不出里面装的是泡花碱，至于泡花碱的生产厂家、产地、规格、数量等，根本没有标注。但不同厂家生产的泡花碱质量不同，他们宏泰公司产品质量好，价格自然就高一些。个别销售员为了自己的利益，用"滕州市宏泰化工有限公司"的泡花碱当样品，拿到订单后，却销售其他厂家的劣质产品，从中吃差价，得好处。产品出现了质量问题，用户却来投诉宏泰公司，弄得他们公司说不清、道不明，制造了很多麻烦。为了杜绝这种现象，仇兴东决定印制自己的包装袋，把"宏泰泡花碱"几个字印在最醒目的地方，连同生产厂家、地址、电话都印在包装袋上，使自己销售出去的产品不再是"无产品名称、无生产厂家、无产地"的"三无"产品了，而是有了明确归属。不仅杜绝了销售员从中捣鬼，而且给客户一种生产正规、质量可靠的印象。但是，统一印制包装袋，成本比之前用二手袋子价格高了一倍，让精打细算的仇荣林认为没有必要，但在仇兴东的劝说和坚持下，仇荣林最后还是同意了。后来的事实证明，统一印制包装袋后，不仅杜绝了销售员"串货"的现象，更重要的是凸显了他们产品的品牌优势，在客户心目中强化了"宏泰泡花碱"质量可靠的印象，无形中为自己的产品做了宣传。可谓是花小钱，办大事，事半功倍。

第二个统一就是把业务员的个人账户全部注销，集中统一到公司的账户，销售的货款全部打到公司账户上。在此之前，为了鼓励销售员的积极性，仇荣林采用了承包的销售方式，即公司以出厂价把产品供给销售员，销售员以市场价出售，中间的差价是销售员的。这样，就形成了客户把货款付给销售员，再由销售员转交公司的模式。但是，有个别不自觉的销售员，货款到了自己手里后，却迟迟不交给公司，造成公司资金周转紧张；更有甚者，收到货款后，却谎称客户没有结款，想以此为借口拖下去形成"呆死账"，自己私吞货款。统一账户后，客户直接把货款打到公司账户上，杜绝了这种不良现象的发生，公司的资金周转当然也顺畅起来，"呆死账"也少了。

由于产品质量好，包装正规，越来越多的用户选择"宏泰泡花碱"。

37 绝地求生，成就龙头老大

焦化厂"断供"

就在泡花碱产销两旺的时候，西乡焦化厂突然把煤气关停了！用焦化厂的话说："断供""断奶"。

焦化厂"断供"，直接导致泡花碱厂全部停产。

仇荣林派人去询问，才知道焦化厂"断供"，是想涨价。焦化厂看着仇荣林用他们的煤气生产泡花碱，挣了大钱，心理不平衡，觉得他们当初的供气价格定低了，想把价格涨上来。却又因为合同没到期，不好直接提出来，就找出了一个借口，说是怀疑泡花碱厂偷了他们的煤气。煤气表就安在焦化厂内，泡花碱厂怎么偷呢？完全是强词夺理，霸王做法。

仇荣林和林家增两个人前去交涉了几次，焦化厂就是不愿意供气，泡花碱生产只得一天天停着。焦化厂排出来的煤气，因为没有用途，只能排到空中燃烧，白白浪费掉，污染空气。

仇荣林看到每天排出那么多的煤气，在空中燃烧，被恶意地浪费掉，既心疼又生气，在一天午饭后，他叫上林家增和仇心勇，三个人又去找焦化厂的负责人。那位负责人知道仇荣林依赖他们的煤气，他们是能卡住他脖子的，因此说话不讲理，很嚣张，谈了不一会儿，就把仇荣林三个人气得脸色苍白。一向冷静的林家增实在忍不住了，气得把手里的茶杯狠狠摔到地上。随着茶杯破碎声响，门外冲进来几个壮汉，按住仇荣林三个人打了起来。原来，自从断供之后，焦化厂的负责人自知理亏，怕仇荣林这位当地人来打他，早就准备了几个壮汉候在隔壁。从仇荣林三个人走进办公室，几个壮汉就高度警惕，仔细听着里边的动静，当听到砰的一声响，以为仇荣林三个人和老板打起来了，冲进来不由分说，便打仇荣林三个人。

仇荣林一行三个人，而对方六七个壮汉，两个人打一个人，仇荣林三个人当然吃了亏。若是凭他以前的脾气，他非要叫自己公司里的人再打回去不可，他是不会无缘无故吃亏的。可这次仇荣林却非常理智，没有和他们打群架，而是报了警，让派出所来处理。因为是两个企业之间的纠纷，双方人员又都没有受伤，派出所没按打架斗殴处理，而是劝解了一下，也就算了。

因为有了这次冲突，仇荣林不能直接与焦化厂交涉了，只得请镇政府从中协调。镇里先是让司法所出面协调，焦化厂不予理睬；后来改让税务局协调，经过一个多月的调解、磋商，最后仇荣林做出让步，同意了焦化厂按天收费的条件，每台炉子每天四千元，这样，泡花碱厂十台炉子，每天就向焦化厂交四万元的煤气使用费，一年就是一千四百六十万元。

煤气又涨价，再陷"能源危机"

到了 2012 年初，西乡焦化厂再次更换了领导班子，新上任的经理发现泡花碱厂的炉子用气量很大，又觉得按天收费不划算，又想改为按方收费。和上任经理一样，在没通知仇荣林的情况下，突然单方面把煤气停掉了，要求改装煤气表，并大幅度涨价。

焦化厂这种来回折腾、把合同当儿戏的做法，让仇荣林很生气，在几位副总的建议下，他打算与焦化厂对簿公堂。镇领导听说后，出面劝说他不要走上法庭，因为这个焦化厂是市里一位主要领导招商引资来的项目，如果打官司，怕这位领导面子上不好看；另外，如果弄得太僵了，今后两个厂家也不好合作。仇荣林听从了镇里的劝说，再次让步，愿意"协商解决"。

焦化厂认定仇荣林的泡花碱厂必须依赖他们才能生存，毫不让步，坚持按方收费，并且大幅度涨价。

在镇里几位领导的轮番劝说下，急于生产的仇荣林无奈地接受了焦化厂的条件：由按天收费再重新改为按方数收费，并且由之前的 0.2 元 / 方，涨价到 0.4 元 / 方，价格涨了一倍。

回到公司，仇荣林在一台泡花碱炉子上安装了一块煤气表，进行测试，结果让他大吃一惊，生产一吨泡花碱竟然要消耗近八百方煤气，每吨泡花碱的煤气成本达到三百多元，按每天生产三十五吨算，就要花掉一万多元的煤气费，比之前的每天四千元高了一倍多！这样的话，企业的效益将会一落千丈。

可是，仇荣林已经答应了安装煤气表，反悔已不可能，怎么办？

企业到了一个两难的关口。

当天晚上，仇荣林把企业高层召集到一起，商量对策，大家认为既然按方收费已成定局、无法改变，唯一的办法，就是自我革新，改造炉子，改造成节能型的，从而降低煤气的消耗量。仇荣林也认为别无选择，只有这一条路。

第二天上班后，仇荣林把公司几个业务骨干叫来，让他们兵分几路，到全国各地考察节能炉子。

派出考察的人刚走，焦化厂就来催促安煤气表。仇荣林提出必须用两家都认可的煤气表，理由是担心焦化厂自己买的煤气表不准确，要求两家共同去买煤气表。焦化厂认为仇荣林的要求合理，双方各派出一个代表，一块儿去买表。为了公正，又邀请了镇政府和市质量技术监督局的人，作为裁判和见证者。

买几块煤气表，仇荣林这么较真，兴师动众，大家都认为他是小题大做，没有必要。其实，这是他的缓兵之计，他想借此拖延时间。因为早一天安装煤气表，仇荣林每天就要多付出一倍多的生产费用。仇荣林想把时间拖延到改造完泡花碱炉子之后，再安表。他派出善于社交的林家增作为代表，和市质量技术监督局、镇政府及焦化厂的人一块儿，开始"考察"煤气表。

上海的煤气表，林家增说不行；

无锡的煤气表，林家增说不能用；

杭州的煤气表，林家增仍说不合适……

跑了好几个地方，按照仇荣林的事先安排，统统都让林家增否决了。

一块儿去的几个人看出了林家增的意图。但由于林家增慷慨大方，让大家吃得好、玩得好，大家便都不点破，也不着急，致使"考察"一拖再拖，跑了大半个中国，一直拖到仇荣林找到了一种新型节能炉子，才"考察"出了"合适的"煤气表。

在林家增陪着几个人一块儿出去考察煤气表期间，仇荣林派出去考察节能炉型的几拨人，陆续回来，都没找到理想的炉型。仇荣林知道时间紧迫，不能久拖，便亲自出马，跑到重庆一家窑炉公司，选定了一种新型的节能炉子，以十八万元的转让费购买了人家的新技术。所买来的新技术，其实只是一套炉子的图纸。拿到图纸后，仇荣林担心自己公司的技术员弄不好，又花高价从那家窑炉公司聘请了一位技术员前来指导支炉子。

这时，时间已到了2012年的农历年底，仇荣林才与焦化厂重新签订了用气合同、安装了煤气表，开始了炉子的改造。

危机逼出的样板企业

动工之前，仇荣林在公司召开了一个简短的动员会，提出："大干五十天，完成十台窑炉的更新改造。"并在公司里竖起一个倒计时牌。之所以把时间抓得这么紧，一方面是为了企业的效益，早生产，早受益；另一方面怕长时间断货，担心客户流失。

说是更新改造，实际上是把原有的十台旧炉子全部拆掉，重建十台新炉子，其实比新建一个泡花碱厂还要麻烦。

仇荣林把拆除旧炉子的任务交给了梁子清和张永文，并下了死命令：不论用什么办法，七天之内必须把旧炉子拆完，并清理出地基，以备重建新炉子使用。梁子清和张永文接到这个任务时，苦着脸，直挠头，齐声说："拆除十台炉子，只给七天，这么短的时间，怎么干呀？"仇荣林毫不客气地说："就七天时间！我不问你们用什么办法，我只要结果！"口气不容置疑，说完转身去忙别的了。

十台旧炉子都是正在生产着的，一千四百多度的高温，整个炉体都是火热的，人无法靠近，更别说拆除了。如果等炉子冷却下来，至少需要五天的时间，这样，根本不可能在七天内完成任务。只能在高温下拆除。人无法靠近，租用了几台钩机。即便是用钩机，干不了多大一会儿，高温的炉子也把钩机的机爪灼烫得通红，从而变形、报废。钩机是租来的，机主不愿意干这种损伤机器的活，闹着要走，梁子清和张永文请示仇荣林后，答应给他买新机爪，才勉强接着干下去。为了按时完成任务，他们把钩机分成黑、白班，轮流干。梁子清和张永文两个人七天都没回家，日夜靠在现场，两个人眼熬得通红，人也瘦了许多，才按时完成了任务。

从炉子上拆下来的旧砖，按照仇荣林的安排，也不准扔掉，请了附近村里几十个妇女进行清理后，重新利用。一个炉子有四五百吨耐火砖，十台炉子就是四五千吨，仅此一项，就节省了很大一笔开支。张永文事后感慨说："我们老板是真会算计，能节省的，他一分钱也不浪费！他能把所有物资的价值利用到最大化！"

因为是一种全新的炉型，为了确保质量、一次成功，这次，仇荣林没有用自己的技术人员，而是请来了重庆和淄博的两个技术员指导支炉子，把原来的十台直火炉子全部改建成六十平方米的马蹄焰窑炉。这种新型窑炉生产一吨泡花碱的耗气量，由原来的近八百方降到三百多方，总日产量也由原来的三百吨，增加到五百多吨。无论耗气量，还是泡花碱的产量，都有了质的飞跃！

为了抢工期，早日投入生产，支炉子时正赶在春节期间，仇荣林只给大家放了两天假，大年初一、初二在家过年，初三全部上班。而仇荣林自己，年初一给父母亲拜了年、吃了碗饺子，就驱车来到公司。职工初三就来上班，并且加班加点地干，仇荣林知道大家辛苦，他开车到市里买来了一头猪、两只羊、一筐鱼、几筐鸡蛋，天天不是鱼，就是肉，变着法儿给大家改善伙食。由于生活条件好，一些后勤人员在那些日子里都吃胖了，特别是几位爱美的姑娘，都笑着抱怨仇荣林把她们养胖了，后来不得不减肥。

在两个施工队紧锣密鼓地支炉子的时候，仇荣林考虑到把炉子改造先进了，厂房、环保及配套设施也要与之相匹配，便决定趁此改造炉子的时机，一并把厂房、配套设备、环保设施等全部进行升级改造，把整个企业升级建造成一流的公司，样板工厂！

当仇荣林把自己这个宏大计划宣布后，整个公司的人都惊得目瞪口呆，大家都说：仇总的这个计划，不是对工厂进行改造，而是等于重建一个现代化的、大型的新工厂！对此，有几位高层劝他不要步子太大，不要急于"一口吃个大胖子"，现有的厂房和环保设备都能用，没必要淘汰更新。放眼所有的泡花碱厂，大多是搭棚子、支炉子，作坊式的。至于环保，现有的设备已达标，也没必要再投资了……

面对大家七嘴八舌的劝阻，仇荣林解释说："我理解大家的好心，既然要改造，这次我就一步到位，全方位，无死角，彻底把企业改造到位，特别是环保，要走在国家要求的前列！搞工业的，特别是搞化工的，如果没有超前的环保意识，就别想走得更远、做得长久。今天，你们似乎看到我'额外投资'了，似乎是一种浪费，但从长远来看，这是必须的。人无远虑，必有近忧。我有一个判断：随着国家对环保的要求越来越严，肯定会淘汰掉一批企业。等到那时，即使全国只保留三个泡花碱厂，也得保留咱们才行。我不仅要建成产量最大的企业，还要建成一个技术先进、环保领先的企业，建成一个让人称道、让人尊敬的企业！这是我的标准和目标！"

看到仇荣林决心已定，并且言之有理，大家便不再有疑义，开始实施他的决策。一边支炉子，一边把原来的旧厂房全部拆掉，重新规划，按高标准重新建设，以便与新型炉子相匹配。厂房和仓库全用高档材质建造，近二十米高，气派、宽敞、美观。仓库的地面，以前是水泥地，铲车装料时经常把地面蹭出一道道的白印子，时间长了，地面变得凹凸不平，并且会因混进杂质而影响产品质量。仇荣林把全部仓库地面铺上了一层一厘米厚的钢板，使仓库变得干净、光洁。

与此同时，仇荣林把原来人工拌料、人工添料等所用的原始工具全部淘汰，自己设计制造了机械拌料机，利用传送带自动添料，人工劳动全部变成机械化，不仅减轻了工人的劳动强度，还大大提高了工作效率。

投产后，仇荣林在原有环保设备的基础上，又投资一千五百多万元，一次性购置了三套国内先进的环保设备，确保超低排放，就连环保局都夸赞这是"最清洁的工厂"。

为了节约水资源，仇荣林又投资二百多万元，在每台炉子的出料口安装了一部"干块链排机"，把生产泡花碱的水淬工艺，改成直接生产出"干块"，每天节省大量的用水，不仅降低了生产成本，也不产生废水。

关于这一系列天翻地覆般的升级改造，仇荣林解释说："做企业，要么领先，要么死亡！不想死亡，就必须保持时时领先！这是规律。"

果然，几年之后，国家从环保、节能、生产规模等诸方面综合考察，关停了一大批泡花碱厂，枣庄境内几个老牌的泡花碱厂相继被关停，而仇荣林的公司作为样板工厂，成为整个地区唯一被保留下来的泡花碱企业。

到了此时，人们才由衷地佩服仇荣林超前的眼光和决策。

有人说：今天很残酷，明天更残酷，后天很美好，但很多人死在明天的路上，看不到后天的太阳。

很多泡花碱厂就是死在了"明天的路上"。仇荣林的宏泰化工有限公司是枣庄地区唯一看到"后天的太阳"的企业。

仇荣林总结说：很多时候，一个企业的成功不仅仅是拼一个企业家的天赋，也不仅仅是拼运气，拼的是正确的决策和超前的眼光！而这样的决策和眼光，最能体现一个企业领导者的水平和能力。

至此，从 1993 年到 2013 年，用了整整二十年的时间，几经曲折、历尽艰辛，仇荣林把一个民间小作坊，做成了全国最大的泡花碱企业，使其一跃成为国内行业中的龙头老大、领军者。

国家制订泡花碱行业标准，他们公司曾参与起草。

这一年，仇荣林五十九岁，已届花甲之年。可谓大器晚成。

第十章
到世界去

38　寻求硅胶秘籍

发现硅胶　　经过一年多的运作，枣庄和西乡两个泡花碱厂外部关系全部理顺，内部管理走上了正轨，企业进入了稳定发展期。这时的仇荣林有了资金积累，也有了精力和时间，看到辛绪村泡花碱厂一直闲置，就想再开拓一个新项目，把这个老厂利用起来。

一次回家的路上，仇荣林遇到了一个邻村的人，他是老高中生，人很聪明，原来在辛绪淀粉厂工作，因其爱学习、爱钻研、技术全面，很快被提拔为生产厂长。此人较真、不懂人情世故，在生产和管理中，得罪了一部分人，在厂里受排挤，加上嫌淀粉厂给他的待遇低，一气之下跳槽到了徐州马兰淀粉厂。干了两年，因为同样的原因，辞职回家。仇荣林看他赋闲在家，萌发了创办淀粉厂的想法。于是仇荣林许以十五万元的年薪，请他协助自己办淀粉厂，他欣然答应。村里的淀粉厂自从交给张学仁个人之后，蒸蒸日上、非常红火。仇荣林认为凭自己的能力，再办一个淀粉厂，肯定也差不了。

消息传到了张学仁耳朵里，觉得仇荣林再办一个淀粉厂不合适，却又不好意思直接出面劝阻，也怕劝不动仇荣林，就找到镇里，让领导出面劝阻。镇里也觉得一个村里办两个淀粉厂不妥当，就劝仇荣林专心做好泡花碱，不要制造不必要的竞争。

仇荣林认为镇领导让他专心做好泡花碱的思路正确，放弃了办淀粉厂的想法，决定继续做好、做大泡花碱这篇文章。

可是，这篇文章怎么做呢？一时找不到突破口。

2006年春天，公司突然来了几个大客户。之前，公司的大客户都是仇兴东开发的南方厂家，省内的客户也只是一些几吨、十几吨的小散户，而这几个突然冒出来的大客户每次进料都是几百吨，并且是连续不断地进料。这引起了仇荣林的注意和好奇，询问来拉料的司机，对方只告诉他是招远的，至于购买泡花碱的具体单位和用途，却是三缄其口、避而不谈，很是神秘。

对方越是不说，仇荣林越是好奇，就像当年侦察南方人来淀粉厂拉蛋白渣究竟是干什么用的一样，仇荣林派小车一路跟踪招远的车队而去，发现是招远几家硅胶厂在进原料。

泡花碱是生产硅胶的主要原料。

这是仇荣林第一次听说硅胶。他赶紧让仇兴东收集有关硅胶的资料。知道硅胶又名硅酸凝胶，分为有机硅胶和无机硅胶两种，招远硅胶厂生产的是无机硅胶，一种高活性的吸附材料，通常用泡花碱和硫酸反应，再经老化、酸泡、水洗、分筛、切割等一系列处理而制成。这种硅胶不溶于水和任何溶剂，无毒无味，化学性质稳定，用作干燥剂、湿度调节剂、除臭剂、吸附剂等，工业用于油烃脱色剂、催化剂载体、变压吸附等，精细化工用作分离提纯剂、啤酒稳定剂、涂料增调剂、牙膏摩擦剂、消光剂等等，用途很广泛，市场需求量当然也很大。

让仇荣林倍感兴趣的是硅胶的价格，每吨能卖到七八千元，而他生产的泡花碱当时只卖到一千元左右。生产高价位的产品，一直是仇荣林的心之所向、神之所往。2000年，他孤注一掷把生产泡花碱赚来的资金全部投入"1,4-萘醌"的研发和生产中，目的就是想生产出高价位的产品来。如今，又一个高价位的产品出现，再次让他心动！招远能从千里之外购买泡花碱生产硅胶，我为什么不能用自己的泡花碱生产呢？如果自己生产，肯定比招远更有优势，起码能省掉一批运费，并且还可以减轻泡花碱的销售压力，拉长产业链，这是一举两得的好事。

然而，仇荣林对硅胶的销售前景一无所知。多年的经验告诉他，在生产一个产品前，必须进行充分的市场调研。他把这项任务交给了仇兴东、仇兴亚。把这个任务交给他们兄弟两人，因为他俩是大学生，思维活跃，理念先进，做事雷厉风行，他们会用既快又好的方法完成任务。

果然，仇兴东和仇兴亚采取了比传统更先进的方法进行了市场调研，他们利用网络，在网上进行虚拟销售，以此来判断市场的需求量。令人兴奋的是，仅在网上挂出几天，就有不少用户询问价格。为了进一步验证市场对硅胶需求的真实性，他又让仇兴东和仇兴亚亲自跑了几个省、市实地考察，反馈的结果是：市场前景很好！

是一个好项目。

于是，仇荣林决定，上马硅胶。

重金求技术

此时是 2006 年初夏，经过枣庄和西乡两个泡花碱厂的快速积累，创建硅胶厂，资金已有了来源，关键问题是技术。那时，仇荣林唯一能想到的办法就是到招远学技术。学习他人的长处和技术为自己所用，这是仇荣林的一贯做法。

在一个艳阳高照的日子，仇荣林带领公司的几位技术骨干开车来到了招远。他发现，仅招远这一个地方，就有几家硅胶厂，并且每一个厂家的效益都不错。他由此就断定，生产硅胶是个比较理想的产业，验证了他上马硅胶这个项目的决策是正确的。可没想到的是，几个厂家像是商量好的，都不转让技术，给钱也不转让。几个厂家一致认为同行如冤家，多一个厂家生产，就多一个竞争对手，谁也不愿意去培养竞争对手。

此路不通，就另选它路。他们在招远待了两天，这期间，打听到莱西也有硅胶厂，一行人又奔到莱西，情况和招远一样，仍然是都不愿意转让技术。

乘兴而去，败兴而归。从莱西回来的路上，仇荣林就闷闷不乐，回到厂里，他也没有像往常出差回来那样，带着大家去饭店喝酒、交流出行的收获，而是把自己关在办公室里吸烟，天黑的时候，也不见他出来吃晚饭。仇兴东走到他办公室，叫他："爸爸，吃饭去吧。"仇荣林无精打采地说："你们先吃吧，我不饿。"仇兴东说："饭菜都摆上了桌子，一家人都等着您呢！"仇荣林才扔掉手中的烟，和仇兴东一块儿回家。

果然一家人坐在饭桌前，静静地等着他呢。仇兴亚开了一瓶酒，倒了三杯，父子三人每人一杯。家里人都知道仇荣林的习惯，遇到不顺心的事，就要喝点酒消愁。他端起酒杯，一饮而尽，却不动筷子。一家人看着他不吃菜，就都不动筷子，静静地坐着，气氛沉闷。

仇兴亚率先开口说："爸爸，您在做泡花碱的时候，去邻镇偷学人家的技术没学来，也没见您这么愁过，今天这是怎么了？"

仇荣林闷闷不乐地说："我看到高附加值的产品，就动心，就心痒。你们都说说，人家能搞，我们为什么不能搞呢？"

仇兴亚说："您想搞，我们就搞！"

仇荣林叹了口气说："可我们没有技术，学不到，买不来，怎么搞呀！"

从不多言的妻子，看他一脸愁容，劝他说："依我看，你就按照镇里领导说的那样，一心一意做好泡花碱就行了。泡花碱做得这么好，没必要为此烦恼。"

他说："你不懂！"

妻子不言语了。

仇兴东平时是不喝酒的，他却端起酒杯，和父亲碰了一下，一饮而尽，宽慰他说："爸爸，这么些年来，多少大风大浪，您都过来了，如果您要想搞硅胶，也不要这么着急，慢慢来，肯定会有办法的。"

仇荣林说："正是因为现在没办法，我才发愁。"

仇兴东说："您别发愁，也别太心急，咱都开动脑筋，肯定会有办法的。"

仇兴亚也说："俺哥说的对，只要想搞，总会有办法的，您别太着急，老话说好事多磨，心急吃不了热豆腐，说不定哪天机会就来了呢！"

仇荣林说："这些道理我懂，可我就是心急。你们也知道，我是个看到机会，就不会放过的人，而生产硅胶，就是一个好机会呀！你们今天晚上就在网上查一下，除了招远和莱西之外，全国其他地方还有没有硅胶厂？我就不信学不来这个技术！"说完，饭也没吃，就去了公司。

仇兴亚关心地说："这么晚了，您在家休息吧，别去公司了。"

他边走边说："我睡不着。"就去了公司。

晚上，仇兴东很快查到青岛有一家硅胶厂。

第二天一早，仇荣林就让刘志平开车去了青岛。这次，他没有像上次那样，大张旗鼓地带着一帮人，而是让刘志平开车悄悄去的。他怕这次再弄不成，挫伤了大家的积极性，自己也没面子。刘志平是他非常相信的一个青年人。刘志平虽然来公司时间不长，仇荣林发现他作风踏实、口风严谨、有眼色，做事有主见，遇事有头脑，很快把他从销售上调到办公室，给他当司机兼秘书。有需要保密的行动，都会让他跟着去，有了需要喝酒的应酬，也会带上他，让他替自己照顾客人。刘志平是仇荣林的一员心腹爱将，后来被提拔为办公室副主任，成为独当一面的中层干部。

没想到的是，千里奔波到了青岛，却连人家的工厂大门都没进去。青岛这家硅胶厂是大型国有企业，早在上世纪五十年代就生产泡花碱，也是国内最早的硅胶厂之一，与上海硅胶、重庆硅胶、沈阳硅胶并称为中国四大硅胶企业，因为资格老、规模大，又是国企，高傲得很，根本不屑与一个民营企业谈什么技术转让的事。

招远、莱西、青岛几个硅胶厂都跑了一遍，没有搞到技术，这不但没让仇荣林死心，反而更加坚定了他要搞硅胶的决心。这么多厂家都不愿意转让技术，说明生产硅胶的利润很丰厚，丰厚到了给钱也不转让的地步。逐利，是商家的本性，也是商家存在的意义。不转让技术，就是在保护他们的自身利益。

这样的分析，让仇荣林决定不惜代价也要搞到硅胶的生产技术。他打算去上海、去重庆、去沈阳，他就不信弄不来硅胶的生产技术。

不久，一个莱西的客户来购买泡花碱，仇荣林听说他是买了泡花碱卖给硅胶厂的，就把那个客户请到办公室里，泡上好茶，递过好烟，询问能不能通过他学到硅胶的生产技术。这个客户想了想，告诉仇荣林，他们莱西有一个硅胶厂，是几个人合伙的股份制企业，有可能转让技术。仇荣林听后，当天跟着这个客户的车去了莱西。在这个客户引荐下，认识了莱西一个硅胶厂的股东刘成法。他和几个股东办厂的目的，就是挣一笔钱，都有一个临时的观念，并且都有私心。在这样的心理作用下，刘成法愿意私下里把硅胶生产技术转让给仇荣林，但他要价很高，张口就是三十万。求购技术心切的仇荣林连价也没还，当即答应了他，并与之商定了有关具体事项。

仇总眼光真厉害

回来后，仇荣林立即向东郭镇党委、镇政府的领导汇报了自己想创建硅胶厂的想法。镇领导听后，非常高兴，都说硅胶这个项目选得好，比之前办淀粉厂的想法好，不仅可以拉长产业链，还避免了与淀粉厂的竞争。

镇里觉得仇荣林只是与莱西达成了技术转让协议，就上马硅胶，心里没底，想亲自去看看人家的生产设施、生产工艺等，特别是想确定环保之后，再做定夺。镇长张子玉对此很重视，决定亲自实地考察一次，便让仇荣林陪同，一块儿去了莱西的硅胶厂。在刘成法的带领下，他们详细参观了每一个车间、每一个生产流程，以及产品，询问了销售情况等，认为这个项目可以上马。美中不足的是生产排出来的废水呈淡淡的乳白色，张镇长担心会有污染，刘成法告诉他们没有污染，他仍然半信半疑、觉得不踏实，用矿泉水瓶装了一瓶这样的废水，带回来送到市环保局化验，确定没有污染后，才同意仇荣林建厂。

　　这次考察历时两天，在莱西住了一夜。仇荣林觉得张子玉作为一镇之长，为他考察项目不辞劳苦，在参观硅胶厂时，让司机预订了莱西宾馆的套房，可张子玉嫌浪费，逼着仇荣林退掉了预订的房间，找到了一家便宜的旅馆住了下来。这虽然是一件小事，却让仇荣林颇为感动，至今不忘，他说："正是有了像张子玉、邓连启、李春英这样的众多好领导的支持和帮助，我的企业才能走到今天。如果都像那种耍官威、卡脖子的小官僚，我的企业早就垮掉了。还是好干部多！"

　　考察回来不久，青岛海洋化工厂一位工程师，主动找上门来，提出愿意帮助仇荣林筹建硅胶厂。他是青岛海洋化工厂退休的工程师，听说仇荣林去厂里求购技术被拒绝，便想把自己的技术转售给仇荣林。仇荣林虽然与莱西硅胶厂的刘成法达成了协议，但是为了技术上更保险，想把他留下来。可通过几番交谈，仇荣林感觉到此人虽然自称是工程师，却没有真本领，就没用他，只与刘成法合作。当时，有很多人说仇荣林放着大厂的工程师不用，却与莱西的小厂合作，是一个错误的选择，可后来的事实证明，这位青岛的工程师帮别人建了两个硅胶厂，都破产了。公司里几位高层都说：仇总眼光真厉害，他能一眼把人看穿！

39　从零做起，创建硅胶公司

"技术员"与老板

2006年5月8日，在一阵鞭炮声中，仇荣林的硅胶厂举行了奠基仪式，开始筹建。

硅胶厂最初取名"滕州市恒泰化工有限公司"，在仇兴东、仇兴亚兄弟俩的建议下，之后更名为"山东辛化硅胶有限公司"。

辛化公司建设在原来辛绪泡花碱厂的旧址上。辛绪泡花碱厂自从枣庄泡花碱厂开始筹建就停产了，一直闲着，正好用来建设硅胶公司。

仇荣林的目标是做成一个大型的、现代化的硅胶企业。但他又是非常理智、谨慎的，因为硅胶对他来说，是一个完全陌生的行业，他要摸索着前行，因此，他第一步没有追求规模，而是选择了先建一个车间，也就是后来的第一车间，以求稳步发展。

莱西硅胶厂的刘成法自己不能过来指导仇荣林建厂，也不能派公司的技术员过来，而是派了一位叫王新安的过来。王新安不是刘成法厂里的人，而是威达硅胶厂的职工。这家硅胶厂是招远市的一家国有企业，1986年建厂，1987年投产，是省内继青岛海洋化工厂之后的第二家硅胶生产企业，也算是个老资格。王新安从刚建厂就在那里工作，是这个企业的老员工。但他只是一名电工负责人，并不是生产上的专业工艺技术人员。然而王新安是个有心人，也是个好学之人，虽然干着电工，却悄悄地学会了一些硅胶的生产技术，后来硅胶厂二期扩建时，他是三个筹建负责人之一，在长达一年多的筹建期间，他又掌握了硅胶生产设备的加工、组装、调试等一系列的技能，具备了一定的专业技术水平。

刘成法在与他人合作创办硅胶厂之前，一直给招远威达硅胶厂供应泡花碱，同时也把威达的硅胶倒卖给青岛的一些出口商，是一个中间商。在与威达硅胶厂做生意期间，刘成法与王新安认识，并且有一些交往，算是朋友。在与仇荣林签订技术转让协议之前，刘成法就想好了让王新安来充当技术员，前来指导仇荣林建厂。

刘成法许给王新安的待遇是每月一万元的工资。估计半年的时间，就可以交差，也就是说他只要支付给王新安六万元左右的开支就可以了，而他能从中得到二十多万元的技术转让费。

看到刘成法派了一名电工过来指导建厂，仇荣林很不满意，可刘成法派不出更合适的人，仇荣林建厂心切，只得勉强接受了王新安。

事实上，王新安虽然参与过威达硅胶厂的二期扩建工作，可若要让他一个人独立指导建一个硅胶车间，确实有些吃力。当刘成法找到他时，他曾拒绝过，但刘成法别无人选，软磨硬泡非让他来不可，出于给刘成法这个朋友帮忙，也为了每月一万元的高薪，他硬着头皮接下了这个活儿，前来给仇荣林当技术指导。

由于硅胶这个行业比较小，国内没有成形的生产设备，一切设备都要根据预定的生产规模靠自己进行加工制造。筹建开始后，按照仇荣林年产一万吨的要求，王新安先是粗略地画出整体施工图，每天晚上再画出第二天施工用的详细图，然后指挥工人加工、安装，遇到自己弄不懂的问题，他就打电话咨询威达硅胶厂的技术员。在建厂的那些日子里，他经常地与威达硅胶厂里的技术员或者技术工人打电话。若是电话里讲不明白，他就会请技术员到厂里来现场指导，直到把问题解决了为止。可以说是边学边干。

毫不讳言地说，王新安来指导建厂，仇荣林最初是不太放心的，但通过一段时间的观察，发现王新安在工作上认真负责、精益求精，并且有钻研精神；在做人上，性格直爽、不耍心眼、为人坦荡，仇荣林渐渐由不接受到接受，再到欣赏他、信任他。按照与刘成法的合同约定，王新安的工资由刘成法负责，可仇荣林又按照工程师的标准额外发了他一份工资，并且，在厂里为他专门建了一间很不错的宿舍，有水、有电，有电视、有电脑，还有洗手间和热水器，这在当时的条件下，是仇荣林能建的最好的宿舍了，也是整个厂里唯一的高标准房间。对王新安，可以说是特殊照顾，贵宾待遇。

在仇荣林观察王新安的同时，王新安也在悄悄观察仇荣林。客观地说，王新安对仇荣林刚开始并没什么感情，他前来指导建厂，完全是为了给刘成法帮忙和那一万元的高薪。他工作认真负责，是他的性格、人品使然。他工作二十多年了，对所见到的老板都没有多少好印象，对仇荣林也没抱有过高的希望。但通过几件事，却让他看到了仇荣林这个老板的与众不同。第一件事是在安装管道时，王新安与安装队的负责人意见不一致，而这个安装队是仇荣林自己的队伍，他觉得仇荣林会站在安装队一边，可仇荣林听了王新安的理由后，果断地支持了他。这让王新安看到了仇荣林是个干事的老板，也是个是非分明的老板。第二件事是做保温层时，有好几个施工队前来揽活，这其中有领导，也有仇荣林的亲戚、朋友，在王新安的推荐下，仇荣林力排众议，用了王新安一个外地朋友的施工队。活儿干完后，仇荣林及时地给他朋友结了账，只留下10%的质保金没付，这是所有工程的规则，也是合同的约定。不久，这个朋友到滕州出差，顺便到公司里看望一下王新安，让仇荣林看到了，误以为是来要账的，盛情地请这个朋友吃了一顿饭之后，赶紧安排财务把所欠的质保金提前付给了对方，让王新安很有面子，也很感动。王新安在威达硅胶厂时，见过好多去要账的，老板都是想方设法地推着、躲着，明明有钱，也拖着不给，而仇荣林却主动把还未到期的欠款支付给人家，形成了鲜明的对比。这让王新安看到了一个不一样的老板，让他这个外地人从心里佩服他、赞成他。刚来时，他还有一种临时观念，可他看到仇荣林待他如上宾，再看仇荣林对职工的一言一行，更觉得他是一个君子，是个可遇不可求的好老板，王新安认为跟了这样的老板，如果不用心给他干，就对不起自己的良心。从此开始，王新安更敬业、更用心地为他工作、效力，同时，也开始与仇荣林交心，把他当成知心朋友。

这事做得漂亮

在设备安装后期，刘成法打电话给仇荣林，说他朋友手里有成品的喷头，问他要不要。喷头是生产硅胶比较关键的一个部件，也是技术含量比较高的一个部件，喷头质量的好坏直接决定产品的质量和产量，仇荣林担心自己加工的不过关，就答应购买刘成法推荐的喷头。几天后，刘成法的朋友丁兆财带着样品过来。当时，仇荣林作为市人大代表，正在市里开会，白天没时间，两个人在晚上见的面。让人意想不到的是，丁兆财狮子大开口，竟然要三十万元一个！而当时一个车间就要用二十多个喷头，也就是说光喷头就要花掉六百多万元！三十万元一个的喷头，仅凭惊人的价格，就让人觉得神秘，是高科技产品。仇荣林提出要看看三十万元一个的喷头长什么样，丁兆财从包里拿出样品，在仇荣林眼前晃了一下，立即又放回包里。仇荣林想要过来仔细看看，丁兆财却不让，只说包你管用，不让仇荣林细看。仇荣林当时就有些不高兴，心想，哪有不让看样品的卖方？因此仇荣林当时就断定：这个喷头用料一般、工艺很简单，根本不值三十万元，是丁兆财心虚，怕被看出端倪。于是仇荣林决定不上他的当，直接对丁兆财说："这么贵的喷头，我们买不起！"

丁兆财回去后，刘成法又打电话给仇荣林，说价格还可以再商量，最后主动降价到二十万元一个，仇荣林也没要。仇荣林觉得刘成法是在伙同丁兆财利用这个喷头牟取暴利。

可是，没有喷头，就没法生产，这是卡脖子的关键部件。从市里开会回来后，仇荣林把王新安叫到办公室里，把丁兆财来推销喷头的事说了一遍，然后问王新安："其他地方还可以买到这种喷头吗？"王新安摇了摇头，回答道："买不到。据我所知，这种喷头大多是自己加工的。"仇荣林问："丁兆财推销给咱的喷头，是他自己加工的吗？"王新安回答："肯定是他自己加工的，或者是找人代加工的。据我所知，国内没有生产这个东西的厂家。"仇荣林问："咱自己能加工吗？"王新安说："这样的喷头，我们威达硅胶厂就有，明天我去厂里弄一个过来当样品，咱照葫芦画瓢，应该没问题。"仇荣林喜出望外，急切地说："别等明天了，你今天就去！"接着，仇荣林派厂里的小车送王新安去了招远。当天晚上，王新安赶到威达硅胶厂后，找到厂长，想要一个喷头当样子。厂长先是不同意，在王新安软磨硬泡下，厂长最后给了他一个废弃的喷头。虽然是个废弃的喷头，仍然可以照葫芦画瓢，王新安高兴得连夜赶回来，把喷头拆开，照着样子画出图纸。因为没有车床，自己无法加工，第二天，仇荣林拿着图纸和拆开的喷头，找到同村的陈庆银，让他帮忙加工。陈庆银自己有一套机床和车床设备，一直干对外加工的活。仇荣林的企业有了这样的加工活，都找他干，因为陈庆银心灵手巧，加工出来的活儿漂亮。结果，陈庆银只用了三天时间，就把二十个喷头交给了仇荣林，一个喷头的造价仅有几百元！

大家都说：丁兆财这个人真黑，光喷头这一样，就想挣咱几百万！幸亏仇总当机立断，没上他的当。

仇荣林却夸赞王新安：这事做得漂亮！

刘成法当初把技术转让给仇荣林，不仅是为了挣技术转让费，还有另外两个目的：一是挣配件费，比如喷头、烘干盘子等，没有成品可买，他断定仇荣林得购买他的，从中可以挣一笔；二是仇荣林的车间投产后，产品肯定没有销路，他就想利用自己的销售渠道，低价买过去，再转手卖出去，从中赚取大额的差价，达到长期挣钱的目的。

在王新安来指导仇荣林建厂之前，刘成法就给他亮明了自己的这个底牌。没想到王新安被仇荣林感化了，不愿意挣这样的昧心钱，一是他没让仇荣林购买他的喷头、烘干盘等天价配件；二是在投产后，王新安绕过刘成法，直接把他之前认识的青岛的几个硅胶经销商介绍过来。王新安的做法，无疑是断了刘成法的财路，他认为王新安吃里爬外，当了叛徒，刘成法气得暴跳如雷，打电话给王新安，说了很多难听的话，最后骂起来，两人从此断了来往。

但王新安并不后悔，他认为自己做得对，做得值。他说："像仇总这样正派、光明磊落而又真心待人的老板，实在是太少了。遇到这样的老板，是一种缘分，必须珍惜。如果对这样的老板再使奸使诈，那就对不住人，也对不起自己的良心！"王新安刚来时，计划把车间建成投产后，就回招远老家，可没想到，这一干就是十几年，至今还在这里工作着，用他的话说，要在这里干到退休了。与刚来时不同的是，他原来是一名默默无闻的电工，现在是山东辛化硅胶集团的总工程师，在行业内有很高的知名度和地位。当然，这也跟辛化硅胶的行业地位密不可分，水涨船高嘛。

40　造出高品质硅胶

能省则省，节俭办厂

辛化硅胶第一车间从 2006 年 5 月开始筹建，到 2007 年初投产，仅用了半年多时间。

枣庄和西乡两个泡花碱厂虽然挣了不少钱，但大部分都投资到西乡建厂的改造升级上了，仇荣林筹建硅胶公司时，手里资金并不充裕。因此他必须精打细算，能省则省。

硅胶车间的厂房将原来泡花碱的窑炉旧厂房改造后重新利用。

发电机是仇荣林到南京购买的一部旧的。

锅炉本来也想买个旧的，因为一时找不到卖方，购买了一台新的。

水洗罐是生产硅胶的关键设备，没有买成形的设备，必须自己加工，在选择加工材料时，王新安提供了不锈钢、全树脂玻璃钢和钢板几种材质的方案，仇荣林最终选择了造价最低的钢板，焊成罐体后，在内部进行了防腐处理。

喷头、化料滚筒、泡花碱储罐、硫酸储备罐、承载器等，95% 的设备，都是自己加工制造的……

用能人，搞技改

由于技术不足、设备原始、生产工艺掌握不好，投产后，出现了产量上不去、质量不过关等一系列问题。

首先是锅炉安装使用后，出气量不够，发电机的发电量也远远达不到要求。厂方派来的两个技术员留下来，不断进行调试。在这期间，仇荣林为了培养自己的技术员，派了两个有文化的青年，名义上给他们当帮手，实际上是让他们跟着学习技术，以便厂方的技术员走了之后，自己能操作运行。可这两个青年，在走线路时，把电闸和电表都烧了，仇荣林看到两个人不是干电力的材料，决定换人，想到了胡开行。

胡开行高中毕业后，专门学过电器和无线电，在某武装部电器厂干过两年。2004 年被仇心忠推荐到西乡泡花碱厂工作，先是干电焊、气焊。由于活儿紧，每天从早干到黑，有时还要加班，胡开行的两只眼睛被电焊光打得红肿，脸上脱了一层皮，但他从没叫过苦。每逢晚上不加班的时候，他就偷偷去学习开叉车、铲车，是个十分爱学新东西的青年。后来让他干电工和机器维修，由于他业务精通，又善于学习钻研，很快成了电器方面的技术员。

胡开行被调过来后，知道老板有意培养他，既有压力，又有动力，全身心地跟着几位技术员学习，并协助两个技术员解决了不少技术难题。一个月后，锅炉和发电机正常运转起来。胡开行从此就在这个岗位上干了下来，现在是动力车间副主任，负责整个车间的生产技术和全厂的电力运营。

其次是化料滚筒出料少，不够生产使用，致使生产车间经常放假。所谓化料，就是把生产硅胶的主要原料泡花碱融化成液体。融化后的泡花碱液体必须过滤掉杂质，才能使用。由于设计缺陷，过滤得非常慢。仇荣林看到负责化料的几个人，进行了多种尝试，始终解决不了问题，决定把西乡泡花碱厂的张奇理调过来，进行技改。

张奇理是中专生，文质彬彬、言语温和，内秀、爱钻研，那时在西乡泡花碱厂负责包装和材料装卸，由于他善于技改，工作效率成倍增长，被公认为有点子、能解决问题的革新能手。仇荣林打电话给西乡厂办，让人去车间叫张奇理，让他立即收拾行李，来辛化公司。张奇理听到老板让他收拾行李，误以为是要开除他，心里忐忑不安。张奇理从山东省建筑工程学校毕业后，一直想跟仇荣林来干。仇荣林和他是姨兄弟，不想用亲戚，怕不好管理，一直没要他。磨了好几年，才如愿到西乡厂工作，因此张奇理十分珍惜这份来之不易的工作，干得十分卖力。听说仇荣林让他收拾行李，以为是自己哪里没干好，惹老板生气了，要开除他回家，心情十分沮丧。见到仇荣林后，知道是让他去搞技改的，才松了一口气。

仇荣林严肃地说："调你到辛化公司原料车间，就是要尽快解决出料慢的问题，如果一个月的时间解决不了，你就走人！"

张奇理听了，刚放下来的心，又紧张起来。原料车间这么长时间解决不了的难题，让他一个新手在一个月时间去解决，他觉得难以胜任，想说明一下困难，可看到仇荣林不容置疑的表情，只得点头答应，心里却像压了座大山。

经过观察，张奇理发现过滤慢的主要原因，是选用的滤布不对，就用涤纶、丙纶、锦纶、维纶等不同材质的滤布进行实验，经过二十多天的摸索和试验，成功解决了出料慢的问题。硅胶车间正常生产，不再放假了。

仇荣林看张奇理胜任这里的工作，便任命他为原料车间主任。

一天中午，仇荣林来车间巡查，问张奇理："硅胶车间用水量大，每到夏天，都反映水不够用。都说你点子多，有什么解决的办法吗？"张奇理想了想说："这主要是用水时间太集中的缘故，可以焊几个大罐储存水，用水集中时，让水泵高速运行；吃饭休息时，让水泵低速运行。"按照张奇理的办法，果然缓解了用水问题。

不久，仇荣林看到化料滚筒往外放料时，化成液体的泡花碱热浪滚滚、白雾腾腾，觉得这些余热排到空气中浪费，又给他出题，让他想办法把液体泡花碱中的余热回收利用。张奇理接到这项任务后，琢磨了几天，也没想到办法，以为不过是老板随口一提，就没放在心上，十天后，仇荣林看到他迟迟没动静，生气了，对他说："你要解决不了这个问题，就让位，让别人来干！"张奇理看到老板较真了，开始绞尽脑汁想点子，最终想到了把滚筒化出的液体泡花输入管道里，把管道制成多 S 形，置入几个储水罐里，用水罐里的凉水冷却泡花碱，一是缩短了泡花碱的冷却时间，二是凉水通过冷却泡花碱加热后，正好给水洗硅胶使用，又省掉了专门加热的费用，可谓一举两得，既节约能源，又节约时间。他的这项改进，至今还被沿用。

2018年，硅胶产量扩大，可因为体力劳动量大，不好招工。仇荣林决定进行技改，把张奇理调到设备工程部负责全厂技改，要求他把劳动量大的部门全部改造成轻松的岗位。在仇兴亚的带领下，张奇理和闫强等人组成的技改团队，陆续进行了制胶、水洗、烘干岗位的非标自动化改造，极大降低了劳动量，提高了效率……

第三是成品率低。刚投产时，喷头喷出的凝胶成球率低，经过水洗后出现阴阳球、黄球等不合格产品。仇荣林看到几个技术人员找不到症结，就想派人到其他硅胶厂去求教，王新安说："这种技术问题，人家是不会教咱的。"仇荣林就安排仇兴亚、王新安、徐德沛等几个人，自力更生攻克这一关。仇兴亚天天站在喷头前观察、记录，经过大量的数据分析，发现成球率低的原因是水温控制不准；出现阴阳球的原因是水洗时间长短和酸碱度几个因素造成的，经过反复试验，终于解决了这一问题。

第四是产量低。设计日产量三十吨，投产后却只能达到七吨左右。主要原因是设备原始，劳动效率低。仇荣林要求大家都开动脑筋，改变这种现状。

仇心忠看到制成的硅胶，要用人工从制胶池里一锨一锨地装到排车里，再推到水洗池进行水洗，浪费人力和时间，便在车间里焊装了一个行车，用行车替代了人工，减轻了工人的劳动强度，提高了效率。

当时跟着仇心忠当维修工的闫强，看着用行车代替人工，虽然节省了运力，但还要人工把硅胶装到罐里，觉得改造不彻底，就琢磨出利用水槽直接把硅胶冲到洗料池的方法。因为不知道是否可行，下班后画出了设计图，试探着交给仇荣林。仇荣林看后说："技术问题你找仇心忠厂长具体商讨吧。"仇心忠看了他的设计，觉得不错，按他的设计进行了改造，果然节省了人力，提高了效率。仇荣林看到这一技改成果，赞赏地拍着闫强的肩膀说："你虽然不在技术岗位上，却能主动琢磨技术革新，值得表扬。好好干吧，我不会埋没人才的。"闫强听仇荣林这样说，知道老板终于开始赏识自己了，心里一阵高兴。

闫强和仇荣林也有亲戚关系，高中毕业后，像张奇理一样，想来辛化工作，让本家姐姐闫先霞找仇荣林说了几次，仇荣林知道他性格强，怕他不服从管理，一直没要他。后来，一个包工队给公司焊水洗罐，闫强跟包工队来辛化公司干过一段时间。闫强是以电焊工身份来的，队长却拿他当小工使用，让他打磨、刷漆，这是既累又脏的活，闫强累极了，认为队长刁难他，和队长吵了起来，当队长告诉他这是仇荣林特意安排的，他瞬间明白了这是在考验他的吃苦耐劳精神，就不再嫌苦嫌累，踏实地干起来。把锈铁板打磨完后，队长才让他回到电焊工行列，但让他到罐体里面去焊接，这又是电焊工都不愿意去的地方。当时正值盛夏，铁罐在烈日曝晒下，里面像个蒸笼，酷热难耐不说，在圆形的铁罐里焊接很不得劲，站不起身，伸不开手脚，工具也没处放。闫强只得把电缆线搭在肩上，时间长了，电缆把肩膀磨破，肩膀伤口流出的血水把衣服粘住。每天下班后脱衣服时，为防止把粘住的伤口撕开，得先把衣服湿了水，才敢脱下来。队长看他踏实能干，焊接完成后，让他带队安装，锻炼他的组织能力。活儿结束后，闫强以为凭自己的表现，仇荣林会留下他，可仇荣林让他和其他人一样回家了。

几个月后，包工队长在仇荣林面前直夸他聪明能干，闫先霞又再三推荐，才把他招收进来，让他干电焊和维修。闫强知道进来不易，就憋着一口气，非要干出个样子，来证明自己。自从进厂后，他不仅干好分内的工作，不安排他的活儿也干，并且还善于动脑，厂里几个老人都夸他是个好苗子。通过他主动研究放料问题，仇荣林看他是个可造之才，不久后，把他送到青岛某硅胶厂学习。回来后，安排到硅胶车间带班生产。为了提高产量，仇荣林让几个优秀青年轮流当车间主任，说谁带班的产量高，就任命谁当车间主任。闫强向仇荣林请示后，在车间里实行多劳多得，日产量由七吨提高到十二吨，顺利被任命为车间主任。

开始生产时，水洗硅胶非常浪费水，每洗一吨硅胶要消耗三十五方水，在王新安的建议下，把单罐洗改成串洗，耗水量减少到每吨二十五方。沿用了七年后，在闫强的建议下，将串洗的弯头减少，使水冲力加大，又由原来的二十五方水，缩减到十三方，大大节省了耗水……由于他技术全面，善于革新，闫强又被提拔为生产部部长，负责整个公司九条生产线的生产。

当时，制约产量的另一个重要因素是装盘。经过水洗后的硅胶，需要装到盘子里，再一层层摆放到烘干车上，然后进入烘干窑炉烘干。装盘、把烘干车推进窑炉，全靠人工，不仅脏、累、速度慢，装盘的时候，硅胶很容易撒到地上。一个班下来，地上就能撒落十几厘米厚的硅胶，工人来回走动，都被踩碎，成为废品。烘干车重达一吨多，要两三个人才能推得动，并且很容易出现轧脚、撞人的现象。仇荣林看到这道工序费时费力，就发动大家进行技改，他说："我们能想到利用行车来减轻劳动强度、提高工作效率，研制出水冲槽，就不能解决装盘和烘干车的问题吗？"后来，胡开行成功研制出了装盘机，由人工装盘变成机器装盘，极大地提高了生产效率。再后来，在仇兴亚的带领下，仇心忠、胡开行、闫强等人集体研制出了不用装盘的烘干车，遥控进入烘干窑炉的摆渡车，全部实现了机械化、智能化。烘干窑炉内原来用六个人，并且既热又累，是个都不愿意去的岗位，通过技改后，只用三个人，还摆脱了热和累，成了都愿意去的岗位……

随着设备的不断改进，日产量由原来的七吨，陆续增加到十二吨，二十八吨，八十五吨，一百吨……到 2022 年，实现了日产四百三十吨！

辛化硅胶公司的建成投产，不仅能消化自己生产的泡花碱，减轻了销售压力，还实现了仇荣林生产高价位产品的梦想。

41 仇兴亚到莱西"卧底"

"卧底"生活

当初，仇荣林虽然接受了让王新安前来指导建厂，但他并不完全放心，为了给未来的企业加一道保险，让自己的人掌握硅胶生产技术，仇荣林向刘成法提出了派人到他的硅胶厂学习的要求。刘成法勉强同意，以招收工人的名义，把仇兴亚、李华、徐德沛三个人安排到硅胶厂上班。仇兴亚是大学本科毕业，李华是教师出身、当时泡花碱厂的业务副厂长，徐德沛是枣庄工业学校的毕业生，这三个人都是仇荣林重点培养的业务骨干。

　　仇荣林这样做，一是让这三个人当"卧底"，偷学硅胶的生产工艺，检验王新安的指导是否有技术偏差，以便及时纠正；二是为将来投入生产后培训出直接能用的技术员，算是未雨绸缪、超前计划。

　　仇荣林这样做，可以说是一举两得、一箭双雕。

　　刘成法因为是瞒着其他几位股东转让的技术，不敢光明正大地让外面的人去厂里学习，就让仇荣林派去的三个人以打工的名义去偷学。在刘成法的介绍下，仇兴亚和李华两个人率先来到了莱西硅胶厂"打工"。一个月后，仇荣林觉得力量不够，又把徐德沛派过去。

　　莱西硅胶厂的工人，都是当地人。三个外地人突然前来打工，怕引起其他几个股东的怀疑，按照刘成法的安排，三个人都伪造了身份，在招工履历表上，都填了初中学历。问他们为什么跑这么远来打工？回答是：家里穷，亲戚介绍过来挣点钱，这里的工资高。

　　不知道刘成法是出于什么考虑，进厂后把李华分到化验室，徐德沛分到制胶岗位，仇兴亚却被分到了既脏又累、还学不到任何技术的装卸队出苦力。

　　莱西硅胶厂坐落在莱西市的一个镇上，这个镇是个大镇，之前盛产石墨，曾经非常红火、繁荣，后来石墨采光了，昔日荣光不再，变得落寞、衰败了。这个硅胶厂就是在一个废弃的石墨矿旧址上改建起来的。工人都是当地人，下了班回家，只有仇兴亚三个人住宿。他们被安排在石墨厂的旧宿舍里，这些宿舍废弃多年，门窗都坏了，屋里既脏又暗，仅有的就是厂里为他们临时提供的三张床和一只白炽灯泡。那个宿舍坐落在镇子外的一片树林里，白天苍蝇满天飞，夜晚蚊子嗡嗡叫。他们三个人是六月份进厂，正是一年中最酷热的时候，上班的时候，厂里条件差，没有叉车、装载机等机械，装卸车全靠人工。仇兴亚在这之前虽然经常被父亲安排到自己公司里干活，但他从没干过劳动强度这么大的活，每天他都累得腰酸胳膊疼，天天热得汗如雨下，浑身湿透，衣服上往下滴水。仇兴亚后来回忆说："那才叫真正的出大力、流大汗！"如果光是白班还好，有时，半夜也会被叫去加班，而住的地方离厂区三里多路，一个人步行在既没有灯光，也没有行人的林间小路上，黑暗、荒凉、阴森，能听到的只有夜猫子叫，让人毛骨悚然。每天下班后，一身的汗水也没法洗，只能在厂里的自来水管前用毛巾简单擦洗一下，而回到宿舍里，床上所有的物品都是潮湿的，像被洒了水，湿漉漉的，让人无法睡觉。他们住的宿舍，不知道什么原因，异常潮湿。后来，仇兴亚他们三个人买了电热毯铺在床上，上班前打开，等回来睡觉时再关上，以此来祛除潮湿。直到现在，提起那段生活，他们还戏谑地说："大热天，我们每天起床后都要把电热毯打开。"让别人听得一头雾水。

父子情深

这是仇兴亚大学毕业后，第二次被父亲派出来学习、锻炼。

第一次是 2005 年他刚大学毕业的时候，为了学习到先进的企业管理经验，应聘到了富士康公司。那时，他是以大学生的身份应聘到富士康，被富士康作为后备人才培养，在公司"新世纪管理干部培训班"学习之后，以技术员的身份，负责摩托罗拉软件测试。同样是打工，当装卸工与当技术员，自然是天壤之别，不可同日而语。可以说，仇兴亚长这么大，从来没吃过这么多苦、受过这么多罪。在他上高中的时候，父亲为了锻炼他和哥哥两人的意志品质，每逢假期，就会让他们兄弟俩到厂里干活，干得最多的是筛煤炭，这是既累又脏的活，寒假的时候还好一点，特别是暑假，烈日炎炎下，兄弟俩被煤灰弄一身，像个黑人，汗水一浸，黑一道、白一道的，像戏台上的小丑，用父亲的话说，"弄得像两个小鬼似的"，看上去甚是滑稽。那时兄弟俩性格倔强，为了完成父亲交给的任务，再热再累也不休息，像是使性子，也像是赌气，不把父亲安排的活干完绝不休息。厂里的工人都知道这是仇荣林有意在锻炼他们，但谁也不点破，下班的时候，就围上前来看他两人的热闹，也有人跟他俩开个玩笑，老大仇兴东知道人们是在和他们闹着玩，对人们的围观和玩笑，置之不理，也不生气，照样干自己的活。仇兴亚因为年龄小，不知道人们是和他开玩笑，以为是笑话他，加上累得正烦躁，就把心里憋的一团火气撒到围观者身上，要么铲起一锨煤灰往人身上撒去，要么就张口骂人家，惹得大家哄笑而去。但那时累极了，他可以随时不干，可现在，即使再累，也没有人体贴，更没有休息的机会，只得日复一日地干着。有一天，他觉得实在受不了了，给父亲打了一个电话："爸爸，这里实在是太苦、太累了，您什么时候让我回家呀？"

　　仇荣林听到电话里儿子的央求声，知道仇兴亚虽然没吃过多少苦，但他绝不是娇生惯养的孩子，他这样叫苦叫累，那一定是很苦很累了，已经超出他的承受能力了！一种舐犊之情、疼爱之意油然而生，心里酸酸的，泪水在眼里直打转，但他还是狠下心来，用平静的口吻对仇兴亚说："孩子，再坚持一下吧，咱的硅胶厂将来还指望着你学的技术呢，完成任务再回来，好吗？"仇兴亚沉默了一会儿，说："爸爸，您放心吧，我会完成任务，不会让您失望的！"

　　挂了电话，仇荣林的眼泪再也止不住，哗哗流下来，一个人坐在办公室里吸了好多烟。平心而论，仇荣林虽然非常疼爱两个孩子，并且不惜一切代价地培养他们，但他一直忙企业，对两个孩子关心照顾并不多，这是他觉得亏欠他们的。如今，他们大学毕业了，条件也好起来了，却让他去吃这份苦、受这份罪，他心里真是有种说不出来的难受！可是，为了企业的扩张，为了他的事业梦，他必须狠下心来，让刚走向社会的仇兴亚去经历风雨、经历磨难，尽快成长起来。

　　其实，仇兴亚也并没真想回家，只是给父亲诉诉苦罢了。人往往都是这样，每当遇到困难了，苦闷了，孤独了，心里无助，就想找亲人或朋友诉说一下。往往这种时候，也只是诉说一下而已，并不想让他人帮助什么。仇兴亚虽然从小到大没吃过这么大的苦、受过这么大的累，但他知道自己肩负着公司扩张的使命和父亲的重托，他要助父亲一臂之力，因为他长大了，并且有这个能力，是该为父亲助力的时候了。这些年来，为了把他培养成一名大学生，父亲操劳、付出了多少，作为儿子，他知道得最清楚。他从本村小学毕业后，父亲没有让他像其他小学生一样继续留在本村上初中，而是要把他送到全市最好的育才中学。育才中学是一所私立的寄宿制学校，每年要交七八千元的学费和寄宿费。那时，父亲正是资金最紧张的时候，但父亲却不怕花这笔钱，让他报考。

　　那时，仇兴亚的哥哥仇兴东在滕州一中上学。仇兴亚入学后，企业虽然还很困难，但父亲从不在他们身上省钱，为兄弟俩租赁了一间房子，让他们单独住宿，以便他们能安静地学习、更好地休息。仇兴亚果然没有辜负父亲的期望，初中毕业后顺利考上滕州一中，三年后又考上了省内的一所大学。

　　仇兴亚清楚记得，他的大学录取通知书下来的那天，正是他二奶奶、也就是父亲的婶子出殡的当天，当父亲接过录取通知书，看到被录取的是畜牧专业时，当时就急眼了，生气地问仇兴亚："你怎么报考了畜牧专业呢？"

仇兴亚回答："我没报畜牧专业呀。"

父亲扬着手中的录取通知书，责问道："那你怎么被畜牧专业录取了？"

仇兴亚想了想，小声说："我怕今年走不了，就在填报志愿时，写了可以调剂专业，没想到会把我调剂到畜牧专业上来。"

父亲责怪说："你的分数明明过了本科线嘛，干吗要让调剂专业呢？"

仇兴亚挠了挠头，不好意思地说："这是高考前填写的，我怕万一发挥不好，走不了。"

父亲坚决地说："咱不上这个专业，得调一下。"

仇兴亚说："到了这个时候，还能调得动吗？"

父亲说："你别管了，我来办。"

父亲说完，到家里脱下孝衣，找了一身衣服换上，去了济南。临走前，主事的人说："你婶子马上就要出殡了，你作为亲侄子，半个孝子，再急的事，也得等明天吧？"

仇荣林却说："为了孩子的前程，我不能送婶子最后一程了。算我不孝。"

说完，仇荣林在婶子的灵柩前恭敬地磕了三个头，然后去了市里找他朋友王老师。王老师在省招生办有一个同学。仇荣林拉着他来到济南，找到省招生办的同学，那位同学告诉他们：录取通知书下了之后，就没法调剂学校或专业了！

仇荣林不甘心，央求说："您帮帮忙，想想办法！"

省招办的人说："实在没办法可想。"

仇荣林仍不放弃，继续央求说："您想想办法，求您了！"两手抱拳，再三恳求。

省招办的人想了想，说："在咱省里是真没办法了。不然，你们到贵州省去试试吧，那边还没下录取通知书，可能还有希望。"

仇荣林拉着王老师直奔飞机场。去机场的路上，下起了雨，他们下了出租车去值机的时候，由于跑得太急，两个人的鞋及裤腿都弄得全是泥水，坐上飞机后，邻座的人都用奇怪的目光看着他脚上湿透的布鞋。王老师因为一直没顾得上喝水，渴得嗓子眼冒烟，看到空乘推来免费的饮料，便一杯接一杯地要来喝，像没喝过饮料似的，让周围的乘客直怀疑他们是两个没见过世面、贪小便宜的土老帽。

到了贵州大学招生办，得知录取通知书确实还没下，仇兴亚的分数也过了他们学校的录取分数线，但因为志愿上没报这个学校，究竟能不能录取，还不好说。

听说不一定，仇荣林急了，当即表示："我愿意花钱，花多少都行，只要能让孩子上学！"

招生办的告诉他："这不是钱的事。像你家孩子这样的情况，还有几个，这需要学校统一研究。你们回去等消息吧。"

仇荣林问："要等多久？"

回答是："用不了多久。"

同去的王老师说："咱回家等通知吧。"

仇荣林却说："不！我就在这里等，拿到通知书再回家。"

他们两个人在附近找了一家旅社住下来。每天吃完早饭后，仇荣林就去招生办询问，听到还没结果，就要请人家吃饭，人家不去，就买些礼品送过去，人家也不收。天天如此，弄得招生办的人都不好意思见他了。

几天后，终于等来了结果：仇兴亚被贵州大学录取！

仇荣林是从贵州大学拿着通知书回来的。当仇兴亚接过这份通知书时，他看到父亲眼里闪动着晶莹的泪花。那一刻，仇兴亚体会到了父亲渴盼他上一所理想大学的强烈愿望，以及为此付出的艰辛。

如今，父亲不辞劳苦地把他培养成才了，作为大学生，作为堂堂仇家男儿，是该助父亲一臂之力的时候了。

学成凯旋

带着不辱使命的想法，仇兴亚像个地下工作者似的，每天下班回到宿舍后，便与徐德沛、李华一起，把当天所学到的、所看到的进行交流，然后认真地记录下来。那段时间，从不吸烟的三个人，却同时吸上了烟。

那段时间，他们虽然辛苦、寂寞，却都觉得付出得值得、有意义，他们兴奋、充实，有成就感。

一个月后，在仇荣林的多次交涉下，刘成法把仇兴亚从装卸队调出来，安排到水洗岗位上。他这样要求，并不是为了给仇兴亚换个轻松的工作岗位，而是因为在装卸队里学不到任何技术。仇兴亚不是去打工的，而是去学技术的，学核心技术的。硅胶生产的三个关键环节是：水洗、制胶和化验。徐德沛学制胶，李华学化验，再让仇兴亚上了水洗岗，三个关键的技术，他们就分别能学到了。

在莱西硅胶厂"卧底"的三个多月的时间里，仇兴亚三个人像非常敬业的特工一样，一方面认真学习硅胶生产的每一个工艺、流程，并认真记录下来；一方面把通达硅胶厂生产设备的安装布局作为参照，指导家里硅胶车间的建设。仇兴亚知道，父亲为了建硅胶厂，把生产泡花碱的盈利全部投进去了，可以说是孤注一掷，把所有的老本都押上了，成功与否在此一举。仇兴亚知道自己肩上的分量，他必须把一切都学会、掌握，协助父亲把未来的硅胶厂办起来，办成功。

42　仇兴东开拓市场

改名，改产　　硅胶刚投产时，仇荣林给公司取名"滕州市恒泰化工有限公司"，虽然叫公司，其实只有一个车间，主要生产干燥剂，年产能力最高一万吨。由于产量不大，加之销售得力，市场销路非常好，可以说是供不应求。更重要的是利润空间很大，收入可观。

在这种大好形势下，仇荣林果断决策，兴建第二车间。2008年开始筹建，2009年投产，依然生产干燥剂。第二车间生产能力是一车间的两倍，即年产两万吨。为了跟生产配套，加热锅炉也由原来的十吨，换成了二十吨。

2008年初，仇兴东、仇兴亚、房宽三个人去莒南县一家干燥剂厂走访，这是一家不大的公司，他们发现人家的企业名称却冠上了"山东"，而他们的公司却只冠上"滕州"，从名称上来论，比人家显得小了。在回来的路上，三个人就商量着把公司的名称冠上"山东"，以展示公司的大气。征得了仇荣林同意后，他们增加了注册资金，把企业的名称改为"山东辛化硅胶有限公司"。

让人意想不到的是，二车间投产后，产品却滞销了！原来非常火爆的市场，一夜之间凉了下来。原因是经济危机来了。2008年由美国的次贷危机引发了全球性的经济危机，中国当然也不例外，受到了很大的冲击。第二车间投产后，一批批产品生产出来，却没有客户，销售成了当时的一个大问题。

仇荣林让仇兴东和房宽带领销售团队，在全国找客户，跑遍了大半个中国，依然没有打开销售局面，却有了另外的收获，仇兴东敏锐地看到：目前国内对干燥剂的需求量不是太大，而对"变压吸附"的需求量却很大。

变压吸附是硅胶的一种，用于制造化肥等。需用变压吸附的客户还有一个共同特点：要么不用货，一旦要货，一次的需求量都会很大，少则几十吨、几百吨，多则是几千吨，都是大单子。接下一个这样的单子，就够生产一段时间的。不像干燥剂，用量小，订单零零碎碎。为了弄清楚变压吸附的用法，仇兴东还亲自跑到河南省一家化肥厂实地考察了一次。回来后，他把这一发现告诉了仇荣林，仇荣林听后，马上把工程师王新安叫过来，询问他把二车间改产变压吸附的可能性，王新安告诉他：把现有的设备简单改造一下，就可以生产。仇荣林当即拍板，说："那就尽快改造二车间，改产变压吸附！"

随后，在王新安的指导下，仇兴亚带领几个技术员把二车间改造成了生产变压吸附的车间，并且很快投产。

这样，企业就形成了第一车间生产干燥剂，第二车间生产变压吸附的格局。

销不出去，也不掺假！

由于刚开始生产变压吸附，没有现成的销售网络，产品仍然没有客户。开发客户的任务，理所当然地交给了仇兴东、仇兴亚和房宽三个大学生。

仇兴东像几年前销售泡花碱一样，先是在网络上进行宣传、销售，接着把销售团队兵分三路，出去找客户，一路去江苏、广东等地，一路去湖北、湖南等地，一路去河北、东北等地。仇兴东带队在深圳找到了一个经销商，对方提出可以把他们公司生产出来的所有产品包销，但他给的价格太低了，低得连生产成本都不够，这样的客户没法合作。后来又跑到了福建、广东、江苏等地，市场都有需求，但这些经销商像是商量好的，给的价格都很低。仇兴东刚开始以为这些经销商是欺负他们是新厂家，故意把价格压低的，经过了解才知道，所有生产厂家都是以这样的价格销售的。仇兴东觉得很奇怪：这些厂家把产品卖得这么低，已经没有利润了，甚至亏本了，可他们为什么这么做呢？是为了占有市场、清理库存，还是人家的生产成本低？

通过市场调查，他发现，原来他们是在使假！生产厂家使假，经销商也在使假！原来他们都往干燥剂里加水。厂家加水，经销商加水，这样层层往里加水，干燥剂失去了干燥作用。这些厂家销售的变压吸附含水量很高，失去了吸附作用。可为了价格，为了利润，厂家不管这些，经销商更是不管。

跟着仇兴东一块儿去的业务员就提议：咱也往干燥剂里加水，咱也生产含水量高的变压吸附，低价出售。仇兴东听了，皱着眉头说："咱不能干这样的事！"业务员说："如果不使假，咱的价格就降不下来，产品就销不出去呀。"仇兴东说："销不出去也不能使假。使假虽然能一时有市场，但时间长了，会砸自己的牌子。我父亲提出把辛化公司做成一个让人尊敬的企业，一个企业要想赢得广泛的尊敬，产品质量和诚信经营，是最重要的。我们要靠质量打开市场、求生存，不能被眼前的利益所左右。我们的目标是做百年辛化。"

那一次，仇兴东几个人跑了南方好几个省，没有开发出一个客户，回来向仇荣林汇报了不愿意掺假的做法，仇荣林赞赏地说："对，你做得对！就是一点销售不出去，我们也不能掺假，毁了我们的形象和信誉。"

没有什么不可能

可是，不愿意掺假降价，产品就销售不出去，仓库很快就爆棚了，面临着停产。

这时负责生产的仇兴亚，也利用业余时间不停地在网上寻找客户。他查到上海有一个硅胶经销商，就打电话问对方是否对辛化的产品感兴趣。对方听说辛化是个刚投产的公司，很轻蔑地问仇兴亚说："我是硅胶经销商，当然要硅胶。但你先告诉我，你懂得硅胶是什么吗？"仇兴亚不假思索地回答："我是硅胶的生产者，当然懂得硅胶！"对方毫不客气地说："你不懂得！你先弄懂硅胶是什么再与我联系吧。"挂了电话，仇兴亚哭笑不得，同时，他也立即通过各种渠道查阅此人的资料，原来这个人曾经是上海一家硅胶厂的工程师，在行业内是位老资格，孤傲得很，他根本看不起一个坐落在农村里的新建的公司，不相信这个公司能生产出好产品。后来，辛化公司成为国内最大的硅胶企业、产品有了知名度后，上海这个经销商亲自跑到辛化公司来进货，仇兴亚知道是他后，笑着问他："先生，您还记得我们第一次对话吗？"这个经销商的脸马上红了，说："对不起！我不该看不起您！"仇兴亚马上笑了："我没有揭您短的意思，见到您后，让我不由想起了咱们第一次对话，如此而已。"那位经销商认真地说："我为我当年的狂妄，向您道歉！不过，我真想不到你们一个农村的小厂，没有技术、没有地理优势、没有销售渠道，怎么会如此迅速地发展起来呢？"仇兴亚笑着反问他："您说呢？"这个人回答："我说不上来。我这次来，目的不仅仅是来进货，主要目的就是想考察一下你们迅速崛起的原因。"这个经销商把货发走之后，又在辛化公司住了几天，这里看看，那里瞧瞧，直到找到了他要的答案才离开。这是后话。

仇兴亚在网上看到河南省有一家企业招标变压吸附，便和哥哥仇兴东一块儿前去投标。由于他们是第一次参加投标，没有任何经验，连投标前需要交保证金的常识都没有，当他俩把标书递交过去后，人家向他们要保证金时，才赶紧跑到银行去取钱。由于暗箱操作，事先就定下了中标者，招标只是走个过场，几家前去投标者都成了陪标。仇兴东兄弟俩空手而归。

仇兴东和房宽跑了大半个中国，没有打开销路，非常沮丧，回到公司后，都不好意思去见仇荣林。仇荣林知道后，把他俩叫到办公室，问："什么原因呢？是我们产品的质量问题，还是价格问题呢？"仇兴东回答："既不是质量问题，也不是价格问题，而是销售的固化，几乎所有的用户，都已有了固定的供应商，我们打不进去。"仇荣林思考了一会儿，说道："要想想那些固化的销售，是为什么固化的？其实这世上没有绝对固化的东西，正如那句名言所说的：只有永远的利益，没有永远的朋友，一切都可被打破、都可被重组。我们作为一个新入行的企业，如果只想着找空白市场，那是很难的。你们想，在销售竞争接近白热化的今天，哪有那么多空白市场给我们留着？我们只有打破这种固化的销售格局，才能生存、发展，不然，我们就没机会。"

仇兴东听后，深受启发，顿然开悟，对父亲说："我明白了！"

从仇荣林办公室出来后，房宽对仇兴东说："董事长这是教我们如何做市场呢。"

仇兴东说:"父亲是在教我们在激烈的市场竞争中,不要丧失信心,要敢于迎难而上,要有打江山的精神,把别人占领的市场抢过来,开拓出我们的市场。"

房宽点头说:"董事长看我们两个人是大学生,性格温和,缺乏一种野性,没有攻击性。"

仇兴东赞同说:"对,我们两个人就是缺乏这种攻击性,所以才没有战斗力。今后,我们两个人都要改一改,抓住机会就不放过,像打仗攻占山头一样,逐步占据营销市场的制高点!"

于是,他们两个人抱着必胜的信念和决心,信心满满地重新去跑市场。

在出发之前,仇兴东制作了一块牌匾,挂在销售部的墙上,标题是:习惯于找方法。内容是这样一段话:每个蚂蚁为了寻找食物,不会说今天我找不到食物就算了,这是没有任何理由的,生存是硬道理。营销团队也是一样,没有业绩就没有营销团队存在的理由。这种方法不行,就换另一种方法。哪种食物能吃,哪种食物不能吃,这里有食物,还是那里有食物,都要试过来才行。营销团队要像蚂蚁一样运用不同的方法,不断地储备食物,即准客户。

他又在通往销售部的大路上制作了一块过路标语:对于我们辛化人,没有什么不可能。

拿到大订单

山重水复疑无路,柳暗花明又一村。就在接连失利、销售前景一片暗淡的情况下,河北邯郸钢铁厂在网上看到他们发布的销售变压吸附的信息,主动打电话来要货。因为在网上留的是仇兴亚的联系方式,电话打给了仇兴亚,他接到电话后,很是兴奋,马上将这个信息转达给了负责销售的仇兴东。仇兴东和房宽立即赶去河北邯郸钢铁厂,经过洽谈,一次性发出去一千吨变压吸附,把库存全部消化掉。

一次发货一千吨,这在辛化公司销售史上,是头一次。这一千吨的销售,让仇荣林和职工备受鼓舞。当仇兴东和房宽从河北凯旋后,仇荣林让食堂做了两桌子菜,举办了一个庆功宴。

给河北邯郸钢铁厂送货时,仇兴东了解到河北东光化肥厂对变压吸附的需求量很大，便想开拓这个客户，便和房宽两个人一起找到了这家化肥厂，试图再拿下这个大订单。

到了厂里才知道，这家化肥厂虽然需要大量变压吸附，但他们"没有购买权"，在采购上是傀儡，他们需用的变压吸附，由成都西南化工研究院指定的厂家供应。原因是化肥厂是西南化工研究院设计的，两个单位有着这样那样的关系，在技术上、用料上，化肥厂都听设计院的。西南化工研究院已为化肥厂"选定"了变压吸附的供应厂家，并且已经达成了协议，因此当仇兴东和房宽到了化肥厂供销科，人家直接说明情况，拒绝了。

事情到了这个地步，几乎没有回旋余地了，若是往常，他们也就放弃了。可这时的仇兴东和房宽却不甘心放弃，决定要去打破这个固化的市场格局。他们了解到：邯郸钢铁厂的供销科科长和化肥厂的供销科科长熟悉，便请他出面协调，想把这个单子抢过来，成为自己的客户。钢铁厂的供销科科长带着他们去了两次，饭也吃了，工作也做了，却没协调成功。

仇兴东觉得既然还没开始供货，就还有机会，就和房宽一起来到了成都，开始公关西南化工研究院。因为已经定下了采购单位，西南化工研究院的负责人根本不看他们带去的样品，也不听他们的介绍，而是直接拒绝了他们。但他俩不灰心、不放弃，天天去缠、去磨，一遍遍地介绍着自己的产品质量和价格。为了打动研究院的领导，他们除了去单位外，还去他们家里拜访，变着法儿讨好人家。一来二去，几位领导不仅被他俩的敬业精神感动了，而且喜欢上这两个年轻帅气的小伙子，最后，研究院的领导建议河北东光化肥厂推翻已经达成的供货协议，对两家企业进行重新评估、重新招标。结果仇兴东他们很顺利地中了标，拿下了一千五百吨的一个大订单。

一千五百吨，又一个创纪录的大订单。

他们又一次成功地打破了一个"固化"。

那时，辛化公司生产变压吸附的第二车间生产能力还不是太大，一千五百吨的变压吸附，需要一定的生产周期，而化肥厂要货呢，是集中性的，一次把所订购的产品全部拉走。因此，生产出来的产品必须先存放起来，等数量达到了，再集中送过去。正巧那段时间，仇荣林的父亲不知从谁嘴里听说产品不好销，天天到公司里来，看到仓库满了，院子里也堆放着产品，一脸愁云、唉声叹气，直替儿子发愁。仇荣林和仇兴东轮番向他解释说这些产品都已卖出去了，只是暂时存放在公司里，他怎么也不相信，一个劲地直摇头，直到河北东光化肥厂来车拉走了产品，老人家才放心。

之后不久，仇兴东又在潍坊拿到了一个四千吨的大订单！货发过去后，潍坊那边给了一张一千万元的承兑支票。那是辛化公司建厂以来，收到的最大的一张承兑，在滕州所有的银行都没法承兑，后来到济南才兑付了。

之后，仇光东和房宽又陆续开发了一批客户，至此，销售局面完全打开。

只打质量战，不打价格战

仇兴东征得父亲的同意后，制订了两个销售原则：一是不再把产品卖给中间商，直接找终端客户，这样既可以防止中间商掺假，影响产品的质量和声誉，还可以让终端客户得到实惠；二是不再赊销。这也是仇荣林多年来所积极倡导的。因为赊销，他们是吃过苦头、有过教训的。早年在销售泡花碱时，因为赊销，换来了几乎所有的生活用品，还有的客户根本就不想还债，时至今日，还有几百万元的债务成了死账，都是仇荣林来埋单。

仇兴东之所以坚持不再赊销，是因为他受过教训。仇兴东上大学的时候，也不知父亲是真想让他们去要账，还是想锻炼他们，每到假期回家，父亲就会把他和弟弟两人派出去要账。有一年寒假，仇兴东和弟弟一块儿去宜兴，要了十几天，各种方法都用了，也没要来钱，眼看着春节到了，那个欠债者才给了他们三百块钱当路费，打发他们回家。那一次，让他们兄弟俩深切地体会到要账太难了！大学毕业后，自从父亲让他负责销售那天起，他就为自己的团队定下了规矩，那就是不再赊销。哪怕销不出去，也不再赊销。如果客户想要辛化的产品，可以先到公司来验货，满意了，把货款打到公司的账户上，公司再发货。

有人担心不赊销，产品就会销不出去，仇兴东说："销不出去，我们还有产品在，总比赊出去，既要不来款，也没有产品要好。"他又说，"只有不会营销的队伍，没有销不出去的产品，况且，我们的产品质量优良，我们有底气。"后来的事实证明，仇兴东运用一系列的营销手段，产品不仅国内畅销，而且销往国外，供不应求。他们成功地开拓了市场，占领了市场。

仇兴东不赊销的做法，慢慢被同行业效仿，渐渐在整个行业中形成了"来厂验货、付款、再发货"的销售流程和规则。这个规则，被同行誉为了不起的贡献，至今在行业中沿用。

在仇兴东的建议下，公司还提出了"只打质量战，不打价格战"的口号，无论别的企业怎样往产品里掺假，辛化公司绝对不弄虚作假、欺骗客户，但是价格也绝对不降低，只按自己的套路出牌。咬定青山不放松，任尔东西南北风。有一段时间，拿到变压吸附的订单太多，产品一度供应不上，客户纷纷上门来催促，这时，公司里有人建议：为了产量，产品质量可以放低一点。因为变压吸附的客户对产品质量要求不是特别严格，一次又是几百吨、几千吨，根本也不验货。

仇荣林听到这种声音后，立即到车间开了一个会，很严肃地强调说："我们的产品之所以供不应求，就是因为我们的质量有保证。绝对不能因为畅销了，就降低质量，更不能掺假！别人是'萝卜快了不洗泥'，我们是'萝卜快了也要洗泥'，并且洗得还要更干净！只有这样，我们的企业才能立于不败之地，才能做成让人尊敬的企业。"他一再强调质量是企业的生命，并制订了制度，如果谁的班上出现了质量问题，将进行扣工资，甚至开除的处理。

为了对客户负责，每一批产品，都必须经过严格的化验后，才允许出厂。

主抓生产的仇兴亚，也是把质量看得如同生命一样。有一次，工人们为了赶产量，夜班的时候，没对产品进行细致的筛选，致使产品里含有杂质，如果掺到几千吨合格的产品当中，完全可以蒙混过关。可仇兴亚没这么做，他一是不想欺瞒客户，以次充好，担心长此以往毁了公司的信誉；二是不想让职工养成马虎的生产习惯。在请示了仇荣林之后，仇兴亚效仿海尔集团董事长张瑞敏砸冰箱的做法，将那一个班生产的几十吨产品全部作废，以引起职工的高度重视。

"质量是命，产量是钱。"在那次事件后，仇荣林又一次把他常说的一句话印成标语，挂在车间最醒目的位置。

"钱固然重要，可没有生命重要。无论是一个企业，还是一个人，如果命没有了，钱还有什么用？"

"当质量和利润发生冲突时，质量第一，我们宁愿少要些利润；当质量和速度有了矛盾时，要在保证质量的前提下，要速度，我们不要没质量的速度。我们就是要用高质量的产品来赢得市场，赢得客户，赢得一个好口碑！我们不要当一时的暴发户，我们要做百年辛化！"

仇荣林这样解释说。

事实证明仇荣林的这种坚持是对的，正是他们的质量过硬，才使产品国内市场不断扩展，后来走出国门，销往八十多个国家和地区。一些国外的经销商从压低价格，到对他们的产品产生依赖，其中最主要的原因就是他们的产品质量好、信得过。

43 辛化制造走出国门

"这个订单，我们接了"

2009 年，是辛化硅胶走出国门的一年。

一天，仇兴亚突然接到一个陌生的电话，说要四个柜子的干燥剂（柜子就是集装箱，一个柜子可装二十四吨干燥剂。是硅胶行业内的行话），在一周内交货，问他们能不能接这个单子。

打电话的是位女士，叫徐明花，是一位硅胶行业的国际贸易商。

当时，仇兴亚正在上海跑客户，接到这个电话后，连夜赶回来。在回来的路上，他把这个信息告诉了负责销售的哥哥仇兴东，仇兴东正在杭州，也是连夜开车往回赶。这是他们公司自成立以来，接到的第一个国际贸易商的订单，他们十分欣喜、格外重视。

这位徐女士是入籍韩国的华人，2000 年后一直在韩国做硅胶生意，从中国进货，销售给韩国的厂家。她主要经营干燥剂，之前都是从招远的一个厂家进货，可突然之间，招远硅胶厂的锅炉出了问题，停产，暂时不能供货了，而韩国的客户又急着用货，情急之下，徐明花联系了胶东的几家硅胶厂，都表示无法在一周之内完成四个柜子的订单。后来，她在网上查到辛化硅胶公司，就抱着试一试的态度，给仇兴亚打了电话。

接到徐明花的电话后，仇兴东和仇兴亚的心情是一样的，可以说是喜忧参半，喜的是国际贸易商主动找上门来，他们辛化产品终于有出口的机会了；忧的是对方要货太急，虽然是块肥肉，却也怕是啃不下。原因是徐明花所要的干燥剂特别精细，对粒度和水分的要求特别高，正常生产出来的干燥剂必须经过二次，甚至多次加工才能达到她的要求。一是要多次过筛，才能达到粒度的要求；二是要进行二次干燥，才能达到 1.5 个左右水分的标准；并且还要求重新印制包装袋，进行精包装。本来，在一周内生产四个柜子的干燥剂就很紧张，如果再进行烦琐、精细的二次加工，几乎是不可能完成的。这也是其他几个厂家不敢接这个订单的原因。

仇兴亚接到徐明花女士的电话后，也没敢马上答应她，只说商量一下再给她回电话。

仇兴亚和仇兴东几乎同时从外地赶回来，叫上房宽，三个人一块儿去请示仇荣林。

仇荣林听了这个消息，脸上现出了笑意，但很快就变得凝重起来，他点燃了一根烟，狠狠地吸了几口，然后郑重地对他们三个人说："给徐明花女士回话，这个订单，我们接了！"

仇兴东提醒父亲："时间只有一周啊！"

仇荣林坚定地说："我知道是一周。我们能完成。"

仇兴亚也提醒父亲："徐女士对干燥剂的粒度要求很严格，要求 1 至 3 毫米的粒度，合格率达到 98% 以上，球形完整率达到 95% 以上，得经过多次过筛，才能达到这样的标准。这需要精挑细选，很费工夫的。"

房宽补充说："对水分的要求也特别高，我们现在的干燥剂都是 5 个左右的水分，要达到她提出的 1.5 个水分，必须经过二次干燥，而我们的二次干燥窑在这么短的时间内，也很难完成！"

仇荣林看了三个人一眼，说："我知道，这些我都知道。我自有办法。你们三个人就放心地去和徐女士对接吧。"

可仇兴东、仇兴亚和房宽三个人都站在那里迟迟不肯离开，那意思是：一周的时间怎么能完成这么烦琐、复杂的四个柜子的生产量呢？他们想等着董事长考虑清楚再做决定。因为要货的是韩国贸易商，属于国际贸易，弄不好，会惹来国际贸易官司。

仇荣林看出了他们三个人担心，说："我们不是一直想让产品走出国门吗？这就是最好的机会。当然，这个机会对我们来说困难很大、压力很大，但困难再大，我们也要抓住这个机会，以实现我们产品走出国门的愿望。"

仇兴东三个人几乎同时强调说："可是我们在一周之内，要交货四个柜子，很难完成啊！"

仇兴亚又补充说："这个订单不仅是生产上太紧张了，就是包装，也与国内要求的不一样，我们必须重新印制包装袋，按照外商的要求进行精包装，工作量太大了！"

仇荣林用不容置疑的口气说："压力再大，我们也要接下这个单子。如果我们把这个单子完成好了，很可能就会成为走向国际市场的转折点。"接着，他对仇兴东、仇兴亚和房宽三个人说，"生产和包装的事，你们不要管了，由我来负责！你们的任务就是赶紧与这位徐女士对接，商谈价格，处理好有关的外贸事宜。"

三个人还想再说什么，仇荣林制止住了，坚定地说："什么也不要说了，就这么定了！你们三个人只管做好与外商的业务对接工作就行，至于生产上，我负责，保证不误事！"

青岛的晚宴

第二天一早，仇兴东一行三人开车赶往青岛，见到徐明花女士时，已是下午时光。徐明花因为要货紧急，一直住在宾馆等着呢。

因为是第一个外贸业务，仇兴东的报价较低，而徐明花又急于要货，在价格上双方很快达成了一致。

签订了合同之后，徐明花笑着对仇兴东说："我给了你们公司这么大一个订单，你该怎样感谢我呢？"

仇兴东也笑着说："我是在你要货最急切的时候，帮你解了燃眉之急呀。"

徐明花说："照你这么说，我还应该感谢你呀？"

仇兴东赶忙摆着手说："我不是这个意思，别误会，是在你的帮助下，我们的产品走出了国门，我们应该感谢你！"

徐明花不笑了，认真地说："如果这次你们能保质保量地完成这个订单，这就意味着将是我们长期合作的开始。"

仇兴东也认真地说："我们就是奔着长期合作这个目标来的。不然，我们也不会顶着压力接这个订单的。"

徐明花又笑着说："既然想长期合作，那你还不好好请我吃一顿？因为找不到接订单的厂家，我心烦气躁、坐立不安，这几天几乎没怎么吃饭。现在好了，可以好好吃一顿了。"

仇兴东很绅士地说："我们本来就想请你吃顿饭，表示感谢，还怕你不赏光呢。想吃点什么呢？"

徐明花说："在青岛，当然要吃海鲜、喝啤酒了。"

仇兴东嘴上说好，心里却开始打鼓，原因是他来时匆忙，身上带的钱不多，而徐明花所住的酒店又是一家五星级酒店，一顿海鲜价格肯定不菲，他怕徐女士点的酒菜太多太贵，让囊中羞涩的他出了丑。仇兴东转过头，用询问的目光看着仇兴亚，仇兴亚瞬间明白了他的意思，拍了拍自己的包，暗示哥哥他有钱。仇兴东这才坦然起来。

徐明花虽然嘴上说要大吃一顿，却没让点多少菜，仇兴东想要两瓶高档红酒，她也没让要，只要了几瓶啤酒，消费并不高。仅从这一点，仇兴东就断定她是一位朴素、节俭的经销商，不是那种拿着别人的钱挥霍无度的人，不由得对她增加了一层敬意。

仇兴东在陪着徐明花吃饭的时候，悄悄让仇兴亚出去给父亲打电话，告诉父亲合同已签订，让他抓紧时间组织生产。

完成任务才休息

仇荣林接到电话时，已是晚上七点钟，他立即把包装车间的所有员工，包括后勤行管人员，全部集合起来，由他亲自坐镇指挥，实行三班倒，日夜不停地加工、包装。为了确保完成四个柜子的生产任务，仇荣林给每个班定了生产任务，完成的有奖，完不成的重罚。这时的仇荣林一改往日的和蔼，变得严厉起来，看那样子，他的暴脾气随时都会暴发，员工们都打起精神，不敢有一丝马虎，紧张而又认真地干起来。为了让大家有充足的体力和精力进行生产，仇荣林又像往日大会战那样，让伙房买来鱼、肉，改善伙食，让员工们顿顿吃得嘴角流油；夜班的时候，他就买来几斤龙井茶叶和几大包咖啡，让职工喝了提神，免得犯困。

仇荣林把生产任务安排好之后，让从青岛返回的仇兴亚坐镇指挥，他开始准备二次烘干、筛选、色选的设备。因为时间紧张，来不及自己加工制造，他到合肥购买了色选机，用来挑选干燥剂中的阴阳球；到南京购买了筛选机，用来筛选完整的球体，并过滤杂质；到常州购买了二次烘干机。由于对方要求太高，筛选机和色选机挑选出来的纯度仍然达不到标准，不得不用人工做最后挑选。二次烘干设备每天只能烘干十吨左右，也很难在几天内完成近百吨的烘干任务，仇荣林就启动自己的二次烘干窑同时工作⋯⋯

那几天，仇荣林就盯在车间里，每天工作十六七个小时，困极了，就到办公室躺一会儿。仇兴亚看到父亲太辛苦了，劝他说："这里有我就行了，您年纪大了，得注意休息。"仇荣林笑着说："就我这身体，拖不垮，累不死。现在正是最要紧的时候，我不在车间里，回去也睡不着。"仇兴亚找来了一把椅子，想让他坐着指挥，他说："什么时候生产任务完成了，我什么时候坐下来休息。"

工人们看到董事长像一台不知疲倦的机器，不停地忙碌着，也都铆足了劲加油干。

一周时间，他们不仅完成了四个柜子干燥剂的生产，并且完成了精美的包装。

如期交货，让徐明花女士很意外，她原以为辛化公司能在一周内完成两个柜子就不错了，虽然签订了合同，但她心里并没指望辛化公司能如数完成。她的期望值是两个柜子。两个柜子的货，也能解她的燃眉之急。没想到辛化公司保质保量完成了全部订单。这给了徐女士一个惊喜，也让她看到了辛化公司的信誉和能力。在她的强力推荐和建议下，韩国用户决定改用辛化公司的干燥剂。不久，委托徐明花带人来辛化公司考察，按照行规进行"验厂"之后，中止了与招远厂家的供货合同，从此改用辛化公司的干燥剂。

时至今日，韩国这家最大的用户一直使用辛化公司的干燥剂。

这是辛化公司自成立以来，产品第一次走出国门。

因为是第一次出口产品，负责销售的仇兴东和房宽，对国际贸易的流程、报关等相关知识一无所知，不知如何办理，徐明花女士有意与辛化公司长期合作，对仇荣林说："你派一个人过来，我来教授相关的业务。"

仇荣林派去了房宽。

44　房宽升职记

房宽是仇荣林重点培养的营销人才。

动摇

房宽刚进公司时，还是位二十多岁的年轻小伙子，长得一表人才，儒雅、帅气、阳光，是位让人看一眼就喜欢的年轻人。房宽是邹城市人，与仇荣林有点亲戚关系，小时候，他就认识仇荣林。仇荣林每次到邹城出差，差不多都要到他家里去坐一坐，吃顿饭，与他父母唠唠家常，当然也谈及自己的发展情况。仇荣林创业的故事，母亲经常对他说起，在他幼小的心灵里，仇荣林一直是他崇拜的偶像。

2005年，房宽从曲阜师范大学毕业后，以优异的成绩考到邹城市一所中学任教。生活规律，工作稳定，受人尊重，是一份相当不错的工作。可仇荣林在他心里种下的创业的种子生根、发芽，不断生长，也让他有了强烈的创业梦想，不甘心过平静的校园生活，也想着能像仇荣林那样，打拼出自己的一片天地来，于是，在学校工作了半年，他就提出辞职，想追随仇荣林去创业。第一次申请辞职，校长不同意；第二次，校长还是不同意。校长是位宽厚的长者，怕房宽是一时冲动，选错了路。校长经常对他重复大作家柳青的一段名言：人生的道路虽然很漫长，但紧要处常常只有几步，特别当人年轻的时候。这位善良的校长，怕房宽走错了人生最紧要的几步路，才不同意他辞职的。可是房宽后来一再提出辞职，校长看他铁了心，就说："让你父母来一趟吧，如果他们同意，我就批准你辞职。"房宽的父母知道儿子崇拜仇荣林，心中有个创业梦，知道跟着仇荣林肯定会有出息，表示同意他辞职。这样，校长只得在房宽的辞职书上签了字。

这样，房宽这个曲师毕业的大学生，来到了辛化公司，成了公司里继仇兴东、仇兴亚兄弟两人之后的第三个大学生。

房宽是 2006 年春天来到公司的，当时只生产泡花碱，还没有硅胶公司，就跟着仇兴东跑泡花碱的销售。

理想很丰满，现实却很骨感。2006 年的"宏泰化工"各方面的条件都还不好，办公条件简陋，住宿条件差，几个人挤在一间屋子里，夏天没有空调，冬天没有暖气，比学校的条件差多了。刚来的那段时间，正巧又赶上泡花碱滞销，整天在外面跑，也没多少业绩，让他深切地体会到了"磕头买，烧香卖"的滋味。房宽是家里唯一的男孩子，从小到大一直受父母的宠爱，大学毕业后当教师，也是受学生和家长的尊敬，哪里看过别人的脸色？哪里低三下四求过人？可干销售，让他尝到了求人的滋味，看了不少客户的冷脸，遭到了一次又一次拒绝，让他年轻的自尊心受到了很大的打击。雪上加霜的是，他的女朋友嫌他放弃安逸稳定的老师不当，却跑到民营企业里去"瞎胡闹"，认为他是"不务正业"，断定他混不好，一气之下和他分了手。当初，他辞职来滕州，一个原因是想跟着仇荣林创业，实现自身的价值，另一个原因就是奔着女朋友来的。女朋友是他大学同学，家是滕州的，并且毕业后又回到了滕州工作。大学期间，两人花前月下、海誓山盟地谈了几年，只因房宽选择了民营企业，女朋友就毅然决然和他分手。事业的不顺和爱情的挫折，对房宽的打击很大，那一段时间，他情绪低落、心灰意冷，开始怀疑了、动摇了，萌发了回去教书的念头。

仇荣林知道后，找他谈了一次心，劝他留下来继续发展，告诉他困难只是暂时的，一切都会好起来。仇荣林还以一个长者的身份，给他讲了年轻人要经受得了挫折和失败，还举了古今一些名人的例子，劝他坚持下来。

随后，他又安排仇兴东和仇兴亚兄弟俩与他谈了几次，以为他们是同龄人，能劝动他，可他依然犹豫不决、摇摆不定。

仇荣林知道再劝也没用，必须让他自己解开心结才行，给了他一个月的假期，让他以走访客户的名义，去广东、福建等地散散心，慎重考虑自己的去留。

在随后一个多月的时间里，房宽走访了一大批客户。坐在每个客户面前，他都会把自己的处境讲出来，征求他们的意见。好像是商量好的，无论是广东的、福建的，还是浙江的、江苏的客户，都劝他留下来，都断言跟着仇荣林将来一定差不了，肯定会有一个美好的前景。特别是厦门的一位老板，对房宽的触动最大。这位老板也是生产泡花碱的，因为他是用纯碱作原料，生产成本高，就经常从仇荣林的公司里购进泡花碱，然后再当成自己的产品出售，算是半生产、半经销。虽然同是生产泡花碱的厂家，这位厦门的老板却成了仇荣林的客户。房宽刚进公司不久，曾经来拜访过这位老板。房宽清楚记得，那是2006年10月，厦门有一个全国性的行业会，仇兴东、仇兴亚和房宽三个人代表公司前来参会。会议结束后，按照仇荣林之前的吩咐，他们三个人一块儿去拜访了这位老板。第一次接触这位老板，房宽就被他的富有震惊了，在工作不久的房宽眼里，这位老板太有钱了！这位老板派去接他们的车是大奔，而当时他们宏泰公司唯一的一部小车是普桑，那是房宽第一次坐这么高级的轿车。晚上老板请他们吃了一顿海鲜，仅菜钱就是一千多元，还有两瓶价格不菲的红酒。饭后，房宽感慨地说了句太破费了，司机却轻描淡写地告诉他："这样的招待，对老板来说是家常便饭。"当司机送他们三人去酒店，路过老板的住所，司机介绍说这是厦门最贵的海景房，一套价格就是三百多万元。对2006年的房宽来说，三百多万元，无异于一个天文数字。他当时就感慨这位老板真有钱啊！他想，在电视上看到的大老板、大富豪，也就是这样的吧？这样的大老板，在他眼里，是高高在上、可望而不可即的。没想到的是，就是这样的大老板，也从心里敬佩仇荣林！他对房宽说："如果你踏踏实实地跟着仇荣林干，将来买个好房子，开上好车子，吃上海鲜大餐，还有几位数的存款，那是指日可待的事。最重要的是还可以实现你人生的价值。"这位老板还劝他说，"年轻人不要一遇到困难和挫折就退缩，要像仇荣林那样，有一种愈挫愈勇、永不言败的精神……"

那天晚上，那位厦门老板和他谈了好久，回到酒店后，房宽久久不能入眠。第二天一早，他就踏上了回家的列车。

在滕州下了车，房宽直奔仇荣林办公室，郑重地对他表态："仇总，我想好了，我要在公司干下去，跟着你一直干下去！以后再也会不动摇了，一定要干出点成绩来，不负您的期望，也不负自己的青春！"

仇荣林点了点头，笑了："你真想好了？"

"想好了！"

"好！你好好干吧，别动摇，会有前途的！"

历练

不知是为了历练他，还是为了考验他，仇荣林没有让房宽再回销售部工作，而是把他这名大学生安排到车间，当了一名普通工人，开叉车、装卸、运料、给炉子上料……什么活都让他干，并且比一般工人干得还多。刚开始的几天，把从没出过力的房宽累得腰酸背痛、疲惫不堪，车间主任看他累得痛苦不堪的样子，就让他找仇总，再调回销售部，可房宽倔强地摇摇头说："仇总安排我在这里，我就在这里干！哪里也不去！"车间主任心疼他，让他少干点，他也不愿意，像是和谁赌气似的，一天到晚不停地干。后来，有人把这个情况反映给仇荣林，希望把他调出来，仇荣林却笑着说："这个情况我知道，就让他在车间里再干一段时间吧。玉不雕琢不成器，人没磨砺难成才。现在的年轻人，就得摔打摔打，这样对他有好处。"不仅没把他调出车间，晚上还让他教电脑。公司给行管人员每人配了一台电脑，但这些人大多是当年跟着仇荣林一块儿创业的老人，文化水平不高，根本不会用电脑，仇荣林就让房宽利用晚上的时间教授他们。这样，房宽不仅白天干活，晚上也要忙活。除了吃饭、睡觉，几乎没有一点空闲时间。

几个月后，房宽虽然黑瘦了许多，却锻炼出了一身肌肉，显得特别健壮、有精神。仇荣林看他安心工作了，觉得可以了，可还想再考验他一次，就让他出去要债。

一个广东的客户，欠了好几年的债务，派了几拨人去讨要，都没要来，几乎成了死账。广东的这个客户姓张，见来了一个文质彬彬的小伙子要账，根本不放在眼里，理直气壮地对他说：没钱！房宽与他讲道理，他像没听到似的，不理不睬，把他晾在一边。在去之前，就听说这人会赖账，却没想到会如此嚣张。房宽一看他耍赖又耍横，也就不讲究了，决定以毒攻毒，以赖治赖，张某走到哪里，他就跟到哪里，寸步不离，像影子一样跟着他，想让他别扭、难受。可张某是个久经磨砺的老赖，房宽跟了他十几天，一点效果也没有，像没他这个人似的，该干什么还干什么。

房宽看到在他公司里软磨硬泡没用，就想到他家里去，让他有压力才行。可张某的家，房宽根本不知道，他就采取跟踪的办法。等张某下班开车回家时，他就租了一辆摩的跟着他，可跟到一个红绿灯时，跟丢了。他判断张某就在附近几个小区住，于是就到周围的几个小区车库里找张某的车，一个小区挨一个小区地找，找到凌晨四点多钟，终于找到了张某的车，锁定了小区，然后又在第二天跟踪找到了张某的家。不仅如此，他还用同样的方法，找到了张某老婆上班的单位和他孩子的学校。

之后，每天上班的时间，房宽就去张某的公司，下班后就跟着张某回家。张某不让他进家门，他就在门外站着，大声嚷嚷着张某欠账不还，引得左右邻居都出来围观，弄得张某很没面子，也很气恼。有一天，张某在办公室接到老婆的电话，让他去接孩子，房宽听到后，悄悄地走开了，等张某来到学校门口时，看到房宽正站在那里，张某很警觉地问他："你怎么到这里来了？"

房宽说："我来帮你接孩子呀！"

张某的脸色当时就变了，问他："你怎么知道我孩子的学校？"

房宽很轻松地说："我想知道就能知道，这有何难？"

张某瞪着眼问他："你到我孩子的学校来，是什么目的？你，你难道是要威胁我的孩子吗？"

房宽笑着说："你放心，我们成年人之间的事，我不会威胁孩子的。"

张某不相信，说："那你到我孩子的学校门口来干什么？"

房宽说："我闲着无事，想帮你接孩子。"

张某愣愣地看着他，好久没吱声。

几天后，张某带着老婆孩子去一个朋友处喝喜酒，房宽也坐在他车上跟着去，张某不让，他坐在车上不下来，张某很不高兴地说："我们一家人去喝喜酒，你跟着算是干什么的？"房宽说："我没钱吃饭了，跟着你去蹭顿饭吃。"张某说："你没钱吃饭，我给你！"房宽说："你要给的话，就把欠我们公司的债还了吧。"张某说："你怎么像贴狗皮膏药，粘住我不丢了？"房宽毫不示弱地说："不还账，我就永远粘着你！"张某不吱声了，只得无奈地让房宽跟着他。到了喜酒现场，张某的朋友看到房宽是个生面孔，就问张某："这位是你的朋友？"房宽看到张某的脸瞬间涨红了，既不想说是自己的朋友，也不好意思说是要债的，一时很是难堪，支吾了半天，才说："是，是一个客户"。吃饭时，张某生怕房宽像在他家门口时那样把他欠账不还的事当众说出来，不住地向房宽示好，还没等酒席散场，张某就以有事为由，提前退场。回来的路上，张某恼羞成怒，恶狠狠地威胁房宽说："你再这样缠着我，我就让你消失！你家离这里几千里远，我弄死你，你家里人和公司里的人也不会知道，你信不信？"房宽说："我信！就凭你这个赖皮劲，什么事都能干得出来。但是，你如果弄死我，我们公司自然会来找你，你也活不了；如果你弄不死我，从明天开始，我就天天替你去接你老婆和孩子。"张某听到这话，暴怒了："你竟然敢威胁我的老婆和孩子？！"一个急刹车，转身抓住房宽就要打，房宽当即也抓住他，两人扭打在一起……

张某的老婆费了好大劲，才把他们拉开。

停了好半天，张某喘着粗气说："我光觉得我是个无赖，没想到你竟然比我还无赖！"

房宽说："不是我无赖，是让你逼得没办法。你想想，我若要不来这笔账，我回去怎么交代？"

过了好大一会儿，张某似乎平静了，转过脸看着房宽说："我算是服了你了！这样吧，你再等十天，十天之后，我保证把欠你们公司的债款全部还清。"

房宽问："说话算数吗？"

张某说："君子一言，说到做到。"

房宽说："好！我等你十天。"

张某说："但是在这十天之内，你不准再骚扰我和我的老婆、孩子。"

房宽说："保证没问题。"

从张某车上下来，回到宾馆，房宽把张某答应还款的事电话告诉了仇荣林。

一个要了多年、几乎要不来的呆死账，竟然让房宽一个小青年给要来了，不用问，这中间肯定费了不少周折，仇荣林欣喜的同时，也担心房宽的人身安全，立即派仇兴东和徐德强两个人过去陪伴他。仇荣林怕他们去晚了，让房宽受了委屈，是让仇兴东和徐德强坐飞机去的。

仇兴东对房宽的这次表现也非常赞赏和佩服，见了面，紧紧握住房宽的手，久久不放。这是他们两人之间无言的赞赏方式。

在房宽的带领下，仇兴东见到了张某。张某见仇兴东面沉似水，不怒而威，又见随行的徐德强目光犀利，身体健壮，是个狠角，便讨好地要请他们吃饭。仇兴东一反往日的儒雅和谦让，指着一旁的房宽说："好啊，是该犒劳一下我这位兄弟了，你看他瘦成什么样子了。"

张某是在一家大酒店请的客，菜上来后，张某虚情假意地问："还喝点酒吗？"几个人本来都不喜欢喝酒，可为了震住张某，仇兴东不客气地说："无酒不成席。与张老板第一次吃饭，怎么能不喝酒呢？上酒！"仇兴东把一瓶酒倒进两个大杯子里，然后端起来对张某说："来，干了！"说完，一饮而尽。张某虽然有不少酒场应酬，但从来没这样喝过，端着酒杯有些为难，看着仇兴东说："咱慢慢喝，行吗？"仇兴东面色冷峻，用不容置疑的口气说："感情深，一口闷。"说着又向他晃了晃手中的空杯子，示意他快点喝。张某无奈，只得咬着牙喝下了那杯酒，苦着脸对仇兴东三个人说："我可知道你们山东人的厉害了！"

按照与房宽约定的十天期限，张某这次没有食言，给他们开了现金支票。

临回来之前，仇兴东做东，回请了张某一顿饭。张某接受上次的教训，主动给自己倒了一杯酒，一口喝下去，对仇兴东说："仇总，我虽然没到过你们公司，但我从你们三个人身上可以看到你们公司的前景。"仇兴东笑着问："你看到了什么样的前景？"张某说："你们有这样的团队，这样的敬业精神，公司的未来肯定是一片光明！"然后他又对房宽说："通过这些天的接触，你虽然把我弄得很恼火，很想痛打你一顿，甚至想弄死你！可换位思考，你对事业的执着、对公司的忠诚，又让我由衷地敬佩！无论哪个公司，都会喜欢你这样的员工。如果以后有机会，你到我公司里来，我给你5%的股份，怎么样？"

房宽回答说："张总过奖了，以前有冒犯的地方，请多原谅！"

仇兴东笑着说："当着我的面，就要挖我的人吗？"

张某抱拳说："岂敢岂敢！"

几个人哈哈大笑。

那是房宽去广东一个多月来，吃得最开心、最轻松的一顿饭。

考验

从广东回来后，仇兴东把房宽的表现如实向仇荣林汇报了，仇荣林赞许地点了点头，说："我看行了，把他调回销售部吧。"仇兴东故意问道："您对他的考验期过了？"仇荣林说："过关了，你去通知他吧。"

仇兴东正欲离去，仇荣林叫住他，拿起一份资料交给仇兴东说："河北有一个变压吸附的招标，让房宽去吧。"仇兴东问："是让他一个人去吗？"仇荣林点头说："对，就让他一个人去！"。

这是一个一千多吨的大标。按照惯例，公司至少要派两个人前去竞标，以便有个商量、照应。可是这次，仇荣林只让房宽一个人前去，这明显是有考验他的意思，一是考验他的独立处理问题的能力，二是考验他的人格品质。

前去河北竞标的有三家公司，被甲方安排住在了同一家宾馆。当天晚上，另外两家代表把电话打到房宽的房间，约他出来"喝茶""说说话"。见了面，才知道那两家代表想让房宽把竞标价格抬高，当陪标，每吨给他二百元的好处，总计二十万元。看到房宽半晌不说话，一个代表劝他说："你回去就说没中标，老板也不会怪罪你，你却能得到二十万元收入，相当于你几年的工资，可以买一套很好的房子。你这么年轻，肯定还没结婚、没买房吧。"

另一个也跟着劝他说："我们给人家打工的，就得想办法挣点外快，不然，打一辈子工还是个穷人。"

房宽装作动心了，说："我回去考虑一下吧。"

对方说："有什么好考虑的，你当陪标，就这么定了！"

房宽看那两个人迫不及待地想让他马上表态，就将计就计点了点头，问对方："你们的标底是多少？"

对方马上警觉起来，不高兴地说："你怎么能问我们的标底？都是经常投标的人，你连这点规矩都不懂吗？！"

房宽解释说："我不知道你们的标底，怎么陪标啊？"

对方想想也对，两人相视了一眼，然后把标底告诉了他。

第二天投标的时候，房宽把自己的报价比那两家稍微压低了一点，顺利中标。

那两个代表都是老江湖，这次却让房宽一个年轻人要了，气得脸色铁青、暴跳如雷，指着他说："你这个小伙子不讲究、不地道，你怎么能这样啊！"

房宽坦然地回答："我怎么不讲究？又怎么不地道了？"

对方说："事先我们商量好的，你当陪标，我们才会把标底透露给你的，没想到你原来是耍心眼，套我们标底，你说这样做地道吗？"

房宽说："如果单单从我们的约定来说，我是失信了，也不地道。可从做人方面来说，咱们都是公司的业务员，带着公司的信任，拿着公司的工资，却在暗地里吃里爬外，挖公司的墙脚，你们觉得这样地道吗？这样做能对得起公司的信任吗？对得起自己的良心吗？这样做，还有没有职业道德？如果这件事传出去，还怎么在这个圈子里混？"

一席话，说得两个人都低下了头，最后恳求房宽说："你千万别把这件事张扬出去，如果让公司知道了，我们的饭碗就保不住了，也没法在这个行业中混了。"

房宽点了点头说："行，我不会说出去。但希望你们今后别再这样干了。"

两个人连连给房宽抱拳，以示感谢。

回到公司后，房宽汇报了这一经过，仇荣林满意地笑了："不错，你做得对！"仇荣林对自己欣赏的人，从来不用溢美之词，特别是年轻人，而是记在心里，等有机会委以重任。

在随后的一年里，房宽连续在国内投了八次标，八次中标！中标率100%，成为行业中投标高手。

不久后的2013年，房宽被提拔为辛化公司的营销总监。

45　猫砂，猫砂！

建成三个车间　　随着国内销售市场的不断拓展，原有的两个车间已不能满足仇荣林把企业做大、做强的要求，在2011年，他又组建了第三车间，2012年投产，设计年产能力四万吨。

短短几年的时间，仇荣林的硅胶公司就达到了三个车间的规模。

一车间于 2006 年筹建，2007 年投产，以生产干燥剂为主；

二车间于 2008 年筹建，2009 年投产，以生产变压吸附为主；

三车间于 2011 年筹建，2012 年投产，以生产猫砂为主。

三个车间年产能力达到七万吨。

若不是 2013—2015 年连续三年持续大旱，地下水资源严重缺乏，而生产硅胶对水的依赖性强，并且需求量特别大，以仇荣林的风格和气魄，第四、第五车间也会相继建起来。

辛化公司的发展进入快车道。

在这期间，经常有领导带人来公司参观、视察，发现每次来都会有新变化、新气象，都由衷地称赞他的企业发展是日新月异。仇荣林总是自信地回答：我不敢说能实现"日新"，但能保证"月异"，每个月都会有新变化、新发展！大家听了他的话，感慨地说：如果我们镇的企业都能像辛化公司一样，一个月上一个新台阶，我们镇的经济就真正腾飞了！

第三车间建成后，辛化公司在同行中，成为一个产品多样化的大体量公司。

在筹建第三车间时，因为锅炉的问题，还出现了一个小插曲。在建二车间时，工程师王新安从长远发展考虑，上马锅炉时，建议仇荣林购置了二十吨的大锅炉，想着今后建第三车间时，就不用考虑锅炉的问题了。可到了第三车间动工时，仇荣林又改变主意，坚持要上一台更大的，投资近五千万元，直接上了一台七十五吨的锅炉。当时，在所有的硅胶厂家中，最大的锅炉就是三十五吨，而他们使用不久的二十吨锅炉足够三个车间所用，再更换成七十五吨的锅炉，纯属是大马拉小车，高射炮打蚊子，浪费资金。更重要的是，七十五吨的锅炉和二十吨的锅炉整体结构不一样，要求的压力和水温等运行方式完全不一样，发电的电压也不一样：二十吨的锅炉发出的是四百伏的电压，而七十五吨的锅炉发出的是一万伏的电压。如果上马七十五吨的锅炉，之前的十吨和二十吨的两台锅炉都要作废，特别是二十吨的锅炉使用不久，拆掉卖废铁，实在可惜。可仇荣林坚持非上不可。大家对他的这个决定都不理解，就连同行的企业听了，也觉得不可思议。七十五吨锅炉安装后，由于不会操作，聘请了发电厂的一名技术员。但是，由于用电、用气量小，锅炉只能在满负荷量

50%的区间运行，真正是大马拉小车，大家都说仇荣林决策失误。但自从上马了七十五吨的锅炉后，生产再也不要购买网电，大家才似乎理解了他的用意。硅胶厂，不仅是个用煤、用水大户，还是一个用电大户。与锅炉配套的发电设备，每天可发电十一万度，把整个企业的用电问题全部解决了，仅自己发电这一项，比用网电，每天就可以省下五万元，一年时间就节省近两千万元。那时，辛化硅胶虽然起步不久，在同行业中还不是多么引人注目，但仇荣林想的就是今后要做最大，做成行业中最大的硅胶企业。他上马七十五吨的锅炉，就是为今后把企业做成"最大"而准备的。

后来的事实证明，随着不断技改，产量逐年增加，七十五吨的锅炉正好够用！

再后来，国家新的能源政策出台，只让保留三十五吨以上的锅炉，三十五吨以下的不能运营。到了这时，人们才佩服仇荣林的超前眼光。

猫砂带来新课题

第三车间建成后，产量激增，销售压力也随之而来。销售，再次成了摆在公司面前的第一要务。特别是第三车间生产的猫砂，国内需求量很小，市场主要在国外。

为了打开销售市场，仇荣林把公司里仅有的三名大学生仇兴东、仇兴亚和房宽，又一次全部集中到销售上来，组成外贸团队，主攻国际市场。仇荣林向他们三个人提出的口号是：国内站住脚，打开国际市场，向国际进军，创世界品牌。

猫砂，顾名思义，就是宠物猫的用品，是清理宠物猫粪便用的。它吸附力强，能有效吸附宠物排泄物的异味，还易分解，是养宠物的必备品。当时市场主要在国外，特别是欧洲养宠物的多，用量也很大，而国外几乎没有猫砂生产厂家，主要依赖从中国进口。因此，国内涌现了一批猫砂经销商。但这些经销商为了自己的利润，总是依仗自己掌握的销售渠道，把厂家的价格压得很低，并且还赊账、压款。仇荣林接受销售泡花碱时的教训，决定不走经销商这个环节，而是让仇兴东三个人直接打通国外的销售渠道。

打开国际市场，对仇兴东、仇兴亚和房宽三个人来说，是一个全新的课题和挑战。

在这之前，仇兴东在北大、清华等名校进修时的同学，几乎都是家里有大公司的富二代，他想通过这些同学介绍进入国际市场，然而，他这些同学的家族企业中，虽然与国外公司有业务联系，但没有做宠物用品行业的，隔行如隔山，都没有这方面的路子。

此路不通，只能靠自己。

唯一的办法就是：参展。

国际宠物协会每年在不同的国家举行一到两次国际宠物用品展会。通过展会可以接触到国外的经销商，这是直接打开国际市场的有效方法。

仇荣林未雨绸缪，早在 2009 年，第三车间还未筹建时，就开始谋划猫砂销售的事情了。那时，第二车间在生产变压吸附的同时，也生产少量的猫砂。因为产量很小，在国内完全可以消化，没有任何销售压力。那一年，仇荣林知道意大利举办国际宠物用品展，就派仇兴东前去参展。

仇兴东接到这个任务时，不理解父亲的用意，问道："我们现在生产的那点猫砂，国内完全可以消化掉，您让我去参展的目的是什么？"

仇荣林回答道："让你去看看猫砂的销售行情，接触一些国外的经销商，为将来大量生产作销售铺垫和准备。"

仇兴东仍然不解："您说为将来做准备？难道我们将来还要大量生产猫砂吗？"

仇荣林肯定地回答："将来我们当然要大量生产。我正准备筹建一个猫砂生产车间呢。"

仇兴东说："好，我明白了。"

积压 8000 吨猫砂！

2009 年 5 月，仇兴东一个人去了意大利参展。那是仇兴东第一次出国，他有一个同学在意大利留学，专程到机场接他，并为他当翻译，省去了很多不方便。因为是第一次参展，没有经验，也因为没有销售压力，仇兴东没租展位，当然也没拿到订单。唯一的收获是对国际猫砂展会有了直观的认识和了解。

2010 年 5 月，仇荣林又派仇兴东去德国参加了国际猫砂展会。他是和爱人戴凌一块儿去的。这次想拿到订单，因此租了展位，与各国经销商进行了频繁的接触和交流，因为经销商不了解辛化的产品，最终仅拿到了一个订单。这个客户是奥地利的一个大经销商，他与仇兴东订了二十个柜子（即集装箱）的猫砂，并要求两个月内供货。

回到公司后，仇兴东把订单交给了父亲，仇荣林立即召开公司高层会议，商议完成订单的措施。那时，公司的两个车间以生产干燥剂和变压吸附为主，猫砂的产能很小，如果要在两个月内完成二十个柜子的订单，必须进行大改造。不仅要改造生产线，还要扩建厂房！仅建厂房，建筑公司说至少要两个月的工期，仇荣林硬是逼迫建筑公司在一个月内完成。厂房刚建好，专门为之印制的两万只包装袋也已赶制出来，正在改造生产线时，那个奥地利经销商发来电子邮件，单方面取消了订单。仇兴东当时很生气，要求对方给出合理的解释，如果没有合适的理由，要追究对方的违约责任，让其赔偿损失。仇荣林劝阻了，他说："人家不要货，肯定有他的原因，至于什么原因，我们追究也没意义。这是一个大经销商，这次不要货，说不定以后会要我们的产品。"公司的几位高层也觉得这个经销商耍人，不守信用，都说："我们厂房改造了，包装袋也印制了，他不要货，我们怎么办？这不是坑人吗？得让对方赔偿我们的损失。"仇荣林说："厂房和生产线既然已经改造了，我们就开始生产猫砂。至于印制好的包装袋，先放起来，说不定以后还能用上呢。"

在仇荣林的力主下，这件事就算过去了。

2011 年 9 月份，仇荣林将仇兴东和仇兴亚的工作进行了调换。让抓生产的仇兴亚干销售，负责销售的仇兴东抓生产。他这样做的目的有两个：一是为了锻炼他们，让他们成为既懂销售又懂生产的全面手；二是通过工作的对换，让兄弟两个人相互体会到对方工作的艰难和辛苦，多一些理解，少一些抱怨和指责，以便今后多一些配合，多一些默契，齐心协力把企业搞好。

就在这年的 9 月份，仇荣林开始筹建第三车间，即猫砂生产车间。

2012 年 11 月，北京举办"中国国际宠物用品展"，仇荣林又派仇兴亚和房宽前去参展。

刚接手销售工作两个月的仇兴亚，临去北京前问父亲："我们的第三车间才刚筹建，还没生产，这次参展，如果有大订单，我们接还是不接？"仇荣林肯定地说："有订单当然要接！"仇兴亚说出了自己的顾虑："如果拿到了大订单，我们只有二车间能生产少量的猫砂，拿什么交货？"仇荣林胸有成竹地说："你只要拿到订单，我就有办法交货。"仇兴亚打破砂锅问到底："您有什么办法？"仇荣林轻松地说："我们的第二车间经过去年的扩建和改造，随时可以改产。我心里有数。你只管接单子就是。"

仇兴亚知道去年哥哥仇兴东接了奥地利经销商的单子，第二车间进行了改造，可因为订单取消，又继续生产变压吸附了。如果接到订单，父亲还会再改产猫砂吗？

仇兴亚虽然还有疑惑，但他知道父亲既然让他去参展，就一定有他的考虑，于是就去了北京。结果，因为是第一次去参展，不了解行情，报价高，没有拿到订单。回来的路上，仇兴亚又想：难道父亲早就断定我此次参展拿不到订单，只是让我去增长一些见识？

从此之后，每年的国际展会，仇荣林都会派出团队去参展：

2012 年 3 月，仇兴东和张雷去美国参展；

2012 年 5 月，仇兴东、房宽、杨丹三个人去德国参展；

2013 年 3 月，仇兴亚和张雷二人去美国参展；

2013 年 5 月，仇兴亚、赵婷婷、房宽、张雷四个人去意大利参展；

2014 年，仇兴东、仇兴亚、曹佩蒙和任一凡到德国参展；

2015 年，仇兴亚、房宽和曹佩蒙三人到法国参展；

……

在辛化公司的猫砂销售史上，2013 年 5 月到意大利参展，是个转折点。

2012 年 10 月，第三车间建成投产后，猫砂的产量激增，销售却一直不好，导致产品开始积压。到了 2013 年初，公司仓库里存积了八千多吨猫砂，已经达到了爆棚状态！如果再拿不到订单，只有停产！

销售，成了最迫切的任务。

2013 年 3 月，美国举办国际猫砂展会，前去参展的仇兴亚和杨丹，用尽了手段和方法，只拿到了一个小订单，根本不能缓解巨大的销售压力。

仇荣林把仇兴东从生产上抽过来，让他和仇兴亚、房宽三个人全力以赴搞销售。

第一个国际大订单

2013 年 5 月，意大利举办国际猫砂展会，仇荣林又派仇兴亚及其爱人赵婷婷和房宽、张雷前去参展。临行前，仇荣林亲自为他们送行，要求他们尽最大努力拿到订单，缓解库存压力。仇兴亚和房宽看到他如此重视，都感到了巨大的压力，他们知道，这次参展，必须拿到大订单，不然，公司就得停产。因此，在去之前，他们四个人就做好了势在必得的准备。

到了意大利，他们租了展厅一个位置最好的展位，把产品摆放出来后，找了一名中国留学生当翻译，首先与前来参展的厂家逐个进行交流。一是向他们学习销售经验，二是打探猫砂行情，以免重蹈仇兴亚去北京参展因为报价高而没拿到订单的覆辙。为了更好地宣传自己的产品，仇兴亚还印刷了产品宣传册，逐个发送到经销商手里，并利用晚上的时间，逐个去这些经销商房间里拜访，介绍辛化公司和产品。他们知道，意大利展会是国际规模最大的展会，来参加这个展会的经销商，大多是国际上知名的经销商，都是一些大客户，如果拿到订单，都会是大订单，因此，他们不想漏掉任何一个与经销商接触、交流的机会。

在这次展会上，他们接受以往的教训，先不报价，怕报高了拿不到订单，而是让经销商先出价。尽管这样，几天过去了，他们依然没有接到任何订单。眼看着展会就要结束了，仇兴亚、赵婷婷、房宽和张雷四个人急得团团转，却又毫无办法。

房宽后来说："那几天，我们四个人像'话痨'，不停地向经销商推荐、介绍我们的产品，希望能拿到订单。说得口干舌燥，还是不停地介绍，不停地说着。"

仇兴亚说："那时我们四个人，简直就要急疯了！唯一能做的就是把经销商拉到我们展位前，不停地、反复地介绍我们的产品。"

第一次参展的赵婷婷，看到仇兴亚疲倦而又一筹莫展的样子，心疼不已。那一刻，她理解了丈夫这些年的不容易。自从结婚之后，丈夫每天五点起床，六点到公司开早会，半夜才回家，几乎没休过星期天。2010 年 6 月 16 日，仇兴亚带队去上海参加世博会，从不阻拦丈夫的赵婷婷，那次却不想让他去，原因是她已到了预产期，想让丈夫陪在身边。可丈夫认为前几天刚做了孕检，医生说还有二十天才到产期，而他几天就能回来，坚持去了上海。然而丈夫刚走的第二天夜里，她突然肚子疼，并且一阵比一阵厉害，打车到了医院，医生说是早产，并且要剖宫产。母亲来陪伴她，看到女儿疼得死去活来，听医生说得吓人，不敢签字手术。只得打电话给仇兴亚。仇兴亚接到电话后，连夜从上海往回赶。因为签字晚了，麻药刚打上，正准备剖腹，孩子生在了手术台上。虽然因为丈夫的迟到，让她免除了剖腹的痛苦，却也因为手术晚了造成大出血，让她在鬼门关走了一趟，产后严重贫血，治疗了好长一段时间才恢复。儿子上了幼儿园后，丈夫从没接、送过，每次开家长会，儿子都会很失望地问："妈妈，人家都是爸爸来，可我的爸爸怎么从来不来啊？是爸爸嫌我不听话，还是爸爸不爱我了？"每当听到儿子这样问，赵婷婷心里都是酸酸的，告诉儿子："爸爸爱你。爸爸公司里忙，脱不开身。"她嘴上这样安慰儿子，心里却是失望、伤感，她不明白丈夫为什么总是忙，为什么会这样忙。那些日子，她在心里默默抱怨过。可自从这次参展之后，赵婷婷目睹了丈夫确实忙、真是累，很不容易，开始理解丈夫、心疼丈夫。在之后的 2016 年，她母亲病重，仇兴亚没能去医院陪护，她没怨言；就连母亲去世，丈夫因为在国外，没能及时参加葬礼，她也没有抱怨，开始全力支持丈夫。但她也时时担心丈夫的身体，恐怕他这样没黑没白地干，累坏了身体。可她知道公司一大堆事，不去做又不行，丈夫正是年富力强的时候，不能总让年迈的父亲去拼了，父亲已经拼了几十年，才拼出这个企业。拼命工作，这是老仇家的传统，也是宿命……

　　其实，有一个奥地利经销商早就看上了他们的产品。这就是三年前与仇兴东签了订单，又莫名其妙地退了订单的奥地利经销商。他很聪明，看到仇兴亚、房宽等四个人是新面孔，知道是新参展的厂家，肯定急于拿到订单，就想买巧，故意在展会的最后一天，才装作很随意的样子，到他们展位前询问价格。仇兴亚让他报价，他就报出了 2800 元一吨的超低价格。

　　这个价格，是任何厂家都无法接受的。

　　仇兴亚摇着头说："这个价格太低了，我们没法合作。"

　　奥地利经销商问道："你能承受的最低价位是多少？"

　　仇兴亚与房宽用目光交流了一下，说："我的最低价格是每吨 3200 元。"

　　奥地利经销商耸了耸肩，表示不能接受。

急于拿到订单的仇兴亚狠下心来，说："如果您真想合作，3000元一吨，您认为可以吗？"

经过反复交流，这个经销商最后表示：如果2900元一吨，他可以签20个柜子的订单；如果2800元一吨，可以签40个柜子的订单。

一个柜子就是一个集装箱，24吨，20个柜子是480吨，40个柜子则是960吨，是个很大的订单！很诱人的订单！

可是，当时猫砂的生产成本就是每吨3000多元，如果签单，企业将是亏本销售，如果不签单，将空手而归。

仇兴亚几个人当时很是为难，就打电话请示仇荣林，仇荣林指示："2800元也签单，能签多少签多少，多多益善！"

仇兴亚提醒父亲："我们在国内销售的吨价就是3200元！最低也是3100元。2800元是亏本销售啊！"

仇荣林果断地说："亏本也签单，我们的当务之急是去库存，保生产。我们必须先把产品销出去，让外商了解我们的产品，认可我们的产品，打开国际市场！至于价格、利润，那都是以后的事。这是我们打开市场必须付出的代价。"

董事长的态度，让他们有了底气，仇兴亚和房宽找到奥地利经销商，表示可以按对方的价格进行合作。奥地利经销商很是惊喜，直说：OK,OK。仇兴亚说："如果您能多签，价格还可以再低！"奥地利经销商说："先签40个柜子吧，因为我是第一次经销你们的产品，还不知道市场反应怎么样。如果市场反应好的话，我们会长期合作的！当然，我们也会成为好朋友的。"仇兴亚自信地说："我们一定会成为朋友的！"奥地利经销商问道："你为什么这么自信？"仇兴亚说："我的产品质量好，我当然自信了。"奥地利经销商高兴地说："但愿如此！"

拿到了40个柜子即960吨的订单，对于当时的辛化公司来说，是猫砂销售史上的第一个大订单！这极大缓解了销售压力，也为辛化的猫砂大批量走向国际市场，打开了一条通道，为此，仇兴亚、房宽等四个人回来后，仇荣林专门为他们举办了一场庆功宴。

庆功宴上，仇兴亚、房宽等人听仇兴东说，这个经销商就是三年前退订单的那个奥地利商人，心里也隐隐有一丝担忧，怕他故伎重演。然而这次，奥地利经销商恪守信用，履行了订单。

从奥地利到西班牙

果然如仇兴亚所说的那样，辛化的猫砂投放市场后，用户反映非常好，比其他厂家的猫砂都受欢迎！这让奥地利经销商既意外又惊喜。

辛化猫砂在市场上的出现，也引起了另一家公司的注目。这家公司在对终端用户进行了走访调查后，证实辛化的猫砂品质确实好，主动找上门来，要与辛化公司合作。

这是西班牙的一家公司。这家公司非常大，是个跨国公司，在很多国家都设有办事处。驻中国办事处的代表是一位段先生，中国人，这位段先生是北大毕业的高才生，也是第一批国家公派留学生，在国外完成学业后，被西班牙这家公司聘请为驻华代表，办事处设在他的家乡张家港。段先生在来辛化公司之前，先用电话进行了简单的沟通，说如果能谈成，他们一年可要 200 万美元的猫砂。200 万美元，也就是当时的 1500 万元人民币，对于当时的辛化公司来说，无异于一个天文数字；对于一个库存已经爆棚的企业来说，真是雨中伞、雪中炭！更重要的是这个经销商不仅是西班牙最大的猫砂经销商，还是整个欧洲最大的批发商、品牌商，在猫砂经销领域，是一个超级大客户，很有影响力！如果能与这个经销商合作成功，今后的销售不成问题，另外，对提升产品的知名度，也会有很大的帮助！因此，当这位段先生来到辛化公司时，虽然是寒冷的冬季，大家心里都觉得热乎乎的。董事长仇荣林带领总经理仇兴东、副总经理仇兴亚、营销总监房宽、副总经理林家增、总工程师王新安等人全程接待了他，给了他公司最高的礼遇！

但这位段先生表情严肃，显得很挑剔，对产品的质量、包装、价格，甚至于吃饭、住宿，都非常挑剔。自从来到辛化公司后，从没见他笑过，也没听他说过一句赞赏的话，总是板着脸，指责这个不合适、那个不满意。弄得接待他的几个人都不高兴，也无所适从，都说他不是来联系业务的，而是来挑毛病的，甚至是来吹毛求疵、鸡蛋里挑骨头的！几个人就有些生气，不愿意再接待他。

仇荣林觉察到大家有抵触情绪，担心把这位大客户得罪了，把公司里领导层召集起来，开了一个小会，他说："咱农村不是有这样一句话吗，'褒贬是买主'。段先生这么挑剔，说明他是真想买咱的产品。他这么严格，甚至苛刻，说明他敬业，对自己的工作负责，对自己的公司负责，这是值得学习和肯定的，我们都要学习他这种严格、负责的工作态度，更要尊敬他这种一丝不苟的工作作风！……"仇荣林的一席话，让大家顿时释然。

段先生在辛化公司考察了两天，既没有签单，也没表明有签单的意向，不置可否地走了。让大家心里直打鼓。

几天后，见段先生没有任何音讯，仇兴亚打电话询问，回答是："正在考虑。"

又是几天过去了，段先生还是没动静，打电话询问，回答仍是："正在考虑，不要着急。"

仇荣林坐不住了，便让仇兴亚和房宽两个人去张家港面见段先生，想弄清楚他的真实态度。为了争取这个大客户，仇荣林让仇兴亚给段先生带去了一些山东特产，并安排仇兴亚到了张家港之后，到最好的酒店请段先生吃顿饭，联络一下感情。

为了让仇兴亚和房宽保持旺盛的精力，去和段先生沟通交流，仇荣林安排自己的专职司机刘志平开车前往。为了赶在十二点之前赶到张家港，他们一行三人早上六点出发，一路狂奔，尽管这样，仇兴亚仍然不停地看时间，一再催促刘志平："快点，再快点，不然我们在午饭前就赶不到张家港了！"结果，他们在十二点前见到了段先生，刘志平却因为严重超速，一次性扣掉十二分，吊销了驾驶证。

段先生对他们的来访，颇有些意外和感动，一改之前的不苟言笑，变得非常热情。段先生很高兴地告诉他们：他个人对辛化公司的一切都很满意，已经建议总部采购辛化公司的产品，正在等总部的回复。

仇兴亚急切地问道："您估计总部会采纳您的建议吗？"

段先生自信地回答："会的。我是总部驻中国的全权代表，报告给总部，等待回复，也就是走程序。"

仇兴亚三个人听了，脸上都露出了满意的笑容。

果然在他们回来后不久，西班牙的这家公司便派人来辛化公司"验厂"了。"验厂"，就意味着初步满意，打算合作。

按照硅胶行业的采购惯例，供求双方初步达成协议后，采购方要来企业进行"验厂"。所谓的"验厂"，就是客户自己组成考察团队，或者委托专门的公司，来企业作进一步的考察。这种考察很详细，内容很多，包括企业的生产能力、产品质量、厂容厂貌、生产设备、生产可持续性、生产安全措施、员工素质、企业文化、企业对员工的关心度、福利待遇，还有企业对社会的贡献等几十项。"验厂"通过了，才能开始供货。这个过程虽然很烦琐，但一旦客户认可了，就会长期合作。

仇荣林的辛化公司虽然是一个新企业，但是，无论是硬件，还是软件，在同行业中可以说是最棒的。接受"验厂"就等于是企业的一次展示，客户都会非常满意。

"验厂"之后，仇荣林让仇兴东和房宽两个人再次去张家港拜访了段先生，之后便毫无悬念地签订了合同，两家公司开始了长期合作。

正如奥地利经销商那样，因为不知道辛化公司的猫砂对市场的适应度，刚开始这家公司的进货量并不是很大，每次只是几十吨的量。产品投放市场一段时间后，对终端客户进行调查，反应都很好，于是，西班牙这家公司开始缩减从其他厂家的进货量，加大从辛化公司的进货量，两家公司进入"蜜月期"。特别是到了 2015 年 5 月，仇兴东和仇兴亚兄弟俩到西班牙总部拜访了一次后，这家公司开始与辛化深度合作，要货量骤增，每年达到了数千吨！成了辛化猫砂销售的主力军。

但这家公司知道辛化公司依赖他们销售，一再提出降价，一年中竟然先后四次提出降价的要求。为了减轻销售压力，也为了抓住这个大客户，仇荣林都答应了。到了 2017 年，仅西班牙这一家公司的采购量就突破了 10000 吨。2018 年达到 12800 吨。这样的购货量是惊人的。这除了价格因素之外，主要是因为辛化的猫砂质量好，备受市场欢迎，这家公司再也不从别的厂家进货，只要辛化的产品，产生了依赖，并且是深度依赖。

在与西班牙公司合作的几年时间里，辛化的猫砂逐渐被国外经销商普遍认可，仇兴东和房宽相继开发了 42 个客户。这些客户中有家乐福、沃尔玛等一批国际知名的大公司。辛化的猫砂也因此成了国际知名品牌。

像西班牙那家公司一样，这些新开发的客户，经过"验厂"之后，都与辛化公司签订了合同。合作时间长了，都像西班牙那家公司一样，渐渐对辛化的产品有了依赖性。这样，辛化的猫砂由原来的滞销，而变成了抢手货，一时供不应求，有时，经销商会一天几个电话催着发货。而国内其他厂家的猫砂大都滞销，形成了鲜明对比，有几个厂家找到仇荣林，想搭他们的车，帮助销售他们的产品，他没有同意，怕这些厂家的产品质量不过关，影响了自己的信誉。

面对产品供不应求的销售局面，仇兴东和仇兴亚、房宽三个人通过市场分析，请示仇荣林：是否可以把价格往上抬高一点？

仇荣林的回答是："你们看着办吧。但要掌握好度，不要把客户涨跑了。"

于是，仇兴东就试探着把价格往上提高了一点，之后密切注意观察这些客户的反应。没想到的是，客户并没有什么反应，而是欣然接受了。过了一段时间后，仇兴东又加了一次价，客户仍然接受，并且也没有什么抵触情绪。在这期间，西班牙那家经销商最有戏剧性：在 2017 年一年中，辛化公司先后涨了 4 次价，他们都接受了，并且毫无不满之意，订单一点也没减少。2015 年，这家经销商在一年中，对辛化的猫砂连续降了 4 次价，而在 2017 年，辛化公司同样在一年中又连续给产品涨了 4 次价。

法国的大吉

为了巩固已经全面打开的欧洲市场，2016 年初，仇荣林决定建立欧洲市场销售分公司。地点选在法国。这年 4 月底，派营销总监房宽前去法国筹建。

按照仇荣林事先安排，销售分公司的地址定在了法国的斯特拉斯堡，原因是斯特拉斯堡这个城市位于欧洲的中心，是欧盟议会办公地，能辐射整个欧洲。分公司的外籍负责人聘请的是一位法国人，中文名叫大吉。大吉，是仇荣林给他取的名字，大吉对这个中文名很满意。大吉原来是辛化公司的一个客户，曾来过辛化公司，仇荣林陪他吃饭时，嫌他的外文名太长、太拗口，记不住，看他的外文名字的第一个字母是 J，就给他取了"大吉"这个中文名。大吉是个五十多岁的中年人，性格开朗，头脑灵活，在法国是个颇有影响力的猫砂经销商，他很乐意做这个分公司的外籍负责人。在筹建期间，房宽就住在他家里。

在去法国之前，房宽的母亲怕他吃不惯外国的洋面包，为他准备了煎饼、咸菜和辣椒酱，刚到法国的时候，房宽每天早晨吃煎饼就辣椒酱或咸菜，而大吉则喝牛奶、吃面包，两个人显得格格不入，那情景也显得颇为滑稽。有一天，大吉看房宽吃得津津有味，就向他要了一个煎饼和辣椒酱，想品尝一下，没想到，煎饼，他咬不动，而辣椒酱则把他辣得嗷嗷大叫，用自来水一遍又一遍地漱了口，才平静下来。从此，大吉再也不敢沾辣椒酱了，每次看着房宽吃得津津有味，一脸不可思议。

在大吉的协助下，欧洲销售分公司很快建立起来。

当房宽把这一消息传到公司后，仇荣林又把仇兴东和仇兴亚兄弟两人派过去，举行了一个简单的挂牌仪式后，让他们顺便把整个欧洲市场跑一遍。时间是 5 月中旬，正是万物勃发的季节，仇兴东、仇兴亚、房宽、大吉一行四个人，开着大吉的越野车从法国出发，横跨了整个法国，先到波兰，又到捷克、西班牙，最后到达意大利，把这些国家的客户逐个拜访一遍，并在意大利参加了一个国际宠物用品展会，然后三个人一起回国。

这个销售分公司，是国内猫砂行业中第一个，大概也是至今为止唯一的一个国外分公司。它为辛化产品的销售建立了一个国外平台，一个基站。

辛化密码

为了保守公司的销售秘密，也为了便于记忆（外国公司的名字大多是一长串，还拗口），仇兴东与仇兴亚、房宽三个人创造性地将所有的客户进行编号，每个客户都有一个四位数的编码，四位数中的第一位数代表地区："1"代表是长三角地区的客户，"2"代表是珠三角地区的客户，"3"代表是变压吸附产品的客户，"4"代表国外的客户，"5"代表其他方面的客户。如奥地利的某客户编号为4422，西班牙的某客户编号为4504。同时还对所有的产品也进行编号，每一批出口产品，公司生产的上百种产品，都会有一个编号，如 SC15、SC16 等，就像每个人都有自己的名字一样。这在硅胶销售史上，又是一次发明创造。至今大概也只有辛化公司一家使用这样的编号。客户和产品的编号，只有公司营销部和公司几位高层知道，这对保护公司的销售渠道，起到了很好的保密作用。

渐渐地，辛化开始有权筛选客户，想与他们合作的，辛化不一定合作，只挑选一些优质客户合作。

目前，辛化硅胶出口80多个国家和地区，其中在西班牙，辛化硅胶占整个市场份额的70%—90%，几乎完全占领了西班牙的市场，成为中国产品的骄傲。

从2013年拿到第一个国外猫砂订单起，辛化公司连续几年实现大跨越，到了2018年的时候，公司仅出口额就达到了一亿多美元，成为猫砂行业中公认的龙头老大。据王新安工程师说，实际上，辛化公司早在2016年时，就已经是行业第一了，到了2022年，出口额达到了1.6亿美元，不仅在销售上是同行业中的一座高山，在技术和设备、新产品的研发、企业管理及企业文化等诸方面，均处于遥遥领先的地位。

因此，国家在制订硅胶行业标准时，就是委托辛化公司起草的，辛化公司在硅胶行业拥有至高地位和充分的话语权。

46　低一些，才能不被风吹倒

在当今这个信息时代，人们都认识到了宣传的作用，无论是传统企业，还是互联网或者是互联网＋企业，都越来越喜欢接近媒体，为企业做宣传，企业家也越来越喜欢在公众场合亮相，以提高自己和企业的知名度，从而实现自己的经济目的。在竞争体制下，这不失为一个行之有效的办法。很多企业和企业家对此趋之若鹜，乐此不疲。

但，也有"另类"的企业和企业家。仇荣林和他的辛化集团，就是一个很少接近媒体，不愿主动走进公共视野，更不进行炒作的"另类"。

辛化集团自从2016年起，就冲到了行业内国内第一的位置，产品出口80

多个国家和地区，每年仅出口额就达到 10 多亿元，是滕州市创汇大户，也是枣庄市唯一的"市长企业"，还是国家硅胶行业标准的起草者，是行业当之无愧的领军企业。可是，除了行业内的企业和人士，很多人对辛化知之甚少，就连很多本地人，也只知道辛绪村有个淀粉厂，而很少有人知道还有个这么厉害的辛化集团，也少有人知道这个企业是干什么的。对于业外人士来说，这个庞大的辛化集团几乎没有多少影响力和知名度，主要原因就是辛化集团和老板仇荣林很少，或者说几乎没有进行宣传。这不是媒体不愿意宣传辛化公司，而是老板仇荣林不热衷宣传。作为辛化集团的创始人和掌舵人，仇荣林是个非常低调的人，他本身就是个不喜欢暴露在闪光灯下的人，也不喜欢以一位荣耀加身的成功者示人，更多的时候，他喜欢把自己当成一个普通人隐藏起来。他衣着普通，言语随和，毫不夸张地说，如果是不认识他的人，见到他，绝对不会把他和一个大企业家联系起来。他的这种性格，势必也会注入他的企业文化当中去，因此他也愿意把自己的企业隐藏起来，只想踏踏实实地去做，做产品、做管理、做研发、做探索，为中国的泡花碱和硅胶在世界上有自己的话语权和主导权而不断努力，而不想"出名""造势"，在他和他的公司身上，体现着内敛、低调、勤奋、踏实的特质。这在当今这个浮躁、炒作的社会中，显得尤为可贵。

仇荣林在取得成功之后，"功勋企业""先进单位""纳税大户""绿色企业""隐形冠军"等荣誉接踵而来，市里和省里领导多次来他的企业参观调研，对他及他的公司给予很高的评价，同时，也责成有关新闻媒体进行宣传。对于一个企业来说，免费的宣传，可谓求之不得，可仇荣林都婉言谢绝了。他解释说："我只要做好我的企业，一是能为政府交税，二是能带动一千多人的就业，就是为地方做贡献、为政府增光添彩了。没必要宣传造势。"

在当下，相当一些人认为一个企业家的使命是提升企业的形象，而仇荣林却不这样认为，他不想将自己和自己的企业过度曝光，这样做，并非刻意维持企业的神秘感，而是担心企业过度开放，会惹来不必要的麻烦。最重要的是，他产品的市场主要在国外，主要在欧洲，在地方作宣传，没有多少意义。他要做的，就是做好产品，让产品说话，客户满意就足够了。

在公司一次内部会议上，仇荣林就谈到了宣传问题："只要我们把产品做好了，把效益搞上去了，就是我们对社会最大的贡献，即使我们的企业不做宣传，人家也会知道，也会佩服。如果光想着宣传，提高知名度，这样反而会让公司在盛名之下运行，会增加很多负担，弄不好，会起反作用，帮倒忙。"

仇荣林不仅一直坚持不宣传，还坚持企业不上市。对此很多人不理解。只有仇荣林自己清楚，他不上市，主要是不想让公司的发展受到那些虚拟经济和虚拟价值的影响，对于做实业的人来说，踏踏实实地做好自己的实业，才是第一位的，那是实业家的正事。他看到，在近些年来，有不少企业想尽办法上市，可结果是上市之后企业的发展却陷入了困境中，因为在面对大量的资本诱惑时，这些公司急功近利，往往都陷入了"圈钱"的魔咒中不能自拔，并没有把全部的精力投放到企业的发展上。

华为老总任正非说过的一段话，仇荣林觉得意味深长，并且有警示作用：当台风来的时候，什么措施最保险？不是站得高、挺得直，而是趴下，尽量低一些，再低一些，才能不被吹倒！我们不知道什么时候来大风，所以我们一直要尽量低一些。

仇荣林要做的，就是让自己和企业低调一些，不要太张扬，更不要肆无忌惮、张牙舞爪、目空一切。从个人的角度来说，仇荣林是一个非常低调的人，特别是在他的企业做大、有了身价之后，他反而更加谦虚、低调。在衣着上，他穿得非常普通，与一般的工薪阶层没有什么区别；他的车，也只是中档车，并不惹人眼目。单单从外表上，谁也不会看出他是个身价亿万的大老板。如果接触起来，他则让人觉得平和、宽容、低调，特别是与比他身份低的人在一起时，一点也没有大老板的架子，更没有目空一切的骄狂，让人觉得特别舒服。仇荣林个人的低调，也必然影响着他企业低调。

仇荣林不仅自己低调，而且还教育两个孩子也要低调。他的两个孩子，可能是受他的影响，也可能是天生秉性使然，也都非常谦和。长子仇兴东，除了做好公司的工作外，业余时间就是读书，他喜欢中外名人传记，特别喜欢王阳明。王阳明文武双全，文可做圣贤，开创了自己的心学学说；武可为将军，谈笑间平定叛乱。仇兴东负责公司的外部关系协调和销售工作，身在商海中的他，当然也知道一些拿不上桌面的社交"技巧"和"方法"，在现实社会中使用起来非常"有效"，他却像他父亲一样光明正大、堂堂正正，心中一片清净。如果不从事企业工作，他也许会成为一个颇有成就的学者。

次子仇兴亚，非常崇拜他父亲，一心要像父亲一样，做一个优秀的企业家。他除了兢兢业业地在公司里管理好企业之外，还经常外出考察，收集信息，随时掌握同行业的发展动态，以便调整企业方向。闲暇时间，也喜欢读书，但他读的书与哥哥不是一类，他喜欢读的是企业管理和哲学方面的书，因此，他不仅是父亲管理企业的好助手，还是一位很有见地、有思想深度的人。仇兴亚还有一个特点，就是勤奋、踏实、严谨，作为公司的管理者，他能宏观布局，细处考虑，把公司管理得井井有条。

除了这些之外，兄弟俩还都是难得的好父亲、好丈夫。每逢周末有了时间，他们就会陪伴爱人和孩子，当然也会陪伴父母亲。他们两人不吸烟，不酗酒，不打牌，不赌博，几乎没去过歌厅，没去过高档会所，没有豪车，不穿名牌、不用名牌，生活不奢侈、不浪费，更没有骄狂跋扈，某些富二代的坏毛病，在他们身上一点也找不到。他们两个人想的是如何帮助父亲把企业做好，想的是如何让自己变得更优秀。2016 年，"家业长青民企接班人专修学校"派出的团队，跟踪观察他们兄弟两人一年之后，校长茅理翔老人得出的结论是：仇家企业后继有人，并且一定会发扬光大！他对仇荣林说："在古代，只要看到谁家里有读书的孩子，就可以断定这个家庭将来会发达，即使不发达，也不会差到哪里去。如今，我看到您两个孩子，既有能力、有上进心，又没有坏毛病，并且不骄不躁，沉稳而善思，由此可以断定，您的企业，不仅会在他们手里得到传承，还会发扬光大。"茅理翔老人还说，"您有这么优秀的两个孩子，比您拥有现在这样一个企业更值得自豪！"

仇荣林也一直为这两个孩子感到骄傲和满足。

大道歌

第十一章
人生多歧路

47　春节的一件怪事

2012 年春节，仇荣林家里发生了一件怪事。

按照当地的习俗，年三十晚上，每个家庭要做一桌丰盛的菜肴，一家人团聚在一起，吃饭、喝酒、聊天，看春节联欢晚会，不过十二点不睡觉，一起"守岁"。在这期间，要包好第二天也就是年初一一天吃的饺子，这里有大年初一光吃不干的习俗。包水饺也有讲究，头个麸子二个钱三个甜：头个饺子要包麦麸子，第二天谁吃到谁就是这个家庭里有福的人；第二个包一枚硬币，谁吃到预示着谁就是新的一年里最会挣钱的人；第三个包糖，谁吃到谁就是最"恬静"，也就是说话讨人喜欢的人。

年三十晚上，仇荣林的妻子陪着一家人喝了点酒、吃了点菜之后，就从酒桌上撤到一旁，开始和面包饺子，等过了十二点，一家人酒足饭饱，燃放了辞旧迎新的鞭炮，准备睡觉的时候，她也包好了一大"锅拍"（鲁南一带用高粱最上端的细秆做成的圆形的盖锅用的用具）水饺，用一块干净布盖上，放到了桌上，准备第二天吃。

可是第二天一早，率先起床的仇荣林却意外发现，昨晚包好的一大锅拍水饺，只剩下了中间的一个，其他的却不翼而飞了！

仇荣林第一反应是家里被盗了！可看看门窗关得好好的，家里除了水饺，什么也没少，即使来了小偷，家里很多值钱的东西没偷，不可能偏偏偷水饺吧？这又不是吃不上饭的年代，哪有这么傻的小偷？可好端端的一锅拍水饺哪里去了呢？仇荣林很奇怪，就在屋里寻找，角角落落找了个遍，也没找到。

随后起来的妻子看到这情况，也是吃惊而又意外，却不敢说话，一脸沮丧。母亲有点迷信，当时就慌了神，一脸哀愁地说："这大年初一的，少什么不好，偏偏少了饺子，这是不让我们吃啊！难道是我们得罪了哪路神灵，向我们暗示什么吗？"

仇荣林听了，心里乱糟糟的。他不相信这世上会有什么神鬼灵异，打电话叫来在公司里值班的三个工人帮着找，屋里每个角落都找了，就连床底下也找了，就是找不到。三个工人一脸无奈地看着仇荣林说："仇总，您屋里的角角落落都没有，就差地底下没找了。"仇荣林看看自己家里的地，全是用瓷砖铺的，平平展展，根本不可能跑到地下去，就拿出一包烟来，几个人坐在沙发上抽。

无意中，仇荣林看到了自己家里的柜式空调，走过去，打开空调壳子，一眼就看到了一堆水饺，旁边还有一只硕大的老鼠。原来水饺是被这只大老鼠拉到了空调里面储存起来了。那是一只好大的老鼠，差不多有一二斤重，不知是舍不得那一堆水饺，还是什么原因，当空调壳被打开，几个人看着它时，它竟然既不惊慌，也不逃跑，只是用两只黑亮的鼠眼滴溜溜地看着几个人。在人们的经验里，老鼠是最胆小的，见了人会惊慌失措地逃跑，可这只老鼠却一动不动，直视着他们几个人，一副挑衅的神情！仇荣林看到它嚣张的样子，更加气愤，转身走到屋里，拿出一把螺丝刀，一下捅死了那只老鼠。说来奇怪，当仇荣林用螺丝刀捅向那只老鼠的时候，它仍然是不惊慌、不逃避，一动不动地让螺丝刀穿胸而过，当场死亡。仇荣林在拎着那只老鼠往外扔的时候，突然想起去年秋天，看到一只老鼠钻到墙缝里，因为墙缝狭窄，老鼠的身体钻进去了，长长的尾巴却露在外面，仇荣林找了一把钳子，把它拽出来弄死了；腊月里，窗户双层玻璃的夹层里，钻进了一只老鼠出不来，仇荣林用火把它烧死，弄出来扔了。由此，他判断家里肯定有老鼠窝，就和三个工人在屋里找，想斩草除根、以绝后患，可是，所有的地方都找遍了，也没找到，就判定老鼠窝在院子某个角落里，或者是外面的老鼠流窜过来的。

母亲看到仇荣林捅死了那只老鼠，不安地说："你怎么弄死它了？"

仇荣林说："不弄死它，难道还养着它？"

母亲一脸担心地说："这么大的老鼠，可能成精了，弄死它怕不吉利呀。"

仇荣林安慰母亲说："您别迷信，也别自己吓自己。这个世界上哪有什么精灵鬼怪？谁见过老鼠精？"

老鼠虽然弄死了，可一家人的心情因此被弄得很不舒服，特别是母亲，年初一这一天几乎没吃饭，愁眉苦脸、唉声叹气，还不停地念叨着："就怕今年对咱不利啊！今年一年，咱一家人说话、做事都可要小心点、谨慎点啊！"
母亲又专门交代仇荣林说："特别是你，整天在外面忙活，无论是在厂里，还
是出差，一定可要注意、要小心啊！"

母亲不停地念叨，让仇荣林的心情也随之糟糕，一家人也都没了笑脸，
没有了往年过节的欢乐气氛。

后来，母亲把那一年仇荣林和仇兴东父子之间闹了点矛盾，归结为弄死
那只老鼠的缘故。仇荣林虽然对母亲的迷信哭笑不得，却也说服不了母亲。

不过，这件事，多少也在仇荣林心里留下了阴影。

48　父与子的故事

第一次误解　　　　　2012 年春天，西乡焦化厂又一次更换法人，新任经
理是从宁夏一个焦化厂调过来的，他上任后，看到焦化厂
的煤气按天供给泡花碱厂使用，觉得不划算，又想改为按方收费，并且涨价。

按说，这是可以商量的事情，可焦化厂认为合同没到期，担心仇荣林不
同意，便依仗他们是市里领导招商引资过来的企业，在不通知泡花碱厂的情况
下，单方面停止了供气！

在合同没到期且不通知对方的情况下突然停气，完全是一种霸王做法。
公司几位高层提出和焦化厂打官司，镇政府出面劝阻了。镇政府把焦化厂和泡
花碱厂的负责人约到一起，进行协商解决。可焦化厂提出的按方收费，涨价的
幅度太大，仇荣林无法接受。事情僵持下来。

而此时，正是泡花碱畅销的时候，停产，无疑给宏泰造成了巨大损失，
也让辛化硅胶生产没有了原料，不得不从外地购买泡花碱。焦化厂强行停气，
等于卡住了仇荣林两个企业的生产。仇荣林对焦化厂这种卡脖子的行为很是恼
火，却又无可奈何。

不久，仇荣林从一个朋友处听说菏泽市巨野县新建了一个焦化厂，排出

的煤气还没有厂家使用，他就让仇兴东前去考察，看看是否能建一个泡花碱厂。经过几个月马拉松般的交涉、协商，焦化厂始终不让步，让仇荣林萌发了把西乡泡花碱厂搬走、到外地重新建厂的想法。

仇兴东目睹了父亲与焦化厂谈判的艰难，深切体会到了被人卡脖子的滋味，接到父亲让他去菏泽考察的任务后，他憋着一股气，决心要把这件事办成！正巧，巨野县有他一位同学，其父亲是县纪委的领导，听说仇兴东想来投资办厂，很是热情，亲自带着他到焦化厂联系，之后，又出面协调建厂用地。由于同学的父亲出面协调，仅用了一个星期的时间，就与焦化厂达成用气协议，并把建厂用地也定了下来。

一个星期的时间，就把用气和征地两件大事都办妥当，可以说是深圳速度。听了仇兴东的汇报后，仇荣林也很高兴，脸上露出了久违的笑容。几天后，父子俩一块儿去了巨野县，到了焦化厂，才知道这是个小型焦化厂，产出的煤气，最多能满足三台泡花碱炉子的用气，只能建一个小型的泡花碱厂，完全不符合仇荣林建一个大厂的要求。并且，焦化厂只愿意签三年的用气合同，三年后，焦化厂的煤气要自己使用，也就是说如果去建厂，只能有三年的存活时间。三年虽然能把投资收回，但仅仅是收回投资，这样，对企业的意义不大。了解到这些情况后，仇荣林脸上有了失望之色，不置可否地回来了。

之后，仇荣林又和仇心忠、林家增一块儿去巨野焦化厂考察了一次，回来后，彻底否决了去巨野办厂的方案。除了煤气量小、生存时间短这两个主要原因之外，还有一个不便说出口的原因，那就是仇荣林两次去巨野焦化厂，两次都迷失方向。仇荣林半生来走南闯北，到过全国很多地方，从未迷失过方向，唯独到了巨野焦化厂迷了方向，让他心里有种说不出的别扭，他也因此唯心地认为这个地方不适合他发展。而这时，与西乡焦化厂的谈判有了进展，并且也找到了节能的炉型，因此他决定继续留在西乡，放弃了去巨野办厂。

这让仇兴东很意外，问父亲原因，仇荣林只简单解释为"排气量小、用气时间太短，没有意义"。没有详细说出自己的一系列真实想法。

仇兴东便试图说服父亲："虽然我们与焦化厂只能签订三年的用气合同，但三年之后的变数很大，焦化厂现在之所以同我们签订三年的用气合同，是因为焦化厂还不了解我们辛化公司的能力和实力，认为我们只是一般化的小泡花碱厂，建厂也是小打小闹，如果让他们看到我们的规模和管理以及在行业中的地位时，说不定就会改变初衷，继续与我们合作。再说，通过三年的交往和相处，我们会与焦化厂处好关系，关系好了，生产能力又有，继续干下去的可能性就很大。事在人为，一切都是有变数的。"

仇荣林解释说："首先，我们不能把几千万元的投资押在变数上，既然是变数，就靠不住。其次，去巨野办厂只能建一个三台炉子的小厂，根本不够我们硅胶生产所用。"

仇兴东提出可以不放弃宏泰化工，仇荣林则表示，西乡这边用气的事很快就会谈好，还得忙着改造节能炉子，没有时间和精力去办新厂。"巨野那边，放弃吧。"

仇兴东已与焦化厂签订了用气合同，并与当地政府签订了用地合同，单方面废止合同，属于违约。仇兴东觉得面子上也过不去，还想再劝劝父亲，可他知道，父亲决定的事情，是不会轻易更改的。沉默了一会儿，仇兴东无奈地说："合同已签订了，怎么办？"

仇荣林坚决地说："终止合同吧。"

仇兴东问："谁去？"

仇荣林说："当然你去。"

仇兴东为难地问："我一个人去吗？"

仇荣林说："你一个人去吧。我没时间，要在厂里忙这一大摊子事情。"

于是仇兴东一个人极不情愿地去了巨野县。那位同学听说要终止合同，有些为难地说："我跑前跑后倒是无所谓，关键是我父亲，马不歇鞍地帮你跑了一个星期，很多人都知道他招商来了一个项目，你这样让他面子上过不去啊！再说，合同已经签了，你无缘无故地终止合同，这不是违约吗？"

仇兴东无奈地说这是父亲的决定，他没法更改。

那位同学生气地说："要去你去，我不跟着你去！"

仇兴东向这位同学道歉后，一个人跑到焦化厂和当地政府，赔着笑脸反复向人家解释、说明，解除了合同。赔偿了八万块钱的违约金。

自从这件事之后，仇兴东再也不好意思与那位同学联系。那位同学呢，也不再和他联系。两人从此断了往来。这让自尊心很强的仇兴东，在同学面前扫了面子，心里着实难受了一阵子。

第二次误解　　同年秋天，听说潍坊焦化集团在薛城区建了一个大型的焦化厂，产出的煤气量很大，并且产出的煤气还没有厂家使用，仇荣林又让仇兴东前去考察能否办个泡花碱厂。因为他尝到了用煤气生产泡花碱的甜头，只要听说有煤气资源，就心动，就想为自己所用。他对煤气，像猎人看到了猎物一样，见到了就想捕猎。

仇兴东到了薛城，在招商局的一位朋友的引荐下，观看了焦化厂的整体规模，觉得符合父亲办大型泡花碱厂的用气要求，便与厂里负责人商谈用气建厂的事，这个厂的负责人却不能做主，要听总部的。仇兴东便来到潍坊焦化集团总部，经过二十多天的磋商，把用气的事谈下来后，又回到薛城，开始跑建厂用地。薛城区政府听说仇兴东要来投资办企业，很是热情，分管工业的区长接待了他，表示愿意提供建厂用地，并表示可以提供大力支持和帮助。

经过一个多月的商谈和运作，仇兴东一鼓作气把焦化厂的用气、在当地的建厂用地两个大项谈了下来。

这次，仇兴东接受巨野的教训，没有自己做主签订合同，而是回来向父亲汇报，让他定夺。

听了仇兴东的汇报，仇荣林当然很高兴，第二天便迫不及待地在仇兴东的带领下，与林家增、仇心忠一块儿，兴冲冲地来到薛城焦化厂，实地考察。

他们先到了薛城焦化厂，之后又去了薛城区政府和环保局，通过具体商谈和详细了解，情况很不乐观。

首先是薛城焦化厂提出的条件，让仇荣林很为难。薛城焦化厂是一家大型国有企业，规模很大，产出的煤气量，能满足20台大型泡花碱炉子所用，因此，焦化厂提出的条件是：如果来建厂，必须建起20台大型的泡花碱炉子，把焦化厂产出的煤气全部消化掉，他们不想把产出的煤气分割出售；并且还要求，必须在三个月之内建成20台炉子，因为焦化厂三个月后投产，产出的煤气如果不能及时被利用，只能排到空中，不仅浪费资源，更重要的是环保不允许，这样，会影响他们的顺利投产。

这等于让仇荣林在三个月内建起一个年产20万吨的超大型的泡花碱厂！

投资虽然很大，对有了资金积累的仇荣林来说，倒不是问题，主要是时间太紧张！如果按对方的要求，在三个月内建成 20 台大型炉子，必须像建枣庄和西乡泡花碱厂那样，把人员全部集中过去搞大会战。如果把人员全部集中过去建厂，西乡泡花碱厂怎么办？丢下不管了吗？不可能！在仇兴东去薛城考察的这一个月的时间里，经过艰难的谈判和镇政府的协调，仇荣林做出让步，同意西乡焦化厂提出的按方收费、每方煤气涨一倍价格的要求，达成了用气协议，正在举全公司之力，既要重新建造新型节能炉子，又要重建与之配套的标准厂房，还要进行设备更新、环保设备升级……等于把一个旧厂重新建造成一个现代化的、高标准的企业，可谓千头万绪，工作浩繁，时间紧迫，压力巨大，根本抽不出人员再去建新厂。特别是仇荣林更是分身乏术。

其二，如果按照薛城焦化厂的要求，建起 20 台炉子，年产能力 20 万吨，加上西乡厂的年产 10 万吨，泡花碱的年产量将达到 30 万吨，体量骤增 3 倍，无论是管理人员、技术人员，还是销售，都是压力巨大，无法承受。

其三，当地环保局明确要求：泡花碱厂投产后，不准往外排水！因为焦化厂所处的位置，南边临近运河，东边临近南水北调的主渠道，要确保周围的河流和地下水没有任何污染。排水，是个致命的问题！不让排水，根本无法生产，无法生存！这是一个无解的死结！

鉴于这些不利因素和难以解决的问题，从薛城考察回来后，仇荣林不得不重新考虑去薛城建厂的事。按说，环保不让排水，就无法生产，根本无须考虑，可仇荣林看到薛城焦化厂这么充足的气源，就像一个淘金者发现了金矿、一个猎人看到了猎物一样，实在不舍得放弃。在回来的第三天，他又让林家增和仇心忠去薛城，让两个人分头去争取：让社交能力强的林家增去环保局"再争取争取，看能不能让排水"，让懂技术的仇心忠"实地再看看能不能循环用水"。可两人回来后，林家增说环保局坚决不让往外排水，仇心忠说没法循环利用水，仇荣林才彻底死心，不得不放弃到薛城建厂的想法。

其实，在派林家增和仇心忠第二次去薛城"考察""争取"之前，他心里就清楚地知道这个结果。他之所以还派他们两个人前去，无非是想消除自己的不舍，让自己死心。他清楚地知道，即使环保局让排水，或者解决了水循环利用的问题，按照薛城焦化厂提出的三个月建成 20 台大型的泡花碱炉子的要求，他也难以实施。因为那时，他正在集中全公司力量重建宏泰，千头万绪一大堆事情，都要他来指挥、调度、决策、拍板，甚至还要带头干，也就是说，在这个非常关键的时刻，仇荣林是无法分身、没有精力去搞其他工作的。

为了把宏泰公司改造好，仇荣林殚精竭虑，每天不是协调关系，就是出去考察设备。在厂里的时候，就指挥设备的安装和改造，忙得不可开交，每天只睡四五个小时，体力和精力都是严重透支。那段时间，每逢外出办事，仇荣林只要坐到车上，马上就会响起鼾声，他太忙了、太困了、太累了，把自己的体力和精力都用到极限了！因此，那时的仇荣林根本没有精力和时间去建新厂了。如果再去薛城筹建新厂，就得顾此失彼，势必要丢下宏泰，无异于黑狗熊掰玉米，掰了一个丢了另一个，等于在做无用功，甚至可以说是得不偿失，捡了芝麻丢了西瓜。

鉴于这些原因，仇荣林决定不去薛城建厂，他对仇兴东说："我反复考虑，不能去薛城办厂，放弃了吧。"

仇兴东大感意外，问道："为什么？"

仇荣林解释说："你也看到了，现在宏泰正是最紧要的时候，我根本没有精力也没有人员去办新厂。"

仇兴东说："您既然不想到薛城办厂，为什么要让我去考察？"

仇荣林说："那时候，咱与西乡焦化厂闹僵了，他们不给咱供气，我想把厂搬走。现在经镇政府协调，又达成了用气协议。总不能丢下宏泰，再去建新厂吧？"

看着仇兴东不说话，仇荣林又说："再说了，你光考察用气和用地了，却忽略了排水问题，环保局不让排水，即使建起了厂子，也没法生产。"

仇兴东说："排水的事，我可以再去争取一下。"

仇荣林摆了摆手，果断地说："你也知道，为了排水的事，我们去了好几次了，人家都很坚决地拒绝了，没有争取的可能了。"

仇兴东看到父亲坚定的神情，知道事情不可更改了，瞬间，一种受挫的感觉涌上心头。自从大学毕业来到公司后，他就鼓起一股劲，想干出成绩来，努力把父亲交给他的各项工作做好，替父亲分忧，也证明自己的能力。销售，他为公司打开了局面，并且还改变了过去赊销的方式。春天，父亲让他去巨野考察，他一周时间就把用气、用地都拿下来；如今父亲让他去薛城考察，他用一个月的时间，把焦化厂的工作做通，把政府方面也协调好，其中，他花了多少心血，付出了多少辛苦。因此，他不甘心，抱着一线希望，争取说："方方面面都谈妥了，说不去就不去，这样不好吧？再说了，这么好的气源，放弃了多可惜啊！"

"这么好的气源，放弃了多可惜啊！"这一句话，说得仇荣林心里烦躁起来。这些天来，他一直因为焦化厂的气源不能被自己使用而心疼不已，就像一个猎人看到了猎物而不能猎取般痛苦。这种放弃，是他的无奈，也成了他的痛穴，一旦被人点到，就会痛苦不堪、烦躁不安。这种烦躁情绪让他说话也冲了起来，他说："宏泰就把我忙得焦头烂额、应接不暇了，哪有时间去建新厂！"

仇兴东觉得放弃这么好的机会实在可惜，就说："您如果抽不开身，我们兵分两路，我去薛城建厂，您在宏泰坐镇企业的升级改造，您看这样行吗？"

听到仇兴东这样说，仇荣林脑海里第一反应就是：年轻气盛，不知办企业的艰难。仇兴东虽然在企业里历练了几年，但都是在他这位父亲的指挥下工作，没有创建一个企业的经历。而一路走过来的仇荣林，最知道创建一个企业的艰难了。如果让仇兴东独立去创建一个企业，怕是不能胜任，真正操作起来，还得处处依赖他，到那时，还得是他去操劳。退一步说，即使仇兴东真不让他操心，他也放心不下，他还会忍不住地去过问、去操心。在他心目中，仇兴东虽然三十多岁了，可在他眼里，还是个让他不放心的孩子。也许这就是天下所有父母的通病，孩子再大，在父母眼里也永远是孩子。于是仇荣林不放心地问他："你真能独立去办厂吗？"

仇兴东自信而又果断回答："我能行，您放心吧！"

仇荣林沉思了一会儿，说："那好吧，我先给你两千万，你自己去薛城单干，行吗？"

仇荣林的这句话，是想试探一下仇兴东是否有信心自己去薛城办厂，如果他自认为有这样的能力，他会很自信地说：好，我自己去干。这样，仇荣林或许真让他单独去薛城建厂，会在资金上源源不断地支持他。这句话的潜台词，也是强调自己确实无法分身去薛城办厂。他并没有任何恶意。

但仇兴东却认为父亲是在怼他、窝囊他。作为仇家的长子，公司未来的掌门人，他非常有担当意识，很多时候，不像其他员工那样，事事请示父亲，认为自己能做主的事，就先办了，事后再汇报。特别是去外地跑销售时，他常常能自主答应对方降价等要求，果断签订合同，而不像其他的业务员，等请求之后，往往贻误商机。仇兴东能迅速打开市场，与他敢做主，占了先机，有很大的关系。因为他的担当、做主，就有了他想"抢班夺权"的言论，让仇兴东烦恼不已，但他性格内敛，从没作过任何解释和辩解。因此，当父亲说让他去单干，他认为是父亲听到"抢班夺权"的言论开始怀疑他了，感到万分委屈、冤枉。两次外出考察，都是父亲派他去的，为了不辱使命，为了证明自己的能力，他辛辛苦苦、绞尽脑汁，利用各种关系，用最短的时间把事情办成了。回来后却遭到了否决，不仅让他失了面子，没法向朋友交代，没法向焦化厂交代，没法向当地政府交代，更让他有一种挫败感，他认为父亲不是否决他考察的项目，而是在否决他个人！不由得一股无名火上来，口不择言地说了句令仇荣林非常伤心的话："我一说办厂，你就让我自己单干！你混蛋！"

父亲的委屈

听了这句话，仇荣林一下子愣住了！他想不到儿子会骂他混蛋，瞪大眼睛吃惊地看着仇兴东，生气、失望、悲愤，百感交集，五味杂陈。那一刻，他心里翻江倒海，想了很多很多。他一个农民，没有多少文化，没有任何后台，没有经济后盾，以一颗强烈的致富心，不停创业，不断失败，却又一次次在失败中站起来，用二十多年的打拼，终于实现了富人梦，不仅让一家人过上了丰衣足食的生活，还把两个儿子培养成了大学生，并且让他们都找到称心如意的对象，不再像他当年找对象，只有被人家选择，没有自己选择的权利。可以说，为了这个家庭，他付出了常人难以想象的努力，其中多少辛酸、多少汗水和泪水，只有他知道！当年他下决心离婚，想寻求自己有爱的生活，母亲和奶奶再三劝说，他没有动心；妻子娘家利用各种方法给他施压，他没有妥协；父亲把他关在家里，用棍子打他，生生把一根能打死人的棍子打断，他也没有屈服；当妻子把他们的儿子仇兴东抱回娘家，不让他见，却让他这个硬汉屈服了、服软了，为了儿子，他放弃了自己对美好生活的选择。在他心中，儿子比他自己重要，为了儿子，他可以牺牲自己的一切。

　　他脑海里像放电影一样，又一幕幕浮现出仇兴东从小到大的情景。仇兴东从小到大一直是个听话、懂事的孩子，他高考发挥失常，仅考上连云港一所专科学校，按照仇荣林的意思，想让他再复读一年，老师和同学也都劝他再复读一年，仇兴东也想复读，考个好本科，可他觉得弟弟也在上学，怕父亲经济压力太大，主动要求去连云港上学。仇荣林亲自开车把他送到学校，临分别时，仇荣林把身上的钱全部掏给了仇兴东。他觉得掏给孩子的不是钱，而是他的一颗心，一个父亲全部的爱，当他把钱交给儿子后，转过身来，百感交集，泪水止不住地流下来。只有他知道，儿子从小学到初中、到高中，他作为父亲，付出了多少不为人知的心血！仇兴东专科毕业后，怕父亲受累，主动与父亲商量着不再继续读本科了，可是父亲却坚持让他继续读了本科。大学期间，他不仅经常与弟弟通信，还给父亲不停地写信交流，那时的父子关系有多融洽呀。毕业后，仇兴东听从父亲的召唤，放弃了南京的工作，回到父亲身边，帮父亲打开了销售局面，和弟弟仇兴亚成为父亲最得力的助手。可是，他怎么突然之间变了呢？变得父亲都不认识他了呢？小时候，他也和父亲闹过别扭，仇荣林觉得他小不懂事，等长大了自然就好了。可这时的他，也是三十多岁的人了，并且还是受过高等教育的人，他怎么会骂他父亲是混蛋呢？要知道，就是素不相识的人，甚至是有点矛盾的人，也不能说出这么伤人的话呀！何况他的父亲为人正派，为他们兄弟两人创下了宏大的家业，让他们成了令人羡慕的富二代。有这样的父亲，应该感到自豪和骄傲才是；有这样的父亲，应该满怀感激和敬重才是呀！可他竟然骂他混蛋！这是怎么了？怎么了？

　　那一刻，仇荣林伤心极了，按照他的性格，无论是谁这样骂他，他都会大发雷霆，甚至会上前揍人。可这次，他却忍住了，他苦笑了笑，点燃了一根烟，狠狠吸了几口，然后平静地对儿子说："如果是我的孙子这样骂我，我会嚷他，然后教育他要懂得尊重长辈、尊敬老人，因为他是小孩，我要让他懂事、懂理；如果是外人这样骂我，我会找他理论清楚，甚至会拳脚相加，让他给我认错、道歉；而你，我们老仇家的长子，现在是三十多岁的成年人了，又受过高等教育，我无话可说。你走吧，咱没话。"

儿子的懊恼

仇兴东脱口而出那两个字后，也怔住了，他想不到竟然从自己嘴里说出了这个骂人的脏话。在上大学时，他就读了很多书，古今中外名人的传记，他几乎读了个遍，特别是有关王阳明的书籍，能买到的，他都买来读，还有一些关于理学，关于人生的书，他读了很多。知识的滋养，加之他天生的性格，使他沉静、自信、内敛、不急不躁，没有一点富二代的骄狂，也没有成功者的得意。与他接触的人，都说他有儒商风范，就是他自己，也自认为是个斯文的人，可不知为什么，他竟然鬼使神差地说出了那两个字，还是对他的父亲！对于父亲，小时候他是有误解，他不理解父亲一次次帮他转学，不理解父亲整天不进家、经常喝酒，更不理解父亲与母亲的关系，但随着年龄的增长和阅历的增加，他已完全理解了父亲。父亲一次次帮他转学，是看他与同学结伙玩耍而影响学习；父亲整天不进家、经常喝酒，是为了企业，为了这个家庭能过上好日子，能让这个家庭的每一个人都能扬眉吐气，活得有尊严、有质量。如果没有父亲，他们兄弟俩能不能上大学，能不能找到自己满意的爱人，能不能有现在优越的生活，能否像现在这样受人尊重、被人羡慕，一切都是未知，或者可以说不可能。他这个农民出身的父亲，靠自己超出常人的辛苦和智慧，实现了无数个优秀父亲都无法实现的人生梦、家庭梦。有这样的父亲，应该感到骄傲和自豪，应该十分、万分地感激才对，可他因为父亲对他两次考察的否定，竟然心生怨恨，口不择言地说父亲混蛋，真是千不该、万不该！

可是覆水难收，话已说出来了，再也收不回来了。仇兴东懊恼地坐在那里，看着父亲，期望父亲能指着他的鼻尖痛骂自己一顿，甚至像小时候一样打自己几下子。可是，父亲没有骂他，也没有打他，只是坐在对面吸烟，一根烟吸完，又点上一根，直吸得烟雾缭绕。仇兴东看到父亲痛苦的样子，知道他一定伤心极了，那时，他想对父亲说几句道歉的话，可他又觉得说什么都是苍白无力的。

父子俩就这样静静地坐着。气氛尴尬而又沉闷，让人窒息。

那些日子，正是公司里最忙的时候，不断有下属来请示工作，仇荣林的回答都是："先放一放，等以后再说。"一向雷厉风行的仇荣林不知是没心情了，还是心里太乱了，把很多应该马上要办的事情都按下了。

来请示工作的下属，看到他们爷儿俩阴沉的脸，不敢多说，都悄悄地走了。都不知道发生了什么事情。

过了好大一会儿，仇荣林向他摆了摆手说："你走吧，走吧。"

仇兴东仍然坐在那里没动，他还是想让父亲骂他几句，出出气，可父亲又说："你走，你走！"

仇兴东站起来，愧疚地对父亲说："爸爸，我，我……"

仇荣林又摆着手说："你不要说，什么也不要说，你走吧，赶快走吧！让我一个人静一会儿。"

仇兴东只得从父亲办公室出来。他失魂落魄地在门外站了一会儿，竟然不知道要到哪里去，厂里无法待，老家也不好意思回，想了想，只有回南京自己的小家。往日，回南京，要么坐高铁，要么让司机开车送他，可这次，他失态地自己开车走了。他心里翻江倒海、后悔不已，当他快要上高速的时候，实在忍不住了，停下车，竟然呜呜地哭了起来。稍稍平静之后，他拨打了父亲的电话，电话接通后，父子两人谁也不说话，静默了好久，仇兴东才哽咽着说："爸爸，我错了！对不起，爸爸！您别生气了，好吗？"

仇荣林听到儿子哽咽着向他道歉，气一下子消了许多，舐犊之情油然而生，说："你知道错就行了，我不生气了。你回家多休息几天，不要急着回来。"

仇兴东应了一声"行"，仇荣林考虑到他心情不好，怕他精力不集中，又交代他："路上开车慢着点，注意安全！"

仇兴东依然哽咽着说："我会的。您也保重身体！"挂了电话之后，仇兴东仍然沉浸在自责、后悔中不能自拔，在车里坐了好久，才稍稍缓和过来，上了高速。

仇兴东病了一场

回到南京好多天，仇兴东依然不能释怀，一股由悲愤、怨恨、郁闷和后悔交织而成的浑浊之气，在体内不停地聚积、冲撞，久而久之，病倒了，住进了南京医院。

那是 2012 年 12 月。

听到儿子生病的消息，仇荣林感到一阵揪心般的难受，起身就要前去看望，母亲和妻子劝住了他，因为儿子是和他闹别扭而生病，担心见了他，心情更不好，不利于康复。仇荣林想想有道理，就派了二儿仇兴亚前去看望、陪护。

都以为仇兴东在医院住几天就会好转，没想到一下住了一个月，回家休养了小半年，身体才算恢复。他的气性太大，这场气对他身体伤害太大了。

仇兴亚在陪护哥哥的日子里，想了很多问题，想得最多的是为什么父亲和哥哥之间会闹矛盾。在过去，家庭条件不好的时候，父子之间很和谐，特别是哥哥上大学的时候，和他、和父亲经常通信，交流思想，探讨企业的发展，有温馨，有体贴，更有一份浓浓的真诚；现在企业发展起来了，成了有钱人了，一切顺利了，却有了矛盾，并且还闹得这么僵，这是为什么？为什么？想来想去，仇兴亚觉得是缺乏沟通，缺少家庭文化，缺少企业文化的缘故。从南京回来之后，他向父亲建议，创办了辛化公司自己的内刊《辛程》，想通过这个刊物记录下辛化公司的历程，也想通过这个刊物加强企业文化建设。

仇兴东重回公司

2012年底，仇兴东出院后，为了便于静心休养身体，把位于南京市中心的那套商品房卖掉，到郊区买了一套别墅。一家三口人生活，很少回滕州，基本上不参与公司里的事情，算是与公司暂时脱离了，过上了"隐居"生活。这让仇兴东减少了与父亲的接触，也减少了与滕州原先一些"朋友"和官员的无效交往，大部分时间都用来读书、休养，有时也在妻子的陪伴下，四处走走、看看。这段清闲的时光，让他对人生、对社会、对家庭有了更全面、更深广的思考和感悟。南京是六朝古都，也是一座现代化的大城市，是家乡的县级城市无法比拟的，这里既有深厚的文化底蕴，又有无数比辛化更大的公司，无数比他家更有钱的人。犹如一个在水库里生长的鱼，突然游到了大海里，一下子知道了原来自以为很大的水库的渺小，心中的那份盲目自大便迅速消解得无影无踪，他开始冷静下来，反思自己，反思自己与父亲、与家庭、与公司的一系列问题。

仇兴东在南京休养了一年多。

在这一年多的时间里，父亲除了经常打电话询问他身体康复情况外，从不催促他来上班，因为父亲知道他心里有个结，想等他自己把心中的结化解了，想通了、想透了。因此，即使公司再忙，父亲也从不催他。

在这一年多的时间里，有两个声音一直在仇兴东的脑海里不停地喊叫，一个声音是离开家族企业，自己去闯，他一个本科大学生，有多年企业工作经验，应该能闯出一片新天地。他自信有这个能力。另一个声音是回去，继续做父亲的助手，协助父亲把自己的家族企业做大、做强，尽一个长子的责任。

刚开始，离开的声音更大、更强，他想与家庭做个彻底的切割，过自己的生活。大学毕业后回到公司这些年来，每年的分红，让他有了一些存款，手里的资金足够他去单独创业，退一步说，即使什么都不干，也足可以衣食无忧地安享一生，何必去公司与父亲闹气呢？在家休养期间，他曾去过几次公司，做一些力所能及的工作，每次见到父亲，他心里都有一种说不出来的滋味。那时，父亲已是快六十岁的老人了，按照城里的规定，已到了快退休的年龄，就是在农村，也该在家颐养天年、享受儿孙绕膝的天伦之乐了，可父亲还像个年轻人一样，每天很早起床，很晚才休息，不停地操劳着公司的一大堆事情！他看到父亲每到下午，就一脸疲倦，明显是心力交瘁，劳累到了极点，可还得咬着牙支撑着。那一刻，他忽然心疼起父亲来，父亲已经创下了巨额资产，从他个人角度来说，他怎么花也花不了了，可是他还在不停地干着、支撑着，是为了什么呢？从大的来说，是为了他的事业；从小处说，还不是为了能把企业弄得更好些、再好些，将来交到他们兄弟手中，让他们接手后干得更顺利一些吗？他仇兴东能与父亲撇开关系，做个切割，可真能切割得开吗？真能放得下吗？

答案是切割不开，更放不下！父子之情，血浓于水。家庭，是他的根脉啊！

几经考虑，仇兴东最终选择了返回公司，继续协助父亲做好自己的家族企业。

2014年春节过后，仇兴东主动回到了公司正式上班。

父子分歧难弥合

仇兴东主动回来工作，仇荣林倍感欣慰，让他继续主管销售和外联。仇兴亚主抓生产。仇荣林主持全面工作。这样的分工，可以说是最佳组合，各展所长，优势互补。

回公司不久，仇兴东无意中看到北大、清华等几所名校举办企业高级研修班的消息，这让他动了心。他虽然大学毕业，学的也是企业管理，但他觉得现有的知识，无论是深度，还是广度，都远远不够，还要充电。父亲已是六十来岁的老人了，作为家中的长子，他迟早是要接班的，即使不接班，给父亲当助手，现有的状况也令自己不满意。因此，他想出去进修学习。他想通过学习提高自己的同时，还能化解或减少与父亲之间的分歧。从内心讲，他是佩服父亲、感恩父亲的，佩服父亲一个农民能白手起家，把一个企业从无到有、从小到大，做成了行业第一，父亲肯定有自己独特的、过人的一套；感恩父亲让他们这个贫穷的家庭过上了富裕生活，让他和弟弟两个农家子弟，成了富二代。可是不知为什么，他与父亲总是有分歧，伤害了父亲，也伤害了自己。这是违背他初衷的，是他所不愿意的。因此，他想通过进修学习，提高自己，缩小与父亲之间的认知距离，以达到父子同心，形成合力。

一天上午，看着父亲不忙，仇兴东走进了父亲的办公室，向父亲提出了外出进修学习的想法。

父亲对他的这个想法很支持，说："这个想法很好！我支持你！"

仇兴东又解释说："我这次出去进修，是利用业余时间，不会影响太多的工作。"

父亲却说："既然是学习，就要全心全意地好好学，公司里的工作，我和你弟弟多干点就是。俗话说，磨镰不耽误割麦。等你学好了，将来能为我们公司发挥更大的作用。你放心去进修吧。"

于是，从2014年起，仇兴东先后到了北大、清华、浙大、复旦等四所知名大学的总裁班进修学习，学习投资管理和企业管理。每个月抽出三至四天的时间去听课，然后回来利用业余时间自学。在几所名校的系统学习，让他长了见识、开阔了视野，也结识了不少民营企业的青年才俊，积累了人脉。

令人意想不到的是，随着仇兴东视野的开阔，他与父亲在企业管理和发展方向上，有了更多的分歧。仇兴东总想把总裁班上学到的理论用来指导企业发展，可仇荣林总是按照自己的方式进行管理。仇兴东认为父亲的有些管理方式老套，理念落后，仇荣林则认为仇兴东是"理论派"，不合实际。久而久之，父子之间又产生了隔阂。这种局面，无论是仇荣林，还是仇兴东，都是不想看到的。父子两个人也多次试图沟通过，可总是事与愿违，都很难说服对方。特别是在企业上市的问题上，分歧很大。仇兴东认为，企业做到一定规模后，就应该上市，上市是一个企业实力的象征和证明，可以提高公司的知名度，扩大企业的影响力，有利于树立公司产品的品牌形象，扩大市场销量；可以规范企业的管理机制，完善公司的治理水平，提高公司的运行质量；还可以提高公司管理层和员工的荣耀感和自豪感，增强企业的凝聚力和向心力……总之，上市会有一大堆的好处。现实中，绝大多数企业家都把上市看成企业成功的标志。

而仇荣林则认为，上市是企业圈钱的一种方式。他当然知道，通过上市可以吸收大量的流动资金，为公司所用，还可以直接为公司带来财富。但是，仇荣林不想赚这样的钱，他是一个实业家，只想通过自己的产品带来利润，只想踏实地做好自己的企业，正如他不想靠宣传而出名一样。从辛化集团的管理层面上来讲，不上市，经营会更加灵活、自主。国内有很多企业，上市后不自由，信息透明度高，包括生产品种、主营业务、市场策略等方面的信息，都会被社会高度关注，也会带来一些负面影响。仇荣林一直坚持不急功、不近利，不想不劳而获。作为企业的掌舵人，他清楚地知道他的企业目前真正需要的，已不是资金，而是企业的发展方向和人才。企业经过二十多年的快速发展，资金已非常充足，充足得有一大笔钱沉淀在银行里用不着，完全没必要再去上市融资。除非是想骗钱。另外，仇荣林还担心，如果上市，大量的资金涌入进来，企业就会被多元化，就会摧毁辛化二十多年还没完全理顺的管理体系。公司目前最迫切的任务，就是尽快调整产品结构和人员结构。他必须尽快把这些理顺，没有多余的时间和精力去运作上市。

仇荣林所结识的茅理翔老人，把转型后的企业交给儿子茅忠群后，方太集团做得风生水起，每年的产值过百亿，也没有上市。当有人劝他上市时，他就会以方太公司为例子，随后再罗列出任正非的华为公司、宗庆后的娃哈哈集团、陶华碧的老干妈等等，都没有上市，来说明自己选择的正确性。仇荣林和方太集团茅氏父子的观念差不多。他说："我从来不认为企业做大做强了，就必须上市，好像只有上市才能证明企业是强大的。我目前既不需要上市来寻求资金来源，因为我不缺资金；也不需要上市来证明企业的实力，我的实力就摆在那里，我要用产品说话，我要的是市场，因此我需要的是一心一意把企业做好，把产品做精做好，不想追求那些时尚。带领自己的团队把企业办成功，并且让它走得更远、更稳健，才是一个企业家真正要做的事。"

仇荣林不想上市，还有一个原因，那就是不想让一些人过度自信，他想使自己和企业始终保持一种谦虚的姿态。辛化集团经过二十多年的快速发展，已成为行业的领军者，这让全体员工有了一种荣誉感和自豪感，同时也容易让人自满自大，如果上市，就会助长这种心理。古人云：谦受益，满招损。从小就在逆境中成长起来的仇荣林，深知厄运和压力才是生命的原动力，"生于忧患，死于安乐"，那些虚头巴脑的荣誉，只会让人夜郎自大，只会是通向死亡的路标。他洞悉生命的规律，企业生存之道。他必须让自己和自己的团队，有一种谦虚、清醒、敬畏、永远在路上的心态和品质。他对企业的追求是：不求百强，只求百年。

仇荣林认为，谦虚是一个人的品质，也是一个企业的品质。一个人没有谦虚的品质，就会狂傲自大、目中无人；一个企业如果没有谦虚的品质，就会满足现状、停滞不前，用不了多久，就会被淘汰……

父子的分歧，让仇兴东很痛苦，也让仇荣林很伤感，却又无法消除。

49 从"拓荒牛"到"悟"

他泄气了，迷茫了　　在三个硅胶车间建成并顺利生产之后，仇荣林像个天生的园林设计师，把坐落在厂区正中央生产"1,4-萘醌"时废弃的厂房，改造成三层仿古式的楼房，作为公司的食堂：一楼职工大食堂，二楼小食堂，三楼是接待用的茶室，还有一个星级标准的套房，用来接待贵宾。楼前一大片空地，建了养鱼池、亭子，还有假山，种植了各种花木，绿树成荫，花香袭人，小桥流水，布置得像一个精巧的公园。为这个现代化的工厂里平添了一块绿地，一个花园，一片绿肺，加上道路两旁郁郁葱葱的树木和争奇斗艳的花草，一个标准的花园式企业。

为了职工停车方便，仇荣林又在厂区西南部的大路边上，划出一块地来，建了一个广场，以便职工休闲，也为了村里人来此健身、娱乐。

2013 年秋，为了庆祝辛化公司成立二十周年，公司举行了隆重的庆祝活动，仇荣林还从外地聘请来一位知名雕塑师，在广场的正前方，塑建了一个硕大的铜牛，命名为"拓荒牛"，以作纪念。拓荒牛粗犷雄伟、充满力量、刚毅果敢、奋勇向前。

多年来，仇荣林一直以"拓荒牛"自喻，他微信名就叫"拓荒牛"。对于辛化公司来说，仇荣林是名副其实的"拓荒牛"，辛化从无到有，从小到大，逐步发展到今天，无不浸润着仇荣林的心血和汗水。当年辛绪村荒凉的"西北大洼"，变成眼前的一座现代化的大公司，是仇荣林带领一班人像老黄牛一样年复一年辛勤耕耘的结果。仇荣林用"拓荒牛"自喻，形象贴切、恰如其分。

在广场上塑建这座"拓荒牛"，有纪念自己走过的艰苦岁月的意思，但更多的是对职工的激励，希望大家能再接再厉，不满足于现状，不停地开拓进取，砥砺前行，再创佳绩。

2013 年 9 月，辛化成立二十周年纪念雕塑"拓荒牛"

　　广场建成后，除了员工放置车辆外，却很少见到村里人来此休闲、健身。原因是这个广场离村子远了些，村民们都在村头的大路上健身、活动，不愿意多走几百米路。于是仇荣林又出资在村头租了十亩地，投资一百多万元，建起了一个专门用于村民健身、休闲的广场。广场里建了两个亭子，一座假山，一个木质环廊，种植了各种花木，配备了整套的音响，还有一个水冲厕所。设施齐全，功能完备。白天，一拨接一拨的老人来此聊天、下棋，傍晚，则有成群结伙的妇女来此跳健身舞，成了村里人休闲、健身、游玩的一个公园。

　　2013年至2015年，持续三年大旱，地下水严重下沉，农用井和家用井都抽不上水来，田里庄稼一片枯黄，村民吃水也成了问题。辛绪和周围几个村的村民，家家都用大铁筒到淀粉厂和辛化公司来拉水吃。他们两个厂里，都是三百多米的深井，有水。每天，两个厂门口，都会排起长长的拉水队伍。仇荣林为了方便村民，也为了不让拉水的村民干扰生产，从厂里水塔上扯出一根管道，直通大门口，还派了一个工人专门为村民放水。

　　这时，有人把缺水的原因归结到辛化公司和淀粉厂两个企业上，认为是这两个企业大量用水造成的。仇荣林听到这些议论声，虽然觉得让他们两个企业为天气干旱背黑锅很冤枉，却没有反驳和辩解，而是想着在村里打一眼深水井，解决村民的吃水和浇地问题。他到地质队请了一位工程师，帮助勘探水源。这位工程师勘探了几天，没找到水源，回去了。仇荣林不相信："我们两个厂都能打出井来，我就不信其他地方没水！"就让梁子清到省地质局借来这一带的水文资料，又请来两位专家继续勘探。终于在村西南处，找到了水源，打了一眼二百多米深的水井。

　　开始打井时，村里一些人不相信仇荣林是为村民吃水、浇地而打井，说他打井是为自己企业用的。仇荣林听后只是笑笑，也不辩解。村支书看到这眼井离他的企业很远，知道不是企业用的，而是为村民打的，在进行配套时，劝他不要用太好的材料，能解一时的燃眉之急就行。可仇荣林认为既然是为大家做好事，就得干得漂漂亮亮的。他购买了最贵的抽水机，用的全是无缝钢管，然后又用符合国标的塑料管铺到各家各户地头，解决了几个生产小组的浇地问题。至此，大家才相信仇荣林打井纯粹是为了村民浇地、吃水所用。

　　此外，仇荣林还投资二十万元把通往村子的大路进行了绿化、美化。

2020 年，仇荣林又联合淀粉厂，在村头的大路上，投资几十万元，建起了一个气派非凡的石牌坊，作为辛绪村的标志。

仇荣林不仅是企业的"拓荒牛"，还是乡亲们的"孺子牛"，他不仅带动了一千三百多人就业，每年上缴数千万元的税收，还不停地造福乡里、帮助弱势人员。每当知道谁家困难了，他都会伸出援手，即使走在大街上见到困难的老人，他也会给"一点零花钱"。有人对他的帮助感激万分；有人却认为他有钱了，给大家一点是应该的，接受得理直气壮、习以为常；也有一些人，家庭并没有困难，以盖房、买房、儿娶女嫁为由，向他"借钱"，几千、几万地"借"，"借"去之后便再无还钱的时候，像没有这回事似的。

父亲见他慷慨大方，有求必应，有难就帮，自己却过着节俭朴素的生活，劝他说："你这样大把往外扔钱，人家还不支你的情，不如把这些钱，用在照顾自己和家人身上。你虽然有钱了，可都来之不易。"他却说："但行好事，莫问前程，只求无愧于心。"依然善心不改，一如既往地去帮助弱势群体。

对于仇荣林这一系列造福乡里的善举，有人却说三道四，说他是"有钱烧包了"，说他这是"做秀""收买人心"，说他是为了出名……

对于这些言论，仇荣林哭笑不得。他作为辛绪村的一个农民，靠自己的拼搏和奋斗，富起来之后，不忘乡亲，造福乡里，做善事、积功德，却遭到非议，他虽然不开心，却也没太计较，只是一笑了之。

倒是长子仇兴东对他的不认可，以及不断产生的分歧，让仇荣林伤感而又无奈。自从那次仇兴东骂他混蛋之后，爷俩虽然都在努力调整自己，可终究是有了隔阂，双方都认为对方不认可自己、对自己有偏见。特别是仇兴东言语间流露出来的对他没感情的话语，以及表现出来的消极、抵触情结，让仇荣林大为伤感。他作为一位农民出身的父亲，能把两个孩子培养成大学生，并为他们创下了亿万财富，让他们站到了绝大多数农村孩子奋斗一生也很难达到的高度，自认为他这个父亲是合格的、优秀的，孩子会因为有这样的父亲而自豪、而感激，没想到换来的却是分歧、顶撞、不认可。这让他心凉了、泄气了。

在他创业之初，他曾想：只要为孩子打下一片天地，就算是一个成功的父亲。没想到的是，如今他为孩子创建了一个庞大的集团公司，到头来却落得一声长叹。

这让仇荣林灰心丧气，也让他开始反思。几十年来，他像一台不知疲倦的机器，每天工作十七八个小时，没有青春，没有情爱，没有自我，累死累活，把全部精力和智慧都用在了创业上，承受了常人难以承受的痛苦和压力。他一直认为，只要企业成功，有了足够的财富，个人的价值、家庭的和睦，统统都会随之而来，家人和孩子都会感激他，他会生活在一个其乐融融的氛围中。可是，现实却把他这种美好愿望击得粉碎，得到的却是不领情、不感恩、不认可。

两个儿子被仇荣林成功地培养成大学生，并且都找到了理想的爱人，过上了温馨和谐、无忧无虑的富裕生活，而他自己呢？上学时，高考制度取消了；当兵，又被奶奶无情地阻挡；找对象时，因为家里贫穷，只能被女方选择，自己却没有选择权，在父母的逼迫下，有了一个无爱的婚姻，没有花前月下、卿卿我我的浪漫。为了改变自己和家庭的命运，他弹棉花、养兔子、养猪、养鹌鹑，办水泥制品厂、塑料管厂、罐头厂，一次次失败，一次次爬起来，屡败屡战，从不服输。经过几十年的奋斗，事业成功了，如愿成为有钱人，蓦然回首，自己也老了，青春没有了，爱情从没得到过，连休闲的日子都没有过，弄得心力交瘁、浑身伤痛……这一切，有谁知道？又能与谁说？

如果说村里人对他说三道四，是外伤的话，那么孩子的不认可，就是内伤。外伤好治，内伤难医。仇荣林一下子失去了动力，苦恼、迷茫，而又泄气。夜深人静的时候，他常常一个人伤感得泪水哗哗直流，把枕头浸湿。

既然不被认可，他仇荣林再奋斗还有什么劲？再挣钱干什么？

他泄气了。不想继续奋斗了。

他不想继续奋斗了

若论事业，仇荣林一个农民，白手起家，在泡花碱和硅胶行业中，已是一位举足轻重的企业家，算是一位成功者。若论财富，他早已进入了富人行列，纵然是锦衣玉食，也是吃不光、花不完，足够一家人过上优越的生活了。他自己的人生目标实现了，作为一个丈夫、一个父亲，他的任务和使命已经完成了。况且，他也老了，该休息一下了。

在这之前，他还想着再干十年或者二十年，把企业做得更大、更完美，创造一个更宽阔的平台，然后再交班，可这时仇荣林突然觉得若是单纯再为孩子继续干下去，已没有意义了。他想起了林则徐的那句话：子孙若如我，留钱做什么？贤而多财，则损其志；子孙不如我，留钱做什么？愚而多财，益增其过。

那时的仇荣林已六十多岁了，几十年来，光为事业、为财富奋斗了，就是没为自己活过。如今功成业就了，余下不多的时光，该为自己补一下人生的课了，该为自己活几年了。

那段时间，市面上正流行佛教方面的书。仇荣林买了一些这方面的书籍，希望能从中找到答案和解脱。其中《悲欣交集：弘一大法师李叔同的前世今生》和《听李叔同讲禅》让他感触最深。李叔同出身名门，才气冲天，一生62 年，在俗 39 年，在佛 23 年。观其一生，半为艺术，半为佛。其一生光明磊落、潇洒飘逸，道德文章，高山仰止，令人赞叹。李叔同在俗时，可谓是衣食无忧、风光无限，可他却在如日中天的时候，选择了出家，做了僧人，逃离了俗世，躲了起来，可见他也是心灰意冷了，厌烦了这俗世。李叔同这样的条件，况且如此，何况一般的俗人呢？

于是，仇荣林萌发了退休的想法。他找到了一位姓马的周易大师，谈了自己的想法。这位马大师比他年龄小，两人交往很多，一直称他为大哥，对他的事情很是了解，一直很佩服他。马大师听仇荣林说出了自己隐退的想法后，颇有些意外，深思良久对他说："大哥，我虽然不是佛门中人，但我看您今生有佛报，却无佛缘。"

仇荣林问道："佛家不是说人人皆有佛缘吗？我怎么就没有佛缘呢？"

马大师答道："话是这么说，可命中注定，您是位创业的人，造福于他人的人。您的责任就是造福他人、造福社会。这是您的命，您推脱不掉。"

仇荣林失望地说："照你这么说来，我这一生注定就是个操心出力的命了？"

马大师笑着说："大哥，如果真让您闲下来，什么也不干，您能闲得住吗？在您心里，真能把所有事都放下来吗？"

仇荣林沉默了，陷入了思考。企业，犹如他的孩子，含辛茹苦拉扯大的孩子；也是他的作品，是他倾其大半生聪明才智和心血的结晶，是他的得意之作，让他舍弃，他真舍不得。

马大师又说道："您先不要管别人用什么眼光看您、怎么评论您，您现在告诉我，您为您这些年来的奋斗和付出，后悔过吗？相信您没有。您对今天的成果，满意吗？您有一种自豪感吗？相信您有！既然您认为这一切都是值得的，您就没必要想太多，顾虑太多。"

看到仇荣林微微点了点头，马大师又安抚他说："大哥，自我满意就是人生理想的状态，您就安心做您的企业吧。您的晚景会有很好的福报。但是有一点，那就是您要注意身体，注意劳逸结合，不要像以前那么拼了，您毕竟是六十多岁的人了。再说，您的企业现在一切都已步入正轨，您只要掌好舵就行了，具体的事，让两个孩子干就是，不要再事必躬亲了。"

仇荣林回来后，思考了好久，决定听从马大师的劝说，继续掌舵企业，但不再这么拼了，一半为企业，一半为自己活着，再不像以前那样无我、无休地拼命了。于是，他把自己的微信名称由"拓荒牛"改为"悟"。他要领悟人生，享受生活，弥补前半生的人生缺憾，让自己潇洒地活着，过好自己的后半生。

在1993年刚创办泡花碱厂的时候，仇荣林为自己定下的原则是："一切为了企业的发展，不要亲情、友情。"那时的仇荣林不仅自己像个机器人似的，不分昼夜地工作、操劳，对职工也像个黑脸包公，不徇私情，就连自己的弟弟也不让进厂工作，一切以企业发展为中心、为宗旨。到了企业发展起来、两个孩子大学毕业回到公司工作，特别是父子闹了矛盾、仇兴东大病一场之后，他认识到了亲情的重要，又把自己的原则改为："既要企业发展，也要亲情、友情，两者兼顾起来。"而现在，他又觉得一切都不重要了，都是虚妄，都没有多大意义，认为光为他人活着、没有自我的人生，也不是他想要的，他要为自己活着，于是他又修正自己的原则：在做好企业的基础上，兼顾亲情、友情，重点活好自己，按自己的想法活着。

仇荣林说："我这样做，别人可能说我自私，但谁知道我这几十年来受了多少罪、吃了多少苦？我相信在这个世上，所有人的努力和奋斗，都不会是纯粹为了他人的，都有为自己的成分。几十年来，我从没为过自己，如今到了暮年了，为自己活着，并不算过分，也说不上自私吧。即使有些假高尚的人说我自私，我也不怕，到了这个年龄，也不会被舆论所左右了。"

50　隐退与交接

到交接班的时候了

　　"把辛化公司做成百年企业。"这是企业发展起来之后，仇荣林追求的目标。

　　他知道，人的生命有限，仅靠某一个人，任何企业都是难做百年的，要想实现百年目标，必须有人继承，也就是要有接班人。

　　自从过了六十岁之后，他就开始考虑交接班的问题。他旗下的两个公司经过二十多年的发展，规模有了，市场打开了，管理也步入了正轨；两个孩子也都三十多岁了，到了考虑交接班的时候了。

　　两个企业进入了平稳发展期，可以放心地交班，他也想退下来休息了。

　　几十年来，他每天早晨五点钟起床，吃一点东西之后，就开始一天的忙碌。没有休息日，没有节假日，没有上下班的概念，除了忙碌就是忙碌，过着苦行僧一般的生活。两个公司的业务，让他繁忙而又紧张，体力和脑力严重透支，让他时常觉得心力交瘁，难以支撑。他想退下来，休息一下，过几年清闲日子。特别是与儿子产生了分歧之后，退下来的愿望就愈发强烈。

　　可是，退下来，谁当接班人，又让他很费思量。

　　按照常理，长子仇兴东是理所当然的接班人，应让他接任董事长，次子仇兴亚担任总经理。然而，仇兴东的经营理念、管理理念、发展理念及工作作风，与他弟弟仇兴亚不同，担心两个人想不到一块儿、干不到一块儿去。

　　并且，仇兴东也一再表示：自己挑不起这副担子！因为这副担子太重了！同时，他认为父亲的身体还很健壮，无论是体力，还是精力，都如春秋正盛的壮年人，再操劳几年没问题。父亲在，企业就有灵魂，发展有保证。而他自己，没有这个保证，也没这个信心。

　　仇兴东这样说，在别人看来是谦虚、谦让，可在仇荣林看来，儿子的想法不无道理。他深有感触地说："这副担子真是太重了，也太辛苦了，辛化公司的掌门人，看上去风光无限，干起来才知道，那可不是常人能承受得了的！"

因此，在选定接班人上，一向决策果断的仇荣林犹豫了、纠结了，迟迟拿不定主意。

找不到答案

自从改革开放以来，全国的民营企业家已超过300万，由于找不到理想的接班人，许多民营企业家无法摆脱"富不过三代"的宿命。因此，能否为企业找到一个合格的接班人，是关系到企业生死存亡的大事！经过几十年的时间，仇荣林这些老一代创业者已经老去，都面临着交接班的问题。美国哈佛大学专家罗克尔曾说过："对于管理者来说，最大的责任是寻找继任者。"

孟子曰"君子之泽，五世而斩"，俗话也说"富不过三代"，这是中国自古以来所存在的一个非常奇特的现象，许多曾经显赫一时的富贵人家，没有经过三代，富贵大厦就轰然倒塌。其实，这也并不是中国特有的现象，放眼全球，葡萄牙有"富裕农民，贵族儿子，穷孙子"的说法；西班牙有"酒店老板，儿子富人，孙子讨饭"的说法；德国则用"创造，继承，毁灭"这三个词来代表三代人的命运……

正是这些活生生的先例让仇荣林意识到，要想让企业长盛不衰，成为百年企业，培养接班人是非常重要的一项任务，因此，他十分重视对两个儿子的培养。在他们还上初中时，每逢寒暑假期，仇荣林就让他们兄弟俩到公司里参加劳动，及至上了高中，不仅让他们像普通工人一样参加劳动，还让他们出去要账、销售，并且全力培养他们上大学，并让仇兴东选择了企业管理专业。毕业后，为了让他们开阔眼界，没有立即把他们召回自己公司，而是让他们分别到南京和深圳的大公司锻炼、学习。两个人来到自家公司后，他因材施用，让善于社交的仇兴东做外联和销售，让作风踏实、心思缜密的仇兴亚搞管理。有一段时间，他还把两个人的工作进行了对调，让仇兴东抓生产管理，让仇兴亚搞销售和外联，是为了锻炼他们的综合能力，也为了两个人今后能相互配合、相互理解……这一切，都是仇荣林未雨绸缪，为他们接班做准备的。

这期间，仇荣林还找来了大量成功企业家交接班方面的书籍来看，他看了李嘉诚及韩国三星集团创始人李秉喆等企业家是如何成功地进行交接班的。

然而，他没有找到自己的答案。

仇兴亚看到父亲为交接班的事而苦恼，心里很不好受，可他又帮不上忙。后来在网上看到方太集团的老董事长茅理翔把公司交给儿子茅忠群后，自己办起了"家业长青民企接班人专修学校"，组织一班人专门研究家族企业的交接班问题，为家族企业的传承出谋划策。据了解，茅理翔老人创办的这个"家业长青学校"，已成功地为多个家族企业提供了交接班指导。仇兴亚便建议父亲去咨询一下。仇荣林听说后，便奔波千里去浙江慈溪找茅理翔老人。茅理翔在民营企业界是位传奇人物，上世纪八十年代，曾是全球闻名的"点火枪大王"，之后成功转型，创办了方太集团，年老后交给了儿子茅忠群，自己办起了"家业长青学校"。

仇荣林见到茅老后，把自己交接班的困惑详细叙说了之后，茅理翔老人沉思了许久，让他把两个儿子也叫过来，想亲自听听他们的想法之后，再做定夺。

几天后，仇荣林和仇兴东、仇兴亚一块儿又来到了"家业长青学校"，茅理翔老人用了一下午时间，与兄弟两人分别进行了详细交谈后，给仇兴东出题：如果让他接班，他将如何管理企业？如何规划企业未来的发展方向？如何处理好兄弟之间、董事长与总经理之间的关系？让他晚上把自己的真实想法和计划写成书面文字。

仇兴东明白茅理翔老人的用意，当即表示不写这样的书面材料。

从茅理翔处离开后，他们到了杭州湾的一家酒店，晚饭后，父子三人到院子里散步，仇荣林又劝仇兴东按茅老的要求写一份书面材料，可仇兴东坚决不写，仇荣林气得直薅自己的头发。从那不久，仇荣林一头乌黑的头发开始变白了。

其实，仇兴东不愿意写的原因有两个。一是他认为父亲虽然六十多岁了，可身体还很硬朗，对公司的工作轻车熟路、游刃有余，不到交班的时候，最重要的是父亲是企业的创始人，也是企业的灵魂，在企业有着强大的气场，他仇兴东根本没有这样的威力和影响力，挑不起这副担子来。二是仇兴东多少也有些置气。他知道，在当前，有一些年龄大的人始终有一种偏见：认为民营企业的富二代虽然大多受过良好的高等教育，但没有经历过父辈创业的艰辛和磨难，缺乏实战经验和吃苦精神，容易自我感觉良好，自我膨胀，很难跳出"创业容易守业难"的怪圈，当然也很难把父辈的业绩发扬光大。事实上，并不是所有的富二代都像一些人所想象的那么稚嫩和不堪、是纨绔子弟，实践证明，在父辈的支持、帮扶和鼓励下，有相当一些富二代从父辈接班后，不但没把自己的家族企业搞垮，反而更上一层楼，做得更好。他们所熟悉的茅理翔老人把企业交给儿子茅忠群后，茅忠群对企业成功地进行了转型，改产"方太"油烟机，一举做成中国的知名品牌，年产值过百亿，风生水起，势头强劲，比他父亲有过之而无不及，就是一个最好的例证。

仇兴东大学本科毕业，又在四所知名高校进修过，不仅有管理企业的理论素养，而且在公司里摸爬滚打了十几年，有很多的实战经验。更重要的是他身上没有丝毫富二代的坏习气，性格内敛，思维开阔，眼界宽广，如果把一个企业交到他手里，他相信自己不会让父亲失望。但仇兴东的这些想法，不愿意与父亲说，缺乏沟通，造成了父子之间的误会。

茅理翔老人根据辛化公司的具体情况，给仇荣林提出了一个方案：让他离开公司一段时间，把公司交给两个儿子打理，由茅老的"家业长青学校"派出一个由四人组成的专业团队，跟踪考察兄弟俩打理公司的能力，然后再拿出具体的交接方案。

茅理翔老人的这个方案，与韩国三星创始人李秉喆的方法差不多。李秉喆有三个儿子，大儿子李孟熙和二儿子李昌熙很早就跟随父亲学习经商，而三儿子一直在日本早稻田大学和美国华盛顿大学学习管理专业。在如何选定接班人上，李秉喆并没有按照韩国其他家族的传统做法，直接让大儿子接班，而是让三个儿子分别去经营不同的企业，以此来观察谁能胜任，然后让谁接班。

离开公司，隐身起来

仇荣林接受了茅理翔老人的方案，把公司交给两个儿子打理，自己离开。这种离开，不是交班，而是对他们"试用""考察"，以观其各自管理企业的能力。

仇荣林到了外地去旅游，十几天后回来，别人都问他干什么去了，他说出去旅游了，外人都很惊奇：你这个干事业的拼命三郎怎么会有时间去旅游呢？于是就有了这样那样的猜测和议论。这些质疑声，让仇荣林有了顾虑：这才离开十几天的时间，就引起了人们的质疑，如果长期在外"旅游"不在公司，肯定会引起更多的议论和猜测！为了掩人耳目，他找了一个伙伴，到东北办了一个小企业，这样，别人就不会再往他们父子之间猜测什么了，但有人却说他："放着这么大的企业不干，又去另搞企业，纯是瞎折腾！瞎折腾的毛病又犯了！"

仇荣林情愿把议论引到自己身上，也不想让外人议论他的孩子。

这就是父亲。可怜天下父母心。

一年后，茅理翔老人派来的团队根据观察论证，给他们提出的建议是：仇兴东任董事长，仇兴亚任总经理，并进行了责任和权力的界定。可仇兴东坚决不出任董事长，只愿意任总经理。这样，公司董事长的位置仍然是父亲的。但因为是他主持工作，外人都认为他是董事长，对于这样的误认，仇兴东也不纠正。虽然仇兴东是总经理，但他仍然像以前一样，自己主管外联和销售，让弟弟仇兴亚主管生产和管理。

仇兴东不受任董事长的职务，引起了一些人的猜测，有人说他是嫌董事长不管人事任免，没有人事权；有人说他是嫌董事长没有采购权，不掌握财权，而没有人事权和财务权，这样的董事长只是个空架子。也有人说仇兴东不接受董事长的职务，是不想给人们造成抢班夺权的口实……其实都不是，仇兴东的想法只是想把董事长的位置留给父亲，父亲在这个公司里是至高无上的，是灵魂，是威望，是定海神针，他想让父亲把控全局。公司离不开父亲，他也依赖父亲。他这样的想法，只是没说出来而已。仇兴东是个不善于表白的人，内敛的品质和谦逊的性格，使他不想把自己装扮成一个完人。他只凭心做事，从不为舆论所左右。

这样，公司的董事长的担子仍然落在仇荣林身上，原来想把企业彻底放手给两个孩子的想法落空，他不得不每个月回公司一次，尽一个董事长的职责。这期间，每逢有大事，兄弟俩都是电话请示父亲。仇荣林呢，则尽量让他们决策。他虽然还是董事长，却尽量把自己隐藏在后面，以便锻炼、观察两个孩子，也让局外人以为他已彻底放手了。

由于管理进入规范化，销售网络已形成，加上资金和人脉的积累，从2016年仇兴东出任总经理起，辛化公司一年一个台阶，连续几年实现大跨越，到了2018年，仅出口额就达到了一亿多美元！这样的业绩，引人注目，令人骄傲，可圈可点。他们兄弟两个人用事实，用业绩证明了自己是称职的，甚至可以说是非常出色的经理人、管理者。

但仇兴东却谦虚地说，这样的发展并不是因为他有多强的能力，而是父亲打下的基础好，是弟弟辛辛苦苦在车间管理得好，他并没有多少值得炫耀的。他反而检讨自己在主持公司工作几年期间，一是因为小心翼翼，不敢放开手脚去开拓，致使公司在业务扩展上没有很大的起色；二是有点家长制的作风，没能处理好与弟弟的关系，两人出现了不和谐。这种不和谐，主要是工作上的。弟弟主抓生产和管理，对生产一线的事情了如指掌，人员怎么管理，生产怎样进行，他都轻车熟路、胸有成竹，提出的一些方案和措施，都是有针对性而又切实可行的。但是，由于仇兴东一直侧重于外联和销售，对一线的工作不是太熟悉，却总想按自己的想法决策，往往与弟弟的想法不一致，造成弟弟干得很累。这种累，不是体力上的累，而是心累，不像跟着父亲时，虽然也累，但累得舒心，累得有价值。仇兴东作为主持大局者，他没能弹出企业这架钢琴的和谐音符，说明他还有很多不足。因此，尽管在这几年里，企业一年一个台阶地发展，他还是央求父亲回来。

同样，仇兴亚也觉得总是与哥哥想不到一块儿、干不到一块儿去，心里别扭，不如跟着父亲时干得舒心，干得有劲，因此他也一再电话请求父亲回来。

让父亲回来，成了兄弟俩共同的声音。

辛化需要仇荣林来掌舵、来决策。

第十二章
重开征途

51　重返辛化再出发

2019 年，离开了两年多的仇荣林重新返回辛化公司。他是在公司召开的年初起步会上与大家见面的。

自从 1993 年创办泡花碱厂以来，仇荣林就把每年春节后的初五定为开工日，并在这一天召开一个新年起步会，部署新一年的工作和目标，并通过这次会议给大家鼓劲加油。以前条件差，没有会议室，每年的起步会都是站在院子里开，那种场面有点像战前动员。也许因为仇荣林天生就是位演说家，也许因为仇荣林天生具有亲和力、鼓动性，也许因为仇荣林所讲的问题关系到全年的生产目标和大家的福祉，每年的起步会，无论开多久，大家都听得全神贯注、津津有味。有一年的起步会刚开始，天上就飘起了雪花，后来越下越大，站在前面讲话的仇荣林好像没有意识到下雪了，依然讲得不急不忙、有条有理，职工们好像也没感觉到下雪了，静静地站在院子里，没有一丝的不安和焦躁，听得认真、入神，都被仇荣林的讲话激励得心潮澎湃、热血沸腾。那个起步会开了两个多小时，仇荣林和职工们都变成了雪人，直到散会，大家才一边拍打着身上的雪，一边大声小声地议论着，一边精神振奋地离去。

自从仇荣林隐退之后，公司除了按惯例延续新年起步会之外，还要在年底开一个联欢晚会，大家聚集在大餐厅里，一起联欢。公司里有才艺的员工，表演各种节目，然后在一起聚餐，气氛和谐而融洽，热烈而欢快。年后初五的开工日，公司照例开新年起步会，照例会像往年一样，部署一年的工作计划，鼓动大家继续努力，可因为没有老董事长出席，大家总是隐隐觉得像是少了点什么似的。

听说今年老董事长回公司了，大家喜气洋洋、奔走相告，原定八点开会，职工们都早早地来到会议室，兴奋地等待着。很多人已经两年多没见到董事长了，很有些想念和期待。在董事长隐退的这两年多，虽然仇兴东和仇兴亚两人把公司管理得很好，无论企业效益，还是职工福利，都搞得空前好，大家干得也很开心，可是大家总是不由得想念董事长，特别是一些老人，更是经常念叨。董事长不在公司，大家都觉得像是缺了什么似的，心里空落落的。董事长不仅是这个公司的创始人，也是这个公司的灵魂，是大家心里的靠山、温暖和希望，只要有董事长，大家心里就有底气，遇到再大的困难也不怕。在大家心目中，董事长是成功的保证和代名词。还有一点就是，大家跟董事长干了许多年了，有一份特殊的感情。因此，当仇荣林健步走进会议室的时候，所有人都立即站了起来，并响起了热烈的掌声，那掌声如雷鸣般经久不息，仇荣林再三示意，大家才停下了拍红了的手掌。

仇荣林虽然离开公司两年多了，但他"身在曹营心在汉"，时刻了解、关注着公司的情况，唯恐他不掌舵，公司偏离了航线，可以说他对公司的情况了如指掌，对公司未来的发展，也是成竹在胸，早就有了自己的构想。在这次起步会上，仇荣林按照自己的构想，向职工们讲了企业在新一年的发展规划。规划中有对污水的处理和利用，有智能仓库的建设，有全氧炉子的改造，有高科技人才的引进，听得大家热血沸腾，掌声不断。

会后，大家议论说：辛化公司的新时代又要来了！

果然，仇荣林重返公司后，连续打出了一套组合拳，真的要创造辛化的新时代了。

52　守好辛化的命门

升级污水处理系统　　辛化集团旗下的两个公司宏泰化工和辛化硅胶，都属于化工企业，而化工企业的生产，最重要的一条，就是环保问题。这是化工企业的命门，环保问题解决不好，企业无法生存，更别说发展了。

2015 年 12 月 12 日，在法国巴黎气候变化大会上，国际社会共同制定了一个气候变化协定，称作《巴黎协定》。中国成为缔约国之一。中国作为一个负责任、有担当的大国，为了十四亿人民的身体健康，从此开始实施有史以来最为严格的环保政策，提出了"绿水青山就是金山银山"的口号，再也不允许为了发展经济而以牺牲环境为代价了。

从2016年起，我国进入了环保新时代。

滕州为了响应国家号召，在木石镇建立了化工园区，陆续把全市的化工企业集中于此，统一管理，严格进行环保治理。仇荣林的辛化硅胶和宏泰化工两个公司，因为环保过关、企业规模大，破例被保留在原地不动。

仇荣林看到国家对化工企业的环保要求越来越严，企业的环保工作如不走在前列，不仅被动，还有可能被处罚，甚至被关停、淘汰出局。因此在2019年重回公司后，他未雨绸缪，做出了进行环保升级的决定：一是对辛化硅胶公司的水处理系统进行全面升级，达到零排放；二是对宏泰化工的泡花碱生产炉子进行改造，实现超低排放。

辛化公司经过这些年的不断升级改造，无论是废水还是废气的排放，均达到了国家新的环保要求，但仇荣林以超前的环保意识，决定对污水进行一次彻底的、一步到位的改造，以求永无后顾之忧。投资五千多万元，引进了国内最先进的污水处理设备，在辛化公司的后面征地四十八亩，把生产出来的污水进行净化处理、循环利用，实现零排放。

从表面上看，仇荣林把已经达标的环保设备进行改造，纯属多此一举，浪费资金，还自找麻烦，可细究起来，却非常高明，并大有深意。首先，从企业经济角度来说，把水循环利用之后，每天可以节约6000方水，每方水2.2元，排到污水处理厂的净化费用又要2元多，两者加起来，平均一方水的使用费用就需要4.5元左右，实现零排放后，每天就节省下27000元的费用，一年就能节省下来近千万元。其次，每天还可以从废水中提取几百吨硫酸钠，一年的时间，又是几千万，用不了多久，就可以收回投资。从社会角度来说，把水循环利用，不仅节约了公共水资源，而且减轻了社会供水和污水处理的负担。当前，建设节约型社会的呼声日渐高涨，但是人们往往只是关注日常生活中的节水节电，很少关注企业生产方面带来的不合理的浪费，这些浪费正是建设节约型社会最大的障碍。据权威统计，我国是世界上浪费最严重的国家之一，同时也是世界污染最严重的少数几个国家之一。因此，党的十八大之后，国家把环保列为非常重要的工作，使我国的环保形势有了大幅改善。环保工作，是每一个中国人，每一个中国企业的分内事，都有义不容辞的责任和义务。作为一个民营企业，要想长久地生存、发展，必须解决好环保问题，必须适应越来越严的环保要求。适者生存，优胜劣汰，这是永远不变的法则。

仇荣林这样做，最有深意的是，他已年过花甲，虽然重返公司主持大局，但也随时准备把公司交给两个孩子来继承，两个孩子在这些年的摸爬滚打中，虽然经过了很多历练，也都很成熟了，但在他这位父亲的眼中，还有这样那样的不足，对他们总有些不放心，特别是环保，对于化工企业是个致命的问题。为了减少企业交给他们之后的麻烦，想趁着现在他主持，把能想到的问题都解决了，把所有的路都铺平。他想把一个完美的企业交给他们，让他们干得顺风顺水、无障碍、无难题。

"通过这次对污水处理系统进行升级，起码在今后十年不用考虑环保的问题。"

这是一个老董事长给接班者最好的礼物，也是一位父亲的一片苦心，为他们未来的顺利生产加了一道保险。

全国第一台全氧炉子

在对硅胶公司的污水处理进行升级改造的同时，仇荣林决定对宏泰公司的泡花碱炉子再次进行升级改造。

宏泰化工经过 2013 年那次升级改造，在同行业中，无论是设备，还是环保设施，已是领先的企业。

当仇荣林提出要对宏泰公司的泡花碱炉子进行再一次的升级时，公司几位负责人都不理解。当时宏泰公司的三位负责人是张永文、李军和任开增，这三个人都在公司干了十多年，是公司的业务骨干，对泡花碱行业十分了解，当时所使用的泡花碱炉子，已经是行业中最先进的了。因此，三个人都劝仇荣林不要浪费人力、财力和时间，他们认为再进行升级改造纯粹是多此一举，完全没必要。仇荣林却说："生于忧患，死于安乐。人无远虑，必有近忧。现在我们是没问题，但不等于以后没问题。等国家环保要求更严的时候，我们怎办？"大家都说："到时候再改也不晚。"仇荣林摇了摇头说："如果让环保逼着我们改造，也许不晚，但有一点是可以肯定的，那就是被动了，什么事一旦被动了，就有可能被甩下，被淘汰。要想不被甩下、不被淘汰，我们就必须居安思危、走在环保的前头。"

张永文、李军、任开增三位负责人用目光交流了一下，还想再说什么，可看到仇荣林坚定的目光，把到嘴边的话又咽回去了，他们知道，董事长一旦决定的事，不能更改，因为凡是董事长决定的事，都是经过深思熟虑的，他只要公布出来，那就等于是命令，就要实施。多年的实践证明，按董事长说的去做，都错不了。于是，李军问："我们下一步该怎么办？"仇荣林说："你们尽快出去考察有没有更新型的炉子，最好是没有任何污染的。"

按照仇荣林的安排，李军和张永文两个人，开始到全国各地考察新型的炉子。可跑了几个地方，时间已到了五月份，也没有找到"没有任何污染"的泡花碱炉子，仇荣林着急了，批评他们办事效率太低。

六月份，听说北京有一个耐火材料行业展，仇荣林让仇兴亚带队，和张永文、李军、胡开行四个人一块儿去看看。几个人不理解董事长的用意，就问："这是个耐火砖展会，让我们去看耐火砖有什么意义？我们现在又不买耐火砖。"仇荣林说："耐火砖是支炉子的主要材料，我们虽然不买耐火砖，但可以通过耐火砖的发展和变化，去看炉子的变化。事物都是相联系的。窥一斑而知全豹。透过现象看本质。说不定通过耐火砖，会有新发现呢！"

到了北京展会上，果然如仇荣林判断的那样，在这个耐火砖产品展示会上，来了一大批泡花碱窑炉设计师。在展会上，听说河南有一家新型的窑炉，仇兴亚一行便跑过去考察，发现这种窑炉虽然节能，但环保效果不好，并且仍然用的是煤气加热，比他们公司所用的炉子先进不了多少。河南这个厂家以为仇兴亚几个人看中了他们的窑炉技术，便想转让，鼓动仇兴亚与他们签订技术转让合同。看着几个人犹豫不决，那个厂家的负责人便一再催促，迫切之情溢于言表。同去的李军、张永文和胡开行，都看着仇兴亚，意思是由他来决定。仇兴亚摸着下巴思考了一会儿，用商量的口气说："先不要急着签合同，我们再到其他地方看看，如果没有比你们更好的炉型，我们回来再签合同。"河南窑炉子公司的负责人知道仇兴亚几人一旦去了其它地方，回来的可能性很小，不高兴地说："等你们再回来，我们的技术就不转让了！"这话表面上听起来，是过了这个村就没这个店了，劝人不要错过机会，仇兴亚却听出了对方心虚、有急于转让的意思，就坚定了这种窑炉不是最先进的判断，于是说："我们再到其他厂家看看之后，再定吧。"说罢，对张永文、李军和胡开行三个人一摆手，说："走，咱们走！"

看着仇兴亚几个渐走渐远的背影，那个厂家的负责人还不甘心，在背后喊道："我等你们回来啊！"

仇兴亚回过头，说了声"好的"，然后离开了。

根据在北京展会上得到的另一条线索，他们一行又来到了江苏徐州，找到了一位叫陈宇的窑炉设计师。陈宇在业内是很有名气的一位设计师，对业内的情况也是了如指掌，他告诉仇兴亚说，他手头上没有辛化公司要求的"节能又无污染"的炉型，并且也没听说哪里有。他肯定地告诉仇兴亚几个人："据我所知，你们要求的这种炉型，不仅国内没有，就连国外也没有，除非自己研发。"

仇兴亚问道："你能研发吗？"

陈宇说："研发这种炉子，我从没想过。"沉思了一会儿，他又说："另辟蹊径才有可能。"

仇兴亚马上问道："怎样另辟蹊径？"

陈宇介绍说："据我掌握的资料，泡花碱行业绝对没有这种既节能又没有任何污染的炉子，但其他行业有，比如玻璃制造和太阳能制造行业，他们的生产工艺就是既环保，又不依赖煤气。但是，到目前为止，还没有人把跨行业的生产工艺用到泡花碱生产上，不知道行不行？"

仇兴亚眼光一亮，说："既然有可能，我们不妨尝试一下。"

陈宇提醒说："这可是要冒风险的，据我了解，要研发这种炉子，投资很大。"

仇兴亚问道："大概要投资多少？"

陈宇略作思考，回答说："几千万吧。"

仇兴亚沉吟了一会儿，说："我们先考察、论证一下再定吧。我们愿意当第一个吃螃蟹的人。"

　　按照陈宇提供的信息，仇兴亚邀请他一块儿奔赴河北考察，河北的玻璃厂多，生产工艺也先进。于是他们坐火车一路北上，刚到济南，仇荣林的电话打过来，告诉他们：根据国家环保要求，西乡焦化厂在年底前要关停。也就是说，宏泰公司生产泡花碱所依赖的煤气只能用到年底，从此之后，他们必须另行寻求新能源。而利用新能源，必须重新建新炉子，而建新炉子，是需要时间的。因此，仇荣林要求他们抓紧时间寻找一种不用煤气而又环保的新炉型。

　　挂了电话，仇兴亚颇感意外地对李军说："我们一直担心焦化厂生存时间不长，但没想到会来得这么快！"

　　李军感慨地说："董事长好像先知先觉，竟然提前半年让我们考察新炉型，要不然，得把我们弄得措手不及、手忙脚乱。"

　　仇兴亚说："可是到现在我们也没找到合适的炉型。董事长的意思是让我们抓紧时间，这次必须有结果。"

　　李军也说："是啊，如果这次再没有结果，我们就没法向董事长交代了。"

　　张永文也说："如果再不尽快找到新炉型，恐怕到年底，我们就要停产了。"

　　到了河北，陈宇带领他们看了几家玻璃厂的炉子，仇兴亚四个人均觉得不理想。

　　陈宇又介绍他们去了河南济源玻璃拉管厂，当看到这个厂家使用的全氧炉子时，几个人眼光同时亮了，都觉得这个炉子符合他们的要求。在听了该厂技术员的介绍后，仇兴亚对陈宇、张永文几个人说："咱们分别从不同的技术角度仔细观察、分析一下，这样的炉子，能否为我们所用？"

　　于是，仇兴亚四个人和陈宇一起，围着那台全氧炉子，从不同角度、不同层面进行了理性的分析、讨论，最后一致认为这种炉型好，符合他们的要求！

　　这个结论让他们兴奋不已，连夜从河南赶回来，向董事长汇报。

　　仇荣林听后，脸上露出了欣慰的笑容，他因为担忧找不到合适的炉型而悬着的心终于放了下来。第二天、第三天，连续两天，仇荣林把自己关在办公室里，又仔细地、反复地研究了这种炉型。所谓全氧炉子，就是用天然气和氧气进行燃烧，排出的是二氧化碳，而不是之前的煤气加空气燃烧，排出的气体含硫、硝等污染物质，这种炉子对环境没有任何污染。但，这种炉子在泡花碱行业从没人使用过，不仅没人使用过，连想也没人想过，并且投资很大，一台制氧机近千万，一台全氧炉子造价三千多万。这种想法，在泡花碱行业，属于一种发明创造，同时也有极大的风险！因此，仇荣林很慎重。在他进行了反复研究之后，又召集来仇兴亚、王新安、仇心忠、张永文、李军等一线技术人员，对这种炉子进行集体论证，得出的结论都是：可行！

　　既然可行，仇荣林决定实施建造。

　　因为投资很大，仇荣林怕自己的技术员设计建造有风险，决定请人进行窑炉设计。徐州的陈宇设计了一个炉型，大家都认为不理想。仇荣林就让仇兴亚、李军和胡开行三个人出去另寻高手。他们先后找了好几家窑炉公司，通过比较，最后选定无锡的一家，设计师叫张奎东，之前是一家大型国企的工程师，曾设计过一百多台全氧炉子，但都是玻璃行业的，从没涉足过泡花碱行业。后来张奎东自己成立公司，专业从事窑炉设计工作。张奎东不仅业务精湛，最重要的是他喜欢创新，他设计的一百多台玻璃全氧炉子，每台都有不同程度的创新。当仇兴亚找到他，想请他设计一台全氧泡花碱炉子，喜欢创新的

2016 年 3 月，仇荣林在成品三库指导工作

他跃跃欲试、格外兴奋，非常渴望设计出一台泡花碱全氧炉子。辛化公司与无锡窑炉公司经过商谈，于2019年的9月初顺利地签订了设计合同，由张奎东为宏泰公司设计全氧泡花碱炉子。这台炉子如果设计成功，将是全国第一台全氧泡花碱炉子。

在等待张奎东设计期间，仇荣林又让仇兴亚、张永文、李军三个人考察制氧机。他们三人先后考察了美国的AP公司、中船重工等多家知名大公司。最初，仇荣林的想法是购买制氧机，后来又考虑到一台制氧机一千多万元，投资成本高且不论，最重要的是他们没有运行制氧机的经验和人才，决定采取与厂方合作的方式，即让生产制氧机企业在他们公司上马制氧机，宏泰化工公司直接购买他们的氧气。这样即可省下一千多万元的投资，又不用操心制氧机的运行问题。经过几轮洽谈，最后与央企中船重工签订了合同。供氧合同期限为10年。

签订了供氧合同后，根据全氧炉的设计，仇兴亚、张永文和采购部的曹辰莹三个人又比较了几家耐火砖厂，报经仇荣林同意，定制了耐火砖。张奎东设计的这种全氧炉，对耐火砖的要求非常严格，需要四种不同型号的耐火砖，而这四种型号的耐火砖需要从四个不同厂家定制，其中一种叫锆刚玉砖，很昂贵，每吨价格高达三四万元，而一块锆刚玉砖就有半吨左右，也就是说，一块砖就要一万五到两万元，而支建一个炉子要用600多吨，光是耐火砖就要花掉两千多万元。这种耐火砖没有现货，必须预订，耐火砖厂按照订单生产。生产出来的每一块砖都有自己的编号，支建炉子时，按编号垒砌，一点都不能错，很严格。

到2020年8月份，经过几个月紧张的施工，第一台全氧炉子顺利建成，天然气站也同步建成，经过调试后，9月中旬开始投产。这种80平方米的大炉子，不仅无任何污染，而且产量也很高，日产量可达230吨。

公司的几个老人感慨地说："当初，我们只有一台六平方左右的炉子，日产量七八吨，真不敢想象能达到日产200多吨！现在一天就能赶上当初一个月的产量。"

开始投产后，这种全氧炉子的生产成本比烧煤炭略高一些，有人就私下议论这台炉子"虽然零污染，可是投资大，生产成本高，是个不划算的升级。"可到了2021年，煤炭价格一路飙升到2000多元一吨，价格翻了一倍还多，这样，用天然气的全氧炉子，比烧煤炭的炉子成本又低了不少，这时，大家的议论声没有了，心想还是老板站得高、看得远。

这台全氧炉子，是我国第一台，它代表了泡花碱生产的一个新方向，成为行业的一个标杆和榜样，国内所有的泡花碱厂都关注着这台炉子，很多企业前来参观学习，有不少企业也想效仿建造，可因为投资太大，至今还没有其他厂家建造。

宏泰化工的这台全氧炉子，就像一座高山，耸立在行业中，让人仰望，却又难以企及。

53　向高端迈进

智能车间和立体仓库　辛化硅胶公司占地 200 多亩，经过这些年不断扩展，厂区基本上已没有空闲的地方。但随着产量的不断增加，原有的仓库已不够用，致使生产出来的产品有相当一部分不得不存放到院子里、路边上，这样，既不规范，也影响产品的质量。特别是扩建了第三车间、又对一车间和二车间进行技术改造后，产量骤增，现有的仓库根本不能满足需要，扩建仓库，已成了亟待解决的问题。

2019 年，在进行污水处理的同时，仇荣林把扩建仓库的问题一并考虑进来。仇荣林决定把原来的原始的"码放、堆放"产品的仓库全部废掉，重新建造智能化的仓库，并把宏泰公司的包装车间迁过来，建成与仓库相匹配的智能包装车间，使包装和储存全部实现智能化。

在辛化公司的后边，仇荣林向镇政府申请，征用了 48 亩土地。48 亩地，既要建污水处理厂，又要建智能车间和立体仓库，如果按照从前的用法，根本不够用。可是，再想多征地，已经不可能了，东边是淀粉厂，西边是一条河，而北边是一条路，路后边就是基本农田，是绝对不准改作其他用途的。也就是说，已经无地可征了。仇荣林只能在这仅有的 48 亩地上施展，"拳打卧牛之地"。为了在这仅有的48亩土地上，完成这一系列的工程，仇荣林把这块地用到了极致。首先，在大约20亩的地面上，往地下挖出一个七八米的大深坑，然后用水泥灌注起来，建成几个地下大型蓄水池，生产出来的污水，进入第一个池子，经过去污处理后，污水变成中水或再生水，进入另一个池子，以供生产所用，实现水不外排，循环利用；另外还有一个池子盛装新水，用来补充生产过程中的损耗。真正实现水的循环利用，达到零排放。

在这个水池上面，建起一个智能车间和立体仓库，包装车间和仓库连在一起，包装好的产品，通过智能机器，直接存放到仓库里。同样是为了充分利用土地，智能包装车间是两层的，总高20多米，上下层两个车间，可用面积10000多平方米。

在此之前，辛化硅胶包装车间因为空间狭小，不能适应急速增长的产能，而宏泰化工公司恰好有一个闲置的大厂房，仇兴东主持大局期间，就把一部分包装不过来的产品运到宏泰化工公司的厂房里包装，这个厂房就成了辛化的一个包装车间。但是，两个公司相距80多里路，仅运输费用每年就要200多万元，并且，包装只是半机械化，很消耗人力，与企业的发展已不匹配。仇荣林决定把包装全部集中到辛化硅胶公司，投资2000多万元，引进了一整套国内先进的智能包装设备，在三个硅胶车间后面，建起一个智能包装车间，把生产出来的硅胶产品全部就地包装，不仅节省了运费，而且节省了大量的人工。

与包装车间相连的是智能仓库，也叫立体仓库。是一种向高空要空间的仓库。仓库高达20多米，包装后的产品全部分层、立体放置，一个占地一千多平方米的仓库，可以储存五六千个货位，相当于300个集装箱的储货量。为了达到一流水平，引进了中科院下属的新松机器人公司的设备。包装车间包装好的产品，直接由运送机运送到仓库，逐层有序地存放到预定的位置，完全不用人工操作，全是智能化加机械化。出货也全是机械化，直接由仓库转装到汽车上，不仅节省人力，而且速度快、效率高。

这样，辛化硅胶公司开始向智能化生产迈进了一大步。

建立智能仓库和立体车间，辛化公司是国内同行中第一家。

仇荣林还计划把车间的生产逐步智能化，在三至五年内，用工由现在的1300多人，逐步缩减到500人左右。几年前，仇荣林到韩国一家同类企业参观，看到人家一个占地 40 亩的工厂，只有几十名员工，并且都穿着洁白的工作服，轻松地操控按钮，就完成了他们辛化公司几百人的工作量，产值和利润竟然比辛化公司还高。从那时起，仇荣林心中就有了目标，他也要建成韩国那样的世界一流工厂。

仇荣林正在一步一步地朝着他心中的目标迈进。

微粉生产线

2014 年，滕州市政府组织一批优秀企业家，由市长带队去韩国参观考察。其中有一家硅胶生产企业，从仇荣林的公司进口硅胶，然后加工成微粉硅胶，竟然卖到几万元，甚至十几万元一吨。而辛化公司的硅胶只卖到几千元一吨。这深深地刺激了仇荣林。生产高附加值的产品，一直是仇荣林的追求。当年，他生产泡花碱时，接手国家八五攻关项目"1,4- 萘醌"，是为了高附加值的产品；之后，创办辛化硅胶公司，也是为了高附加值的产品。前几年，欧洲有一位叫威尔逊的专家，研制出一种高级微粉，想寻求合作企业，先后找了几个企业，都不满意，后来通过青岛一位朋友介绍，辗转找到了辛化公司。仇荣林立即拿出最大的热情，想与之合作，不仅愿意投资，而且许诺给威尔逊很高的回报，为此，仇荣林和仇兴亚两次亲自去欧洲登门拜访，但由于技术难度大、相关人才缺乏等原因，没能合作成功，这成了仇荣林心中的一个遗憾，至今念念不忘。

从韩国回来之后，仇荣林萌发了投资微粉硅胶的想法。既然韩国企业能从他公司进口硅胶进行加工生产，他为什么不能把自己的硅胶进行深加工呢？就像当年他看到招远的企业来买他的泡花碱生产硅胶，他开始了硅胶生产一样。他认为别人能办到的，他也能办到。

于是他让仇兴亚和房宽收集微粉硅胶的相关资料。微粉硅胶属于精细化工类高科技产品，其特性是无毒、无味、不燃、不爆、不挥发、不腐蚀，化学性质稳定，主要应用于热固性粉末的抗结剂和疏松剂，用作表面深层的消光助剂，用于涂料，油漆，塑料薄膜的开口剂，新闻纸轻量化剂等。由于技术含量高，国内生产厂家不多。

仇荣林在韩国参观时，只是走马观花般地观看了一遍，听了一些表面上的介绍，对于更细的东西没有深入的了解，为了搞清微粉硅胶生产的各个环节，便派仇兴亚、房宽和王新安三个人前去韩国专程考察。三个人回来后，都认为微粉硅胶是一种纳米级的硅胶产品，对技术要求很高，不好搞，便放下来了。可仇荣林不甘心，过了一段时间后，又派仇兴亚、房宽和王新安三个人去考察了一次。临去之前，仇荣林一再交代他们：一定要详细考察、深入了解，彻底弄清我们能不能搞！

仇兴亚三个人按照仇荣林的吩咐，在韩国企业进行了详细的考察，回来后进行了集体分析论证，认为微粉硅胶是个高附加值的产品，市场前景很好，辛化硅胶如果想拉长产业链，微粉硅胶是一个不错的选择。但是，辛化公司缺乏这方面的专业人才，如果搞微粉硅胶，会有很大的困难，大家建议再放一放，等时机成熟了再搞。仇荣林说："搞泡花碱时，我们没有技术，在生产中学习、摸索出来了；搞硅胶时，我们也没有技术，通过学习，也掌握了。微粉硅胶的生产技术，我们照样可以边生产，边摸索。如果我们要想生产高端产品，使企业摆脱低端化，不容易被模仿、被超越，就必须向高端产品进军。微粉硅胶是一种比较前沿的产品，我们要克服困难，向高端化迈进。"

在仇荣林的坚持下，公司投资一千多万元，从韩国引进了一套微粉生产设备，建起了一个微粉车间。微粉硅胶不仅生产上要求技术高，销售时也需要技术人员，因为微粉硅胶的用户，都不会使用，必须由生产厂家派出技术员指导使用，而辛化公司既没生产上的技术员，也没销售上的技术员，想请韩国厂家派人来指导、培训，然而韩国的厂家把设备安装好之后，既不给予生产的技术指导，也不提供对产品销售技术人员的培训。在国内请人，也请不到。仇荣林只得让王新安、仇兴亚等人自己摸索，生产出来的产品质量不稳定，更重要的是产品生产出来后，因为缺乏销售技术员去指导客户使用，而无法销售！因此，设备引进来之后，一直无法正常生产。

按照仇荣林当初的计划，他会想方设法，要么聘请技术人员，要么高价购买技术，让这个微粉车间正常生产起来，并不断扩大规模。然而，由于车间上马不久，仇荣林和长子闹矛盾，按照茅理翔老人的建议，他隐退了，把整个企业交由两个孩子打理，他们两个人把精力都用在了泡花碱和硅胶生产上，这年车间就停产、闲置下来。

这成了仇荣林的一块心病。

因此，有人说这是仇荣林投资的一次失败。

2019 年，仇荣林重返辛化公司主持大局以后，决定重新启动微粉的生产。他把房宽叫到办公室，让他出去寻找微粉生产的技术人才。为了让房宽能尽快完成这个任务，让他把自己负责销售工作先放一放，集中精力去办这件事。他特别要求房宽，要把此工作当作一项重要任务去完成。

房宽通过各种渠道，打探到上海有生产微粉硅胶的专家，亲自跑到上海拜访他，通过沟通，这位专家表示愿意前来为辛化公司工作。因为是稀缺人才，又是上门来请他，这位专家要求：与老板见面，具体商谈待遇问题。

而那时，仇荣林正为污水处理、智能仓库、智能车间等一大堆事儿忙得不可开交，可为了能请来这位专家，他亲自来到上海，与这位专家见面商谈，高薪聘请了这位叫邢斌的工程师来指导微粉生产。邢斌到来后，仇荣林又把新招收的几位大学生安排给他当助手，开始了微粉生产，使停产了几年的微粉车间开始了生产。房宽也带领他的销售团队，开发了一些用户，由邢斌指导用户使用。

仇荣林投资一千多万元的微粉设备终于开始生产，年产量达到一千多吨，产量虽然不大，效益却是不错，产品卖到两万元一吨，使辛化公司有了突破万元的产品。

仇荣林的一块心病也随之消失。

54 "辛干班"·大工匠·接力棒

得人者兴　　　　为了企业的长久发展，仇荣林敏锐地意识到人才的重要。1993 年创建泡花碱厂，与他一块儿创业的，都是一些本村或周围村里的农民，都没有多少文化。创业之初，生产设备简陋，生产工艺原始，都是些粗老笨重的活儿，靠这些人的拼劲和仇荣林的智慧，他们取得了成功。可是，随着行业竞争的日趋激烈，以及企业向现代化发展的需求，仅靠这些没有多少文化的老员工，显然已经不行了。并且，这些跟他打江山的老员工都是五六十岁了，面临着退休，必须有人接班。而他的两个公司里，除了仇兴东、仇兴亚和房宽三名大学生之外，学历最高的也就是徐德沛、闫先霞、张奇理、李福强、仇丽、闫强、胡开行等十几个中专生、高中生，已远远不能适应公司未来发展的需要。仇荣林不止一次地说："未来企业的竞争，归根结底就是人才的竞争，谁拥有了先进的团队，谁就是最后的胜利者，谁就能笑到最后。华为为什么厉害？因为有一个非常庞大的科研队伍；格力为什么厉害？因为有一大批优秀的管理和研发人才……"而辛化集团正缺少这样一个强大的人才团队。怎么办？引进人才，只有引进人才。

仇荣林在 2019 年重返公司后，就把引进人才列为公司近几年重点工作之一。

改革开放以后的八九十年代，可以说是中国的民营企业野蛮生长的时期。改革开放的春风把许多有梦想、有能力的人送到了创业的队伍中，一批有才干的企业家迅速崛起，优秀企业也如雨后春笋般地涌现。但是，进入新世纪以后，却有一大批民营企业相继倒下、垮掉，这其中有这样那样的原因，据仇荣林观察，一个重要的原因就是缺乏人才。"人才是企业的核心竞争力。"古语说："得人者兴，失人者崩。"人才是一个国家兴衰的关键，同样也是一个企业兴衰的主要因素。孟尝君能用"鸡鸣狗盗"之徒，最终躲过杀身之祸；刘邦能用张良、萧何与韩信，从一介布衣变成高祖皇帝，项羽不能用人，导致功败垂成、乌江自刎，无颜见江东父老；刘备能用人，从无立身之地而三分天下；唐太宗李世民能用人，成贞观之治，唐明皇不能用人，酿成安史之乱……企业和经商也是这样，胡雪岩会用人，成为富可敌国的红顶商人；马云有了他的十八罗汉，才会有今天的阿里巴巴；任正非有了强大的研发团队，才会有今天的5G 领先世界……这样的事例古往今来数不胜数。

从创办企业的那天起，仇荣林就知道用人的重要性。在刚创办泡花碱厂时，因为工艺简单，也因为无人可用，他用了一帮农民工；在销售上，他用了徐德强、梁子清等人；在外联上，用了林家增；技术上用了仇心忠。等企业有了一定发展和规模后，他又吸引进来了闫先霞、徐德沛等一批有学历的青年人，两个儿子大学毕业后，把他们全部召回公司，陆续又招收了大学生房宽，聘请了王新安等人。随着企业的发展，他一点点引进人才。"能因时、因地用人，是用人最大的诀窍。"仇荣林总结说。

经过多年的快速发展，仇荣林小作坊式的泡花碱厂已扩展成体量庞大的集团公司，无论是企业管理，还是产品的研发和生产，现有的人员已不能满足企业发展的需要，为此，仇荣林投入一千多万元建起了高标准的研发楼，聘请了一大批专家为企业效力，这其中有长江学者、天津大学药物科学与技术学院教授、博士生导师包建民，山东大学教授、博士生导师、国务院政府特殊津贴专家、特种功能聚集材料教育部重点实验室主任冯圣玉，清华大学教授、博士生导师、膜萃取专家王玉军，北京化工大学教授、博士生导师张卫东，博士后王成文，中国科学院生态环境研究中心专家马安周，以及西班牙、韩国、英国等外籍专家、学者十多人。

从 2010 年起，仇荣林开始花大力气招收大学生进厂。先后招收了曹佩蒙、张雷、杨丹、何理、田忠伟、李吉瑞等一批大学生。但因为是民营企业，加之辛化公司坐落在农村，有的干几个月走了，有的干一年走了，最长的一个干了两年，也走了。虽然年年招人，却如流水般，留不住人。由此，公司有人说，咱辛化公司对大学生天生没有吸引力。仇荣林却不这样认为，他认为，在当今的大环境下，人才流动是正常的，他承认公司是民企，又在农村，既不占天时，也不占地利，对于大学生的吸引力不大，但要占"人和"，这个"人和"就是待遇。待遇包括两个方面，一是工资待遇，二是工作环境。所谓工作环境，又分为两个方面，一方面是为他们提供施展才华的机会，让他们有存在感，有成就感，能看到未来的美好前景，另一方面，要让他们工作得舒心。以往，招收进来的大学生，放到车间里当普通工人使用，并且一直当工人用，这不仅浪费了人才，还让他们没有价值感，再加上个别车间领导怕这些大学生将来抢自己位置，进行打压、刁难，让他们待不住，也不愿意待。

仇荣林接受往年留不住人的教训，学习一些成功公司的经验，把招收进来的大学生，统一编为"辛化公司管理干部培训班"，简称"辛干班"，开宗明义地告诉这些大学生们，公司是将他们当作未来管理干部来培养的，只要好好干，可以大展身手、实现自己的人生目标。一是给予较高的工资待遇，让他们在这里拿到比在城市工作要高得多的工资，根据不同的专业和学历，以及对

2014 年，仇荣林与年轻管理干部在车间

公司的贡献，最高的年薪可以拿到三十万元，并按星级酒店的标准，为他们建起了公寓。仇荣林对进来的大学生承诺："只要在这里干下去，我保证让你们过上有车、有房的优裕生活。"这一点，房宽就是一个最好的例子。二是招收进来的大学生虽然还像往年一样全部下车间，但与往年不同的是，每个大学生，都是作为管理和技术人才的苗子来培养的，到车间里直接任命为车间主任助理。公司与车间主任签订了目标责任书，要求车间主任三年内必须把自己的助理带出来，能独当一面，如果发现有排挤、打压大学生者，轻者警告、降职，重者开除。在把大学生安排给车间主任的时候，仇荣林就明确告诉这些老车间主任："这些大学生，在三年之后，就是要接替你职务的。如果能培养出合格的车间主任来，你将继续享受车间主任的一切待遇，而不用参加公司里的任何劳动；如果培养不出来，车间主任直接降为普通工人。"有效地避免了排挤、打压大学生的现象的发生。

仇荣林之所以把引进的大学生全部放到车间，是因为他的用人原则是：必须从实践中来，经过实践的检验。大学生虽然有知识，但是如果直接放到管理岗位上，他们并不一定能称职，这是因为他们缺乏实践经验，他们的能力只停留在学术水平和理论层面上，并没有在实际工作中得到过验证，凡事只会纸上谈兵，而缺乏真正解决问题的能力。此外，没有在车间里工作过的人，对一线的工作根本不了解，也无法进行管理。只有熟悉了车间、掌握了工艺流程，才有可能更好地运用自己的知识，发挥作用，甚至是发明创造。也只有通过在车间工作，仇荣林才能观察到他们的能力和品德，从而因人而用。有德有才者，提拔重用；有德无才者，培养使用；无德有才者，限制使用；无德无才者，坚决不用。

2019 年，辛化公司招进了二十多名本科生和研究生。2020 年，又招进了十多名本科生和研究生，2021 年招收了二十人。现有的本科生和研究生总人数达到了五十多名，公司下大力气将他们培养出来，充实到公司的各个岗位上去，实现人才的升级。目前，闫志超、田忠伟、魏晓童、杨兴国、杨丹、张灿、李吉瑞、闫兴涛、王鹏超等人，已成为年轻干部的骨干力量；郑晓东成为集团的财务总监，李娜是国家注册会计师、财务主管，为集团的财务管理做出了不小的贡献。

仇荣林说："我们辛化集团今后不仅要生产出一流的产品，同时还要培育出一流的人才来。只有有了一流的人才，才会有一流的企业，才会成为百年企业。"他计划用五年的时间，实现生产设备的现代化、智能化，产品的高端化，管理的高学历化，研发的前沿化、前瞻化，真正把辛化公司打造成世界一流的领军企业。

从"放养式"到"轮岗制"

从 2015 年到现在，是辛化集团高速发展的几年，无论是公司的产能，还是效益，都是让人非常满意的，甚至可以说是令人骄傲的。但是，居安思危的仇荣林却在这一片大好形势下，敏锐地发现了管理上的一些漏洞。

这源于一个小事件。仇荣林发现有一个车间，购买消耗品太频繁，并且价格还高，他觉得不对劲，就安排企管部去调查。结果发现，这个车间购买的消耗品竟然高出了市场价的十倍，并且质量还很差！这无疑是吃了好处了。调查的结果证实，这个采购员的确是见利忘义、利令智昏，从中捣鬼，一次就从中贪了二十多万元的好处。对于这个采购员的处理，有人主张开除，有人主张重罚，并通报批评，以儆效尤，但仇荣林采取了温和的方式，只让他退回了非法所得，并把他调离了原来的岗位。

按照仇荣林眼里不容沙子的性格，是绝对不能容忍这种事情发生的，他之所以没有采取严厉的处理方式，是因为他隐隐觉得这不是个别现象，并且，还有其他方面的问题。自从 2017 年起，他离开公司两年，2019 年回来后，又采取了"放养式"的管理，让一部分人觉得管理松了，有机可乘了，开始耍小聪明、搞小动作了。仇荣林通过这件事，看到了背后的一系列问题。于是他让仇兴亚和企业管理部的人一起，开始对公司内部存在的问题进行一次大调查，大摸底。

几天后，调查结果出来了，正如仇荣林所预料的那样，确实有不少问题。归纳起来，主要表现为两个方面：一是部分人员利用采购的机会，到公司多报销钱款，还有一部分人公权私用，表现为把公司里的一些外包活，高价包给自己的熟人，从中得好处，或者自己暗中承包，从中谋利；二是个别车间干部，权本位意识很重，利用手中的职权，在车间里拉帮结派，任人唯亲，把车间当成自己的独立王国，导致一些有能力的人受到压制，得不到重用，不能发挥其应有的作用，挫伤了一些人的积极性。

针对这种情况，仇荣林决定实行干部轮换制，打破这种壁垒。2020 年 3 月份，仇荣林对所有的中层干部进行了大调整，实行干部轮换制。

实行干部轮换制，一是可以消除部分干部的权本位意识，打破其势力范围和利益圈及其导致的部门垄断，有利于人才的发现、培养，有利于调动职工的积极性；二是能有效地解决干部长期在某一个职位上所造成的能力和视野的局限性，也容易让他们有一种新鲜感，从而激发他们的上进心和进取心。

仇荣林还规定，不是所有的干部都在轮换之列，对于那些不称职的，或者是有问题的"带病干部"，是不可以进入轮换的，只能等着公司酌情分配。而对于那些既有能力又有职业操守的干部，坚决重用。比如李福强，有学历，协调能力强，有全局观念，工作细心周到，把他放到办公室主任的位置上。比如闫先霞，有文化懂技术，而且有责任心，自从来到辛化公司以后，工作认真、踏实，一心一意干好工作，凡是交给她的工作，她一定会保质保量完成，从来不讲任何条件，是个忠于企业的好职工，仇荣林就把她安排到智能包装车间当主任，带领二百多号人对产品进行包装、入库。比如徐德沛，几乎每个车间都干过，技术全面，是一位多面手，有二十多年的工作经验，重要的是他的人品可靠，就把他安排到动力工程部。又如闫强，技术全面，认真负责，又爱钻研，让他负责整个公司的生产管理。张奇理知识面广，头脑灵活，善于解决疑难问题，让他负责设备工程部，并负责设备的引进和工程的招标。比如胡开行，精通机电设备，让他负责整个企业的动力运行。比如刘志平，心细，善于体贴人、照顾人，除了办公室的一些工作外，重点让他负责食堂的管理，自从他管理食堂后，一是严把食材关，二是让食堂变着法儿做菜、做饭，无论职工，还是领导层，无不满意。

轮换岗位制度使辛化集团中、高层领导干部的综合能力得到了提升，职工的能力也被激活，内部的经验交流越来越多，公司干部队伍开始有了竞争，有了危机感，都在自己的岗位上兢兢业业，充满了活力，而优秀的人才也会因此而获得更好的发展环境和平台。

培养工匠精神

2019年，仇荣林重返公司以后，在大力引进人才的同时，还把在职员工素质的培养和水平的提高，作为一项重要工作。他让仇兴东、仇兴亚、房宽三个人分别联系了十几家高等院校和大企业，让公司的中层干部定期去学习、培训。培养他们的敬业精神，开阔他们的视野，提高他们的业务水平和管理能力。在公司里大力提倡学习精神。

向别人学习，一直是仇荣林的法宝之一。仇荣林几十年的创业历程，也是不断向别人学习的过程。早年，他办罐头厂、塑料管厂、水泥制品厂时，与他人合伙，就是为了利用别人的管理经验，特别是在镇安装公司经理张德平身上学到了不少东西。创办了泡花碱厂后，他向大店的泡花碱厂学习，甚至去"偷"邻镇泡花碱厂的技术；创办硅胶厂时，他花重金购买技术，高薪聘请王新安工程师。公司崛起之后，他又多次去日本、韩国和欧洲学习。

当公司发展到一定规模，如果想把公司做得更强大，不仅要求管理层有水平、有素质，同时也要求每一个员工有水平、有素质。只有全体员工素质提高了，才能生产出高质量的产品，企业才会有强大的竞争力。而要提高员工的水平和素质，方法就是让员工学习，培养员工的"工匠精神"。因此，从

2019 年起，仇荣林不仅让管理人员外出学习，也对员工进行定期的培训，积极鼓励员工成为"大工匠"，使企业不断创新，充满活力。

有数据显示，截至 2013 年全球寿命超过 200 年的企业，日本有 3146 家，为全球最多；德国有 837 家，居第二位；荷兰有 222 家，居第三位；法国有 196 家……为什么长寿的企业都扎堆在这些国家，是一种偶然吗？他们长寿的秘诀又是什么呢？在对日本长寿企业的调查中发现，员工具有"工匠精神"是一个十分重要的因素。仇荣林多次去日本企业参观学习，特别是他一直崇拜的松下公司，对这一点深有体会，感触颇深。

可能许多人认为"工匠"就是一种从事机械重复的劳动的工作者，但实际上，"工匠"意味深远，作用重大，代表着一个时代与民族的气质，与坚定、踏实、精益求精紧密相连。其实我们可以简单地归纳一下"工匠精神"的内涵要素，首先是精益求精。这是做出精品所需的首要精神，无论大事小事，都要注重细节，追求完美和极致，夜以继日、废寝忘食、孜孜不倦地去钻研和完善，那样才有可能做出完美的产品来。做技术的，要有钻研和创新精神，不断地学习，提高自己，才能学好、用好技术。中国已经走过了营销创新的时代，中国最缺乏的是核心技术和核心创新人才，而创新人才，就需要工匠精神。第二就是除了细心之外，还要有耐心，专注和坚持。无论是个体还是团体，其时间和精力都是有限的，因此必须专注于某一项事情上，然后全心全力地去精雕细琢，才有可能成功。第三要专业和敬业。只有专业，才能打造出卓越的产品；而敬业，是一个员工的基本素质，敬业会让人出类拔萃。

"工匠精神"是一个企业的内生动力。"工匠精神"不是口号，它存在于每个人的身上和心中。我国目前由制造大国向制造强国迈进，提出的一个口号就是发扬"工匠精神"，并且隆重表彰了一批"大国工匠"。

为了培养"工匠精神"，辛化公司根据员工的创造性和专业能力，对所有一线员工进行评级，从一级到二十级，相当于事业单位的职称，按级拿钱，并且，退休后也按这个"级别"领退休金。

"放养式"管理

仇荣林自从 2019 年重返集团公司后，他改变过去那种事无巨细、事必躬亲的工作方法，采取了

"放养式"的管理方式，只对集团公司的发展方向进行把握、决策，只对公司的大事进行部署，小事，具体的事务，统统交给下属去办。比如环保升级的实行、智能仓库的建设、全氧炉子的改造、植物猫砂和植物餐盒等新产品的开发，全都是由他决策进行的，但他不再像过去那样，亲临一线坐镇指挥，甚至亲力亲为地和工人一起去干，而是只做重大决策，然后把自己的想法和要求提出来，让手下的人去执行，他只要进度，只要结果。

集团的日常工作更是这样，生产和管理由仇兴亚来抓，销售和外部关系的处理，由仇兴东一手主持。他只作决策，只把方向。他每个月只在公司待几天，处理一些事务，再到生产一线转一转，大多数时间，他则出去"旅游休养"，夏天去青岛，冬天去三亚，游遍祖国的名山大川，一边休养，一边静静地思考集团公司的大事和发展方向。从前，他是坐在公司里思考公司的问题，现在，他是跳出公司来思考公司的问题，这样的思考反而更理性，判断更准确，决策更正确。

虽然还是董事长，仇荣林开始了放权，开始了适度脱离公司，把生产、经营、管理统统交给两个孩子。

如今的仇荣林再也不像以前那样，一天几乎是二十四小时忙碌在公司里，而是把大量的时间花在了到外面"游山玩水"，很多时候，只是在电话里听汇报、作布置，一个月里，只有几天来公司里，开会、签字、商讨和布置一些重要事宜。像一个甩手掌柜，逍遥自在。

为此，有人说仇荣林是觉得自己的企业做大了，骄傲了，满足了，不思进取了，说他"不务正业了，贪图享受了"；也有人说他是累伤心了，不愿意操心了，想逃避了，想自私地活着了。猜测不一，议论满天飞。但仇荣林对此充耳不闻，依然故我，一切都按自己的方式进行着。

有这样看法的人，都是不知情者，或者是根本不理解他的人。

企业发展到今天如此规模，几十年的管理实践，让仇荣林懂得了一个企业管理者适时放权是明智选择的道理。他深信管理大师德鲁克所说的"任何一个管理者都没有足够的时间完成他所想完成的事情，所以，管理者应当学会放权让别人去完成一些事情。"正如德鲁克所说的那样，一个企业发展到一定规模后，仅靠一个人管理是不行的。仇荣林说："在2004年之前，企业是我一个人在唱独角戏，各种事情都压在我一个人身上，还能应付得过来。可到了 2004 年之后，企业规模急剧增大，特别是 2006 年硅胶公司上马后，三个车间相继投产，职工增加到近千名，人员众多、结构庞大，一个人根本无法同时进行管理、销售，还有技术升级等一大堆的事务。这时候，我不得不让仇兴东和仇兴亚来帮助我。企业到了一定程度，绝不是一个人的事情了，需要一个团队。众人划桨才能开动大帆船。"仇荣林敏锐地意识到，个人英雄主义在企业创建之初确实可以发挥很大的作用，但在实力发展壮大之后，面对纷繁复杂的形势，就应该运用团队的力量，而不是个人英雄主义。而要摆脱个人英雄主义，就必须放权。利用手下的人替你管理，替你工作，替你解决一系列问题。

辛化集团旗下的两个公司，不在一个地方，一个在滕州的最东北部，一个在滕州的最西南部，两个公司相距近百里路，仅靠仇荣林一个人不可能每天同时坐镇两个公司。退一步说，即使在同一个公司里，近千名职工分散在多个车间、多个岗位，仇荣林没有分身术，根本管理不过来。因此，他必须依赖他人，也就是放权。这是企业管理的普遍规律。只有放权，才能最大限度地发挥下属的积极能动性，才能使企业充满朝气和活力。这是一个企业发展到一定阶段必须进行的事情。

但集权和放权又是一对欢喜冤家，既相互矛盾，又密不可分，要发挥它最大的整体效应，就必须战略上集权，战术上分权。仇荣林作为集团公司的最高领导者和决策者，他要干的事情，就是引领公司朝着正确的方向前进，也就是掌好舵，对重大问题进行决策，然后根据手下人的特长，知人善任，让他们去实施。

仇荣林放权，还有一个更深层的考虑。他已是近七十岁的老人，为这个企业奋斗了大半辈子，如今体力和精力都大不如前，是该考虑交班的时候了。而两个孩子均已是四十岁左右的中年了，并且两个人已在公司里工作了十几年，无论是理论水平，还是实践经验，都具备了主持公司工作的能力。自从 2019 年重返公司后，他在大刀阔斧地对公司进行一系列的改造、建设的同时，开始做交接班的准备了。他放权给两个孩子，就是让他们在实践中得到锻炼，锻炼他们的决策能力、管理能力，以及相互配合的默契度。他担心自己坐在公司里，两个孩子放不开手脚，他就躲出去，把自己隐身。但这种隐身，不是消极的躲避，而是站在远处和高处冷静地观察着他们的决策水平和管理能力，一旦有偏差，他会及时地进行纠偏。他想在交班之前，把他们扶上马、送一程，以便让他们行稳致远。

对这种"大撒把"的做法，有人担心会把企业弄垮。当然，仇荣林多少也有些担心。按照他的计划，除了进行污水处理升级、启动微粉车间、建造智能车间和立体仓库、引进人才外，他还要把宏泰搬迁过来，以降低运输成本。微粉车间虽然启动了，但还没达到他追求高科技、高附加值的要求；大学生引进了不少，也进行了培训，但还不成熟，远没达到他拥有一支高技能团队的目标。如果再用三五年的时间，这些目标都会在他手下变为现实。可是，这时的他，因为父子的分歧不能消除，没有了继续奋斗的激情和干劲了，他决定把这些留给两个儿子去解决。这虽然有违他想把一个完美企业交给孩子的初心和不留遗憾的做事风格，他也只得心有不甘地放手。因为他知道，即使解决了这几个问题，今后还会有另外的问题，做企业，总是有解决不完的问题。他认为企业早晚都得交给两个孩子，孩子是接力者，这个"接力棒"晚交不如早交。早交，他能趁着自己还明白，发现有问题，及时指点，及时纠正，让他们沿着正确的方向发展。如果到了耄耋之年再交班，一旦出现了大问题，他也无能为力了，那样，企业就没有挽回的余地了。

也有人担心兄弟两人因为管理理念不同，配合不到一块儿去。仇荣林也有这种担心，因此他提前把两人放到公司管理位置上进行配合，观察他们到底能不能磨合到一块儿。通过几年的磨合，如果能相互配合、齐心协力，那是最好；如果实在磨合不到一块儿去，他就会找个适当时机，给他们分家，把两个公司分开，各干各的，至于以后谁成谁败、干好干不好，那就是他们自己的事了。分开后，万一他们中有一个失败了，那也是命中注定、无可奈何的事，不是他能左右得了的，因为他不能陪伴他们一辈子，将来的路要靠他们自己走。

仇荣林认为，世上万事万物的发展，都有规律，有其道。他成功创办了两个企业，实现了自己的富人梦，也为两个孩子打下了良好基础，他的使命和任务完成了，人也老了，到了交班的时候了。至于交班后，两个孩子能干成什么样子，那是他们的事情，是他们的道，是他们的福报。他只能尽人事，听天命，坦然面对。

第十三章
悠悠思远道

55 逆势而上

2019 年，仇荣林重返公司主持大局，大刀阔斧地进行了一系列改革后，他认为虽然还有些遗憾，但他的使命已经完成，想退下来休息一下。此时的他，已近古稀之年，余下的时间，他想为自己活着，找回大半生没有得到的东西。

从 2020 年起，仇荣林把公司交给两个孩子具体打理，自己逐渐淡出一线。

2020 年的阴历年还没过，武汉突然发生了一种叫新冠肺炎的流行病，并且很快波及全国，一时人心恐慌，如临大敌。中央果断做出决策，武汉封城，并派出全国的医疗队前去救援。其他地区也随之按下了暂停键，人们都待在家里足不出户，严防死守，共同抗击疫情。学校停课，商场关门，工厂停产。辛化公司每年初五开始上班的惯例也被打破，没能按时开工生产。待到疫情被基本控制住后，公司才得以复工。

在中国的疫情得到了有效控制后，欧洲的疫情却爆发了，并且是一发而不可收。为了防疫，欧洲人不得不效仿中国居家隔离，生产和生活受到了严重制约，辛化公司的猫砂订单却多了起来。之前都忙着上班，一天当中只能在上班前、下班后给宠物更换一次猫砂，疫情发生之后，都待在家里，有了大把的时间伺养宠物，猫砂的用量自然就大了起来，因而需求量也就大了。辛化公司的猫砂订单急剧增加，并且都催着要货。复工不久，猫砂订单就已经排到了下半年。三个车间满负荷地生产，仍然不能完成订单。

主管生产的仇兴亚看到这是一次商机，也是对辛化公司生产能力的一次大考验，如果不能及时供货，原来积累下来的一些客户就会流失，特别是一些优质大客户，如果流失，等于推给其他硅胶厂。于是他向仇荣林请示后，对一车间进行了技术改造，在不影响生产的前提下，边生产、边改造，年产量增加了一万多吨。随后，他又对第二车间进行了两次技术改造，年产量增加了两万多吨。负责销售的仇兴东告诉他，增加了三万吨的产量，仍不能满足订单的需求。仇兴东提出：是否还能再进行技改？仇兴亚说：再技改，提升产量的空间已不大。于是兄弟两人果断决定：新上一条生产线，增加产量。报请仇荣林批准后，把原来的成品仓库拆除，新建了第四车间，仅用半年的时间，一条三万吨的生产线开始投产。

经过一年多的技改和扩建，硅胶的年产量由原来的八万吨，在不增加人工成本的情况下，年产量增加到现在的十三万吨，不仅满足了市场的需求，保住了客户，而且大大降低了生产成本。比如，2007 年硅胶第一车间刚投产时，年产量只有一万吨，需要二十多个挑拣工，挑拣其中的杂质，如果按这个比例用人，年产十三万吨，则需要三百多人。而通过一次次的技术改造之后，挑拣工仍然用二十多个人，大部分工作都由机器去做。当然，这也有成品率提高的原因。

值得一提的是，几次对车间的技术改造，不仅没影响生产，而且投资不大，投入产出比却大大提高，特别是新建的第四车间，仅投资五千多万元，达到年产三万吨的产量。而福建的一个企业，投资两个多亿，年产量仅有一万吨。

辛化硅胶刚投产时，胶东的一些同行都断言，辛化没有竞争力，原因是所处的位置西邻微山湖，南望运河，境内还有南水北调的大渠道，环保部门怕污染了这三大水系，对工厂排水要求特别严格，每个工厂，特别是带"化工"二字的企业排水，必须净化达标，否则，绝不允许生产。但是，净化处理排水，仅仅是生产成本的一项，聪明的辛化人"堤外损失堤内补"，通过一次次的革新挖潜，虽然比胶东多出了水处理成本，但总的生产成本仍然低于同行，其竞争力远远高于同行。

56 百炼成金

猫砂也要高科技

自从辛化的硅胶产品打入国际市场后，客户逐年增加，到 2018 年，年出口额突破一亿美元，之后每年以 30% 速度增长，辛化成为国内最大的硅胶出口企业。当然也是滕州最大的出口创汇企业。

辛化的产品之所以倍受客户的青睐，源于其产品质量好。辛化把产品一直定位为"人无我有，人有我优"。辛化产品自从打入国际市场以来，一直有"质量过关、使用放心"的好口碑。正因为如此，国内很多硅胶厂产量小，却滞销，而辛化产量大，却畅销，甚至供不应求。

但，具有忧患意识的辛化公司，并没有满足于供不应求的销售局面，他们时刻牢记"要么领先，要么被淘汰"这句话，一直注重新产品的研发，让公司始终站在前沿位置。2017 年，仇兴亚和房宽去欧洲拜访客户时，专门拜访了几位宠物医学博士，看看他们是否在宠物用品研发方面有新成果，听听他们对宠物用品发展趋势的看法。其中一位博士提出了一个新想法，让仇兴亚很感兴趣，那就是不要只生产一般性的猫砂，应该考虑"功能性产品"。

所谓"功能性产品"，就是除了具有吸附宠物排泄物异味等作用外，还可以通过猫砂的变化帮助诊断宠物是否健康。

仇兴亚认为这个想法很好，当即邀请这位博士为他们研发这种"功能性产品"，可这位博士说，他手头有课题，没有时间，爱莫能助。回来后，仇兴亚向董事长请示，想自己研发，一向追求高科技的仇荣林很支持他的想法。于是，仇兴亚带领自己的研发团队，历经数月，研发出了一种"功能性"的猫砂，宠物如果患有结石、肠炎等疾病，通过观察其用过的这种猫砂，就能直观地看出来。

辛化成为整个行业中唯一生产这种功能性猫砂的企业。产品投放市场后，很受欢迎。

由于市场竞争激烈，一些厂家为了打入国际市场，以大大低出辛化产品的价格出售，试图抢占市场。面对这种局面，仇荣林让负责销售的仇兴东和房宽保持足够的定力，提出"只打质量战，不打价格战"的发展方略，把产品质量作为核心竞争力。事实证明，那些只会低价出售的厂家，由于产品质量不好，照样没有市场，而辛化的产品，因为质量可靠，依然供不应求，订单应接不暇，生产不过来。如今的辛化，不但不打价格战，还开始筛选客户，对于那些只注重价格、而不讲质量的客户，不合作；对于从中赚取差价的中间贸易商，不合作；对于那些短期的零散客户，不合作；对于那些需求量小的客户，也不合作……只与有信誉、有知名度、大型的终端客户合作。

在仇兴东的提议下，由他和房宽两人到欧洲注册了自己的商标，商标名称是 SINGLE，汉语的意思为"单身贵族"。通过"沃尔玛""家乐福"这些全球性的连锁超市，在西班牙、法国等十几个欧洲国家销售，实施品牌战略。

至此，辛化硅胶的销售由单纯追求销量，变成了"销量和品牌并重，由质量树品牌、由品牌促销量"的模式。经过几年的运作，辛化硅胶已在欧洲深深扎根。

"我们不能落后于人"

进入 2020 年，随着辛化公司智能包装车间的投产使用，宏泰化工公司的硅胶包装车间以及周围的土地闲置下来。

仇荣林指示仇兴东兄弟，要想办法把闲置下来的车间和五十亩的空地利用起来。仇兴亚经过考察和论证，决定建一个植物猫砂厂和一个植物餐具厂。他要使公司的产品向着绿色、环保的方向发展。

植物猫砂和植物餐盘，都是一种无污染、可降解的环保产品。仇兴亚的目标是把辛化公司逐渐打造成生产过程环保、产品环保的真正的绿色企业。让辛化公司始终站在行业发展的前沿，保持领先。

所谓植物猫砂，也叫豆腐猫砂，就是用玉米芯、大豆纤维、玉米面、淀粉等原料加工而成的一种猫砂。单从所用的原料上就可以看出，这种产品是纯绿色的，没有任何污染，是猫砂未来的发展方向，市场潜力很大。

2018 年，一直注意硅胶行业新动向的仇兴亚，在一次展会上，发现国内有植物猫砂产品参展，这引起了他的高度重视。在此之前，他听说国内已有植物猫砂生产，但都是零星的，并没在意。当他看到有植物猫砂到展会上参展，说明已有厂家开始规模生产了，仇兴亚意识到这是一个信号，回到公司后，把这一情况报告了父亲，仇荣林思考了一会儿，没有表态，反问仇兴亚："你的想法呢？"仇兴亚回答："作为行业的老大，我们绝不能落后于人，不然，我们真会落后。"仇荣林赞赏地说："对！我们不能落后于人。这个项目，你具体去操办吧。"

得到了父亲的许可，仇兴亚和房宽、王新安一行人，开始出去考察。看

智能包装车间

植物餐具智能生产车间

到确实有几个企业已开始生产这个产品了，虽然规模都不大，但让他们几个人有了紧迫感。在全国跑了一遍之后，便马不停蹄地到欧洲进行市场调研，得出的结论是：无论国内，还是欧洲市场，对植物猫砂的需求量都很大，植物猫砂是一个很有发展前途的项目，也是猫砂未来的发展方向。他们决定上马这个项目。

从欧洲回来后，由仇兴亚牵头，成立了研发团队，开始研发。经过一年多的研发和试验，探索出了植物猫砂的原料配方和生产工艺，具备了生产的技术条件后，由仇兴亚牵头负责筹建植物猫砂厂。当时，国内所有的猫砂厂，都是小作坊式的，质量低、产量小，辛化计划投资两千万，定位于建一个高标准的植物猫砂公司，生产中高端产品。

按照计划，2020 年上班后，就开始筹建植物猫砂第一车间，可因为突如其来的疫情，拖到 3 月份才得以实施。

疫情一缓解，仇兴亚和房宽、王工、李军等人，就在全国范围内考察植物猫砂的生产设备，通过比较，引进了第一条生产线，同年 5 月，投入生产，一切运行良好。

从 6 月份开始，第二条和第三条生产线同时上马，10 月 1 日投产。

2021 年春天，又上马了第四条生产线。年实际产量达到五万吨。下一步，仇兴亚计划通过技改，实现年产十万吨的目标，像硅胶生产一样，做到行业最大，行业领先。

为了便于管理，报请董事长批准，仇兴亚把生产植物猫砂的四个车间独立为一个公司。为了区别于"辛化硅胶"，又为了与"辛"字有联系，仇兴亚把这个公司取名为"山东辛诚宠物用品有限公司"。

辛化之豹变

在考察植物猫砂的同时，仇兴亚和房宽一并考察了一种新型的一次性环保餐具——植物餐盘。

早在 2016 年，仇兴亚去国外参展，与澳大利亚的一个客户一块儿吃饭时，那个客户向他提供了一个信息，说浙江有一家企业开始用甘蔗渣生产植物餐盘，建议他考虑这个新兴的项目，这个客户还表示：如果辛化公司能生产植物餐盘，他将是一个忠实的合作者。

2017 年，仇兴亚去国外参展，法国一个客户也提出了让辛化公司生产植物餐盘的建议。

两个客户的建议，引起了仇兴亚的重视，回国后，他把这一情况向父亲作了汇报，父亲便让他和房宽、王新安一块儿去广东、广西、四川等地进行了考察，随后他们萌发了生产植物餐盘的想法。随着人们环保意识的逐渐增强，"禁塑"已成为人们的共识。仇兴亚看到这又是一个大好商机，便决定在上马植物猫砂的同时，投资植物餐盘项目，抢占先机，占领这个未来的大市场。

2020 年 8 月份，经过考察、论证后，方案敲定，考察了设备，于 2020 年 9 月 22 日开始筹建。2021 年 9 月 9 日，第一车间建成，正式投产。

第一车间分为两大块，一块是生产成品，一块是分装。生产餐盘的设备，全是智能化的机器人，根据生产规模，一个车间里安装了 22 台机器人，这些机器人全是从美国 ABB 公司购买的，是目前世界上最先进的生产设备。整个生产车间里，只有机器人在工作，几乎不用人工。只有分装车间，还用人工，但这也是暂时的，很快就会完成智能化的升级，实现自动检测、自动分装。生产的原料是制糖厂榨取糖分后的甘蔗渣，废物利用、变废为宝。因为地处北方，甘蔗渣要到南方购买，要消耗不小的运输费用，为了降低生产成本，下一步打算利用当地的麦穰、玉米秸秆等原料代替甘蔗渣。仇兴亚正带领他们的科研团队进行攻关，预计很快就会成功。

第一车间投产后，年产能力为 6 亿只餐盘，国内、国外同时销售。产品刚生产出来后，虽然有一些订单，但不能全部消化掉，一段时间后，订单便如雪片般纷纷而来，其中一个客户一次就订购 30 个集装箱。

2023 年上半年，计划再上第二车间，实现年产 20 亿只、产值 4 亿元的目标。

同样是为了便于管理，仇兴亚把这个餐盘项目独立为一个公司，取名为"山东辛诚生态科技有限公司"。

原来的"宏泰化工有限公司"，经过全氧炉等一系列的改造后，报请仇荣林同意，仇兴亚将其更名为"山东辛诚硅业有限公司"。

至此，经过仇兴亚几年的不懈努力，"山东宏泰化工有限公司"不断开疆拓土，由一个公司变成了三个公司，加上辛绪村的辛化硅胶有限公司，以及仇兴东新注册的"辛创新材料有限公司"，整个企业拥有了五个公司。产品也由

山东辛诚公司一角

原来的单一生产泡花碱，变成了泡花碱、硅胶、植物猫砂、植物餐盘、新型材料等，产品由单一化走向了多样化，特别是新增的植物猫砂和植物餐盘，代表了未来的发展方向。

同心偕行，相期百年

2019年，仇荣林重返公司后，出于锻炼两个孩子的目的，为交接班做准备，他虽然是董事长，却有意把工作全部交给他们，让仇兴东全权负责外联，仇兴亚全权负责生产、管理，他很少过问、干涉，相当于把公司交给了他们经营。

仇兴东和仇兴亚兄弟两人，也没辜负父亲的期望，利用父亲搭建好的平台，不仅使企业的年产值以30%的速度增长，而且开疆拓土，新建了3个公司，开始向集团化迈进。

2022年7月，仇兴亚赴杭州考察水处理设备，计划投资六千多万，引进国内最先进的设备，上马二期水处理，使水处理量更大，成本更低，水质更好。

当地政府为了扶持辛化这个创外汇大户，在辛化公司西邻，又划出100多亩土地，为其扩建所用。

　　出于对企业经营的长远考虑，计划在近两年内，到外地新建一个集泡花碱、硅胶生产于一体的企业。到外地新建企业，不是为了扩大企业规模，而是为了企业的长久之计。一是新建企业的厂址会选择离港口近的地方，可以降低出口运营成本；二是到外地新建一个企业，不仅可以降低生产成本，还能给客户安全感，相当于给企业的长远发展加了一道保险。正如用电单位架设两路电线，飞机有两套发动机一样。

　　近几年，有几个国外的大客户，通过与辛化公司的多年合作，产生了非常好的印象，极力想与辛化公司合作，邀请其到国外去办厂并上市。这些客户的邀请，让辛化的决策者心动，他们正在考虑到国外建立辛化的分公司……

　　2023 年，是辛化公司成立 30 周年，公司将举行隆重的庆祝活动。仇兴亚计划趁此时机，建一个"辛化展览馆"，展示辛化公司 30 年来的风雨历程。

　　30 年，在老董事长仇荣林的带领下，辛化公司从一个小作坊，逐步发展起来，成为一个大集团，成为同行业的一座高峰。仇荣林实现了自己创业的目标，完成了自己的使命，下一步，他将公司交给仇兴东、仇兴亚兄弟，让他们去实现更宏伟的目标。

　　一个更加辉煌的辛化正以稳健的步伐，大踏步走向未来，成就百年……

附录

辛化集团三十周年记

　　辛化集团诞生于 1993 年 9 月 9 日。其时荣林已年近不惑，虽曾多次尝试经商办厂，但都未成气候，起起落落十余载，皆以失败告终。然我出身于乡野，备尝田亩之艰辛，终不甘于庸碌无为，故求索之志未减，创业之梦不灭，遂四方奔走，反复考察，辗转选定泡花碱项目。于是吾村西北大洼，辛绪泡花碱厂应际而生。区区十亩薄地，一家作坊式小厂，近乎白手起家，若非各方支持，乡亲助力，定难招贤聚才，更难蓬勃生长。有赖全员同仁，无惧于重重窘困，披肝沥胆，勇猛精进，从一台原始的小炉子起步，先攻克"马蹄焰炉子"，又建成"煤气发生炉"，由此不断升级改造，逐渐打开销路，终于否极泰来，迎来了 1997——辛化的告捷之年。

　　虑及泡花碱只是低附加值的粗化工产品，故又试图谋求高精尖之路，比如接手国家"八五"攻关项目"1,4-萘醌"的研发。尽管耗费巨大人力物力，最后未能成功量产，甚至再一次令企业面临绝境，但是经此一难，反促我辛化险处重生，获得了再出发的新机缘。由是，方才改变思路，走出西北大洼，在枣庄、西乡开疆拓土。不单另起高炉，且在全国首创煤气加热，可谓抢占了节能增效的快车道。因此不到五年，便冲至行业前锋，成为泡花碱生产的龙头企业。

　　辛化不断发展壮大，辛化人也不断成长蜕变。随着仇兴东、仇兴亚、房宽等一大批新生力量的加盟，辛化产品也更新换代。

2007年，辛化硅胶公司应运而生。两年后便站稳脚跟，走出国门。不到十年，即成为硅胶行业的领跑者。近年来，辛化秉持绿色低碳发展理念，相继开发了植物猫砂、植物餐盘、新型材料等多种新产品，成为拥有五个子公司的现代大型企业。辛化集团亦荣膺多个国家级荣誉称号，产品远销世界各地。

　　而今辛化创建整三十年矣。我虽年近古稀，企业却正年轻。幸逢国运昌隆，时代繁兴，唯愿兴东、兴亚两兄弟携手同心，带领全体辛化人开新篇，启新程，创造民族品牌，成就百世宏业；更祈我辛化集团崛立于厚土大道，造福于父母之邦！

2023年9月9日

仇荣林生平及辛化集团大事记

1954年阴历十一月二十四日，仇荣林出生。

1962年，祖父仇心广去世。

1970年冬，农中毕业，回家务农。

1972年至1974年，连续三年报名参军，由于家庭阻挠，均没走成。

1975年至1977年，被推荐到东郭农业大学学习。

1976年，与张令英结婚。

1977年至1978年，在东郭农大留校任教。其间，到济宁农校进修一年。

1978年，长子仇兴东出生。

1979年春，农大解散，调到东郭公社农技站工作。

1982年9月，次子仇兴亚出生。被开除回家。

1983年春，到镇水泥厂当化验员，秋天，辞职回家。

1983年秋天，搞家庭养殖，饲养了三百多只兔子，成为专业养殖户。

1983年冬天，到店子集上弹棉花，成立全村第一个弹棉花作坊。

1984年春天，第一次与人合伙，创办水泥制品厂。

1985年，祖母去世。

1985年，第二次与人合伙，创办塑料管厂。

1987年，创办全镇第一个综合养殖场。

1988 年，第三次合伙，创办罐头加工厂。

1990 年，仇荣林贩卖树脂粉。

1993 年 9 月 9 日，独立创办辛绪泡花碱厂。

1997 年，被评为"滕州市私营经济带头人"。

1999 年，当选为滕州市政协委员。

1999 年 9 月，长子仇兴东考入连云港化工高等专科学校。

2001 年，接手国家"八五"攻关项目"1-4 萘醌"，填补国内空白，2003 年底获得国家科委奖励六十万元。

2001 年 9 月，次子仇兴亚考入贵州大学。

2004 年春，利用焦化厂煤气，创建枣庄泡花碱厂，成为国内第一个运用煤气生产泡花碱的企业。

2004 年秋，创建第二个利用煤气生产泡花碱的企业。

2004 年，长子仇兴东毕业于南京工业大学。

2005 年 10 月 1 日，长子仇兴东结婚。

2006 年，企业的泡花碱产量达到行业第一、规模最大。

2006 年，当选为市人大代表，并被评为"滕州市优秀人大代表"。

2006 年 5 月 8 日，创建山东辛化硅胶有限公司。

2009 年，辛化硅胶的干燥剂出口韩国，产品第一次走出国门。

2009 年，获得滕州市五一劳动奖章。

2009 年 5 月 28 日，次子仇兴亚结婚。

2012 年，去欧洲考察。同年，公司被评为"山东省创新型试点企业"。

2013 年，宏泰化工升级改造，泡花碱年产量突破二十万吨。

2013 年，仇兴亚到国际宠物展会参展，拿到第一个大订单，打开欧洲市场。

2014 年，作为滕州优秀企业家，随市长去韩国考察，引进了微粉硅胶生产线。

2015 年，辛化硅胶年产量突破六万吨，成为行业第一。

2016 年，被评为首届"滕州市优秀企业家"。

2018 年，被评为"滕州发展功臣"。

2019 年，被评为"滕州市慈善之星""枣庄市优秀共产党员"。

2019 年，辛化公司被评为"山东省制造业单项冠军企业""山东省新材料领军企业五十强"。

2019 年，父亲仇玉堂去世。

2021 年，辛化公司入选山东省第一批绿色企业。辛化猫砂入选第一批"好品山东"品牌。

2021 年，辛化公司被评为"山东省高端品牌培育企业"。

2022 年，辛化公司被评为"国家级绿色工厂""国家级专精特新'小巨人'企业""国家级制造业单项冠军企业"。

2023 年，注册成立山东辛诚生态科技有限公司、辛创新材料有限公司；宏泰化工有限公司更名为"山东辛诚硅业有限公司"。

长子仇兴东职务及荣誉：枣庄市政协常委，滕州市政协常委，枣庄市国际商会副会长、法人代表，枣庄市企业家协会副会长，枣庄市青年企业家协会副会长，中国继创者联盟副主席，山东省青年企业家协会理事，中国科学院生态环境研究中心特聘导师，滕州市民革总支副主委，枣庄市五一劳动奖章获得者。

次子仇兴亚职务及荣誉：滕州市人大代表，辛绪村党支部副书记。

后记

　　2019 年 3 月底，一个阳光明媚的上午，在马西良先生的引荐下，我们第一次见到仇荣林先生。他身材高大，头发浓密，面色红润，虽已年过花甲，看上去比实际年龄要小许多，身上散发着一股年轻人的朝气和激情；他谈吐睿智，待人热情，没有大企业家的架子，给人的第一印象是：温和、宽容、朴实，是一位平易近人的谦谦君子。

　　采访之前，还担心这位企业家只是把生意做大了，并没有多少可歌可写的。然而随着了解的深入，就被他那跌宕起伏、丰富多彩的人生经历和愈挫愈勇、永不言败的奋斗精神感染了。

　　当下成功的企业家并不鲜见，大概每一位成功者都有艰难的历程，但像仇荣林遇到这么多困难和挫折的不多。为了能体面地活着，他像暗夜潜行的寻路者，种过桃树、黄姜，养过猪、兔子、鹌鹑，贩运过树脂粉，弹过棉花，办过水泥制品厂、塑料管厂、罐头厂……用他的话说：一个农民能想到的生意，他都干过。然而都失败了。但他并没气馁，以一种不成功永不罢休的执着，于1993 年创办了泡花碱厂，之后又创办了硅胶厂，经过三十年的奋斗，把一个坐落在偏僻农村的小作坊，逐步发展成一个大规模集团公司。用自己的智慧和干劲，书写了一个平民的传奇，演绎了一个乡野穷汉蜕变成亿万富翁的神话。

　　仇荣林的成功，正如娃哈哈集团董事长宗庆后讲过的一个万有引力原理："当你所有的思想聚焦于一点，强大的力量由此而生，它汇聚人脉、金钱、一切"。纵观仇荣林的创业历程，他就是把自己所有的智慧和精力全部集中到了创业上，经历了常人难以忍受的挫折和煎熬，才有了今天的成功，用他自己的话说："我就是个累不死、拖不垮的人！也是个不达目的不罢休的人！"从这一点来说，仇荣林是一位励志典范，也是一位苦难英雄！

仇荣林取得成功之后，不像有的企业家，忘了创业的初衷，开始飘飘然膨胀起来，要么花天酒地、醉生梦死，要么躺在功劳簿上睡大觉，致使千辛万苦创办的企业昙花一现，成了匆匆过客。也不像有的后劲不足的企业家，在企业做起来之后，由于眼界低，格局小，或者因为把握不准方向，使企业走向了歧路，或者是因为管理跟不上，致使企业陷入一片混乱中而不能自拔，毁在了自己手里。仇荣林虽然没有多高的文化，也没进过这管理学院那总裁研修班，没吃过"洋面包"，但他悟性极高，善于总结，还善于汲取其他成功企业的经验和教训，凭着惊人的商业直觉和敏锐的眼光，把企业一步步做大做强。

仇荣林是一位真正意义上的企业家。他的每一分钱，都是光明正大挣来的，既没有瞒天过海钻空子挖墙脚，也不曾用歪门邪道强取豪夺，更没有制假售假、坑蒙拐骗，他的原始积累是靠着自己的心血和汗水，靠自己团队一分分积攒起来的。

仇荣林是一位脚踏实地的实业家。在企业创造了巨额利润后，有很多人，包括亲戚朋友，劝他涉足房地产，劝他上市，可他始终不为所动，只专注于实业。他的这种坚持，像沙漠中的一片绿洲、一泓清泉，也是一种孤独的骄傲。

仇荣林更是一位善人。对外，他为村里修路，打井，搞绿化，建公园，给学校捐款，不停地支助一些弱势群体，赞助公益事业；对内，他孝敬父母，帮助弟弟妹妹……与有些人不同的是，他做善事，从不宣扬，他坚信：善为人知不为真善，恶恐人知此为大恶。他认为行善是一个人的修行，是为自己积德，没必要宣扬得满世界都知道，如果那样，就是沽名钓誉，别有所图，不是真善。他最看不起一些人，表面上做慈善，暗地里却做些见不得人的勾当！他始终表里如一，坦坦荡荡。

仇荣林不但注重自身的修养，还身体力行地教育和影响着家人，特别是他两个儿子，不仅都被培养成了大学生，最难得的是身上没有任何富二代的毛病，他们除了干好公司的工作，业余时间就是读书，或者陪伴家人，从不去歌厅、会所等热闹场所，他们两人活得都很自律、自爱、自强，非常优秀。仇荣林先生在创业的同时，把后代培养成才，是他的又一个成功。

仇荣林的智商高，情商也高，不论什么样的人，与他相处，都会觉得非常舒服。他对人不讲地位高低，不分贫富贵贱，对于位高权重者，他不会摧眉折腰，对于底层寒门，他也不会施以冷眼。君子以诚待人，正是他的处世之道，也是他成功的法宝。

仇荣林丰富而又传奇的经历，体现了中国民营企业家的艰辛和智慧。对于写作者，有机会为他作传，实为难得的幸事。虽然这部传记，写写停停历时四年多，但由于笔力所限，恐怕仍只描绘了传主的若干侧面。只能期望读者能够借此走近仇荣林的内心世界，了解一个民营企业家的辛苦遭逢，看到他在百炼成金的背后沉重的付出……

本书初稿曾经吕宜芳先生斧正，马西良先生也提出不少高见，在此谨表感谢！此外，为避免不必要的牵绊，对书中若干人名、地名作了技术性处理。

最后，期待仇荣林先生再续新的传奇，祝愿"辛化"迈开大步，走得更远。

作者

2022 年 12 月